HAYMON verlag

Natalja Tschajkowska

All die Frauen, die das hier überleben

Roman

Aus dem Ukrainischen von Jutta Lindekugel

2021

Juni
Donnerstag

Der Trauerzug bewegt sich in Richtung Friedhof. Vorneweg Kreuze, Prozessionsbanner, die Mitglieder des Kirchenchors. Dahinter fährt langsam, mit quietschenden Rädern, das Auto, auf dem die Leiche meines Mannes liegt.

Heute ist es kühler als in den vergangenen Tagen. Der Wind schüttelt die Baumwipfel, schaukelt sie, als ob er sie in den Schlaf wiegen wollte, streicht sanft über meinen Körper und spielt mit meinem kurz geschnittenen Haar. Endlich bin ich die verhassten langen Locken losgeworden, die mich fünf Jahre lang geplagt, mir aber gleichzeitig auch geholfen haben.

Oksana, meine ehemalige Kollegin aus dem Kindergarten, kommt zu mir, nimmt meine Hand und spricht mir flüsternd ihr Beileid aus: „Es tut mir so leid, Marta. Es muss schrecklich sein, was du in den letzten fünf Tagen durchgemacht hast."

Ich seufze und ziehe meinen Kopf zwischen die dünnen, knochigen Schultern. Sie hat nicht die leiseste Ahnung davon, was ich in den letzten fünf Jahren durchgemacht habe.

Oksana bleibt zurück und schließt sich der Menge an.

Besser so. Ich kann jetzt keine Gesellschaft gebrauchen.

Wir betreten das Friedhofsgelände, eigentlich würde ich mich gern umdrehen und weglaufen. Entlang der Gräber ziehen sich asphaltierte Wege. Ich trete leise auf, berühre kaum den Boden. Die Schritte hinter mir höre ich deutlich, meine eigenen jedoch nicht. Ich habe mir angewöhnt, mich lautlos zu bewegen, als wäre ich nicht da, als ginge nicht ein Mensch, sondern ein Schatten. Auch diese Angewohnheit will ich loswerden.

Wir biegen rechts ab, und am Ende der Reihe bemerke ich eine ausgehobene Grube, sie versteckt sich hinter Kreuzen und Grabmälern mir unbekannter Menschen. Ich senke den Kopf, bemühe mich, das Gesicht zu verbergen. Keine Tränen. Warum schluchze ich nicht? Falle nicht in Ohnmacht?

Eine Berührung an der Schulter lässt mich schaudern. Ich wende den Kopf und sehe Maksyms Chef Andrij Andrijowytsch.

„Ich möchte Ihnen mein aufrichtiges Beileid aussprechen", sagt er und drückt meine Hand. Er schwitzt.

Wie kommen alle darauf, dass ich mitfühlende Worte hören will? Ich stelle mir vor, wie die Anwesenden, und das sind nicht wenige, in einer Reihe antreten, um mich zu trösten, zu beruhigen und zu stützen.

Im Laufe des heutigen Vormittags habe ich eine Million Mal zu hören bekommen: „Mein Beileid", „Es tut mir leid", „Halten Sie durch", „Seien Sie tapfer", „Was für ein Verlust", „So ein sinnloser Tod", „Wir werden für Sie da sein", „Möge er ruhen und auf uns warten" ... Es ist gut, gut und noch mal gut. Es soll ja so sein.

Ich bin hoffnungslos. Ich mache alles falsch. Ich fühle falsch. Ich denke falsch. Ich habe keine Ahnung, was man in solchen Situationen tut, daher schweige ich einfach.

Ich seufze schwer und bemerke, wie das Geräusch hunderter Schritte hinter mir mein bedeutungsvolles und bitteres Seufzen überdeckt.

Wir halten vor der tiefen Grube, in die in ein paar Minuten Maksyms Körper hinabgelassen wird. Die Leute stehen dicht beieinander, ich höre, wie sie atmen und schnaufen.

Ich starre auf den Sandhaufen, der Maksym bedecken wird, betrachte die Inschrift auf der Platte, die an einem Metallkreuz befestigt ist, dann wische ich mir mit der Handfläche den Schweiß von der Stirn und seufze erneut.

In mir herrscht Leere. Trostlosigkeit erfüllt die Gedanken und setzt sich tief in meinem Herzen fest. Ich spüre keinerlei Regung, keinen Verlust. Es tut mir nicht weh.

Der Priester geht um das Grab herum, schwenkt das Weihrauchfässchen und murmelt vor sich hin.

Mein Körper ist starr. Die Hände sind klamm, die Beine taub und schwach, der Rücken steif. Ich würde gern nach Hause gehen. Ich möchte die Türe schließen und mich vor der ganzen Welt verstecken. Ich möchte fliehen vor den unaufrichtigen Kondolenzen, vor den mitleidigen Blicken, vor den Leuten, die nicht verstehen, was für ein bedeutsamer und ernster Tag heute ist.

Ich möchte den Priester anschreien: „Warum dauert das so lange? Schneller. Es soll aufhören. Ich ertrage das nicht."

Vielleicht hat er meine Gedanken gelesen, denn er weist die Anwesenden an, vom Verstorbenen Abschied zu nehmen.

Da Maksyms Mutter nicht zur Beerdigung gekommen ist, was mich überhaupt nicht wundert, darf ich mich als Erste verabschieden. Maksyms Schwester Wira, die im Rollstuhl sitzt, sieht schweigend zu. Ihre Hände sind zu Fäusten geballt, auf ihrem Kopf liegt ein durchsichtiger schwarzer Schal und auf ihrem Schoß zwei Rosen. Sie weint nicht.

Ich nähere mich dem Sarg, neige mich nach vorn und erstarre. Sein Gesicht hat sich verfärbt, er sieht nicht mehr aus wie Maksym. Der Mund ist blau, die Wangen sind eingefallen und um die Augen haben sich violette Kreise gebildet. Ich sollte mich hinunterbeugen und seine kalte Stirn küssen, aber ich weiß, dass ich das nicht tun werde. Es ist zu viel, eine solche Prüfung übersteigt meine Kräfte. Ich falle auf die Knie. Ich kann nicht. Ich bin nicht dazu in der Lage. Ich bedecke mein Gesicht mit den Händen, und der Schrei, der sich aus meiner Brust löst, steigt hinauf bis zu den Baumwipfeln, die sich noch immer im Wind wiegen.

Ich schreie durchdringend und aufrichtig. Ich schreie, wie ich noch nie in meinem Leben geschrien habe.

Ruslan läuft zu mir, legt mir die Hände auf die Schultern und flüstert: „Beruhige dich. Fang dich wieder. Es ist vorbei."

Meine Schultern beben, mein Körper zittert und zuckt. Um mich herum höre ich fremde Menschen rascheln und flüstern.

„Arme Marta. Wie sie kämpft", sagt einer unserer Nachbarn, mit denen wir nie etwas zu tun hatten.

„So ein Verlust", antwortet ein anderer.

„Er ist so sinnlos gestorben", sagen die, die wir nicht einmal gegrüßt haben. Die Maksym gar nicht und mich nur als Kind kannten. Wie können die sich jetzt so etwas zuflüstern?

Gott, warum halten diese Leute nicht einfach die Klappe? Das kann doch alles nicht wahr sein. Sie machen sich mit ihren landläufigen Phrasen über mich lustig.

Ruslan zieht mich auf den asphaltierten Weg und schüttelt mich nun. „Beruhige dich, Marta."

„Mhm", gebe ich von mir.

Mein Kopf schwankt auf meinen Schultern wie ein aufblasbarer Ball. Das Gefühl, als würde er im nächsten Moment herunterfallen und davonrollen, ist mir vertraut.

„Okay", sage ich, als ich mich wieder gefangen habe, „keine Sorge. Alles wird gut."

Gegen drei Uhr ist die Beerdigung zu Ende und Ruslan bringt mich nach Hause. Er bietet mir an dazubleiben, aber ich bitte ihn, mich allein zu lassen.

Ich gehe ins Haus und betrete das Bad. Ich lasse Wasser ein und tauche unter. Das Wasser ist kühl. Es erfrischt und belebt mich.

Als das Grau der ersten Dämmerung in der Luft liegt, öffne ich das Fenster und setze mich auf die Fensterbank. Ich höre eine Grille und lächle.

Anschließend gehe ich in die Küche und entkorke eine Flasche Wein, gieße das rote Getränk in ein Glas und setze mich wieder ans Fenster.

Die ersten Sterne erscheinen am Himmel. Die Nacht riecht nach Freiheit.

Eine leichte Brise weht in den Raum. Ich strecke meinen Kopf aus dem Fenster, schaue in den Sternenhimmel und sage laut: „Gott, wie habe ich auf diesen Tag gewartet. Ist er wirklich gekommen?"

Ich trinke viel Wein, mein lautes Lachen steigt zu den Sternen empor.

2016

September
Mittwoch

„Hast du alles zusammengepackt?", höre ich eine Stimme hinter mir.

Bohdana kommt ins Zimmer und setzt sich aufs Bett. Sie ist fast dreißig, sieht aber aus wie ein Teenager: kurzer Haarschnitt, strahlend grüne Augen, eine hohe Stirn und keine einzige Falte im Gesicht.

„Ich habe gar nicht gemerkt, dass du gekommen bist", sage ich und schiebe den ganzen Kram aus der Schublade in die Schminktasche.

Bohdana kaut Kaugummi und schaut mich an. Abgetragene Jeans, ein weißes T-Shirt, eine darüber geworfene Jeansjacke. Ich werde sie vermissen, vor allem unsere belanglosen Gespräche über die neuesten Modetrends oder den blöden Abteilungsleiter, der die Mädchen auf den Redaktionsfluren begrabscht. Bohdana arbeitet schon seit vier Jahren für eine Onlineredaktion, verdient gut, schwört aber jeden Abend, bei der erstbesten Gelegenheit zu kündigen. Meiner Meinung nach kann sie sich nicht beschweren, denn sie verdient doppelt so viel wie ich in meinem Job als Erzieherin im Kindergarten.

„Wann holst du die Sachen ab?", fragt Bohdana.

„Ich weiß es nicht, vielleicht am Montag."

„Hast du den Verstand verloren, Marta?", schreit sie. Sie schreit immer, schreit und fuchtelt dabei mit den Händen. „Du heiratest am Sonntag und dann willst du dich am Tag nach der Hochzeitsfeier mit diesem Kram herumschlagen?"

„Wir machen keine Hochzeitsfeier", sage ich und senke den Blick.

„Aaaah", sagt sie gedehnt, „ihr lasst nur die Eheschließung registrieren."

Ich nehme meine Schuhe aus dem Schrank und stelle sie ganz unten in meine schwarze Reisetasche. Ich nehme nur wenig mit, ich besitze nicht viel, also werde ich, wie ein armer Schlucker, alles in ein einziges Gepäckstück stopfen.

„Zeigst du mir wenigstens hinterher Fotos?", fragt Bohdana. Doch sie klingt verständnislos. Warum verhält sie sich so?

Ich setze mich neben sie aufs Bett und seufze. „Bist du sauer?", frage ich, obwohl ich die Antwort schon kenne.

„Nein, keine Sorge. Das ist schließlich deine Sache und deine Hochzeit. Du kannst einladen, wen du willst."

„Wir laden niemanden ein. Es wird eine bescheidene Zeremonie ohne viel Drumherum."

„War das deine Idee?" Ihre Frage hat einen bitteren Beigeschmack. Ich wünschte, sie würde damit aufhören.

„Nicht meine. Es war unsere gemeinsame Entscheidung."

Bohdana legt ihren Kopf auf meine Schulter, und ich vermisse sie jetzt schon. Drei Jahre haben wir zusammengewohnt, zusammen Suppe gekocht, Kleider getauscht, nachts geflüstert, uns gegenseitig getröstet und über TV-Komödien gelacht. Ich weiß alles über Bohdana: Ich weiß sofort, welche Laune sie hat, ich schätze ihre Offenheit und habe mich mit ihrem Temperament abgefunden. Ich kenne alle Lieder von Oleksandr Ponomarjow auswendig, weil sie ihn anbetet. Alle paar Tage koche ich Pilaw nach dem Rezept meiner Mutter, weil Bohdana sagt, dass sie noch nie etwas Besseres gegessen hat.

Als sie sich von ihrem Freund getrennt und ihr Kind verloren hat, habe ich sie unterstützt, so gut ich konnte. Die Fehlgeburt hat sie traumatisiert, auch wenn Bohdana so tut, als hätte sie sich längst mit dem Verlust abgefunden. Jetzt ertränkt sie ihren Kummer mit billigem Wein in Nachtclubs, raucht Gras, das ihr den Kopf vernebelt, und schläft jede Nacht mit einem anderen Mann, womit sie sich, wie sie erklärt, dafür rächt, dass sie einst verlassen wurde.

Ich kenne sie besser als sie mich. Ich bin es gewohnt, meine Ängste und Probleme für mich zu behalten, ich versuche, mich anderen gegenüber nicht zu öffnen, und kann damit gut leben.

„Wir sehen uns!“, sage ich, nur um irgendetwas zu sagen.

Sie schweigt und die bedrückende Stille lastet wie ein schwerer Stein auf meiner Brust. Der Grund dafür ist einzig, dass Maksym und sie sich nicht mögen. Zuerst dachte ich, dass Bohdana mich tief in ihrem Inneren beneidet. Jetzt erst verstehe ich, dass es um etwas anderes geht.

Sie erhebt sich vom Bett und geht in die Küche. Ich bleibe im Zimmer und gehe im Kopf das Gespräch noch einmal durch. Warum verhält sie sich so?

Niemals zuvor hat Bohdana sich in mein Leben eingemischt, sie hat mir nie ihre eigene Sichtweise aufgezwungen, sie hat sich nicht ein einziges Mal zu meinen Entscheidungen geäußert. Irgendetwas stimmt nicht. Oder versuche ich vielleicht zu sehr, meine Welt vor fremden Blicken zu schützen? Ist das die übliche Aufregung? Wahrscheinlich ja, denn alle Bräute sind nervös und achten auf Dinge, die es nicht wert sind, beachtet zu werden.

Meine innere Stimme wispert immer weiter, sie lässt sich nicht beruhigen. In meinem Herzen setzt sich eine bohrende Sorge fest.

Bohdana schaut ins Zimmer, in der einen Hand hält sie ein Wurstbrot, in der anderen einen Becher Tee, und sagt etwas, das mir endgültig den Boden unter den Füßen wegzieht: „Weißt du, Marta, entweder ist dein Maksym einfach nur ein Geizhals oder er ist wirklich das, wofür ich ihn halte“, wirft sie mir entgegen, fährt aber dann nicht fort.

Ich wende mich schweigend von Bohdana ab, hole den alten Rucksack heraus und beginne, sorgfältig meine kleine Porzellanpuppensammlung darin zu verstauen.

September
Donnerstag

Das Büro von Zoja Pawliwna befindet sich am Ende des Korridors. Nach der ersten Schicht im Kindergarten gehe ich zur Leiterin. Eine für diesen Ort untypische Stille zeigt an, dass die Kinder schlafen.

Zoja Pawliwna lehnt sich in ihren hohen Sessel, in dem sie fast untergeht. Eine Brille mit dünnem Rahmen hält sich gerade so auf ihrer Nasenspitze – ich würde sie ihr gern ein wenig nach oben schieben. Auf die dünnen Lippen hat sie eine dicke Schicht roten Lippenstift aufgetragen, auf den Wangen ist so viel Puder, dass er abzufallen droht, die Augen verlieren sich im grell geschminkten Gesicht. Sie ist groß, breitschultrig und besitzt eine eher maskuline Statur. Das fällt vor allem auf, wenn sie ein Kleid trägt, denn dann wirken die Schultern besonders gedrungen.

Im Büro der Kindergartenleiterin hängen Abschlüsse und Diplome an den Wänden; in ein frei gebliebenes Fleckchen hat sie das Porträt des Nationaldichters Schewtschenko gequetscht, an dem sie oben das traditionell bestickte Tuch befestigt hat. Ein typisches Büro einer typischen Leiterin.

„Komm herein“, sagt sie, als sie mich an der Tür bemerkt.

Der ganze Kindergarten weiß von meiner Heirat, denn, wie Zoja Pawliwna gerne wiederholt: „Wir sind eine Familie, und zwischen Kollegen darf es keine Geheimnisse geben.“ Ich bin damit zwar nicht einverstanden, doch behalte ich das für mich.

„Wann ist es so weit?“, fragt sie und schaut mir tief in die Augen.

„Am Sonntag.“

„Diesen Sonntag?“, hakt sie erstaunt nach.

„Ja.“

Dass ich kurz angebunden bin, mag sie nicht, aber ich kann

es nicht ändern. Ich gehöre nicht zu jenen, die im Büro der Vorgesetzten herumsitzen und von ihren Hochzeitsvorbereitungen schwafeln – vom Schleier bis zu den Plänen für künftige Kinder. Es ist lachhaft, aber würde man mich nach dem Schleier fragen, würde ich ausweichen, denn ich werde ein ganz normales, fliederfarbenes Kleid tragen. Und wir haben keine Pläne für Kinder. Zumindest bis jetzt.

Ich weiß, dass ich kein interessanter Gesprächspartner bin und meine Hochzeit einfach nur schlicht und gewöhnlich, also uninteressant sein wird. Nach den Maßstäben der Klatschtanten aus unserem Kindergarten natürlich.

„Werden Sie den Antrag unterschreiben?", frage ich und lege ein Blatt Papier mit nach rechts geneigten Buchstaben auf den Tisch.

„Für wie viele Tage?", fragt Zoja Pawliwna, bevor sie auf das Geschriebene blickt.

„Für zwei."

Ihre Augenbrauen schnellen vor Überraschung nach oben und verschwinden unter einer blonden Mähne. In diesem Moment sieht sie aus wie ein Clown, dem es gut gelingt, Verwirrung zu mimen.

„Für zwei?", hakt sie nach.

„Ja."

„Aber ... Das ist ganz schön wenig. Ich kann dir eine Woche freigeben."

„Nein, danke", wende ich ein, „zwei Tage reichen."

Sie denkt nach und versucht dabei gar nicht, ihre Verlegenheit zu verbergen.

„Wir fahren nicht in die Flitterwochen", sage ich dann, ohne zu wissen, warum.

Meine Worte klingen wie eine Rechtfertigung, obwohl ich mich nicht rechtfertigen will. Wen geht das etwas an? Meine Hochzeit ist meine Hochzeit. Und mein Eheleben ist mein Eheleben.

„Aber", sagt Zoja Pawliwna und ihre Brauen kehren langsam an ihren Platz zurück, „das ist nicht der Punkt. Natürlich kann sich nicht jeder von uns eine Hochzeitsreise leisten. Ich dachte nur, dass du dich gerne ausruhen, in der neuen Wohnung einrichten würdest."

Ich schweige. Was soll man dazu sagen?

„Du ziehst doch zu ihm?", fragt sie und durchbohrt mich mit ihrem Blick.

Ich meine zu schrumpfen.

„Ja, ich werde umziehen."

„Hat er eine Wohnung?"

Zum Teufel, was geht sie das an? Wohnung, Palast oder Holzhütte? Warum müssen die Leute unbedingt ihre Nasen in das Leben anderer stecken und in allem herumschnüffeln?

„Ja, eine Wohnung. Groß genug für eine Kleinfamilie", sage ich widerstrebend. Ich lege die Hände auf die Knie und fühle mich wie ein Schulmädchen, das ins Büro des Direktors zitiert wurde.

„Ah!" Zoja Pawliwna lacht und rückt ihre Brille zurecht. „Vielleicht wäre es besser, bei deinem Vater zu wohnen?"

Jetzt werden die schweren Geschütze aufgefahren: Die Leiterin verteilt allzu gern Ratschläge. Zoja Pawliwna kannte meine Mutter gut, deshalb erklärt sie ihre Sorge um mich immer mit mütterlichen Gefühlen. „Du bist wie eine Tochter für mich", sagt sie häufig und ich bin sicher, sie glaubt, dass ihr die alte, freundschaftliche Beziehung zu meiner Mutter das Recht gibt, sich in mein Privatleben einzumischen. Aber ich bin da anderer Meinung.

„Na, wie du willst", seufzt sie und unterschreibt den Antrag. „Ich will nur dein Bestes."

„Danke", antworte ich und versuche zu lächeln.

Obwohl ich mich nicht im Spiegel sehe, weiß ich, dass mein Lächeln schief und angestrengt wirkt und die Augen ängstlich und besorgt blicken.

„Marta", ruft Zoja Pawliwna, als ich mich schon zur Bürotür bewege, „ich wünsch dir Glück."

„Danke."

Ich zwinge mich, noch einmal zu lächeln, und trete auf den Flur hinaus.

September
Sonntag

Die Registrierung unserer Ehe wird von einer Frau vorgenommen, die ich gerne zu einem Kindergartenfest einladen würde, damit sie die Märchenfigur Baba Jaha oder den Babaj spielt. Sich schminken und die Rolle üben müsste sie nicht, sie ist offenbar schon so auf die Welt gekommen.

Ich schaue zu Maksym. Er sieht aus, als würde er gleich losprusten. Mir ist dagegen nicht zum Lachen. Das ist schließlich unser Tag und so eine Hexe erklärt uns zu Mann und Frau.

Ich trage das beigefarbene Kleid, das Bohdana am Morgen aus ihrem Kleiderschrank geholt und mir wild mit den Händen fuchtelnd anzuziehen befohlen hat. Laut Bohdana steht mir die Farbe Lila nicht, und das Kleid, das ich anziehen wollte, wäre zu einfach und zu gewöhnlich gewesen. „Willst du wie ein Huhn aussehen?", hat sie geklagt. Ich habe kapituliert und mich ihrem Willen gefügt. Triumphierend nannte sie Maksym erneut einen Geizhals, denn ihrer Meinung nach hätte er von meinem mickrigen Gehalt wissen und mir ein Kleid besorgen müssen. Das beige Kleid ist schön, da widerspreche ich gar nicht, aber es spannt ein wenig an der Brust, und deshalb fühle ich mich eingeengt.

Bohdana hat sich um mein Make-up gekümmert und ist den halben Vormittag um mich herumscharwenzelt, um mein Äußeres zu perfektionieren. Es ist gut geworden, aber ich würde mich wirklich gern waschen, denn meine Haut fühlt sich an wie Pappe: Sie atmet nicht und fängt schon an zu jucken.

Schließlich beendet Baba Jaha die kurze Zeremonie und lässt den Bräutigam die Braut küssen.

„Jetzt gehörst du mir", sagt Maksym und beugt sich über mich.

Auf der Straße sauge ich gierig die frische Luft ein.

Wir setzen uns ins Auto und fahren zum Restaurant Zum Zarenmahl, in dem Maksym einen Tisch reserviert hat.

Wir bestellen. Die Kellnerin lächelt die ganze Zeit. Ihr unaufrichtiges Lächeln und ihre zusammengekniffenen Augen erinnern mich an die Frau vom Standesamt. Vielleicht sind sie miteinander verwandt?

Maksym erzählt von seiner Arbeit, freut sich über seine Erfolge und darüber, dass er von allen Kolleginnen und Kollegen die meisten Wohnungen verkauft. Er arbeitet als Immobilienmakler und hilft der Kundschaft bei der Wohnungssuche sowie mit den Unterlagen.

Der Wein wärmt mich von innen, ich entspanne mich und genieße die gemütliche Atmosphäre. Ein wenig benommen lehne ich mich in den weichen Stuhl zurück und bewundere meinen Mann.

Maksym ist größer als ich, breitschultrig, seine Körperhaltung gerade. Der Ausdruck seiner grauen Augen ist scharf und verrät Eigensinn. Er trägt einen teuren, milchweißen Anzug, ein weißes Hemd und glänzend polierte Schuhe. Das dichte, blonde Haar hat er ordentlich gekämmt. Ich weiß, dass er fleißig und beharrlich ist. Seine Stimme klingt stark und selbstbewusst, und ich muss zugeben, dass mich das an meinen Vater erinnert. Maksym lacht selten, obwohl er gern Scherze macht und unzählige Witze kennt. Er ist belesen, intelligent und besitzt ein gutes Gedächtnis. So beeindruckt er mich zum Beispiel mit Fakten, die ich nie behalten könnte. In Gedanken nenne ich ihn ein wandelndes Lexikon.

„Hörst du mir zu?", fragt Maksym und legt seine rechte Hand auf meine.

„Ja, ich habe nur nachgedacht."

„Erzähl mir von den Gedanken, die durch den Kopf meiner Braut schwirren."

Statt einer Antwort schenke ich ihm ein Lächeln.

Der Nachtisch kommt. Ich sehe mich um und bemerke, dass nicht viele Gäste im Restaurant sind. An einem Tisch in der anderen Ecke des großen Saals sitzen zwei Frauen und unterhalten sich lebhaft. Ganz offensichtlich fühlen sie sich in solchen Etablissements wohl wie Fische im Wasser, im Gegensatz zu mir.

Das trübe Licht erreicht kaum unseren Tisch. Ich schmiege mich ins Halbdunkel. Es ist, als wären wir auf einer verlassenen Insel, einsam und glücklich.

„Diesen Monat habe ich viel geschafft“, Maksyms Stimme holt mich aus meinen Gedanken zurück. „Ich habe schon drei Wohnungen verkauft.“

Ich weiß nicht, wie ich darauf reagieren soll. Drei – ist das viel? Wahrscheinlich schon, wenn er sagt, dass er viel geschafft hat.

Offenbar steht mir die Verwirrung ins Gesicht geschrieben, denn Maksym erklärt: „Nicht jeder Immobilienmakler kann den Verkauf von drei Wohnungen in Luzk in so kurzer Zeit bewerkstelligen.“

„Bravo“, lobe ich ihn. Und im nächsten Moment mache ich mir Vorwürfe, dass ich meinem Mann gegenüber unaufmerksam war.

Er lächelt zufrieden und hebt sein Glas. „Auf uns“, sagt er.

„Auf uns“, bekräftige ich den Toast und nippe an dem trockenen Wein.

Wir reden über Verschiedenes, genauer gesagt, Maksym spricht, ich höre zu. Seine leicht raue Stimme hüllt mich ein.

Bald ruft Maksym die Kellnerin und bittet um die Rechnung.

„Schön haben wir gefeiert“, sagt er, vielleicht zu mir, vielleicht auch zu sich selbst.

„Ja. Das war schön.“

„Du bist nicht böse, dass wir niemanden eingeladen haben?“

Ich zögere einen Moment mit der Antwort, denn vor meinen Augen steht das Gesicht der verletzten Bohdana. Und Jaroslawa weiß noch nicht einmal etwas davon. Meinem Bruder Andrij habe ich auch noch nichts erzählt. Ich fühle, wie der Wein zusammen mit der Scham in meinem Kopf seine Wirkung entfaltet und meine Wangen dunkelrot anlaufen. Gut, dass die Beleuchtung so trüb ist.

„Ich finde nichts Schlechtes dabei“, kommt mir schließlich über die Lippen. „Es ist ja unser Fest und wir haben das Recht, selbst zu entscheiden, wie wir es feiern wollen.“

„Cleveres Mädchen“, flüstert Maksym.

Ich spüre einen bitteren Geschmack im Mund. Erstens mag ich es nicht, wenn man mich als „cleveres Mädchen“ bezeichnet, und zwar weil mein Vater mich einst so nannte. Denn er meinte es nicht als Lob, sondern wollte im Gegenteil meine Schwäche hervorheben. Zweitens finde ich eigentlich nicht, dass es richtig war, weder Verwandte noch Freunde einzuladen. Auch wenn wir nicht so viele Leute haben, mit denen wir diese Freude hätten teilen können, gibt es sie doch.

Aber was geschehen ist, ist geschehen. Ich wollte Maksym nicht verärgern, daher habe ich zugestimmt, als er vorschlug, im engsten Kreis zu feiern. Auch wenn ich noch nicht genau wusste, wie eng dieser Kreis sein würde.

Die Kellnerin bringt die Rechnung, Maksym holt sein Portemonnaie heraus. Dann blickt er auf den Betrag. In seinen Augen flammt Zorn auf. Dieses Feuer spiegelt sich einen Moment, nur einen winzigen Moment, in seinem Blick, doch mir ist nicht mehr wohl zumute.

„Na, Sie haben vielleicht Preise“, sagt Maksym und holt sein Geld heraus, „solche Preise locken wohl kaum viele Kunden an.“

Die Kellnerin lächelt weiter ihr falsches Lächeln. Ich aber möchte im Boden versinken, mich auflösen, verschwinden.

Maksym zählt das Geld ein zweites Mal nach. Ganz offensichtlich fürchtet er, mehr zu geben als nötig.

Die Kellnerin wartet geduldig, ich dagegen beiße nervös auf meiner Unterlippe herum und reibe, die Hände unter dem Tisch versteckt, meine Handflächen.

September
Montag

Draußen ist es düster, am Himmel sind schwere Wolken aufgezogen. Ich glaube, es wird regnen.

Maksym macht sich für die Arbeit fertig, ich dagegen hülle mich in seinen blauen Frotteebademantel und schaue meinem Mann zu. Er holt ein weißes Hemd aus dem Schrank, wählt eine passende Krawatte und zieht seine Hose an.

„Ich wollte heute meine Sachen herholen. Könntest du mir dabei helfen?“, frage ich.

„Eher nicht. Ich habe heute viel zu tun. Du musst ohne mich auskommen“, sagt er und steckt sein Hemd in die Hose.

„Gut. Ich kriege das schon irgendwie hin“, sage ich und denke über verschiedene Varianten nach, mit denen ich die Situation lösen könnte. Es ist eigentlich nur eine Tasche, doch die ist schwer. Aber das ist nichts verglichen mit der Reaktion von Bohdana, wenn sie sieht, dass ich die Sachen alleine schleppe. Um nicht ihren Ärger abzubekommen, sollte ich es also vor dem Mittagessen machen, während sie noch bei der Arbeit ist.

„Sag bloß, du hast viel Gepäck“, sagt Maksym, während er sein Spiegelbild genaustens inspiziert. Manchmal glaube ich wirklich, er liest meine Gedanken.

„Nein, nicht viel.“

„Du siehst ja selbst, dass die Wohnung klein ist. Wenn wir sie vollstopfen, können wir uns nicht mehr rühren.“

Mir bleibt nichts anderes, als zuzustimmen, also stoße ich ein „Ja“ hervor und sehe mich um.

Die Wohnung gehört Maksyms Onkel, der seinem Neffen netterweise diese paar Quadratmeter vermietet. Was würde mein Vater sagen, wenn er die derart winzigen Kämmerchen sähe?

Es ist wirklich nicht viel Platz, aber mir gefällt es hier. Überall herrscht Ordnung: Auf dem Regal stehen in gerader Linie Duftwässer und Cremes, die vor und nach der Rasur aufgetragen werden. Im Kleiderschrank ist alles fein säuberlich gefaltet, auch die Küche beeindruckt mit auf Hochglanz polierten Töpfen.

„Warum hast du dir heute nicht freigenommen?“, frage ich.

„Wozu?“, wundert sich Maksym.

„Na ja, wir könnten zusammen sein. Der erste Tag unseres Ehelebens ...“

„Werden wir noch lange genug“, antwortet er und konzentriert sich auf die Krawatte. „Gefällt es dir hier?“

„Ja, es gefällt mir“, sage ich mit einem aufrichtigen Lächeln, „eine Junggesellenhöhle, weder Topfpflanzen noch Bilder oder Blumensträuße in Vasen“, sage ich und schaue mich dabei noch einmal um. Aber als ich meinen Blick zu Maksym lenke, sehe ich bewölkte graue Augen. Ich hätte erwartet, dass er über meinen Witz lacht. Aber ...

„Eine Höhle ist ein Ort, an dem Tiere leben“, sagt er mit stählerner Stimme, kaltem Blick. Die Augen scheinen ihre Farbe zu ändern und auf dem Gesicht erscheint ein zorniger Ausdruck.

Ich erstarre für einen Augenblick. Haben ihn meine Worte verletzt?

„Entschuldige“, flüstere ich mit blutleeren Lippen, „entschuldige, so habe ich das nicht gemeint.“

Der Zorn weicht langsam aus seinem Gesicht.

„Entschuldige“, wiederhole ich ein ums andere Mal.

Maksym zieht Lederschuhe an, holt ein Jackett aus dem Schrank und bleibt an der Tür stehen.

„Bist du wütend?“, frage ich den Tränen nah.

„Nicht mehr“, sagt er, küsst mich auf die Wange und geht. Doch ich sehe, dass er sauer ist und mir keineswegs verziehen hat.

Eine bedrückende Stille senkt sich auf mich, und Tränen steigen in mir auf, an denen ich zu ersticken glaube.

Ich habe mit meinem unpassenden Witz alles vermasselt. Warum musste ich das sagen? Warum war ich nicht einfach still?

***

Jaroslawa sitzt mir im Café gegenüber und nippt an ihrem Tee. Unser Tischchen steht am Fenster, von wo aus der Flickenteppich der Stadt zu sehen ist. Neunstöckige Gebäude strecken sich in die Höhe, Schaufenster glitzern, Passanten schreiten eilig über die rechteckigen Pflastersteine. Ich glaube, sie bemerken dabei nicht, dass das Pflaster in Form eines Stickmusters verlegt wurde. Die Menschen haben es sich angewöhnt, zu eilen, zu rennen, sich nicht umzusehen, die Welt rundherum nicht wahrzunehmen.

Eine große, schlanke Frau zieht einen kleinen Jungen an der Hand, der sich weigert weiterzulaufen, ein schlaksiger, glatzköpfiger Mann wedelt mit seiner Aktentasche, als hätte er gerade einen lang ersehnten Job ergattert, und eine alte Großmutter tritt vor der Apothekentür von einem Fuß auf den anderen. Das Leben läuft unablässig weiter.

Ich aber freue mich über die Gelegenheit, durchzuatmen und Jaroslawas Gesellschaft zu genießen. Wir haben uns seit fast drei Monaten nicht gesehen, was für alte Freundinnen eine ziemlich lange Zeit ist. Daher haben sich viele Gesprächsthemen angesammelt.

Sie hat mich gegen drei Uhr nachmittags angerufen und vorgeschlagen, Tee zu trinken. Ich habe gerade meine Sachen ausgepackt, mein beliebtes Pilaw gekocht und die Wohnung auf der Suche nach einer Beschäftigung durchwandert.

Jaroslawa hat sich verändert: eine neue Frisur, manikürte Nägel, die Augen geschminkt und ein Kleid mit tiefem Ausschnitt.

„Kyjiw hat dich verändert", ziehe ich meine Freundin auf.

„Kyjiw hat damit nichts zu tun", lacht Jaroslawa und strahlt mich mit einem blendend weißen Lächeln an.

„Was ist dann das Geheimnis?"

„Ich habe mich verliebt", sagt sie, als rezitiere sie ein Gedicht.

„Schon wieder?" Ich kann es mir nicht verkneifen, das zu fragen, denn ich kenne ihre Schwäche. Die Männer in Jaroslawas Leben wechseln so oft, dass ich mich, wenn wir uns auch nur eine Woche nicht sehen, in ihrem Liebeschaos nicht mehr zurechtfinde.

„Diesmal stimmt alles", ruft sie und beginnt detailliert zu beschreiben, wie sie Ihor getroffen hat, das erste Date, seine Geschenke und wie er um Hand und Herz angehalten hat.

„Er hat dir also einen Antrag gemacht?", frage ich, aufrichtig verwundert.

„Hat er, und ich habe Ja gesagt."

„Das ist neu. Das kommt unerwartet", sage ich offen.

„Mach dich ruhig lustig. Die Hochzeit findet im November statt, wir haben schon das Restaurant gebucht. Und du wirst meine Trauzeugin sein."

Sie schwärmt weiter, ich aber verstumme. „Du wirst meine Trauzeugin sein" – die Worte wirbeln in meinem Kopf umher. Ich schäme mich vor meiner Freundin. Sie hat eine solche Missachtung von meiner Seite nicht verdient.

„Jaroslawa", unterbreche ich sie, „ich habe es noch nicht geschafft, dir zu sagen ... Es ist so ..." Wie schwer es ist, die richtigen Worte zu finden, um nicht als noch größeres Scheusal zu erscheinen.

„Was ist passiert?", fragt sie besorgt. „Ist etwas mit deinem Vater? Mit Andrij? Sag schon."

„Ich habe geheiratet." Eigentlich verkünde ich eine freudige Nachricht, aber ich fühle mich wie Judas: Ich küsse und begehe gleichzeitig Verrat. Im Mund Bitterkeit, es schmeckt nach Verlogenheit.

„Oh", ruft Jaroslawa und beugt sich über ihr Schokogebäck. Nimmt die Serviette in die Hand und faltet sie zu einem Fächer, zerknüllt sie dann und legt sie vor sich auf den Teller. „Wann ist das denn passiert?"

„Gestern." Meine Worte sind mir selbst zuwider.

Wir sind seit unserer Kindheit miteinander befreundet. Soweit ich zurückdenken kann, war Jaroslawa immer da. Unsere Eltern wohnen in der Nachbarschaft, zwischen ihren Häusern liegen nicht mehr als zweihundert Meter. Unsere Freundschaft ähnelt ein wenig meiner Freundschaft mit Bohdana, dauert aber schon länger, ist seit Jahren erprobt, tiefer und sorgloser. Wir haben Spielsachen, Äpfel und Kekse geteilt … Uns von den ersten Küssen erzählt, über Jungs diskutiert, die wir mochten, uns gegenseitig Tränen wegen einer unglücklichen Liebe abgewischt … Lange Telefongespräche, Unterstützung in schweren Momenten und die zuverlässige Schulter der Freundin … Mamas Krankheit, meine Trauer und die Auseinandersetzungen mit meinem Vater … Und sie, meine Jaroslawa, war immer für mich da. Immer.

Und jetzt das: Ich heirate, ohne ihr irgendetwas davon zu sagen. Ich bin ein schlechter Mensch. Wieder denke ich, dass es falsch war, Maksym nachzugeben und nur im engsten Kreis zu feiern.

„Du warst lange weg", beginne ich, mich zu rechtfertigen.

„Natürlich. Drei Monate. Aber wir haben doch oft telefoniert."

Diese Zurechtweisung habe ich verdient. Ich nehme den Schlag hin.

„Es tut mir leid", beginne ich wieder, „wir kennen uns noch gar nicht so lange."

„Bist du schwanger, Marta?" Jaroslawa geht mögliche Szenarien durch.

„Nein. Bloß Maksym, mein Mann … Na ja, alles ging so schnell. Er hat mir einen Heiratsantrag gemacht, ich habe Ja gesagt. Hm, das war vor einer Woche. Wir haben die Hochzeit nicht gefeiert. Wir haben nur die Eheschließung registrieren lassen, sind zu zweit ins Restaurant und fertig."

„Aber warum die Eile? Warum diese Geheimniskrämerei?"

„Sag nicht so was. Ich habe nichts vor dir verheimlicht."

„Aber du hast es mir auch nicht erzählt", seufzt Jaroslawa.

„Maksym hat vorgeschlagen, so zu feiern, und ich war einverstanden."

Sie nimmt eine andere Serviette und dreht sie in den Händen. „Andrij war auch nicht dabei?" Noch ein Schlag, dem ich nicht ausweichen kann.

„Nein. Niemand war dabei."

„Eigentlich ist das eure Sache." Die Freundin denkt laut nach. „Aber irgendwie seltsam. Wie habt ihr euch denn kennengelernt?"

„Auf einer Party von Bohdanas Freundin."

„Ah. Wenn Bohdana euch bekannt gemacht hat, bin ich beruhigt", sagt Jaroslawa lächelnd. Und ich beschließe, nichts von der gegenseitigen Abneigung zwischen meiner Freundin und meinem Mann zu erzählen. Und die Gerüchte, von denen Bohdana mir berichtet hat, um mich vor einer voreiligen und unbedachten Entscheidung zu bewahren, braucht Jaroslawa auch nicht zu kennen.

Ich wechsle das Thema und frage nach Jaroslawas zukünftigem Ehemann. Sie erzählt begeistert, während ich, die Hände in der Tasche versteckt, nach dem Schlüssel zu Bohdanas Wohnung taste und mich in meinen Gedanken dorthin bewege. Als ich gekommen bin, um meine Tasche zu holen, war die Freundin nicht da, aber auf dem Tisch lag eine Notiz in unbeholfener Handschrift.

Keine Sorge, ich bin nicht böse. Ich habe mich wieder beruhigt. Ich hoffe, alles ist gut gelaufen und du bist glücklich. Vergiss die Worte, die ich letzte Woche gesagt habe. Ich werde mich nicht mehr in dein Leben einmischen, denn ich liebe dich und respektiere deine Wahl (selbst wenn sie so unvernünftig ist). Aber erwarte nicht, dass ich deinen Mann achten und gut finden werde. Ich mag ihn nicht!!! Und dafür gibt es einen Grund.

PS: Ich überlasse dir die Wohnungsschlüssel. Für alle Fälle. Ich habe Zweitschlüssel. Keine Widerrede. Wenn du die Schlüssel nicht einsteckst, nehme ich dir das übel.

Deine treue und unverwüstliche Bohdana.

September
Dienstag

Gestern Abend rief mein Bruder Andrij an und bezeichnete mich als seelenlose, herzlose Person. Im Supermarkt hätte er zufällig Jaroslawa getroffen, die ihm von meiner Heirat erzählt hat. Und natürlich hatte er eine Menge Fragen, auf die er keine Antworten finden konnte.

Ich bekannte mich schuldig und bat um Verzeihung. Doch dann lenkte er das Gespräch auf unseren Vater und machte damit alles kaputt. Man kann nicht einmal sagen, dass es einen Streit gab, es war eher eine wütende Anklage in drastischen Worten.

Wir sind schon in unserer Kindheit nicht miteinander ausgekommen. Gemeinsame Gesprächsthemen, Insiderwitze oder Geheimnisse hatten wir nicht. Ich glaube, der Altersunterschied spielt in unserer Beziehung eine wichtige Rolle. Andrij ist dreiunddreißig (er und Maksym sind gleich alt) und ich bin sechsundzwanzig. Wie man es auch dreht und wendet, sieben Jahre machen viel aus. Als Andrij mit seinen Freunden auf der Straße vor unserem Hof herumtobte, lutschte ich noch am Daumen und saß im Kinderwagen. Als ich in die erste Klasse ging, rauchte mein Bruder heimlich hinter dem Haus Zigaretten. Als er sich verliebte, spielte ich mit Jaroslawa Puppen und beobachtete gemeinsam mit ihr im Verborgenen den Bruder und seine allabendlich wechselnden Mädchen. Er nannte mich „Kleine" und ich ihn „Bruderherz", wobei jedes Mal das linke Auge des „Bruderherzens" zuckte.

Um ehrlich zu sein, bin ich ihm gegenüber misstrauisch. Denn er ist unserem Vater zu ähnlich – sowohl im Aussehen als auch, was Wesen, Charakter und Temperament betrifft. Beide sind groß, gedrungen, mit langen Armen, die, wie mir in meiner Kindheit schien, bis zu den Knien reichten. Aber das ist nicht der

Punkt. Sowohl Vater als auch Andrij besitzen eine hitzige Natur und einen schwierigen Charakter. Sie explodieren plötzlich und unvermittelt, und es dauert lange, bis sie sich wieder beruhigen.

Wenigstens kann ich mich damit trösten, dass Maksym ganz anders ist. Er ist gebildet, zurückhaltend und ausgeglichen. Machen wir uns nichts vor, natürlich wird auch Maksym manchmal wütend, aber das ist keine große Sache. Schließlich gewöhnen wir uns gerade aneinander, es gibt noch Reibungen und Anpassungsschwierigkeiten. Hauptsache, ich quatsche nichts Unnötiges daher wie das mit dieser „Junggesellenhöhle". Keiner hat dich danach gefragt? Dann setz dich hin und halt den Mund.

„Gehst du heute wieder nicht zur Arbeit?", fragt Maksym, während er seinen Tee schlürft.

„Nein. Ich habe zwei Tage beantragt."

„Warum?", fragt er und zieht überrascht die Augenbrauen hoch.

Wenn ich mir seine Reaktion ansehe, verstehe ich selbst nicht mehr, warum.

„Ich gehe morgen wieder arbeiten", sage ich und versuche selbstsicher zu wirken. Doch meine Stimme lässt mich im Stich.

„Na, dann ruh dich aus", seufzt Maksym und zieht sein Jackett an, „ich hingegen werde heute einen harten Tag haben."

Er geht und vergisst, mich zu küssen. Ich öffne die Tür und rufe nach ihm. Maksym sieht sich um, winkt aber nur mit der Hand und eilt den langen Gang entlang.

Na, was soll's. Er ist in Eile. Das kommt vor. Ich hätte selbst daran denken können, statt zu erwarten, dass er an alles denkt.

***

Gestern hat es trotz des bedeckten Himmels nicht geregnet, aber heute schüttet es den ganzen Tag wie aus Eimern, obwohl keine Schauer vorhergesagt wurden.

Es wird Abend. Ich sitze auf der Fensterbank in der Küche und schaue auf eine menschenleere Straße, die sich von Minute zu Minute mehr in der Dämmerung verbirgt. Die breite Fahrbahn, die Bürgersteige und die Dächer der Geschäfte sind vom Regen überflutet. Ein Trolleybus voller Menschen fährt vorbei.

Morgen werde ich auch wieder eine der Personen in der Menge sein, doch heute bin ich eine einsame Braut. Maksym hatte ja recht damit, anzudeuten, dass mir die beiden freien Tage nichts bringen. Wobei ich gedacht hätte, dass er auch freinehmen würde, um Zeit mit mir zu verbringen. Andererseits: Wie sollte er von meinen Absichten wissen, wenn ich sie nicht zu äußern wagte? Ich bin jedenfalls selbst nicht darauf gekommen, darüber zu sprechen, also bin ich auch selbst schuld.

Die Wohnung riecht nach frisch gekochter Frikadellensuppe. Ich habe es heute geschafft, den Boden zu wischen und das Bad zu putzen. Das war noch vor dem Mittagessen erledigt. Danach aber blieb die Zeit stehen, als hätte jemand den Uhrzeiger wieder zurückgedreht.

Die in unserem Haus tagsüber herrschende Stille weicht allmählich dem abendlichen Lärm. Müde Nachbarn kehren von der Arbeit heim, Schlüsselklappern ist zu hören, das Knarren von Türen, Kinderstimmen, Lachen und Gesprächsfetzen. Alle grüßen sich. Ich jedoch hatte noch keine Gelegenheit, jemanden kennenzulernen. Aber was gibt's da kennenzulernen, ich bin noch nicht einmal in meinem neuen Zuhause angekommen, auch am dritten Tag kommt es mir noch kalt und fremd vor.

Unruhig springe ich von der Fensterbank. Mir fällt ein, dass ich meine Porzellanpuppen noch nicht ausgepackt habe. Ich sammle sie seit zehn Jahren, seit Jaroslawa mir eine dieser Schönheiten zum Geburtstag geschenkt hat: eine blauäugige Blondine in einem schwarzen Abendkleid. Inzwischen besitze ich acht davon. Alle sind beinahe gleich groß, unterscheiden sich jedoch durch ihre Kleidung, die Haarfarbe und die Gesichtszüge. Sie schauen bedeutungsvoll und selbstsicher vor sich hin und spielen sich voreinander auf.

Ich hole meine Lieblingspuppe heraus: die mit den langen, dunkelblonden Haaren, einem grünen Kleid und dem dazu passenden Hut. Sie unterscheidet sich durch nichts Besonderes von den anderen, aber sie liegt mir am Herzen, weil meine Mutter sie mir ein Jahr vor ihrem Tod geschenkt hat.

Ich hole einen Hocker und stelle meine Sammlung im Regal auf. Einen anderen Platz finde ich nicht.

So, das wäre erledigt. Ich trete ein paar Schritte vom Regal zurück zum Bett und betrachte die Puppen wie Trophäen. Sie lachen mir zu.

Da höre ich im Flur ein Kind weinen, was mich vom Betrachten der Porzellanschönheiten ablenkt. An der Wohnungstür schaue ich durch den Spalt. Im langen Gang steht ein circa fünfjähriges Mädchen. Zwei dicke, straff geflochtene Zöpfe, ein rosa Kleidchen. Sie ist barfuß.

Ich verlasse die Wohnung und gehe auf die Kleine zu. Tränen kullern über ihre Pausbäckchen. Sie schaut sich um, als suche sie jemanden.

„Hallo", sage ich zu ihr und gehe in die Hocke, um sie besser anschauen zu können.

Das süße, engelsgleiche Geschöpf verstummt für einen Moment und sieht mir interessiert in die Augen. Die Neugier überwiegt und sie fragt: „Wer bist du?"

„Ich bin Marta. Und du?"

„Ich bin Nastja." Das Mädchen wischt eine Träne weg.

„Warum weinst du denn?"

„Ich suche Papa." Die Unterlippe des Kindes beginnt zu beben. Es ist kurz davor, wieder loszuheulen.

„Nicht weinen. Ich helfe dir."

Sie sieht mich an und fragt dann: „Bist du eine Fee?"

„Nein", sage ich lächelnd, „aber ich kenne auch alle möglichen Zaubertricks."

„Zeigst du mir welche?"

„Na klar. Aber zuerst finden wir deinen Papa."

Ich nehme die kleine Hand. Nastja protestiert nicht, sondern führt mich zum Ende des Korridors.

„Wir wohnen irgendwo hier", sagt sie und ihre Stimme zittert wieder, „aber das ist nicht unsere Tür. Unsere Wohnung ist verschwunden."

„Wo warst du denn gerade?"

„Ich habe bei Myschka gespielt, aber dann hat er gesagt, er will gar nicht mehr spielen, obwohl ich noch was aus Legosteinen bauen wollte ..." Das sanfte, süße Stimmchen verstummt, das Mädchen lässt ihr Köpfchen hängen.

„Und dann wolltest du heimgehen?"

„Mhm", murmelt Nastja, „aber mein Zuhause ist nicht mehr da."

„Keine Sorge. Wir finden dein Zuhause. Wartet dein Papa auf dich?"

„Mhm."

„Und die Mama?"

„Nein. Ich wohne bei Papa."

Unser Gespräch ist in eine Sackgasse geraten. Ich habe etwas Falsches gefragt, als ob ich zu tief in ihre Privatsphäre eingedrungen wäre. Bevor Nastja die Hoffnung verliert, dass die Fee überhaupt zu irgendetwas gut sei, muss ich eine Lösung finden.

„Wohnt Myschka auf dieser Etage?"

„Nein. Auf der fünften."

„Und auf welcher Etage wohnst du, Nastjalein?"

„Auf dieser. Auf der sechsten."

„Aber das ist nicht die sechste. Das ist die siebte. Du hast dein Stockwerk verpasst, als du von Myschka weggegangen bist."

Ich führe sie die Treppen hinunter und halte sie dabei fest an der Hand. Was macht eigentlich der Vater, dass er sein Kind allein von Stockwerk zu Stockwerk laufen lässt? Und wenn das Mädchen auf die Straße gegangen wäre? Wenn sie von Betrunkenen belästigt worden wäre? Allein die Vorstellung ist schrecklich. Ich muss ihren Vater unbedingt ermahnen.

Und wenn ihr Vater selbst ein Trunkenbold ist? Warum hat Nastja nichts von der Mama gesagt? Höchstwahrscheinlich wächst sie in einer dysfunktionalen Familie auf, ist meine Schlussfolgerung.

Wir gehen in den sechsten Stock hinunter, wo das Mädchen ihre Tür wiedererkennt, die mit billigem Kunstleder bezogen ist.

Ich stehe im Eingang und trete vor Verlegenheit von einem Fuß auf den anderen. Hinein oder zurückgehen?

Nastja ruft ihren Papa. Ein rund fünfunddreißigjähriger Mann schaut aus der Küche. Er trägt eine Schürze mit einem lächelnden Bären darauf. Sein Gesicht ist mit Mehl bestäubt, in der linken Hand hält er einen Topf, in der rechten einen Mixer. Er wendet seinen Blick zu mir, und in seinen Augen lese ich die Frage: „Wer bist du?"

Ich grüße und erzähle hastig, dass Nastja sich verlaufen hat und ich ihr geholfen habe, nach Hause zu finden. Er stellt den Topf mit dem Mixer auf eine Ablage neben der Eingangstür, wischt sich die Hände an der Schürze sauber und hockt sich neben Nastja. Sie umarmt seinen Hals mit beiden Ärmchen, verbirgt ihr Gesicht und flüstert, dass sie Angst hatte.

Vor lauter Verwirrung gelingt es mir nicht, meine Gedanken zu sammeln und etwas mehr oder weniger Kluges zu sagen. Ich hatte schließlich erwartet, dass mir entweder ein besoffener oder ein angesoffener Mann mit einer Flasche Bier in der Hand entgegenkommen würde. Aber ... ein Mixer, ein Topf, eine Bärenschürze?

Die Sorge in seinen Augen sagt mehr als all das leere Gerede, das ich von den Eltern im Kindergarten zu hören bekomme. Er ist wirklich erschrocken.

Er hebt Nastja auf den Arm, streichelt ihr übers Haar und drückt sie an sich.

Da meine Mission erfüllt ist, drehe ich mich zur Tür.

„Warten Sie", sagt der Mann. Seine Stimme ist sonor und ruhig. „Wir stehen in Ihrer Schuld."

„Nicht doch. Ich habe nur getan, was jeder an meiner Stelle getan hätte."

„Ich danke Ihnen."

Sein Dank klingt aufrichtig, die Augen – was haben sie nur für eine Farbe, ich kann es nicht erkennen – sehen mich freundlich an. Dunkelblondes Haar fällt in die hohe Stirn, er lächelt und zeigt mit der Hand auf die Küchentür.

„Kommen Sie herein. Ich kann gar nicht in Worte fassen, wie dankbar ich Ihnen bin." Er umarmt das Kind immer noch fest. „Deshalb möchte ich Ihnen für die Rettung meiner Tochter Mlynzi spendieren."

„Danke für die Einladung, aber ich muss gehen. Vielleicht ein andermal.“

Nastja schenkt mir ihr schönstes Lächeln, obwohl bei diesem Kind jedes Lächeln ganz zauberhaft ist, und winkt mit der Hand.

Als ich schon auf dem langen Korridor bin, höre ich seine Stimme rufen: „Wie heißen Sie eigentlich?“

Ich sehe mich um und antworte: „Marta. Und Sie?“

„Ruslan.“ Er hält schon wieder den Topf mit dem Mixer in der Hand und Nastja steht neben ihm. „In welchem Stockwerk wohnen Sie?“

„Im siebten. Genau über Ihnen.“

„Also wir wohnen in der Nummer 68 und Sie in der 78?“

„Ja“, sage ich und gehe nach oben.

Die Tür zu unserer Wohnung steht offen. Weil ich es so eilig hatte, zu dem weinenden Kind zu kommen, habe ich offenbar vergessen, sie zu schließen. Wenn Maksym inzwischen zu Hause ist, wird er wütend sein, und das nicht ohne Grund.

Aber die Wohnung ist leer.

Ich sehe nach, wie spät es ist. Acht Uhr abends. Er ist schon ganz schön lange weg.

***

Maksym kommt gegen neun, und schon als er noch auf der Türschwelle steht, rieche ich den Alkohol. Er ist fröhlich und gut gelaunt.

„Wo warst du so lange?“, frage ich.

„Ich habe ein bisschen mit den Jungs gefeiert. Ich musste doch zum Ende meines Junggesellenlebens den Kollegen ein Bier ausgeben. Wir haben uns im *Obolon* ein bisschen amüsiert.“

Maksym zieht seine Schuhe aus und fällt aufs Bett. Ich will gerade von meinem Abenteuer mit dem verirrten Mädchen erzählen, da schaut er zum Schrank und bemerkt meine Puppensammlung.

„Was ist das denn?“

Seine Reaktion gefällt mir nicht sonderlich. Sie ist nicht eindeutig. Ist er etwa sauer, dass ich mich in der Wohnung einrichte?

„Das sind Porzellanpuppen. Ich sammle sie seit meiner Kindheit."

„Puppen ... aus Porzellan. Mhm."

Er schaut von einer Puppe zur nächsten, und ich warte schweigend darauf, dass er seine Inspektion beendet. „Die erste Porzellanpuppe gab es bereits im 18. Jahrhundert", beginnt er schließlich, „in Frankreich. Später haben auch die Deutschen solche Puppen hergestellt. Glänzende Augen, matte Haut, als wäre sie durchsichtig, präzise Gesichtszüge ... Spielzeug für die Aristokratie. Denkst du, wir sind Aristokraten?", fragt Maksym und durchbohrt mich mit seinem Blick.

Seine Stimme ist so ruhig und kalt, dass ich zu frösteln beginne. Warum erzählt er mir das alles? Was will er hören?

Da beginnt Maksym laut zu lachen. Sein eisiges Lachen dröhnt durch den Raum, sodass ich mir die Ohren mit den Händen zuhalten oder sogar weglaufen möchte. Er steht auf und kniet sich neben mich.

„Was hast du denn?", fragt er, lacht aber weiter.

Die Worte stecken in meiner Kehle fest.

„Ich hab doch nur Spaß gemacht."

Er küsst mich und drückt mich an sich.

„Du bist meine Aristokratin."

Ich lächle, aber in mir pocht es und in meinen Ohren dröhnt immer noch sein Lachen.

Ein Klopfen an der Tür durchbricht die Stille.

Maksym zieht überrascht die Augenbrauen hoch. „Erwartest du jemanden?", fragt er.

„Nein", antworte ich voller Gewissheit.

Maksym öffnet die Tür und ich höre Nastjas süße Stimme: „Guten Abend. Wo ist denn Marta?"

Ich springe auf und eile zur Tür. Dort stehen Ruslan und Nastja. Das Mädchen hält einen Teller mit den versprochenen Pfannkuchen in den Händen und Ruslan ein Glas Marmelade.

„Wir wollten uns bedanken." Ruslans Stimme klingt unsicher. „Also, noch mal unsere Dankbarkeit ausdrücken."

Ich setze ein Lächeln auf und bitte sie hereinzukommen, aber Maksym steht weiter in der Tür und versperrt damit den Durchgang.

„Es ist schon ein bisschen spät", sagt Ruslan, „vielleicht ein andermal."

Ich nicke, denn ich verstehe, dass zu gehen das Beste ist, was sie jetzt tun können.

Maksym schließt die Tür und kehrt langsam zu mir zurück. Er schweigt.

Da er nicht fragt, beginne ich zu erzählen. Ich erkläre meinem Mann, was sich heute mit dem Mädchen zugetragen hat, und erwarte, dass er stolz auf mich ist. Aber es kommt anders als gedacht.

Nachdem er mir zugehört hat, sagt Maksym: „Ich glaube nicht, dass du mit irgendjemandem aus diesem Haus Freundschaft schließen solltest. Vor allem nicht mit denen."

Ich höre seine Worte, aber ich verstehe ihre Bedeutung nicht. „Vor allem nicht mit denen" klingt verächtlich.

„Warum denn?", frage ich.

„Darum", antwortet er.

Was soll man auf so eine vielsagende, aufschlussreiche Antwort entgegnen?

Wenig später kommt Maksym auf das Thema zurück: „Eine verheiratete Frau, die mit einem einsamen Witwer verkehrt. Was meinst du, wie schnell da Gerüchte entstehen?"

Die Tatsache, dass Ruslan Witwer ist, verblüfft mich mehr als Maksyms Verbot, ihn zu treffen. Die kleine Nastja wächst ohne Mutter auf! Das ist schrecklich. Furchtbar. Alle Verantwortung für die Erziehung des Mädchens liegt auf Ruslans Schultern. Welche Berge er wohl versetzen muss, um das Kind nicht nur zu ernähren und zu kleiden, sondern ihm auch die Mutter zu ersetzen und eine Atmosphäre zu schaffen, in der es sich fühlt, als würde es in einer vollständigen Familie aufwachsen.

„Hörst du mir zu?" Maksyms Stimme holt mich in die Realität zurück.

„Ja. Du hast recht. Sei nicht böse, ich wollte nur dem Kind helfen, das sich verlaufen hatte."

„Du hast ihm geholfen, und damit ist es jetzt gut."

„Ja", pflichte ich ihm bei und sehe ein, dass ich unbedacht gehandelt habe. Mein Verhalten und vielmehr noch eine Freundschaft mit Ruslan und Nastja könnten falsch verstanden werden, böse Zungen könnten Gerüchte in die Welt setzen, die weder wir noch Ruslan und Nastja brauchen können. Maksym hat wie immer recht.

***

Beim Einschlafen kommt mir der Gedanke, dass ich beim nächsten Mal nicht nur Maksym erzürnen, sondern auch seinen Ruf riskieren würde. Wenn er meint, dass eine anständige Frau sich nicht mit einem einsamen, verwitweten Mann anfreunden sollte, dann darf ich ihn nicht mit meinen Handlungen verärgern.

Alles scheint ganz klar, und doch steht mir die kleine Nastja vor Augen, die nicht nach Hause gefunden hat. Das Mädchen, dessen Mutter verstorben ist. Ein Mädchen, das Zuneigung und Zärtlichkeit braucht. Und irgendwo tief in meinem Herzen setzt sich Verständnislosigkeit gegenüber Maksyms Worten fest: Warum soll ich mich nicht mit einem Kind treffen?

Zur Wand gedreht versuche ich einzuschlafen. Da legt Maksym seine Hand auf meine Schulter und zieht mir das Nachthemd aus. Er setzt sich neben mich, beugt sich zu mir und küsst mich. Ich umarme ihn und erwidere den Kuss.

Sein Mund ist warm und feucht. Alles wäre gut, wäre da nicht der säuerlich-schale Alkoholgeruch, der das Atmen und Entspannen schwer macht. Ein beißender Geruch, der das ganze Zimmer erfüllt. Ein scharfer und stechender Geruch, den ich seit meiner Kindheit kenne. Ätzend und toxisch.

Wobei es weniger ein Geruch ist als vielmehr ein Gestank.

Mein Vater hat so gestunken.

September Mittwoch

Die Kinder begrüßen mich freudig, alle ziehen gleichzeitig an mir. Ich habe schon immer gedacht, Erzieherinnen müssten aus Gummi sein, dann könnten sie sich ohne Schmerzen gut verbiegen.

Unser Kindergarten ist geräumig, einer der renommiertesten in Luzk, wie Zoja Pawliwna unermüdlich wiederholt. Er besitzt ein großes, von einem Metallgitter umzäuntes Gelände, auf dem so viele Bäume wachsen, dass ich im Frühjahr und Sommer manchmal glaube, im botanischen Garten zu sein. Hier gibt es Lebensbäume, Zierweiden und Blautannen. Märchenhaft.

Gegen zehn Uhr schaut Zoja Pawliwna bei unserer Gruppe herein. Die Brille hält sich kaum auf ihrer Nasenspitze, wieder würde ich sie gerne hochschieben, damit sie nicht herunterfällt.

„Wo ist unsere Braut?“, fragt sie die Kinder, die sogleich überlegen, wer von ihnen heute diese Rolle spielt.

„Ich bin die Braut“, sagt Solomijka, die hinter mir hervorlugt, während ihre schrille Stimme durch den Raum hallt.

„Nicht du“, entgegnet Zoja Pawliwna etwas unpassend, „unsere Braut ist Marta Adamiwna.“

Die Kinder blinzeln verdattert, ich verziehe das Gesicht zu einem schiefen Grinsen und klatsche in die Hände. Warum redet die Leiterin solchen Unsinn?

„Das ist ein Spiel“, greife ich den Faden auf, „heute werde ich die Braut sein und morgen Solomijka.“

„Und ich?“, fragt Katrusja und gibt Laute von sich, die einem Weinen ähneln. „Ich will, ich will.“

Katrusja benimmt sich immer so. Wenn sie einmal nicht die Erste ist, kommen sofort Tränen, in der Regel vorgetäuschte, keine echten. Aber wenn ich sie die Erste sein lasse, dann weint sie ebenfalls, denn, das muss man verstehen, die Erste zu sein, ist beängstigend. Eine kleine Dramaqueen also.

„Marta Adamiwna sieht nicht aus wie eine Braut", gibt Wika zu bedenken.

Zoja Pawliwna betrachtet mich von Kopf bis Fuß und wirkt mit meinem Aussehen – Jeans, blauem Sweater, an den Füßen Mokassins – unzufrieden. Schon klar, was an mir sieht schon nach Braut aus?

Die Leiterin macht eine Handbewegung, als verscheuche sie Fliegen, wobei sie zu den Kindern sagt, sie seien noch zu klein und verstünden nichts. Mir streckt sie die feuchte Hand entgegen, schüttelt mich dann aber an der Schulter.

Ich habe keine Ahnung, was sie will. Erst einen Moment später dämmert mir allmählich die Bedeutung ihrer Worte: Sie gratuliert mir.

Wenn sich im Leben der Erzieherinnen etwas Wichtiges ereignet, wie die Geburt eines Kindes oder Enkels, eine Hochzeit oder ein Geburtstag, sammeln wir normalerweise in der Gruppe Geld, um zu gratulieren, und der Betroffene gibt dem Kollektiv einen aus. Diesmal ist es aber anders, denn bei mir handelt es sich um das schwarze Schaf. Mein Geburtstag am 1. Januar zum Beispiel fällt direkt auf einen Feiertag. Wenn die Kolleginnen nicht sowieso vergessen, mir zu gratulieren, dann tue ich so, als hätte ich vergessen, dass ich ihnen was ausgeben muss. Verpflichtungen dieser Art sind nicht meine Stärke, das gebe ich zu. Außerdem waren mir leeres Geschwätz und hohle Trinksprüche schon immer unangenehm. Deshalb „spiele ich die Dumme", wie Bohdana zu sagen pflegt.

Allerdings hat sich schon morgens der Gedanke eingeschlichen, dass ich es kaum umgehen kann, meine Hochzeit mit den Kolleginnen zu feiern, und ich habe Maksym darauf hingewiesen, dass wahrscheinlich etwas in der Art auf uns zukäme. Er schaute mich daraufhin erstaunt an und fragte dann, ob ich im Kollektiv Freundinnen hätte. Er sei sich sicher, dass dem nicht so ist.

„Ich sehe also keinen Grund, wegen der Ansprüche dir fremder Leute Geld auszugeben", schnauzte er.

Ich verspürte den Drang, ihn daran zu erinnern, dass er unsere Hochzeit ja auch mit seinen Kollegen im *Obolon* gefeiert hätte, aber ich schwieg. Denn ich hatte ja beschlossen, meinen Mann nicht zu verärgern, und blieb dabei.

Jetzt, da ich unter den neugierigen Blicken von Zoja Pawliwna zusammenschrumpfe, bedauere ich, dass ich nicht darauf bestanden habe. Wie auch immer erwartet man von mir zumindest Tee und Kuchen.

„Wenn Sie nichts dagegen haben“, flüstere ich ins Ohr der Leiterin, „könnten wir nach dem Mittagessen, während die Kinder schlafen, ein wenig Tee trinken.“

Ein breites Lächeln von einem Ohr zum anderen zeigt, dass sie einverstanden ist. Ihr roter Lippenstift glänzt noch mehr.

***

Ich überlasse die Kinder der Aushilfserzieherin Wita und gehe schnell einkaufen. Gut, dass es in Luzk an jeder Ecke einen Supermarkt gibt. Ich werfe zwei Kuchen, zwei Flaschen Wein, Tee, Kaffee und Obst in den Einkaufswagen. Natürlich reißt das ein Loch ins Budget, aber ich nehme mir vor, den ausgegebenen Betrag mit dem Geld auszugleichen, das mir die Kolleginnen schenken werden.

Auf dem Weg zum Kindergarten lächle ich bei dem Gedanken, alles richtig zu machen. Denn Geiz ist keine Tugend, auf die man stolz sein kann. Ob es mir gefällt oder nicht, ich werde mit diesen Leuten noch lange zusammenarbeiten müssen, und das heißt, dass man sowohl die freudigen als auch die betrüblichen Momente miteinander teilt.

Dann trifft mich, wie ein Pfeil in den Rücken, ein Gedanke, der dem vorherigen widerspricht und ihn überschattet: Heute ist erst der dritte Tag nach der Hochzeit und schon hintergehe ich meinen Mann. Ich habe dennoch vor, den Mund zu halten und nichts von der heutigen Aktion auszuplappern. Lügen werde ich nicht, aber schweigen. Denn Verschweigen und Betrügen sind unterschiedliche Dinge.

Zwar habe ich das nun mit mir selbst ausgemacht, dennoch bleibt ein bitterer Nachgeschmack.

Oktober
Montag

„Hast du dir schon ein Kleid gekauft?“, fragt mich Oksana, mit der zusammen ich in einer Gruppe arbeite.

„Noch nicht“, antworte ich und bin froh, dass sie mich daran erinnert. Ich habe das passende Outfit für das Herbstfest völlig vergessen.

Unter den Erzieherinnen hat sich eine Art Tradition gebildet: Zu jedem Fest muss ein neues Kleid her.

Oksana beugt sich über ihre Papiere und schreibt sorgfältig ein Gedicht über ein Ahornblatt ab, das sie gerade im Internet gefunden hat. Äußerlich sind wir sehr verschieden. Ich bin klein, dünn und habe dichte, blonde Locken auf dem Kopf. Oksana hat kurzes, schwarzes Haar, das ständig über den Papierbögen hängt, sodass sie sich dauernd widerspenstige Strähnen hinters Ohr steckt. Ihre Schultern sind breiter als meine, sie hat lange Beine und ein blendendes Lächeln. Sie ist zwar nur zwei Jahre älter, glaubt aber, viel mehr Lebenserfahrung zu besitzen.

Oksana hat mit zwanzig geheiratet, sie hat einen sechsjährigen Sohn, einen Trottel von Ehemann und eine hysterische Schwiegermutter. Trotzdem verteilt sie großzügig Ratschläge. „Ich bin klein, aber von mir ist genug für alle da. Sei freundlich zu denen, die Freundlichkeit verdienen, und flöße jenen Angst ein, die deinen Frieden stören“, scherzt sie oft, aber ich meine, dahinter Kummer und Müdigkeit zu bemerken. Deshalb versuche ich, ihr nicht zu widersprechen. Um ihr nicht weh zu tun.

„Wem können wir diesen Text zutrauen?“, fragt sie, während sie noch schreibt. Ihre Fähigkeiten haben mich immer beeindruckt, ich habe sogar mal gescherzt, dass sie eine entfernte Verwandte von Julius Cäsar sein müsse, denn gleichzeitig zu reden, zu kauen, zu schreiben und sich um Kinder zu kümmern, das kann nicht jeder.

„Vielleicht Solomijka?“, schlage ich vor.

„Solomijka ist vor Publikum ein bisschen verloren, also nicht selbstsicher genug.“

„Na ja, viele unserer Kinder sind vor Publikum verloren, aber das heißt nicht, dass sie keinen Text bekommen.“

„Es ist so …“ Oksana schreibt die letzten Verszeilen auf. Dann setzt sie sich gerade hin, streicht eine Strähne hinters Ohr und starrt mich an.

„Ja?“

Was will sie denn? Was passt ihr nicht?

„Was ist denn nun?“

„Mach mich nicht nervös, Marta. Ich rede von deinem Kleid. Wann wirst du es kaufen?“, fragt Oksana – ohne jeden Scherz.

„Darüber habe ich noch nicht nachgedacht“, sage ich wahrheitsgemäß.

„Interessant“, sagt sie und ihre Augen sprühen Funken. „Ist dein Kopf noch so voll von der Hochzeitsnacht, dass du keine Zeit hast, über solche Banalitäten wie das Herbstfest nachzudenken?“

„Ich lasse mir was einfallen“, sage ich leicht verärgert.

„Natürlich lässt du dir was einfallen. Das Fest ist am Mittwoch, aber du musst noch nachdenken. Ts, ts, ts.“

***

Das erste Zwielicht legt sich wie eine graue Decke über die Stadt. Dichter Nebel verhüllt Häuser, Autos, Passanten.

Ich gehe am Park der Neunhundertjahrfeier von Luzk vorbei, der allmählich zur Ruhe kommt. Er ist leer, als wäre er vergessen worden. Schmale, ausgetretene Pfade schlängeln sich zwischen den Bäumen hindurch, führen in die Tiefe des Parks und verschwinden im dichten Nebel. Tagsüber sind hier viele Menschen, aber gegen Abend legt sich eine wohltuende Ruhe über die Baumkronen. Ich horche in die Stille hinein und beschließe, Maksym bald einmal vorzuschlagen, am Abend spazieren zu gehen, obwohl ich tief in meinem Herzen bezweifle, dass er mitkommt.

Müde und erschöpft kehre ich nach Hause zurück. Als ich die Straße entlangzuckele, ist es, als würde mich der Nebel verschlucken, und als ich die Haustür erreiche, muss ich blinzeln, weil mich das Licht gnadenlos blendet.

Der Aufzug funktioniert schon seit drei Tagen nicht. Ich gehe zu Fuß in den siebten Stock. Ich habe jetzt nur noch den Wunsch, mich unter die Dusche zu stellen und mich dann unter der warmen Decke zu verstecken. Schlafen, schlafen und noch einmal schlafen. Draußen ist Herbst und auch in meinem Herzen ist Herbst.

Im vierten Stock treffe ich Ruslan, der zwei Stufen überspringt und auf mich zustürzt.

„Ist etwas passiert?“, frage ich beunruhigt.

„Oh, guten Abend“, grüßt er und bleibt so nahe vor mir stehen, dass mich der Duft seines Aftershaves in der Nase kitzelt. Er trägt dunkelblaue Jeans, und unter der Ballonjacke lugt ein kirschfarbener Pullover hervor.

„Guten Abend“, grüße ich zurück und schaue an mir herab auf meine alte, ausgeblichene schwarze Hose und die vor zwei Jahren gebraucht gekaufte, zerschlissene Jacke. Ich sehe aus, als käme ich gerade vom Gärtnern, nicht von der Arbeit.

„Ich laufe zum Laden“, erklärt Ruslan lächelnd. „Wissen Sie, Nastja wollte ein Brötchen mit gezuckerter Kondensmilch beschmieren. Aber dabei ist ein Problem aufgetaucht: Wir haben nämlich zwar Brötchen, aber keine Milch.“

„Ah!“ Ich nicke. „Grüßen Sie Nastja von mir.“

„Ja, gerne.“

Ruslan bewegt sich zwar, bleibt aber stehen. Wir schweigen, keiner von uns geht weiter. Da stehen wir wie zwei Statuen im Park, die gerne ihren Platz verlassen würden, aber nicht können.

„Es hat mich gefreut, Sie zu treffen.“

„Dich“, sage ich, „dich zu treffen. Wir können uns duzen.“

„Schön. Dich zu treffen.“

Ich sehe ihn zum dritten Mal in meinem Leben, trotzdem kommt es mir vor, als würden wir uns seit einer ganzen Ewigkeit kennen.

„Tschüss“, presse ich hervor.

Jetzt geht er.

Noch drei verdammte Etagen, dann bin ich zu Hause. Die Tüte mit Brot, Makkaroni, Mineralwasser und Sardellen ist so schwer, als wäre sie randvoll mit Ziegelsteinen.

Es ist dunkel in der Wohnung. Das Licht der Straßenlaternen dringt durch die geschlossenen Vorhänge kaum ins Zimmer.

„Maksym!“, rufe ich.

Stille. Ich schleiche ins Schlafzimmer, vorsichtig, um nichts umzuwerfen. Maksym schläft.

Während ich mich umziehe und die Einkäufe auspacke, wacht er auf und kommt zu mir in die Küche. Er küsst mich auf die Wange und streckt sich.

„Ich wollte dich nicht aufwecken.“

„Macht nichts. Die Nacht fängt gerade erst an, ich werde noch lange genug schlafen können.“

Er setzt den Wasserkessel auf, holt einen Kuchen aus dem Kühlschrank und bietet mir davon an.

„Gibt es etwas zu feiern?“, wundere ich mich.

„Ja. Ich habe heute eine Wohnung verkauft, die drei unserer Makler ein halbes Jahr lang nicht verkaufen konnten.“

„Toll! Ich gratuliere dir.“

„Das ist noch nicht alles.“

„Erzähl weiter.“ Ich setze mich an den Tisch und fühle, wie meine Augenlider schwer werden.

„Ab morgen bin ich nicht mehr nur Immobilienmakler. Ich bin befördert worden. Ich werde jetzt eine Abteilung leiten.“

„Bravo!“

„Ja“, sagt Maksym und holt eine Flasche Wein aus dem Kühlschrank, „das muss gefeiert werden.“

„Was hast du dort noch versteckt?“

„Wo?“

„Im Kühlschrank.“ Scherzhaft nähere ich mich meinem Mann und setze mich auf seinen Schoß.

Er küsst mich und drückt mich an sich. Ich lege meine Hände auf seine Schultern.

„Du bist also jetzt in einer Führungsposition“, fahre ich fort und lege so viel Stolz in meine Worte wie möglich.

„Ja.“

„Und wie viele Mitarbeiter sind in deinem Team?“

„Einer. Hryhorij. Er ist Immobilienmakler.“

Das finde ich komisch. Das ist mir ja ein Abteilungsleiter. Mit einem einzigen Mitarbeiter. Ich möchte herzlich lachen, aber in Maksyms Blick erkenne ich eine Warnung. Sofort unterdrücke ich die ironische Bemerkung und bin ernst. Ihm ist nicht zum Lachen zumute, er betrachtet seine neue Position tatsächlich als große Errungenschaft. Deshalb tue ich verständnisvoll und zerzause ihm das Haar.

„Du wirst der beste Abteilungsleiter sein.“

Er zieht mich ins Schlafzimmer, wo wir aufs Bett fallen.

Der Kuchen bleibt bis zum Morgen auf dem Tisch stehen, ebenso wie der Wein.

Oktober
Dienstag

Auf Kosten der Eltern haben wir vor Kurzem in den Gruppenräumen Reparaturen vorgenommen, Wände gestrichen, die Bettwäsche auf den Kinderbetten erneuert und bunte Teppiche gekauft. Dabei hatte ich es schwer mit Oksana, denn wir mussten vermitteln – zwischen der Kindergartenleitung, der die Reparatur sehr wichtig war, und den Eltern, die absolut nicht verstanden, wozu jedes Jahr die Wände neu gestrichen werden. Dann kam der Moment, in dem Oksana ankündigte, sie werde streiken, und Zoja Pawliwna mitteilte, dass sie von den Eltern keine Kopeke mehr erbitten würde. Zoja Pawliwna rief mich zu sich ins Büro und verkündete mir schon, als ich eintrat: „Alle Hoffnung liegt jetzt auf dir." Natürlich hätte ich ihr gerne erklärt, dass nicht jede Familie zweimal pro Jahr eine ordentliche Summe hinblättern kann, doch ich wusste schon vorher, dass sie mir nicht zuhören würde. Daher zog ich den Kopf ein, vermied die kalten Blicke einiger Mütter und sammelte das Geld ein.

Jetzt spielen die Kinder auf den neuen Teppichen. Ich hole aus meiner abgenutzten Tasche das alte Telefon und schicke Bohdana eine kostenlose Nachricht, mich zurückzurufen. Da ich nichts auf dem Konto habe, kann ich sie nicht selbst anrufen.

Einen Moment später dudelt mein *Nokia*: ein eingehender Anruf von Bohdana.

„Hallo", ruft sie.

„Warum schreist du so?"

„Ich stehe auf einem Feld."

„Was für ein Feld?", frage ich erstaunt.

„Auf einer Dienstreise in ein gottverlassenes Dorf. Ich schreibe über die Zuckerrübenernte. Eine äußerst spannende Reportage", scherzt Bohdana. „Warte kurz."

Ich warte. Beaufsichtige dabei die Kinder. Artem hebt die Hand und will Wika schlagen, fängt aber meinen Blick auf. Ich zeige ihm die Faust. Artem lässt die Hand sinken. Das Problem hat sich erledigt.

„Bist du noch da?", höre ich Bohdanas Stimme. Im Hörer knistert es nicht mehr. „Ich bin ein Stückchen weitergegangen."

„Wie geht es dir?", frage ich.

„Alles ist wie immer. Es gibt nichts Neues. Und wie geht es dir?"

„Gut. Ich habe dich vermisst."

„Ich dich auch. Vielleicht laufen wir uns in der Stadt mal über den Weg?"

Ich bejahe, habe aber nicht den Mut, Bohdana den Grund meines Anrufs zu nennen.

„Na, dann lass uns morgen telefonieren", sagt sie wieder etwas lauter.

„Sag es ihr, los, sag es ihr", drängt meine innere Stimme. Doch ich schweige.

Wir verabschieden uns.

Vom Fenster aus beobachte ich ein Ehepaar, das nicht weit vom Kindergartentor angefangen hat zu streiten. Die Frau wedelt mit den Armen, um klarzumachen, dass sie recht hat. Genauso hätte ich das heute Morgen machen müssen, aber ich hatte nicht den Mut dazu.

Beim Frühstück habe ich Maksym gegenüber angedeutet, dass ich für das Herbstfest ein neues Kleid kaufen müsste. Seine Antwort war, dass ich nicht genug verdiene, um für so etwas Unwichtiges Geld auszugeben. Seine Worte empörten mich, trotzdem widersprach ich nicht.

Auf dem Weg zur Arbeit beschloss ich dann, Bohdana um das beige Kleid zu bitten, aber auch ihr gegenüber blieb ich, peinlich berührt, still.

Ich schäme mich. Ich schäme mich ganz schrecklich. Wie wird das in Bohdanas Augen aussehen? Dass ich bei meinem Mann um Geld für ein Kleid bettle und er nicht einverstanden ist? Es entlarvt mich als feige Versagerin und Maksym als den

Geizhals, als den Bohdana ihn bezeichnet. Nein, die Idee war nicht durchdacht. Bohdana soll nichts davon erfahren.

Das heißt, ich muss mein fliederfarbenes Kleid anziehen, das ich schon drei- oder viermal zu einem Fest getragen habe. Die Eltern der Kinder werden daraus schließen, dass diese Erzieherin eine graue, arme Maus ist und bleibt. Solche wie ich ändern sich nicht, selbst wenn sie verheiratet sind.

Halt.

Ich habe Jaroslawa völlig vergessen. Ja, sie wird mir aushelfen. Warum habe ich nicht früher an sie gedacht?

In diesem Augenblick reißt mich der Schrei eines Kindes aus meinen Gedanken. Artem hat Wika doch mit der Faust auf den Kopf geschlagen. Und ihre Erzieherin hat sie nicht davor bewahrt.

***

Nach dem Mittagessen gehe ich zu Jaroslawa. Ich weiß, dass ich hinfahren und das Kleid holen muss, das sie mir am Telefon zu geben versprochen hat. Aber gleichzeitig nagt an mir die Furcht, den Geistern der Vergangenheit zu begegnen.

Das Haus von Jaroslawas Eltern, in dem sie jetzt lebt und in dem sie sich nach der Hochzeit mit Ihor niederlassen will, liegt nämlich nicht weit vom Haus meines Vaters entfernt. Und ihm möchte ich keinesfalls begegnen.

Jaroslawa wartet schon an der Tür des zweistöckigen Gebäudes. Winkend kommt sie mir entgegen.

Jaroslawa hat mir erzählt, dass die Eltern das Haus umgebaut hätten, aber ich hatte keine Ahnung, dass sie den alten Holzbau in einen gelben Backsteinpalast verwandelt haben.

„Nicht schlecht!“, rufe ich beeindruckt.

„Papa erwartet, dass ich eine ganze Fußballmannschaft zur Welt bringe. Er wollte, dass der Platz für alle reicht.“

„Da kann er jetzt beruhigt sein.“

Wir gehen den gepflasterten Weg entlang, auf beiden Seiten blühen Dahlien. Der süße Duft, der mir seit meiner Kindheit vertraut ist, kitzelt die Nase. Ich bleibe stehen und sehe mich um. Reben erfüllen den Hof mit einem angenehmen, zarten Geruch. Sämlinge genau dieser Sorte hat meine Mutter Jaroslawa vor sechs Jahren geschenkt. Unser Garten war von den rankenden Ästen überdeckt, die bis zum Dach des Hauses und der Garage kletterten. Aber dann starben die Reben ab, die Wurzeln vertrockneten, die Blätter wurden gelb. Das passierte gleich nach dem Tod meiner Mutter.

Ich atme den Duft in vollen Zügen ein und versetze mich gedanklich in die Vergangenheit. Jaroslawa tritt näher an mich heran, berührt mit der Hand die großen, dichten Blätter, zupft an einer mit grauem Staub bedeckten Traube und reicht mir die dunkelblaue Frucht.

„Viele Jahre sind vergangen“, sagt sie, und wir beide wissen, was sie meint.

Wir betreten das Haus und gehen in die Küche, wo Jaroslawa den Wasserkessel aufstellt und eine Schinotschi-Prymchy-Torte aus dem Kühlschrank holt.

Während ich meine Freundin beim Anschneiden der Torte beobachte, freue ich mich im Stillen, dass ich Jaroslawa habe. Sie gehörte schon in der Schule zu den Mädchen, die gut Geschichten erzählen konnten, meist erfundene. Sie verstand es, Mitschüler wie Lehrerinnen zu blenden. Alle Mädchen der Klasse wollten mit ihr befreundet sein, während die Jungs heimlich davon träumten, sie ins Kino einzuladen, sich aber nicht trauten. Ein starker Charakter, ihre scharfen, geistreichen Bemerkungen, ihre Kompromisslosigkeit und ihre derben Sprüche unterschieden Jaroslawa von den Altersgenossinnen. Während ich zu der Art Mensch gehöre, die danach streben, sich unter die Menge zu mischen, sich in ihr aufzulösen und nicht zu sehr aufzufallen, ist Jaroslawa im Gegenteil jederzeit sichtbar. Und obwohl haufenweise Leute mit ihr befreundet sein wollten, wählte sie mich zu ihrer besten Freundin.

Nach dem Abschlussball gestand sie mir, warum sie unsere Freundschaft schätze. „Weißt du, Marta, jeder sieht mich so, wie ich gesehen werden will. Du dagegen weißt, wie ich wirklich bin“, erklärte Jaroslawa das, was ich bereits wusste.

Trotz ihres schwierigen Charakters, ihrer Launen und ihrer unüberlegten Handlungen war sie für mich immer eine heitere, gute und selbstlose Freundin. Diese Jaroslawa, die gerade kleine Gabeln holt und beiläufig über Ihor quatscht, versteht mich von allen meinen Verwandten und Freunden am besten.

Sie schiebt mir Torte und Tee zu, steckt ihr weißes T-Shirt in die Jeans und wirft sich eine lange, graue Strickjacke über. Ihr Haar fällt widerspenstig in die Stirn, die Wangen erröten.

Die Küche strahlt eine freundliche, häusliche Atmosphäre aus. Sie suggeriert eine Ruhe, als wolle sie einen in den Schlaf wiegen.

„Wie geht es Maksym?“, wechselt Jaroslawa recht unvermittelt das Thema, und ich merke, dass ich die Frage nur ungern beantworten will.

„Gut.“

„Erzähl, wie es sich anfühlt, verheiratet zu sein“, bittet die Freundin, während sie ein Stück Torte kaut.

„Verantwortung, die ständige Gegenwart eines anderen Menschen, Zuwendung.“ Ich spreche das aus, was mir zuerst einfällt.

„Moment mal, Marta.“ Jaroslawa richtet ihr Haar und schaut mich blinzelnd an. „Du bist jetzt seit einem Monat verheiratet, aber du redest, als ob du dich um jemanden aus einem Pflegeheim kümmerst. Ich wollte etwas von wahnsinniger Leidenschaft, schlaflosen Nächten, Geschenken und blindmachender Liebe hören.“

Ihre Worte treffen mich wie eine Kugel zwischen die Augen. Sie hat recht.

„Na ja, das haben wir natürlich auch.“

„Du hörst dich an, als würdest du schon zwanzig Jahre mit Maksym zusammenleben und als wäre er krank.“

„Du übertreibst.“ Panisch denke ich über andere Gesprächsthemen nach, damit Jaroslawa nicht tiefer gräbt und mir die Worte mit Gewalt aus der Nase zieht.

„Ich denke, wenn Ihor und ich geheiratet haben, verbringen wir einen ganzen Monat nur im Bett.“

„Habt ihr schon ein Datum festgesetzt?“, frage ich, erfreut darüber, dass die Freundin selbst das Gesprächsthema gewechselt hat.

„Noch nicht. Ungefähr Mitte November."

Jaroslawa nippt am Tee und durchbohrt mich weiter mit ihrem Blick.

„Liebst du Maksym?"

„Ja", antworte ich zu schnell und zu unsicher.

Sie erhebt sich von ihrem Hocker, holt Orangen aus dem Kühlschrank und schneidet sie in Scheiben. Das Messer klappert so laut auf dem Holzbrett, dass die Ohren surren. Orangensaftspritzer geraten auf ihr weißes T-Shirt, sie wischt sie eifrig mit einer Papierserviette ab. Schließlich stellt sie einen Teller mit Orangenstücken auf den Tisch, kneift die Augen zusammen und sagt etwas, das ich lieber nicht gehört hätte: „Irgendetwas stimmt hier nicht. Weder ich noch Andrij haben von deinem Maksym irgendetwas gehört oder gewusst. Wer ist er? Woher kommt er? Wie konnte er so schnell dein Herz erobern?"

„Sag so etwas nicht", seufze ich erschrocken. Ich muss zwar nicht zum ersten Mal einen Angriff von Jaroslawa abwehren, aber diesmal wird es schwer, sich herauszuwinden. „Ich habe genauso das Recht, mich zu verlieben, wie du."

„Das hast du. Darum geht es aber nicht. Du gehörst zu den Frauen, die jeden ihrer Schritte abwägen, die zweimal nachdenken, bevor sie etwas tun. Du warst nie die Art von Frau, die sich mit dem Erstbesten in eine Ehe stürzt."

„Er ist nicht der Erstbeste", wehre ich mich, so gut ich kann.

„Verstehe", sagt Jaroslawa etwas ruhiger, „ich mache mir bloß Sorgen um dich."

„Warum?"

„Du hast gesagt, er hat dich gefragt, ob du ihn heiraten willst, du hast Ja gesagt, und eine Woche später habt ihr die Ehe registrieren lassen."

„Genau."

„Das sieht dir nicht ähnlich. Wenn ich dich jetzt anschaue, scheint mir, du bist nicht meine Marta, sondern eine Attrappe."

„Na, vielen Dank auch", sage ich fassungslos.

„Überleg doch selbst. Zur Hochzeit habt ihr niemanden eingeladen, denn ihr habt nicht gefeiert. Nicht einmal dein eigener Bruder wusste davon."

„Andrij hat mich auch nie zurate gezogen, wenn es um sein Privatleben ging, also habe ich ihn ebenfalls nicht gefragt."

„Das überzeugt mich nicht", fährt Jaroslawa fort. „Ich bin deine beste Freundin, aber ich habe deinen Mann noch nicht einmal kennengelernt."

„Ich habe deinen Ihor auch noch nicht kennengelernt", verteidige ich mich.

„Das ist etwas anderes. Er kommt in einer Woche, dann lernt ihr euch kennen. Du aber versteckst Maksym."

„Wie kommst du darauf?" Fast wäre ich aufgesprungen.

„Stimmt das etwa nicht? Lüg mich nicht an, Marta, ich sehe doch, dass du ihn nicht liebst."

„Das ist nicht wahr", sage ich mit bebender Stimme.

„Nicht wahr? Deine Augen leuchten nicht, du siehst nicht aus wie eine Frau, die bis über beide Ohren verliebt ist. Du hast ... hast dich in ein Hasenherz verwandelt."

„Blödsinn."

„Erklär mir, weshalb du ihn geheiratet hast!"

Das freundschaftliche Gespräch verwandelt sich in ein Verhör, in dem die Angeklagte sich in Isolationshaft befindet, ohne Ausweg.

„Er hat mir einen Antrag gemacht, ich habe Ja gesagt."

„Und das ist alles?" Jaroslawa schwirrt in der Küche umher wie ein aufgeschreckter Vogel. „Liebst du ihn?"

„Nein", meine Antwort klingt kurz und sehr hart, „ich liebe ihn nicht, aber das ist im Leben nicht das Wichtigste."

„Bist du verrückt? Nicht das Wichtigste?"

„Ja, nicht das Wichtigste", meine Stimme bricht, „und wenn ich dir verrückt erscheine, wirst du mich trotzdem nicht vom Gegenteil überzeugen. Meine Mutter hat meinen Vater ihr ganzes Leben lang geliebt, und schau, wohin das geführt hat. Liebe macht blind und schmerzt. Ich strebe nicht danach. Mir reicht es, respektiert und beachtet zu werden. Erinnere dich, du warst ja Zeugin der Sturmfronten bei mir zu Hause. Erinnere dich daran, wie Mama, die Vater bis zuletzt geliebt hat, ihn ständig beschützt und sein Tun gerechtfertigt hat. Denk daran, wie schlecht er sie behandelt hat, weil er sowieso wusste, dass sie ihm verzeihen und ihn verstehen wird. Warum zum Teufel sollte ich also Liebe wollen? Ich brauche das nicht. Ich will klar denken und nicht in den Wolken fliegen. Die Liebe ist wie eine unheilbare Krankheit, sie frisst einen von innen auf, vernebelt den gesunden Menschenverstand, raubt einem die Urteilskraft, lähmt und tötet. Ich will nicht lieben."

Betroffen zieht die Freundin die Augenbrauen hoch und erstarrt für einen Moment. „Warum hast du dann überhaupt geheiratet?"

„Weil Maksym gut zu mir ist. Er ist klug, intelligent und zielstrebig. Maksym ist nicht wie die meisten Männer. Wir mögen nicht vor glühender Liebe zueinander brennen, trotzdem fehlt es uns nicht an Leidenschaft. Mit der Zeit werden wir uns aneinander gewöhnen, uns aneinander reiben, und dann werden wir uns lieben. Vielleicht. Bei uns wird es nicht schlechter sein als bei anderen. Das weiß ich."

„Du verstehst mich nicht. Meine Frage war: Warum hast du geheiratet?"

„Weil ich nicht mein ganzes Leben lang allein sein will. Ich brauche jemanden ..." Ich schnappe nach Luft, als wäre ich einen Marathon gelaufen.

Es ist schwer, Worte zu finden, um das zu erklären, was man selbst nicht ganz versteht. Was kann ich ihr sagen? Was? Ich habe Maksym geheiratet, weil ... Teufel noch mal, ich weiß doch selbst nicht genau, warum ich ihn geheiratet habe. Vielleicht habe ich es einfach zugelassen. Oder mich fortreißen lassen. Oder ich habe in ihm etwas gesehen, das die anderen nicht sehen. Oder vielleicht liegt es daran, dass ich Panik habe, einsam zurückzubleiben, und weil ich nicht allzu viele Verehrer hatte, habe ich seinen Antrag angenommen. Aber ist das vielleicht eine Sünde: sein Leben mit einem Menschen zu verbinden, der einem gefällt? Muss man denn immer so ein Aufhebens um die Liebe machen?

Ja, ich bin eigentlich keine Frau, die sich innerhalb einer Woche in eine Ehe stürzt. Ja, ich gehöre nicht zu denen, die unbedacht handeln. Ja, ich zeige meine Gefühle nicht, sondern verstecke sie. Ja, ja, ja ...

Aber kann Jaroslawa das überhaupt nachvollziehen, dass mich kein normaler Kerl je angesehen hat? Wer soll sich denn für mich interessieren? Ich gebe zu, ich sehe ganz nett aus, aber wird sich ein Mann für den Rest seines Lebens mit meinen langen, lockigen Haaren, den blassen Wangen, dem knochigen Körper und den abgerissenen Klamotten zufriedengeben, wenn er weiß, dass ich in Wirklichkeit eine graue Maus bin, an der absolut nichts dran ist? Ist Jaroslawa etwa so blind, dass sie das Offensichtliche nicht bemerkt?

Nein, ich glaube, sie ahnt es, traut sich aber nicht, es auszusprechen. Sie weiß genau, dass zwischen uns eine Kluft besteht: vom Charakter her, materiell und sozial. Und außerdem hat sie, nachdem sie drei Monate in Kyjiw gelebt hat (wovon ich nicht einmal zu träumen wage), ebenfalls beschlossen, zu heiraten. Warum kann ich dann nicht auch eine spontane Entscheidung treffen?

„Es fällt mir schwer, dich zu verstehen", sagt Jaroslawa und setzt sich auf einen Stuhl. „Es ist nicht richtig."

„Versuch nicht, mich davon zu überzeugen", antworte ich, während sich der Aufruhr meiner Gefühle etwas beruhigt.

„Wie seid ihr überhaupt auf die Idee gekommen, zu heiraten? Warum so schnell?"

„Maksym hat gesagt, dass wir wunderbar zueinander passen und dass er eine so ruhige, ausgeglichene Frau wie mich schon immer kennenlernen wollte."

Das hat er tatsächlich gesagt. Maksym überschüttet einen nicht mit Komplimenten, bestreut den Weg nicht mit Rosenblättern und holt einem nicht die Sterne vom Himmel. Ich höre keine Liebesgeständnisse von ihm, aber wäre das anders, würde er mich verschrecken. Nein, was vor allem zählt, ist der gesunde Menschenverstand. Er hat in mir etwas für sich Wertvolles entdeckt, und ich suchte und suche bis heute Eigenschaften an ihm, die ihn für mich besonders machen. Wir betrachten einander mit nüchternem Blick, genau das hat mein Interesse geweckt.

„Ihr seid nicht normal. Wenn es zwischen euch irgendein Kalkül gäbe, na, ich weiß nicht, Geld, Macht, Karriere, dann würde ich es sofort verstehen. Aber so kann ich es nicht nachvollziehen, entschuldige."

„Es gibt hier nichts zu verstehen."

„Aber Marta, das ist seltsam."

„Was genau?"

„Ihr kennt euch kaum. Du weißt nichts über seine Vergangenheit. Soweit ich weiß, kennst du seine Familie nicht. Vielleicht hat er eine Erbkrankheit? Mag ja sein, dass du wegen der Ehe deiner Eltern jetzt versuchst, dich zu hüten und niemanden in dein Herz zu lassen. Aber was, wenn er ein Psychopath ist? Oder ein Säufer?" Bei ihrer Vermutung wird mir übel, aber sie macht weiter: „Erklär mir einfach, was dich dazu gebracht hat, dich für die Ehe zu entscheiden."

Ich will nicht aussprechen, was mir durch den Kopf geht, aber die Worte fliegen wie von selbst aus meinem Mund und ziehen Jaroslawa, wie es scheint, endgültig den Boden unter den Füßen weg. „Dann sag mir doch, wer braucht mich denn? Mein Vater, mit dem ich seit über drei Jahren nicht mehr spreche? Mein Bruder, der nie Zeit hat, um mir wenigstens zuzuhören? Keiner. Du hast dein Leben, Bohdana ihres. Ich will auch jemanden haben, der zu mir gehört und der mich braucht. Die Entscheidung mag seltsam und dumm erscheinen, aber ich bereue sie nicht. Ich lerne, eine gute Ehefrau zu sein, lerne, die Ansichten und Überzeugungen meines Mannes zu berücksichtigen, lerne, auch wenn es banal klingt, uns ein Nest zu bauen."

„Wie kommst du darauf, dass dich keiner braucht?", wundert sich Jaroslawa aufrichtig. „Warum hast du mit sechsundzwanzig Jahren schon die Hoffnung aufgegeben?"

„Ich habe nicht die Hoffnung aufgegeben. Ich betrachte die Dinge realistisch." Ich mache eine kleine Pause, damit sie die Andeutung versteht. „Du kennst meine finanzielle Lage sehr gut. Du weißt, dass ich niemanden habe, an den ich mich in schlechten Zeiten wenden kann. Ich brauche keine blinde Liebe. Aber eine Familie, Unterstützung und Halt wollte ich immer."

Jaroslawa sieht mich entgeistert an. Zum ersten Mal in all

den Jahren unserer Freundschaft weiß sie offenbar nicht mehr, was sie zu mir sagen soll.

Deshalb nehme ich meine Tasche und gehe zur Tür.

„Und das Kleid?“, fragt die Freundin schließlich.

Ich bedaure, dass ich Jaroslawa gebeten habe, mir ein Kleid zu leihen, weil das nicht gerade die beste Seite von Maksym hervorhebt. „Das war nicht ernst gemeint. Das war nur ein Vorwand, um dich zu sehen.“

Ich küsse sie auf die Wange und gehe hinaus. Die frische Luft bringt mich wieder zur Besinnung. Ich nehme mir vor, dass ich mich nie wieder und von niemandem mehr in die Enge treiben lasse. Ich werde es nicht zulassen, dass andere mein Eheleben erörtern, sich in unsere Probleme einmischen und die Richtigkeit meiner Entscheidungen hinterfragen.

Ich bin eine verheiratete Frau. Einen klügeren Mann als Maksym muss man erst mal finden. Einem wandelnden Lexikon gleich kennt er ausgefallene Fakten über den Krieg, kann stundenlang vom Bau der ägyptischen Pyramiden erzählen, versteht sich auf die Feinheiten verschiedener Literaturgattungen und kennt sich ganz gut mit klassischer Musik aus. Er ist eine Art Genie mit einem phänomenalen Gedächtnis. Ehrlich gesagt, kommt es mir ja manchmal vor, als ob Maksym mit seinem Wissen, wie dem über die Porzellanpuppen, angibt und seinen Verstand unter Beweis stellen will. Aber warum sollten schlaue Leute das nicht tun? Warum sollte man nicht mit seiner Belesenheit angeben?

Ich dagegen werde mich hinter seinem breiten Rücken vor der ganzen Welt verstecken, ich werde eine gute Ehefrau und fürsorgliche Mutter sein. Ich bin sicher, dass Maksym mir helfen wird, mich von meiner Vergangenheit zu befreien, denn ich sehe jetzt schon, dass er bereit ist, die gesamte Verantwortung für unser Leben zu übernehmen, mich zu beschützen und Entscheidungen zu treffen. Wenn diese Entscheidungen mir auch nicht immer gefallen mögen, wie mit diesem dämlichen Kleid. Warum wollte ich heimlich hinter seinem Rücken ein Spielchen spielen? Wozu unbedingt ein neues Kleid besorgen, noch dazu nicht mal ein eigenes, sondern ein geliehenes? Warum mich selbst demütigen und Freundinnen bitten, die meinen, sie hätten das Recht, sowohl meinen Mann als auch mich zu kritisieren, nur weil sie mir einen Gefallen tun?

Nein, das wird nicht wieder vorkommen. Wir machen, was Maksym beschließt. Denn solche unbedachten Handlungen meinerseits säen den Keim des Misstrauens und zerstören unsere Beziehung.

Oktober
Sonntag

Im Restaurant spielt leise Musik, die Kellner bewegen sich sehr gemessen. Sie erinnern an batteriebetriebene Schaufensterpuppen.

Maksym dagegen kreist um seinen Chef wie ein Harlekin. Er verhält sich wie ein Hanswurst, der seinen Vorgesetzten auf jede erdenkliche Weise erheitern will, er redet ihm nach dem Mund und kriecht vor ihm. Ich bin verstört. Ob er damit seine Dankbarkeit für den neuen Posten als Abteilungsleiter ausdrücken will, denn aus diesem Anlass haben wir seinen Chef zum Abendessen eingeladen, oder wirklich nur das Publikum unterhalten will – ich weiß es nicht.

Er ist heute anders. Nicht so, wie ich ihn bisher kennengelernt habe. Ich sitze am Tisch und starre meinen Mann an, als sähe ich ihn zum ersten Mal. Wo ist mein ernster, in Worten und Taten zurückhaltender Maksym hin? Was ist das für ein Clown, der vor dem Direktor der Immobilienagentur tanzt, als hätte er seinen edlen und allmächtigen Gebieter vor sich?

Am liebsten würde ich Maksym am Ärmel zupfen und ihn bitten, mit der Komödie aufzuhören, aber ich tue es natürlich nicht.

Ich habe mein fliederfarbenes Kleid angezogen, das für diese Jahreszeit absolut nicht geeignet ist. Draußen ist es kalt, es regnet, aber an Orten wie diesem Restaurant wurde die Heizung noch nicht angestellt, sodass ich mich nackt fühle in dem Kleid mit den kurzen Ärmeln. Maksym sieht schick aus: ein neuer, dunkelblauer Anzug, himmelblaues Hemd und karierte Krawatte. Den halben Vormittag hat er im Bad verbracht, dann hat er sich ununterbrochen vor dem Spiegel gedreht, bis er schließlich mit seinem Aussehen zufrieden war. Er verbrauchte ein halbes Parfumfläschchen und aß eine Packung Tic Tac, damit er frischen Atem hätte.

Am Tisch zu meiner Linken sitzt Maksym, uns gegenüber sein Direktor Andrij Andrijowytsch, dessen Äußeres mich an einen Märtyrer oder einen Mönch erinnert, der mehrere Jahre hintereinander seine Zelle nicht verlassen und keinen Sonnenstrahl gesehen hat. Die dichten, grauen Augenbrauen sind zottig, die Augen verkniffen, die Lippen schmal und blassblau. Die grauen Haare hat er nach rechts gekämmt, sie gehen direkt in seine graue Gesichtsfarbe über. Würde Andrij Andrijowytsch nicht ab und zu seinen Kopf in verschiedene Richtungen drehen, würde ich glauben, er sei tot. Aus Maksyms Geschichten – und er erzählt mir allabendlich Einzelheiten aus dem Leben eines jeden Kollegen – weiß ich, dass sein Direktor vor Kurzem eine junge, langbeinige Blondine geheiratet hat. Die vorige Ehefrau, mit der er dreißig Jahre zusammengelebt hat, sorgt regelmäßig einmal pro Woche für großen Tumult in der Agentur.

Links von Andrij Andrijowytsch sitzt Tamara, die Buchhalterin und rechte Hand des Direktors. Eine Frau, die meine Mutter sein könnte, einem großen, weiblichen Pfau ähnlich. Stolz hebt sie den Kopf, als prüfe sie, ob sie die Decke erreichen könnte. Grell geschminkt, üppig und recht ansehnlich, wirkt sie auf mich andererseits irgendwie künstlich. In ihren Augen funkeln Arroganz und Verachtung für ihre Umgebung. Und das ist nicht verwunderlich: Wie Maksym sagt, hat sie ihrem Mann einen Posten als Abteilungsleiter in einem Kinderkrankenhaus erkauft, nur um die Frau eines Mannes aus der Führungsebene zu sein.

Auf der rechten Seite sitzt Orysja. Ein blasses Mäuschen, die Leiterin der Personalabteilung. Ihr Haar ist kastanienbraun gefärbt, der Lippenstift nachlässig auf die schmalen Lippen aufgetragen, die Stirn ist von Pickeln übersät und sie hat ein auffälliges Feuermal auf ihrer Wange. Eine dreißigjährige Frau, die von ihrem Mann verlassen wurde. Als Maksym gestern erzählte, dass sie in letzter Zeit reichlich getrunken und sich an ihn geklammert hätte, hat er herzlich gelacht. Ihre Selbstzweifel sind allzu offensichtlich, und ich glaube, Orysja weiß nicht genau, warum auch sie ins Restaurant eingeladen wurde. Wenn ich mir das angestrengte Lächeln und ihren unsicheren Blick ansehe, denke ich, dass ich niemals so ein Typ Frau sein möchte.

Maksym schenkt Champagner in die Gläser und erzählt einen weiteren Witz, bei dem nur Orysja laut lacht. Tamara schenkt uns nicht ein einziges Lächeln, aber Orysja lacht für zwei.

Gestern habe ich Maksym einen Spaziergang im Park vorgeschlagen, doch er hat, wie erwartet, abgelehnt und Müdigkeit vorgeschoben: „Ich habe morgen einen anstrengenden Tag vor mir", erklärte er. Inzwischen ist mir klar, dass er mit „anstrengendem Tag" die heutige Speichelleckerei vor der Geschäftsleitung gemeint hat.

Eine große Müdigkeit legt sich auf meine Schultern und zieht mich zu Boden, doch die Feier ist noch in vollem Gange, und Maksym gibt gerade eine Geschichte über den Triumphbogen auf dem Pariser Place Charles de Gaulle zum Besten. Ich weiß nicht, warum er darüber spricht, aber ich höre aufmerksam zu. Denn wer hört schon meinem Mann zu, wenn seine Geschichten nicht einmal die eigene Ehefrau interessieren?

„Er ist neunundvierzig Meter und einundfünfzig Zentimeter hoch und vierundvierzig Meter und zweiundachtzig Zentimeter breit", führt Maksym begeistert aus, während er den Anwesenden Champagner nachschenkt. „Dieses Monument, sicherlich eines der berühmtesten, wurde auf Befehl von Napoleon erbaut, aber er hat nicht mehr erlebt, wie es fertig wurde."

Die „nützlichen Idioten", wie mein Mann die heutige Gesellschaft nennt, wobei er die Hoffnung geäußert hat, dass sie bei seinem beruflichen Aufstieg hilfreich sein würden, geben vor, ihm aufmerksam zuzuhören. Mir wird es hingegen langsam schon zu viel. Beim heutigen Abendessen im Restaurant haben wir unsere Kenntnisse in ganz schön vielen Bereichen vertieft. Und ich sehe, dass die anderen sich genauso brennend für alles interessieren wie ich.

Das Abendessen mit den „nützlichen Idioten" hat uns mehr als die Hälfte meines Monatsgehalts gekostet, Maksym jedoch bedauert nicht, dass er so viel ausgegeben hat. „Diese Leute können mir dienlich sein", tröstet er entweder mich oder sich selbst, als wir nach Hause zurückkehren.

Ich dagegen erinnere mich an unsere bescheidene Hochzeitsfeier und seine Fassungslosigkeit, als die Kellnerin die Rechnung gebracht hat. Aber ich sage nichts dazu, denn ich habe mir ja selbst versprochen, mich meinem Mann zu fügen.

November
Freitag

Heute gehe ich nach der ersten Schicht im Kindergarten nach Hause. Maksym ist auf Dienstreise nach Kyjiw gefahren, um sich weiter zu qualifizieren, also muss ich mich diese Woche nur um mich selbst kümmern. Das ist, ehrlich gesagt, ungewohnt, ich fühle mich einsam. Die Wohnung, an die ich mich langsam gewöhne, wirkt wieder fremd, das Bett ist kalt und der Morgenkaffee schmeckt bitter.

Auf dem Weg nach Hause kaufe ich Lebensmittel, anschließend schleppe ich die schweren Taschen mühsam auf die siebte Etage, denn der Aufzug funktioniert noch immer nicht.

Jaroslawa ruft an und lädt mich zu ihrem Junggesellinnenabschied ein. Sie erwähnt unser letztes Gespräch nicht, wofür ich ihr dankbar bin. Wir verhalten uns so, als sei nichts passiert. Eigentlich habe ich nicht erwartet, dass sie mich anruft, deshalb springe ich vor Freude fast auf und merke erst, nachdem ich mich verabschiedet habe, dass ich gar nicht gefragt habe, wann und wo die Party stattfindet. Ich rufe Jaroslawa zurück und erfahre Ort und Zeit.

„Morgen um siebzehn Uhr treffen wir uns im Stadtzentrum beim Eingang zum Park. In der Nähe vom Brunnen“, erklärt sie mir lachend. „Wenn du willst, hole ich dich ab.“

„Nein, treffen wir uns dort.“

„Gut.“

„Kommen viele Leute?“, frage ich.

„Vier: ich, du und zwei andere Freundinnen, die auch Trauzeuginnen sein werden.“

Durch meinen Kopf wirbelt ein Gedanke, den ich nicht auszusprechen wage: Sollte ich zu einem Junggesellinnenabschied gehen, wenn ich schon verheiratet bin?

Jaroslawa, die meine Verwirrung spürt, sagt: „Zuerst lassen wir uns massieren, dann gehen wir in ein Café. Wenn du dir Sorgen machst, dass wir Striptease im Programm haben, kann ich dir versichern, dass ich keinen nackten Mann in einer Torte bestellt habe. Alles wird ganz schlicht und einfach sein: Massage, Cocktails, Kaffee, Obst ..."

„Okay, okay", stoppe ich ihren Redefluss, „an so etwas Unsinniges habe ich gar nicht gedacht."

„Mhm", macht Jaroslawa, „das glaub ich dir sofort."

„Hör schon auf."

Wir verabschieden uns.

Meine To-do-Liste sieht also folgendermaßen aus: Heute mache ich Ordnung in der Wohnung und koche etwas Leckeres, denn morgen Früh kommt Maksym, abends gehe ich auf die Party, und noch diesen Sonntag sind Maksym und ich Ehrengäste auf Jaroslawas opulenter Hochzeit.

In der Küche hole ich das Hühnchen aus dem Kühlschrank und lege es aufs Backblech. Ich will es zusammen mit dem Gemüse aus dem Supermarkt backen und als Beilage Kartoffelbrei kochen. Aber den Chinakohl für den Salat habe ich völlig vergessen. Ich werfe meine Jacke über und will in den Flur gehen. Doch vor unserer Wohnungstür steht Ruslan, er hält Nastja auf dem Arm.

„Was ist los?", frage ich.

Er ist aufgeregt, unter seinen Augen sehe ich Ringe. Nastja hat ihren Kopf auf seine Schulter gelegt und keucht.

„Marta, es ist mir so unangenehm, dich zu bitten", beginnt Ruslan.

„Hör auf", erwidere ich schnell.

Er blickt zur Tür. Ruslan erwartet wohl, dass Maksym auftaucht.

„Ich bin allein zu Hause. Maksym ist auf Dienstreise" – oh, hätte das mal mein Mann gehört.

Die Anspannung fällt.

„Nastja ist krank und ich muss zur Apotheke. Aber sie weigert sich rundheraus, allein zu Hause zu bleiben. Dann ist auch noch die Nachbarin irgendwohin verschwunden, die ich manchmal bitte, auf Nastja aufzupassen. Deshalb habe ich an dich gedacht ... Aber ich will dir keine Probleme bereiten."

Während er spricht, schaut er an mir vorbei zur Tür, als glaube er nicht, dass Maksym auf Dienstreise ist.

„Ich bin allein", wiederhole ich, „und du bereitest mir überhaupt keine Probleme."

Ich nehme die verschlafene Nastja in die Arme und drücke sie an mich. Sie ist heiß.

„Aber du wolltest doch irgendwohin gehen", sagt Ruslan. Nervös knöpft er seine Jacke zu.

„In den Laden. Aber das kann warten."

„Sag, was du brauchst, ich kaufe es dir."

„Chinakohl", antworte ich und versuche, Geld aus dem Portemonnaie zu holen.

Ruslan schüttelt missbilligend den Kopf.

Ich trage Nastja in die Wohnung und lege sie aufs Bett. Sie fängt an zu husten, ruft nach ihrem Vater. Ich streichle ihr Köpfchen, decke sie zu und tröste sie. Das Kind beruhigt sich und schläft ein.

Die Zeit vergeht. Ruslan ist noch nicht zurück.

Während ich Nastja betrachte, reift in meinem Kopf der Wunsch: „Ich will ein Kind." In meiner Fantasie male ich mir aus, wie Maksym und ich um ein kleines Knäuel des Glücks kreisen. Wir baden, füttern, bespaßen es ...

Ich merke, dass ich Maksym sehr vermisse. Wirklich vermisse. Diese Woche scheint mir schwer und einsam. Ich gewöhne mich daran, dass er in meinem Leben ist und dort einen bedeutenden Platz einnimmt. Ich lerne, seine Stimmungen zu erkennen, studiere seine Gewohnheiten. Fange ich etwa an, mich in meinen Mann zu verlieben?

Dieser Gedanke bringt mich zum Lächeln. Alles ist möglich. Dann wird meine These vom glücklichen Eheleben ohne Liebe fallen wie die Berliner Mauer. Und Jaroslawa wird fröhlich in die Hände klatschen.

Ruslan kommt nach einer halben Stunde zurück. Er sieht elend aus, die Ringe unter den Augen sind größer geworden, das Gesicht hat einen grauen Farbton angenommen.

„Wie geht es ihr?“, fragt er besorgt.

„Sie schläft“, antworte ich ruhig.

„Ihre Temperatur hat sich ganz plötzlich erhöht. Ich war so erschrocken ... Ich habe den Arzt gerufen, er hat sie abgehört und gesagt, die Lungen seien frei, aber der Hals sei sehr rot.“

„Hast du alle Medikamente bekommen?“

„Ja“, er tritt von einem Fuß auf den anderen. Unser Flur ist zu eng, um dort Gäste zu empfangen, also bitte ich Ruslan in die Küche.

Nach kurzem Zögern zieht er die Jacke aus und folgt mir. Ich setze den Wasserkessel auf und bereite den Teesud vor.

„Ich bin so ratlos“, sagt Ruslan leise, „seit Nastja und ich zu zweit zurückgeblieben sind, bemühe ich mich nach Kräften, ihre Mama zu ersetzen. Aber ... Es ist schwer. Es ist unmöglich.“

„Seid ihr schon lange zu zweit?“, die Frage löst sich von meinen Lippen, bevor ich sie durchdenken kann.

Ruslan schweigt.

„Entschuldige“, sage ich, „ich wollte die Wunde nicht aufreißen.“

„Schon gut. Jana ist vor über einem Jahr gestorben. An Krebs. Wir haben gekämpft, aber ohne Erfolg. Nastja hat die ersten Tage nach ihrer Mama gesucht und ständig gefragt, wann sie zurückkommt. Und dann ist sie erstarrt. Es war, als habe sie sich in eine Höhle zurückgezogen. Und vor Kurzem erst hat sie endlich angefangen, ins Leben zurückzukehren. Hat angefangen zu lachen und zu plappern. Aber heute ...“

Er verstummt und nippt an seinem Tee. Er holt Luft.

„Aber heute habe ich einen großen Schreck bekommen. Sie ist das Einzige, was ich noch habe.“

„Nastja wird sich erholen. Alle Kinder haben Halsschmerzen. Mach dich nicht verrückt.“

Wir sagen nichts mehr, aber es ist, als würden zwischen uns tausend Worte durch die Luft fliegen, sich drehen und unsere Geheimnisse verraten. Die kleine Küche erscheint noch kleiner. Ich ertappe mich bei dem Gedanken, dass es mit Ruslan ruhig und gemütlich ist.

Ich mag ihn.

November
Samstag

Jaroslawa, eine warme Strickjacke über ihren Schultern, gibt im Café unsere Bestellung auf. Dass ich nach einem alkoholfreien Getränk frage, erheitert ihre Freundinnen, aber sie lachen nur ein wenig und lassen mich dann in Ruhe. Jaroslawa hat sich die Haare schneiden und färben lassen – sie ist jetzt eine Blondine.

Ich lehne mich an und versinke in dem weichen Sofa. Mein Körper ist entspannt. Ich schäme mich, es zuzugeben, aber heute bin ich zum ersten Mal im Leben in den Genuss einer Massage gekommen. Noch immer rieche ich den leichten Duft der ätherischen Öle, die die Masseurin verwendet hat, den Duft von Jasmin und Lavendel. Jaroslawa hat gesagt, dass man während der Massage ein Nickerchen machen könne, aber ich wollte keinen einzigen Augenblick dieses Vergnügens verpassen oder gar verschlafen.

„Ich werde nicht viel trinken", lacht Jaroslawa, „denn ich will ja morgen nicht mitgenommen aussehen."

Meine Freundin leuchtet. Sie strahlt vor Glück. Ich lächle sie an und bin froh, dass ich heute die Gelegenheit habe, diesen Abend mit ihr und den zwei anderen Mädels zu verbringen, Olja und Darja.

Außer mir verhalten sich alle hier, als seien sie zu Hause. Sie setzen sich nicht aufs Sofa, sondern sinken hinein, scherzen mit den Kellnern und kichern kokett. Coole Handys liegen auf dem Glastisch, ständig blinken Nachrichten auf, ich dagegen habe mein antikes Modell ganz unten in meiner Tasche versteckt und bete zu Gott, dass Maksym nicht anruft.

Wenn ich die anderen ansehe, bin ich sicher, dass sie innerlich lachen über meine schwarze Hose und rosa Bluse mit abgerundetem Kragen, die im vergangenen Jahrhundert in Mode war. Sie tragen modisch zerrissene Jeans und T-Shirts und dazu bunte Turnschuhe. Meine schwarzen Schuhe haben vorne eine Schleife. Ich sehe aus wie die alte Frau Chapeau-Claque aus der Geschichte von Uspenskij. Wenn ich das nächste Mal in einen Secondhandladen gehe, suche ich mir auch eine Jeans. Und diese Bluse werde ich nicht mehr anziehen.

Jaroslawa zeigt auf ihrem Handy Fotos von dem Hotel in der Türkei, wo sie mit Ihor die Flitterwochen verbringen will.

„Wann reist ihr ab?“, fragt entweder Olja oder Darja. Na ja, eben eine von den beiden.

„Gleich nach der Hochzeit. Am Montag.“

„Und wann kommt ihr zurück?“, frage ich.

„In zehn Tagen“, sagt Jaroslawa und verzieht das Gesicht wegen der Zitrone, die sie sich auf die Zunge gelegt hat.

Mein *Nokia* dudelt. Ich schnappe mir die Tasche, stehe auf und entferne mich von der Gruppe, damit niemand von meinem Gerät Notiz nimmt, das in ein paar Jahren ins Museum gegeben werden kann. Ich hole es hervor und sehe, dass Maksym anruft.

„Komm nach Hause, Marta.“ Seine Stimme klingt, als käme sie aus einem Keller, dumpf und kühl.

Mir steckt ein Kloß im Hals.

„Was ist passiert, Maksym?“, frage ich beunruhigt. Ich lege den Hörer ans andere Ohr und lausche aufmerksam.

„Mir geht es nicht gut, ich bin krank.“

Er sagt nichts Genaueres darüber, was ihm zu schaffen macht, sondern legt nach diesen Worten auf. Ich stehe einen Moment lang wie erstarrt. Hinter diesem „Mir geht es nicht gut, ich bin krank“ könnte sich alles Mögliche verbergen, vom Fieber bis zum Schlaganfall. Mir wird heiß.

Ich entschuldige mich bei Jaroslawa und erkläre, dass es Maksym schlecht gehe und ich sofort nach Hause müsse.

Sie nickt und sagt, ich müsse mich nicht entschuldigen.

„Bis morgen“, ruft Jaroslawa, doch ich bin schon auf dem Weg.

„Bis morgen“, erwidere ich und winke ihr zum Abschied.

Auf dem Heimweg, während ich in der überfüllten Marschrutka sitze, atme ich weiter den Geruch der ätherischen Öle ein.

Vielleicht bin ich eine schäbige Ehefrau, denn obwohl es Maksym schlecht geht, geht es mir gut.

November
Sonntag

Es wird Abend. Schwarze Wolken ziehen müde über den Himmel.

Ich bin so niedergeschlagen, dass ich weinen könnte. Ich benehme mich bestimmt wie ein bockiges Kind.

Maksym ist krank. Nicht, dass er sehr krank wäre, aber ... Ich weiß nicht, was ich davon halten soll. Als ich gestern nach Hause kam, lag er im Bett und atmete schwer. Wir haben Fieber gemessen. 37,2.

Wie zum Teufel soll ich auf solche Situationen richtig reagieren? Zuerst war ich erschrocken, dann sagte ich unangebrachterweise, es sei nichts Schlimmes, und er wurde wütend.

Maksym liegt schon seit einem Tag im Bett und keucht. Er weigert sich, mit mir zu sprechen, da er das Gefühl hat, ich nähme seine Gesundheit nicht ernst.

Ich gebe ihm Schneeball-, Himbeer-, Johannisbeertee und dergleichen zu trinken, messe Fieber, schüttle das Kissen auf und mache Beinwickel.

Eines ist sicher: Zur Hochzeit von Jaroslawa gehen wir nicht.

„Ich habe keine Kraft, irgendwohin zu gehen“, hat er am Morgen zu mir gesagt. „Du wirst doch nicht ohne mich gehen?“

„Natürlich werde ich nicht gehen“, habe ich ihm versichert und Jaroslawa eine Nachricht geschickt, in der ich mich entschuldigte und erklärte, dass Maksym krank sei. Dabei habe ich aber nicht den Ernst seiner Verfassung erwähnt.

Jaroslawa hat nicht geantwortet. Ich denke, sie nimmt es mir übel.

Tief in meinem Herzen schwelt ein fieser Verdacht: Ob Maksym simuliert? Ob seine Krankheit eine geplante Aktion ist?

Ich bemühe mich, die dummen Gedanken zu vertreiben, aber ich habe noch immer im Ohr, was Maksym gestern gesagt hat: „Deine Freundschaft mit Jaroslawa gefällt mir nicht. Sie hat einen schlechten Einfluss auf dich. Ich denke, du verstehst, dass eine anständige, verheiratete Frau abends nicht irgendwo abhängt, umso mehr, wenn ihr Mann krank im Bett liegt."

Seither ist mir miserabel zumute, es fühlt sich an, als hätte ich zu viel Essig getrunken, der jetzt alles in mir verätzt. Maksym will meinen Kontakt zu Jaroslawa beschränken, ohne die zu sein ich mir absolut nicht vorstellen kann. Das Gefühl meiner eigenen Hilflosigkeit zerreißt mich.

Ich bin zu nichts nutze, und deshalb hängt unsere Freundschaft an einem seidenen Faden. Ja, genau, zu nichts nutze, denn auf seine Worte von gestern habe ich nicht reagiert. Überhaupt kein bisschen. Ich habe mein Recht auf diese Freundschaft nicht verteidigt. Ich habe Jaroslawa nicht verteidigt.

Ich habe alles falsch gemacht. Alles.

2017

Januar
Sonntag

Heute ist mein Geburtstag.

Am Morgen rief Andrij an, er hat mir für das neue Jahr und zum Geburtstag alles Gute gewünscht. Er beklagte, dass wir uns fast ein halbes Jahr nicht gesehen haben, als wäre das nur meine Schuld. Während ich mir seinen Monolog anhörte, in dem er mir Gleichgültigkeit vorwarf, bekam ich allmählich ein schlechtes Gewissen, sodass ich schließlich versprach, mich bald mit ihm zu treffen. Dann übergab er den Hörer Bohdana, was mich verblüffte. Andrij und Bohdana treffen sich? Es stellte sich heraus, dass die beiden Neujahr zusammen gefeiert hatten. Auf meine Frage, ob sie ein Paar seien, antwortete Bohdana: „Noch nicht. Wir schlafen nur miteinander."

Dann rief Zoja Pawliwna an, überschüttete mich mit guten Wünschen, zum Beispiel wünschte sie mir „Kinder wie Sterne am Himmel". Gegen Mittag gratulierte Oksana,danach Jaroslawa. Seit sie geheiratet hat, haben wir uns nicht mehr gesehen und ihr mangelndes Verständnis liegt schwer wie ein Steinbrocken zwischen uns.

Dies ist bereits der vierte Geburtstag, an dem ich von meinem Vater kein Wort höre. Ich rufe ihn ebenfalls nicht an. Ich glaube, er hat mich genauso aus seinem Leben gestrichen wie ich ihn.

Maksym hingegen verzaubert mich heute. Kaffee im Bett, ein Strauß weißer Rosen und als Geschenk eine Goldkette.

„Verzeih mir", sagt er, nachdem er mir gratuliert hat, „ich verhalte mich dir gegenüber nicht immer richtig. Ich habe einen schlechten Charakter. Aber glaub mir, ich schätze jede Minute, die wir zusammen verbringen."

Nie hat er mir etwas Vergleichbares gesagt. Daher blinzle ich überrumpelt mit den Augen.

„Ich habe noch eine Überraschung für dich“, erklärt er verschmitzt.

„Welche?“ Ich bin ehrlich überrascht.

„Morgen gehen wir ins Einkaufszentrum und kaufen dir ein neues Kleid.“

„Warum?“, frage ich zurück, ohne nachzudenken. Ob jede Frau, die aus Vernunftgründen heiratet, so etwas fragt?

„Was heißt hier warum? Willst du dein fliederfarbenes Kleid tragen, bis es Löcher hat?“

Den ganzen Tag trinken wir Sekt, hören Musik, schauen lustige Filme und haben Sex. Das ist der glücklichste Tag meines Lebens, denn so einfühlsam, liebenswürdig und zärtlich habe ich Maksym noch nie erlebt. Am Abend bestellt er eine Pizza und entkorkt eine Flasche Rotwein. Ich zünde Kerzen an, die den Raum mit Lavendelduft füllen, lasse mir den Wein schmecken und lächle die ganze Zeit. Heute ist es so gemütlich wie nie zuvor.

Eigentlich braucht eine Frau nicht viel, um glücklich zu sein. Davon bin ich überzeugt.

„Marta“, flüstert Maksym mir ins Ohr.

„Was?“, frage ich und drücke meine Wange an die seine.

„Ich liebe dich.“

„Und ich dich“, bekenne ich.

Das ist unsere erste Liebeserklärung. Vielleicht bin ich mir meiner Gefühle nicht zu einhundert Prozent sicher, aber was jetzt gerade in mir brodelt, wird wohl Liebe sein, denke ich mir.

Ich wusste, dass es so kommen würde. Ich wusste, wir würden glücklich sein. Ich wusste es.

Februar
Montag

Heute ist der letzte Tag des Winters. Obwohl es vor einer Woche noch einmal geschneit hat, liegt schon Frühling in der Luft.

Kurz vor dem Mittagessen helfe ich den Kindern, sich für einen Gang ins Freie anzuziehen. Sie lärmen und toben. Artem lässt Solomijka keine Ruhe: Mal zieht er an ihrer Mütze, mal nimmt er ihr einen Handschuh weg. Das Mädchen hält ihn sich vom Leib, so gut es kann.

Ich erkläre Artem, dass mir das missfällt und dass er im Gebäude bleiben muss, wenn er nicht aufhört. Überraschenderweise wirken meine Worte. Artem beruhigt sich. Aber auf der Treppe richtet er seine Aufmerksamkeit stattdessen auf Wika, packt das Mädchen am Schal und schreit, dass sie ein Pferdchen sei.

Draußen erinnert uns der kalte Wind daran, dass der Winter noch nicht vorbei ist. Ich genieße die Sonnenstrahlen, die ab und zu hinter den Wolken hervorbrechen.

Die Kinder spielen Verstecken, da bemerke ich nicht weit vom Tor des Kindergartens meinen Bruder. Im selben Moment höre ich, wie mein Telefon klingelt. Auf dem Bildschirm leuchtet „Andrij Bruderherz“ auf.

Ich nehme ab und sage, dass ich ihn sehe.

Er kommt auf mich zu. Er macht schwere, zuversichtliche Schritte, als marschiere er über den Exerzierplatz, im Gesicht Sorge, in den Augen Zorn und Wut. In diesem Moment bemerke ich mehr denn je die Ähnlichkeit mit meinem Vater, ähnliche Augen, ähnlicher Blick, ähnlich funkelnde Wut. Wir haben uns ein halbes Jahr lang nicht gesehen. Eine ziemlich lange Trennung für Geschwister, die im selben Ort leben, zumal Luzk kaum eine große Stadt genannt werden kann.

„Warum reagierst du nicht auf meine Anrufe?“, wettert Andrij statt einer Begrüßung.

Ich hole mein Handy hervor und sehe sechs verpasste Anrufe. „Ich habe nichts mitbekommen." Der Wind trägt meine Stimme davon und es scheint, als höre Andrij die von mir gesagten Worte nicht.

Mir wird klar, dass er nicht deshalb versucht hat anzurufen, weil er fragen wollte, wie es mir geht, sondern weil etwas passiert ist.

Ich glaube, er liest die Frage in meinen Augen, denn er sagt: „Vater liegt im Krankenhaus."

Ich schweige und tue so, als wäre es mir gleichgültig. Ich setze eine Maske auf, aber mein Herz beginnt, schneller zu schlagen.

„Ein Schlaganfall", erklärt Andrij kurz und runzelt die Stirn.

Ich habe nichts dazu zu sagen. Und er weiß es.

„Er hat darum gebeten, dass du kommst."

Ich schweige weiter. Ich meine, gleich weinen zu müssen, doch ich halte mich zurück. Ich habe nur den einen Wunsch: dass Andrij geht.

„Kommst du also? Er liegt im Krankenhaus", beharrt mein Bruder. Wenn ich mich nicht irre, riecht er nach Alkohol.

„Nein. Ich komme nicht."

„Verdammt!", brüllt Andrij und erschreckt mit seinem Schrei die Kinder. „Du bist seine Tochter."

„Du irrst dich", antworte ich so ruhig wie möglich, „seit Mama gestorben ist, bin ich eine Vollwaise."

Er weiß das. Ich habe es ihm gesagt. Aber Andrij findet, dass ich meine Meinung ändern muss.

„Red keinen Unsinn. Er hat sich geändert."

„Das ist mir egal", sage ich kalt und verstecke meine Hände in den Taschen. Ich fröstle. Der Wind zieht durch den Kragen, sodass ich am Rücken friere.

„Er hat sich wirklich geändert", sagt er schon ruhiger und versteckt ebenfalls die Hände in den Taschen seiner Steppjacke. Ich bemerke Falten um Andrijs Augen, seine Hände zittern leicht und seine Gesichtsfarbe ist grau; entweder beginnt er, alt zu werden, oder er trinkt zu viel.

Ich schaue ihm in die Augen und spreche jedes Wort deutlich aus: „Mir ist alles egal – sowohl er als auch seine Krankheit und sein weiteres Schicksal. Genauso gleichgültig, wie ich ihm einst war. Ich kann ihm nicht verzeihen. Ich kann es nicht. Und du wirst mich nicht dazu bringen, zu ihm zu gehen."

Andrij ist jetzt still, es ist klar, dass ihm die Argumente ausgegangen sind. Die Falten in seinen Augenwinkeln werden tiefer.

Die Kinder spielen und lärmen auf dem Spielplatz. Mir aber wird immer kälter.

„Weißt du", sagt der Bruder mit gedämpfter Stimme, „ich glaube, wenn Mama dich jetzt hören könnte, wäre sie sehr wütend. Sie war die Einzige, die allen verzeihen konnte. Mama dachte immer, du wärst ihr ähnlich, aber ich glaube, das stimmt nicht. Du hast ein viel kälteres Herz, als ich mir hätte vorstellen können."

„Hör auf!"

Seine Worte sind scharf wie ein gut gewetztes Messer.

„Bitte, hör auf. Du hast doch keine Ahnung ..."

„Vater geht es wirklich schlecht", fährt er in ruhigem, aber festem Ton fort, „was auch immer zwischen euch passiert ist, er will trotzdem mit dir sprechen. Er hat darum gebeten, dir auszurichten ... Vater traut sich nicht, anzurufen, er hat Angst, dass du nicht mit ihm reden willst. Denk nach, Marta. Denk nach und entscheide dich."

Er schweigt einen Moment, reibt sich die frostigen Hände und schaut an mir vorbei.

Dann schließt er: „Ich verstehe immer noch nicht, warum ihr euch so feindselig gegenübersteht. Aber jetzt bin ich auf Vaters Seite."

Was kann ich ihm bloß sagen? Wie soll ich erklären, dass ich gezwungen war, Vater die Schuld zu geben? Einfach gezwungen war, sonst hätte mich das eigene Schuldgefühl überwältigt.

„Geh, Andrij. Ich werde dir nichts erklären, ich werde dich nicht darum bitten, mich zu verstehen. Das werde ich nicht tun. Es schmerzt mich immer noch zu sehr, und dieser Schmerz ist stärker als das Mitgefühl für Vater."

Er verabschiedet sich nicht, sondern dreht mir einfach den Rücken zu und geht mit großen Schritten davon.

Andrij versteht nicht, trotzdem will ich ihm nicht alles erzählen, denn ich bin mir nicht sicher, ob ich überhaupt jemandem erzählen kann, was ich aus meinem eigenen Gedächtnis nicht zu löschen vermag.

***

„Andrij ist heute zu mir in den Kindergarten gekommen", erzähle ich Maksym. Er hat zu Abend gegessen, jetzt trinkt er Tee. Der Fernseher ist eingeschaltet und dröhnt durch die ganze Wohnung. In der TV-Sendung *Hier spricht die Ukraine* breiten sie die schmutzige Wäsche einer schlechten Mutter aus, deren Kind fast aus dem Fenster eines Hochhauses gesprungen wäre.

„Was wollte er?" Maksym dreht seinen Kopf vom Bildschirm weg.

„Er wollte mir sagen, dass unser Vater im Krankenhaus liegt. Ein Schlaganfall."

Zum ersten Mal sprechen Maksym und ich über meinen Vater. Er hört gleichgültig zu und nickt.

„Andrij möchte, dass ich ihn besuche, aber wir sprechen seit über drei Jahren nicht mehr miteinander, und ich will ihn nicht sehen." Die Worte lösen sich wie von selbst von meiner Zunge. Ich bin zwiegespalten: Einerseits will ich manches aussprechen, gleichzeitig will ich alles für mich behalten.

Maksym hebt überrascht die Augenbrauen und stellt seinen Becher auf den Tisch. An dem angeschlagenen Becher kann man sehen, dass wir alles andere als reich sind.

„Wo wohnt dein Vater? Bei Andrij?"

„Nein, er lebt allein." Mein Redefluss ist also noch nicht vorbei. „Andrij hat vor zwei Jahren eine Wohnung gekauft, vorher hat er sich mit einem Freund eine Mietwohnung geteilt. Vater dagegen lebt seit fast vier Jahren allein."

„In einer Wohnung?", fragt Maksym.

„Nein, in einem Haus. Es liegt nicht weit entfernt von Jaroslawas Haus."

Nun staunt er noch mehr.

Ich verstehe nicht, was der Wohnort meines Vaters gerade jetzt für eine Bedeutung haben soll. Ich erzähle ihm von unserem Verhältnis, doch ihn interessiert das Haus.

„Bist du dort noch gemeldet?“

„Ja. Warum fragst du?“, wundere ich mich.

„Ich bin nur neugierig. Warum willst du denn deinen Vater nicht besuchen?“

„Ich ... ich kann nicht.“ Die Worte bleiben mir im Halse stecken wie Fischgräten. „Wir sind zerstritten ... Er ...“ Ich beginne zu weinen.

Maksym umarmt meine Schultern und drückt mich an sich. „Sch, sch, ruhig, ruhig“, flüstert er, „wenn du nicht hingehen willst, musst du auch nicht.“

März
Freitag

Zoja Pawliwna benimmt sich heute seltsam. Zu nett, würde ich sagen, irgendwie geheimnistuerisch.

Nachdem ich die Kinder schlafen gelegt habe, setze ich mich an meinen Schreibtisch. Ich muss mich auf eine offene Unterrichtseinheit vorbereiten, aber ich kann mich nicht konzentrieren.

Schon zum dritten Mal an diesem Tag schaut die Leiterin bei unserer Kindergartengruppe vorbei. Mir ist klar, dass diese Besuche einen bestimmten Grund haben.

„Marta-Schatz", flüstert Zoja Pawliwna. Sie nennt mich nur in dringenden Angelegenheiten „Marta-Schatz".

„Ist etwas passiert?", frage ich allzu eilig.

„Ich habe gehört, dass dein Vater krank ist", sagt sie mitfühlend.

Na, was geht sie das denn an? Wahrscheinlich hat Oksana es ihr brühwarm berichtet. Sie kann den Mund einfach nicht halten. Genau wie ich selbst übrigens. Warum habe ich mich Oksana bloß anvertraut?

Ich nicke stumm.

„Marta-Schatz", fährt Zoja Pawliwna fort, „die Kolleginnen und ich haben uns beraten, wir wollen helfen."

Sie legt einen Umschlag auf den Tisch und freut sich über sich selbst.

„Was ist das?", frage ich irritiert.

„Geld", antwortet sie selbstzufrieden.

„Wozu?", ich wäre fast aufgesprungen.

„Was meinst du, wozu?" Gleich fällt ihre Brille herunter. „Das ist schließlich schlimm ... Und diese Kosten ... Wir helfen uns immer gegenseitig. Deshalb haben wir ein bisschen gesammelt, na ja, jeder, soviel er konnte ..." Sie geht mir langsam auf die Nerven.

„Vielen Dank für die Mühe. Aber ich kann dieses Geld nicht annehmen."

Zoja Pawliwna ist nicht nur überrascht, sie ist bestürzt. Die geschminkten Augenbrauen sind so weit hinaufgesprungen, dass sie sich für einen Moment am Hinterkopf befinden. Jetzt sieht sie noch mehr aus wie ein Clown.

„Warum?", presst die Leiterin hervor.

Was kann ich ihr sagen? Nichts. Deshalb strecke ich ihr wieder schweigend den Umschlag entgegen.

„Marta-Schatz, das ist respektlos gegenüber den Kolleginnen", geht Zoja Pawliwna zum Angriff über.

„Ich kann dieses Geld nicht annehmen. Vater wird bald nach Hause entlassen, und das Krankenhaus ist nicht so teuer, wie Sie denken", lüge ich, so gut ich kann. „Andrij und ich haben bereits alles bezahlt."

Sie steckt den Umschlag in die Tasche ihres himmelblauen Jacketts, rückt ihre Brille zurecht und ist sogleich wieder sie selbst: die seriöse, entschlossene und kategorische Zoja Pawliwna.

„Weißt du, Marta", beginnt sie und ich bemerke eine Kälte in ihrer Stimme, noch dazu hat sie von „Marta-Schatz" wieder zu „Marta" gewechselt. „Da ich deine Mutter gekannt habe, kann ich kaum glauben, dass du ihre Tochter bist."

Warum macht sie das? Mich an Mama zu erinnern, mir damit wehzutun und gleichzeitig zu glauben, dass sie mich unterstützt?

Ja, ja, ja ... Ich bin nicht wie Mama. Ich kann nicht vergeben, kann nicht die Augen vor dem Bösen verschließen und so tun, als sei nichts geschehen.

Zoja Pawliwna geht. Sie hat ihre mildtätige Mission erfüllt. Ich möchte ihr hinterherlaufen und alles erzählen. Sagen, dass ich nicht so schlecht bin, wie sie glaubt. Dass ich einfach nicht vergeben kann. Diese Fähigkeit hat man oder man hat sie nicht. Ich habe sie nicht.

Stattdessen nehme ich den Schlag stillschweigend hin, neige den Kopf und ziehe mich zurück. Wobei das nicht heißt, dass ich nicht bei der erstbesten Gelegenheit zurückschlagen und mich rächen werde. Obwohl, nein. Ich will mich nicht rächen, vielmehr wird mein Inneres von einem einzigen Wunsch zerrissen, nämlich, mein Gedächtnis zu reinigen. Wenn ich die Erinnerungen löschen könnte, die mit meinem Vater verbunden sind, dann wäre sicher auch ich in der Lage zu verzeihen.

Aber nein. Mein Gedächtnis steht im Dienst der Vergangenheit. Ehrfurchtsvoll bewahrt es alle Erinnerungen und all den Schmerz. Ich stehe der Vergangenheit machtlos gegenüber. Sie hat tiefe Spuren in mir hinterlassen. Sie schlägt ihre Krallen in die Gegenwart, streckt ihre Wurzeln in die Zukunft. Meine Erinnerungen haben Wurzeln geschlagen.

Deshalb stehe ich wie betäubt und keuchend da.

Nein, Zoja Pawliwna will das nicht hören. Und ich will nicht darüber sprechen.

***

Kurz vor dem Mittagessen kommt Oksana. Sie führt sich auf, als hätte sie mir einen Riesengefallen getan. Ich beschließe, nichts zu ihr zu sagen und ihr keine Vorwürfe zu machen.

Hinter mir schließe ich die Tür des Kindergartens und atme gierig die frische Luft ein. Ich hole mein halbtotes *Nokia* hervor und wähle die Nummer meines Bruders, nachdem ich sie im Adressbuch des Handys gefunden habe.

„Ich wollte fragen ...“, beginne ich zu sprechen, doch die Worte verhallen irgendwo.

„Heute haben sie Vater nach Hause entlassen“, teilt er mir mit, als lese er erneut meine Gedanken.

„Mhm“, murmle ich unsicher.

„Sein Zustand hat sich stabilisiert.“ Vielleicht hat Andrij erkannt, dass ich eine schlechte Gesprächspartnerin bin, daher erzählt er weiter: „Am Wochenende wird er zu Hause sein und am Montag bringe ich ihn zurück ins Krankenhaus.“

„Gut“, sage ich dumpf.

„Heißt das, du besuchst ihn?“, fragt er.

Aber ich tue so, als hätte ich seine Worte nicht gehört, und verabschiede mich hastig.

***

Ich steige in eine Marschrutka, und los geht's zu einer Reise in die Vergangenheit. Ich weine nicht, ich mache mich nicht fertig.

Vom harten Sitz der Marschrutka starre ich aus dem Fenster und denke an nichts. Vor dem Fenster blinken Häuser auf, die Schaufenster der Läden wechseln sich ab, Passanten gehen eilig ihren Geschäften nach, ich dagegen habe den Kopf zwischen die Schultern gezogen und zittere ein wenig.

Nach einer halben Stunde komme ich an. Die Wolodymyrska-Straße ist mir schmerzhaft vertraut: lang, friedvoll, heimatlich. Ich gehe mit langsamen Schritten an den hohen, gemauerten Umzäunungen entlang, die um die prächtigen Gebäude herum aufragen, vorbei an der gelben Ziegelmauer, hinter der die rote beginnt. Weit und breit keine Menschenseele. Nur die Mauern zeugen davon, dass hier jemand lebt. Die Bewohner verstecken sich voreinander. Das letzte Mal, als ich wegen des Kleides zu Jaroslawa gefahren bin, habe ich dieser Zurückgezogenheit und Abgrenzung keine Beachtung geschenkt.

Die Häuser der Nachbarn, mit deren Kindern wir auf dem Sportplatz der Schule gespielt haben, verstecken sich ebenfalls hinter den Mauern. Durch die nackten Bäume ist Jaroslawas Haus mit den gelben Ziegeln zu sehen. Ich will ihr nicht begegnen. Für den Fall, dass sie mich durchs Fenster bemerkt, tue ich so, als sei ich in Eile.

Ich halte vor dem hölzernen Gartentörchen inne, das in meiner Kindheit grün gestrichen war. Unser Haus steht da, ein stillschweigender, weißer Kasten, einsam in der Mitte des Hofs. Zehn Schritte und ich befände mich vor der Haustür. Aber ich bleibe stehen.

Ich sehe mich um und bemerke einen auffälligen Kontrast: Dort ragt das dreistöckige Haus meines ehemaligen Klassenkameraden auf, es ist sogar mit Dachziegeln bedeckt; dahinter ein weiterer Prachtbau; und dahinter noch einer ... Ich dagegen stehe vor einem alten Haus, dessen Schieferplatten für Windböen leichte Beute sind, betrachte den baufälligen Zaun und richte den Blick auf das Törchen, das lustlos an rostigen Türangeln hängt.

Der Wind bläst und drückt den alten Kirschbaum zu Boden. Die nackten Äste peitschen umher, als flehten sie um Hilfe. Ich friere. Der Wind umarmt mich mit seinen kalten Händen, ich werfe mir die Kapuze meiner Jacke über den Kopf, aber die erbarmungslosen Hände berühren aufdringlich meinen Hals und streichen mir schamlos über den Rücken. Ob aus Angst oder von der Kälte – ich bibbere. Der Märzwind lässt meine Haut gefrieren und dringt bis in die Knochen.

Vielleicht kann mich der Vater vom Haus aus sogar sehen, dennoch stehe ich reglos da und wage es nicht, näherzutreten. Ich will ihn nicht sehen und verstehe gleichzeitig nicht ganz, was ich hier mache.

Aus den Tiefen meines Gedächtnisses steigen Erinnerungen an die Oberfläche. Ich sehe sie deutlich, sie befinden sich direkt vor mir. Manche sind hell und kontrastreich, andere schemenhaft und erschreckend, wieder andere herzzerbrechend und lästig.

Ich höre Mamas Worte: „Der Vater kümmert sich um dich, so gut er kann." Sie hat das oft wiederholt. Aber ich glaube es nicht mehr und zwinge mich auch nicht, es zu glauben. Er hat sich nie um jemand anderen gekümmert als um sich selbst. Vater hat in einer Welt gelebt, die sich um ihn drehte. Uns, Mama, meinen Bruder und mich, hat er gezwungen, uns seinem Willen unterzuordnen.

Sein Charakter und sein Ehrgeiz haben seinen Verstand verdunkelt. Seine Worte besitzen Spitzen und verspritzen Gift, als seien es Schlangenbisse. Andrij hat einmal gesagt, dass ich Vaters Verhalten zu viel Bedeutung zumäße und dem, was zum einen Ohr hinein- und zum anderen wieder hinausgehen sollte, zu viel Beachtung schenke – aber ich kann nicht anders.

Einmal, als ich zehn Jahre alt war, habe ich den dritten Platz beim regionalen Zeichenwettbewerb belegt (in jenem Jahr war das Thema die Stadt, in der ich lebe). Meine Mutter gratulierte mir, doch Vater meckerte, dass ich mich mehr hätte anstrengen können, denn der dritte Platz sei schließlich nicht der erste.

Als mich Freundinnen besuchten, hat er sich lauthals darüber gewundert, dass jemand mit mir befreundet ist. „Worüber können die Kinder mit dieser grauen Maus schon reden?“, fragte er Mama absichtlich laut, damit jedes von ihm gesagte Wort an die Ohren meiner Gäste drang.

Als ich in der elften Klasse anfing, mit dem Nachbarsjungen Taras auszugehen, der einen Kopf größer und zwei Jahre älter war als ich, hat mir mein Vater, als er es herausfand, den Umgang „mit diesem Abschaum“ verboten. Damals ging es bei unserem Streit vor allem um den lang andauernden Konflikt zwischen meinem Vater und Taras. Er ließ mich nicht zu Verabredungen gehen, sperrte mich in meinem Zimmer ein und schrie meine Mutter an, sodass sie es nicht wagte, mich zu verteidigen. Taras hat sich dreimal mit mir zu einem Date auf dem Sportplatz der Schule verabredet, und ich bin dreimal nicht aufgetaucht. Da ich dem Jungen den wahren Grund nicht erklären konnte, hatte er meine Ausreden schließlich satt.

Manchmal hatte ich das Gefühl, dass sich mein Vater an meinem Geburtstag sogar noch mehr betrank als sonst. Er machte Krawall, brüllte mich und Mama an, zerschlug Geschirr, warf mit Sachen und fiel gegen Abend erschöpft ins Bett und schlief ein.

Ich weinte ständig. Die Tränen waren Erlösung und Erleichterung, sie flossen in Strömen, aber sie änderten nichts.

Als ich erwachsen wurde, wagte ich es einmal, Mama zu fragen, warum sie das alles ertrug.

„Wohin soll ich denn gehen?“, erwiderte sie aufgewühlt. „Ich muss es ertragen. Nur für dich tut es mir leid.“

Als sie sich wieder beruhigt hatte, versuchte Mama mir zu erklären, dass Vater gerade eine schwere Zeit durchmache, Probleme bei der Arbeit, Gehaltsverzögerung ...

„Aber das geht vorüber. Denn obwohl dein Vater von Natur aus ein hitziges Temperament besitzt, hat er auch ein gutes Herz“, sagte sie. Doch ich glaubte ihr nicht.

Ich verachtete Papa und verstand Mama nicht. In diesen Momenten schien sie mir blind. Von welchem guten Herz sprach sie? Wie kann man sich für eine Person, die das Leben von drei Familienmitgliedern bewusst zur Hölle macht, Entschuldigungen zurechtlegen?

Alkoholismus, Aggression, Verbitterung ... Die Liste der Wörter, die ich mit Vater assoziiere, kann unendlich fortgeführt werden.

Als ich noch ganz klein war, dachte ich, dass mein Vater nur mich nicht liebte, aber im Laufe der Zeit wurde mir klar, dass er generell niemanden liebt. Er kümmert sich nur um seine eigenen Interessen und spuckt auf die der anderen.

Liebe macht blind. Das habe ich schon mit sechzehn verstanden, als ich die blinde Hingabe meiner Mutter beobachtete.

„Wie kannst du ihm nur vergeben?", fragte ich sie eines Abends.

„Was meinst du?", fragte Mama mit verwundert hochgezogenen Augenbrauen zurück.

Ich schwieg einen Moment. Verstand sie wirklich nicht? Konnte man sich so gut verstellen?

„Ich könnte das nicht", meine Worte klangen wie ein Verdikt, „ich könnte so ein Verhalten niemals verzeihen."

Mama antwortete nicht, schüttelte nur den Kopf und sagte, mit der Zeit werde man sehen, ich solle aber lieber nicht darauf schwören.

Schlimmer wurde es, als Papa seine Arbeit verlor. Er trank. Dass wir zu wenig Geld hatten, hielt ihn nicht davon ab. Er lieh sich von den Nachbarn Geld für Wodka, und als sie ihm nichts mehr gaben, begann er, Gegenstände aus dem Haus zu tragen und zu verpfänden. Nach sechs Monaten tauchten im Kiosk bei der Bushaltestelle, in dem Gold, Silber und andere Wertgegenstände entgegengenommen wurden, meine goldenen Ohrringe, der Ehering meiner Mutter und mein Fotoapparat auf. Ein Jahr später brachte mein Vater den Fernseher dorthin. Von Andrijs Sachen nahm er nichts. Ich denke, er hatte Angst, der Sohn könnte Kontra geben.

Aber selbst das war noch nicht das Schlimmste. Herrschsüchtig und aufbrausend, wie er ist, hat er schließlich völlig die Kontrolle über sich verloren. Seine Augen brannten vor Wut, der Blick war hasserfüllt. Es war der Blick eines wilden Tieres. Eines wilden, hungrigen Tieres, das bereit ist, jeden in Stücke zu reißen, der ihm im Weg steht.

Ein neuer Abschnitt unseres Lebens war angebrochen: In

der Vergangenheit war es bei einer feindseligen Haltung und bei demütigendem Gerede geblieben, doch jetzt war der Vater despotisch und aggressiv. Ich hatte Angst vor ihm. Mama versuchte, alles geradezubiegen, aber das gelang ihr kaum noch. Andrij winkte angesichts der Misere ab, nahm seine Sachen und verließ das Haus.

Ich kann nicht mit Gewissheit sagen, wann die Angst in meinem Herzen dem Hass wich. Wahrscheinlich, als Mama krank wurde ...

Ich stehe immer noch neben dem Gartentor. Die Zeit schreitet unerbittlich voran, ich habe sie aus den Augen verloren.

Aber, was soll's. Ich muss jetzt nach Hause fahren. Ich drehe mich um, ziehe die Kapuze bis fast über meine Augen und bewege mich langsam Richtung Haltestelle.

„Marta", höre ich eine Stimme hinter mir.

Es ist Vater. Ich drehe langsam den Kopf und sehe ihn auf der Schwelle stehen. Er wirkt wie ein schwarzer Fleck vor dem weißen Hintergrund des Hauses.

„Marta!", ruft er lauter.

Ich drehe mich um und gehe ein paar Schritte weiter.

„Marta, geh nicht!", schreit er nun.

Seine Worte holen mich ein, packen mich am Jackenärmel und zerren mich in die Vergangenheit. Aber ich wehre mich mit aller Kraft, fliehe und möchte von ganzem Herzen taub werden, um dieses „Marta, geh nicht!" nicht mehr zu hören.

Seine Worte nötigen mich dazu, innezuhalten. Sie kriechen in mein Herz. Sie reißen mich in Stücke.

Der Verstand sagt mir, ich solle so schnell wie möglich zur Haltestelle rennen und in die erstbeste Marschrutka springen, doch die Beine tragen meinen Körper zurück zum Haus, in dessen Eingangstür ein dünner, blasser Mann steht. Mein Herz schweigt. Es ist gleichgültig.

Wir stehen uns gegenüber. Drei Schritte trennen uns voneinander.

Andrij hat nicht gelogen, als er sagte, Vater habe sich verändert. Vor mir steht nicht der breitschultrige, stämmige Mann mit dem feindseligen Blick. Das ist nicht der Mann, der leere

Flaschen unter den Tisch warf und das ganze Haus zusammenbrüllte. Das ist nicht jener Vater, der mir den Mund stopfte und mir befahl, nicht herumzuschwafeln. Das ist nicht jener nach Zigarettenqualm stinkende Despot.

Die Haustür öffnet mir ein Vater, der nicht aufgrund seines Alters verwelkt und krank aussieht. Er tritt zur Seite. „Komm herein“, sagt er leise.

Er keucht. Falten haben sich in sein Gesicht gegraben, graue Haare, die schon lange nicht mehr geschnitten wurden, fallen ihm in die Stirn. Eingefallene Wangen, ein gelbes Gesicht, rissige Lippen. Er trägt eine alte Jogginghose, ein grün kariertes Hemd, darüber eine schwarze Jacke aus Schweinsleder. Ich weiß nicht, was tiefere Spuren hinterlassen hat: die Krankheit oder die Trinksucht.

Ich will weglaufen, aber stattdessen gehe ich ins Haus. Langsam überschreiten meine Füße die Türschwelle, dabei berühren sie kaum den Boden. Als ich das letzte Mal hier war, herrschte überall Unordnung, wie sie für die Wohnung eines Alkoholikers typisch ist: leere Wodkaflaschen, Staub und Schmutz, Gestank und muffige Luft. Stattdessen erblicke ich ein aufgeräumtes Zimmer und denke, dass Andrij sich sehr viel Mühe gegeben hat.

„Ich trinke schon lange nicht mehr“, sagt Vater dann.

Ich weiß nicht, warum, aber ich glaube ihm.

Wir setzen uns an den Küchentisch beim Fenster und schweigen. Vater keucht, seine Hände zittern. Wieder weiß ich nicht, ob es an der Krankheit oder am Alkoholismus liegt. Ich starre ihn unverwandt an und verliere mich in meinen eigenen Eindrücken. Als wäre er es, und gleichzeitig ...

„Hab dich am Tor stehen sehen ... Dachte, du kommst herein. Habe geschaut und gewartet. Aber du hast dich umgedreht und bist weggegangen.“

Er sieht mich so an ... Ich weiß nicht, wie ich es nennen soll. Noch nie hat er mich so angesehen.

„Andrij hat gesagt, dass du versprochen hast zu kommen, aber krank geworden bist“, fährt Vater fort. Andrij hat also gelogen, aber sei’s drum. Ich bin ja jetzt hier.

Mein Blick wandert zum Beistelltisch in der Küchenecke

neben dem Kühlschrank. Auf dem Tischchen steht in einem braunen Rahmen ein Porträt von Mama, auf dem sie gequält lächelt. Davor liegt ein Berg von Pillen, Spritzen, Ampullen und Tropfen. Eine Welle der Traurigkeit und des Schmerzes überkommt mich. Das Atmen wird mir schwer.

Vater bemerkt meinen auf das Foto gehefteten Blick und seufzt tief. „Ich weiß, dass du mir niemals verzeihen wirst", spricht er und hustet gleichzeitig, „ich werde dich auch nicht darum bitten."

Ich stehe auf und nehme meine Tasche. Jetzt sollte ich sagen: „Doch, ich habe dir verziehen." Ich muss es sagen und dann ebenfalls um Verzeihung bitten. Aber meine Lippen sind wie versiegelt und die Worte bleiben ungesagt, wie sehr sie auch versuchen, sich von der Zunge zu lösen.

„Gehst du schon?"

Ich nicke stumm.

Er erhebt sich vom Tisch und steht mir gegenüber.

Wieder dieser Blick. Ich bin es nicht gewohnt, dass mein Vater diesen Blick aufsetzt. In diesem Moment bemerke ich Tränen in seinen Augen. Seine Unterlippe bebt, er schaut wieder weg.

Ich renne aus dem Haus. Ohne mich umzudrehen, laufe ich zur Haltestelle.

Mein Vater ruft mich nicht mehr.

***

In der Marschrutka ist es stickig, ich kann nicht atmen. Die schlechte, abgestandene Luft schnürt mir die Kehle zu. Noch bevor ich meine Haltestelle erreicht habe, bitte ich den Fahrer, auf dem Platz beim Basar anzuhalten.

Meine Beine machen schlapp, und ich laufe ohne Grund in die Altstadt. Ich passiere die rissigen Mauern der Gebäude, die beredt mein schrundiges und abgestumpftes Herz widerspiegeln, bewege mich mühsam über das robuste Kopfsteinpflaster und schleppe mich zwischen den niedrigen, etwas abgeflachten Gebäuden dahin.

Jemand fasst mich an der Schulter. Ich sehe mich um und bemerke einen großen Unbekannten – vielleicht ein Tourist, denke ich, als ich den Fotoapparat an seinem Hals sehe. Er unterdrückt ein Lachen, und ich gehe weiter, den Kopf zwischen die Schultern gezogen. Ich weiß nicht, wie ich auf dem Platz vor Lubarts Schloss gelandet bin. Hier ist der Wind kälter und weht stärker, so, als wolle er mich umwerfen.

Ich drehe den Kopf hin und her und stelle fest, dass ich ganz allein auf dem Platz bin. An der Kirche, die hinter mir liegt, heult laut ein Auto auf. Ich erschaudere.

Ich fühle mich einsam. Traurigkeit und Selbstmitleid wachsen mit jeder Minute, noch ein Augenblick und sie sind höher als die Türme des Schlosses. Ich zittere. Vielleicht ist der durchdringende Wind der Grund dafür, vielleicht ist es aber auch meine eigene Ohnmacht. Und das Bewusstsein, verglichen mit diesen mächtigen Architekturdenkmälern nur ein kleines Sandkorn zu sein.

Was mache ich hier? Warum haben mich meine Beine ans andere Ende der Stadt getragen?

Im selben Moment bläst mir der Wind die Kapuze vom Kopf. Um sie wieder aufzuziehen, nehme ich die Hände aus den Taschen. Ich muss irgendwo einkehren.

Ich drehe um und gehe in Richtung der großen Straße, an der sich niedrige Gebäude entlangziehen. Irgendwo weint ein Kind, der Geruch von gebratenem Fisch kitzelt in der Nase, Wäsche trocknet auf dem Balkon im zweiten Stockwerk, ich aber bleibe verwundert stehen und sehe von Fenster zu Fenster. Hier leben Menschen. In aller Ruhe und Gelassenheit. Zumindest scheint es so.

Links von mir hängt ein Schild mit der Aufschrift *Willkommen, liebe Gäste*. Es handelt sich um ein Café, also schleppe ich mich mit bleiernen Beinen dorthin. Ich öffne die Holztür, die, wie es für die Altstadt von Luzk typisch ist, mit der gleichfarbigen Wand verschmolzen scheint.

In meinem Kopf wirbelt alles hin und her, ein Gedanke eilt dem anderen hinterher und jeder folgende steigert die Geschwindigkeit. Wenn es möglich wäre, sie zusammenzuwickeln, hätte ich schon einige Knäuel formen können.

Mein Kopf ist kurz davor zu zerspringen.

Ich betrete das Café *Willkommen, liebe Gäste* und lasse mich auf einem harten Holzstuhl nieder. Der Mann hinter dem Tresen schaut mich an, als sei ich ein Geist. Ich begreife, dass er mit seinem vielsagenden Blick versucht, mir klarzumachen, dass es hier keine Bedienung gibt.

„Selbstbedienung?“, murmle ich mehr zu mir selbst als zum Barkeeper.

Ich stehe auf, gehe zu ihm hin und sehe, dass er mit mir zufrieden ist, weil ich die Regeln der Örtlichkeit verstanden habe.

„Einen Tee ...“, ich bekomme die Worte kaum heraus, „kann ich ihn mit Zitrone haben?“

Er nickt, wirkt aber, als hätte ich ihn darum gebeten, den Tee mit Wodka zu mischen.

Ich setze mich wieder an den Tisch und wende dem Tresen den Rücken zu. Da mir Tränen in die Augen steigen, möchte ich dem Blick des Barkeepers jetzt nicht begegnen. Niemand soll meine Tränen sehen.

Einen Moment später stellt er den Tee und ein Glas Rotwein vor mich hin. Auf meinen fragenden Blick antwortet er: „Der Wein geht aufs Haus“, und schenkt mir ein strahlendes Lächeln.

Verflucht, das rührt mich so, dass ich anfange, richtig zu weinen. Wie üblich, im unpassendsten Moment.

„Es gibt immer einen Ausweg, egal wie kompliziert die Situation scheint.“ Er lächelt weiter, während ich mir die Tränen mit dem Handrücken wegwische und zurücklächle.

Ja, natürlich. Es gibt einen Ausweg. Und hätte ich heute meinen Vater angehört und ihm vergeben, würde ich mich besser fühlen, denn die Last, die mir seit Mamas Krankheit auf dem Herzen liegt, drückt mich nieder. Ich hätte ihm zu Ende zuhören, mich überwinden und Mitgefühl zeigen müssen, aber ich habe mir das erspart und bin abgehauen. Denn vor Problemen wegzulaufen ist immer leichter. Außerdem müsste ich dann auch über mich selbst sprechen und dafür um Verzeihung bitten, dass ich die ganze – die ganze! – Schuld an Mamas Tod auf seine Schultern geladen habe, obwohl ich selbst nicht ohne Sünde bin.

Aber ich hatte Angst vor ihm. Hatte Angst aus dem einfachen Grund: Zum ersten Mal in meinem Leben hat mich der Vater angesehen, als sei ich sein Kind, seine Tochter, die er vermisst hat. Und unter dem Druck dieses sanften, für mich neuen Blicks war ich bereit, zu vergeben und um Vergebung zu bitten.

März
Samstag

In meinem Portemonnaie befinden sich einhundert Hrywen, aber bis zur Gehaltsauszahlung dauert es noch fast eine Woche. Der Kühlschrank ist leer, in den Schubladen finde ich weder Buchweizen noch Nudeln, im Bad bemerke ich, dass Shampoo und Waschpulver ausgegangen sind.

Von ihrem Gehalt kann sich eine Erzieherin Brot, Mineralwasser und alle zwei Tage eine Sardelle leisten. Schon als ich noch mit Bohdana zusammengewohnt habe, konnte ich kaum die Zeit vom Vorschuss bis zur Gehaltsauszahlung und von der Auszahlung bis zum Vorschuss überbrücken, doch jetzt, da die Ausgaben steigen, wird es noch schwerer. Das erinnert mich an ein Hamsterrad: Man gewinnt an Schwung und rennt mit aller Kraft, ohne dass ein Ende in Sicht wäre.

Maksym mag gutes Essen, und zwar nicht irgendwas, sondern Fleisch, Fisch, Kaviar ... So gebe ich meinen Vorschuss innerhalb von drei Tagen aus und überlege die restliche Zeit, wie ich aus nichts etwas kochen kann.

Ich schäme mich, es zuzugeben, aber ich weiß nicht, was für ein Gehalt Maksym bekommt. Er hat es mir nicht gesagt und ich habe nicht danach gefragt. Es hat sich so eingespielt, dass ich die Lebensmittel einkaufe, und er ... Weiß der Teufel, wofür er seinen Lohn ausgibt.

Jetzt wage ich, kühn aus der Küche zu rufen: „Maksym, wir müssten einige Lebensmittel holen.“ Während ich auf eine Antwort warte, lehne ich mich mit dem Rücken an den Kühlschrank, als könne der mich davor bewahren, zu fallen.

„Dann geh einkaufen“, höre ich seine Erwiderung.

„Mir ist das Geld ausgegangen, und mein Gehalt bekomme ich erst in etwa einer Woche.“ Obwohl ich in jedes Wort etwas Selbstbewusstsein lege, bebt meine Stimme doch verräterisch.

„Wofür hast du es denn ausgegeben?“

Ich bin mir nicht sicher, aber er wirkt gereizt. Ich bleibe mitten in der Küche stehen. In der Hand halte ich die ganze Zeit schon eine Bratpfanne, wie ich gerade bemerke. Macht er Witze?

„Na ja ...“ Ich suche hastig nach einer Erklärung, dabei fühle ich mich wie ein ungezogenes Kätzchen, das in die Pantoffeln seines Besitzers gepinkelt hat. „Ich habe Fleisch, Buchweizen, Reis und letzte Woche gebackenen Fisch gekauft ... Ich habe Schnitzel gebraten, Koteletts ... Das Geschirrspülmittel ist auch alle ...“

„Willst du mir damit sagen, dass wir nur von deinem Gehalt leben und ich dir auf der Tasche liege?“ Mit jedem seiner Worte kriecht Wut aus dem Wohnzimmer in die Küche. Ich könnte schwören, dass in diesem Moment seine Augen voller Zorn sind.

„Nein“, rufe ich, und meine Stimme zittert, „nur ...“

Ich verstumme und atme flach. Habe ich wieder etwas Falsches gesagt? Habe ich die Frage falsch formuliert?

Ich setze mich auf einen Hocker und gehe unser Gespräch im Kopf noch einmal durch. Nachdem ich die Fassung ein wenig zurückgewonnen habe, nehme ich das Messer und eine Kartoffel und beginne sie zu schälen. Dann gibt es eben Kartoffelbrei. Fertig!

Nach fünfzehn Minuten höre ich: „Marta, wusstest du, dass Stalin zweimal verheiratet war?“

Es verschlägt mir den Atem. Was soll man dazu sagen? Die Frage des Tages: Wie oft war Stalin verheiratet? Wenn ich das nicht weiß, werde ich natürlich umkommen oder verhungern. Vielleicht fragt er auch gleich nach den musikalischen Vorlieben Hitlers oder dem Lieblingsbuch von Napoleon.

Teufel noch mal, das gibt’s doch nicht! Manchmal glaube ich, dass Maksym sich über mich lustig macht. Ist das jetzt gerade wirklich wichtig? Ist das etwa wichtiger als unsere Alltagsprobleme? Ihn beschäftigt mehr die Unvollkommenheit der Welt: dass magnetische Stürme die Gesundheit der Menschen beeinträchtigen, dass internationale und einheimische Politiker wie tollwütige Hunde streiten, dass die Spieler von Dynamo an Boden verlieren, dass in Indien eine abnorme Hitze herrscht oder dass es in Afrika Probleme mit dem Trinkwasser gibt ...

Mein Problem dagegen ist die Tatsache, dass wir ohne Geld dastehen. Meine Stiefel sind undicht, meine Jacke ist alt und hässlich, der Wasserhahn im Bad hätte längst ausgetauscht werden müssen, und der Teppich an der Wohnungstür ist fast durchsichtig vor lauter Löchern ...

Aber Maksym will sich nicht damit abgeben, nicht mit solchen prosaischen und unbedeutenden Problemen. Er steht über dem Alltag. Er muss sich nicht darum kümmern. Denn ich kümmere mich ja darum.

„Stalin hatte zwei Söhne, Wasyl und Jakiw, und eine Tochter namens Switlana", fährt er fort, „wusstest du, dass er drei Kinder hatte?"

Ich kann mich nicht mehr zusammenreißen, daher antworte ich scharf: „Das wusste ich. Seine Tochter lebte in Amerika und starb mit fünfundachtzig Jahren."

Diese Antwort macht ihn sprachlos. Das spüre ich über die Entfernung der paar Meter sogar durch die Wand hindurch. Vor meinem inneren Auge sehe ich seinen entgeisterten Blick. Maksym hätte sich nicht einmal im Traum vorstellen können, dass ich etwas wissen könnte, das er nicht weiß.

Ich höre Schritte. Meine Vertrautheit mit dem Sowjetführer hat Maksym dazu gebracht, sich vom Bett zu erheben.

„Woher weißt du das?", fragt er so, als habe ich ihm Geld gestohlen und müsse jetzt meine Tat erklären. Sein kalter Blick durchbohrt mich.

„Ich hatte einen guten Geschichtslehrer."

Unser Dialog gleicht einem Duell. Ich weiß nicht, woher ich den Mut nehme, aber ich will jetzt nicht mehr ausweichen.

Maksym kehrt schweigend ins Schlafzimmer zurück, doch einen Augenblick später erscheint er wieder in der Küche. Er legt dreihundert Hrywen auf den Tisch und geht.

Etwas später ruft er: „Kauf, was nötig ist." Als sei nichts gewesen.

Aber ich glaube, dass er mir meinen Widerstand und die Zurschaustellung von Wissen nicht verzeihen wird. Denn er ist es gewohnt, schlauer zu sein.

März
Dienstag

Nach der ersten Schicht im Kindergarten gehe ich sofort los, oder vielmehr schwebe ich beflügelt zur Vorsorgeberatung in der Poliklinik. Meine Vermutung hat sich bestätigt: Ich bin schwanger. Als Maksym gestern eingeschlafen war, habe ich meinen flachen Bauch gestreichelt. Ein Lächeln umspielte meinen Mund, Tränen des Glücks stiegen in meine Augen und mein Herz klopfte freudig.

Mit der Ärztin habe ich Glück. Sie heißt Switlana, eine ältere Frau, Mutter zweier Kinder – das Mädchen studiert, der Junge ist noch ein Teenager (ihre Fotos sehe ich auf ihrem Bürotisch). Sie hat eine angenehme Art und lächelt oft. Sie ist erfahren und wird von vielen empfohlen. Was kann sich eine Schwangere mehr wünschen? Genau so habe ich mir eine Ärztin vorgestellt, die den Herzschlag meines Kindes abhören wird, meinen Puls und Blutdruck misst, Abstriche macht. So einem Menschen kann man vertrauen. Ihre Nase gleicht einer Kartoffel, die Augen sind zu klein, um ausdrucksvoll zu sein, und die Lippen sind blassrosa, aber mir kommt sie vor wie die schönste Frau der Welt.

Die Ärztin verschreibt Folsäure und weist mich an, auf mich achtzugeben.

„Ich gratuliere Ihnen. Sieben Wochen." Sie lächelt aufrichtig.

Sieben Wochen! Fast zwei Monate!

„Danke." Ich freue mich aus tiefstem Herzen und könnte vor Glück springen. Ich würde sie gerne umarmen und ihr danken.

Sie schreibt eine Überweisung für weitere Tests und rät mir, in der nächsten Woche wiederzukommen. Sie gibt mir ihre Visitenkarte und sagt, ich solle anrufen, wenn Fragen auftauchen.

Wahrscheinlich bemerkt sie die Freude in meinen Augen. Auch Switlana freut sich, denn wie sie erklärt, hat sie es immer öfter mit Fällen unerwünschter Schwangerschaften zu tun und findet es stets schön, eine Frau zu sehen, die über ihre künftige Mutterschaft glücklich ist.

„Sind Sie verheiratet?“, erkundigt sie sich.

„Ja.“

„Oh“, ihre schmalen Augen runden sich etwas, ich bemerke, dass sie grau sind, „ich denke, Ihr Mann wird sein Glück nicht fassen können.“

„Das hoffe ich“, antworte ich nicht allzu sicher.

Jetzt gehe ich die Straße hinunter und suche nach den Worten, mit denen ich Maksym über das Baby in Kenntnis setzen will.

Ich frage mich, was er sich mehr wünscht: einen Sohn oder eine Tochter? Mir ist egal, was es wird, denn es ist das erste Kind. Hauptsache, es ist gesund. Aber Männer träumen in der Regel von einem männlichen Erstgeborenen. Ich glaube, Maksym ist da keine Ausnahme.

Wie sollen wir ihn nennen? Vielleicht Mykolka? Oder Saschko? Oleksandr Maksymowytsch! Das klingt selbstsicher. Oder Mykola Maksymowytsch. Ach, Maksym soll das entscheiden.

Ich rechne nach. Das Kind wird noch vor Neujahr geboren. Oder vielleicht an meinem Geburtstag? Das wäre toll. Wir müssen uns um so vieles kümmern: ein Kinderbettchen, einen Kinderwagen, eine Badewanne, einen Wickeltisch, Windeln, Strampler ...

Darüber muss ich später nachdenken, jetzt muss ich mir überlegen, wie ich Maksym die Neuigkeit mitteile.

„Marta“, höre ich plötzlich hinter mir eine Stimme.

Ich drehe mich um und erblicke Jaroslawa. Wir haben uns lange nicht gesehen, zu lange.

„Hallo“, sagt sie und küsst mich auf die Wange. „Wollen wir in ein Café gehen und Tee trinken?“

„Das würde ich gerne, aber ...“ Ich überlege, wie ich mich aus dieser Situation herauswinden kann. Ich kann nicht zugeben, dass in meinem Portemonnaie nur zwanzig Hrywen sind.

„Kein Aber. Wir haben uns lange nicht gesehen. Ich habe dich vermisst. Lass uns gehen, ich lade dich ein!“ Jaroslawa ergreift meine Hand und zieht mich zum Zebrastreifen.

***

Im Café lassen wir uns an einem Tisch in der Ecke nieder und bestellen Käsekuchen und Tee. Sie verhält sich normal und unauffällig, trotz unserer seltenen Treffen, trotz meiner scharfen Worte, trotzdem ich von ihrem Junggesellinnenabschied verschwunden und nicht zu ihrer Hochzeit aufgetaucht bin. Ich liebe sie für ihre Direktheit und dafür, dass sie nicht nachtragend ist.

Innerhalb von zehn Minuten erfahre ich die aktuellen Neuigkeiten von Jaroslawa: Sie lebt mit Ihor und ihren Eltern zusammen. Ihor hat Unterlagen beim Amt eingereicht, um Anfang April einen eigenen Internetclub zu eröffnen. Jaroslawa hat ihren Job als Lehrerin aufgegeben und ist jetzt auf der Suche, außerdem hat sie wieder ihre Haare gefärbt, diesmal himbeerfarben (was ihr, wie üblich, steht) ...

„Und ich habe noch eine Neuigkeit: Ich bin schwanger!“, kreischt sie beinahe.

Ich verschlucke mich fast vor Lachen.

„Was hast du?“, wundert sich Jaroslawa.

„Ich auch.“

Jetzt lachen wir beide. Anklagend schütteln die anderen Besucher des Cafés die Köpfe, sie denken sicher, wir seien beschwipst.

„Ich bin in der neunten Woche“, sagt Jaroslawa.

„Ich in der siebten.“

„Das heißt, wir werden fast gleichzeitig entbinden.“

Unsere Bestellung kommt und ich wärme meine Hände, indem ich mit den Handflächen den Becher umschließe. Im Café ist es schön gemütlich, Wiktor Pawlik singt: „Ich mag dich“, ich habe Lust zu tanzen.

„Wie geht es Maksym?“, fragt Jaroslawa und trinkt einen Schluck Tee.

„Gut. Er arbeitet. Verkauft Immobilien, bringt in der Agentur die beste Leistung.“

„Das ist gut. Hat er sich gefreut, als er von dem Baby erfahren hat?“

„Er weiß es noch nicht. Ich habe es selbst gerade erst erfahren."

„Oh", ruft Jaroslawa aus, „dann hatte ich die Ehre, als Erste die Neuigkeit zu erfahren?"

„Ja. Du bist die Erste. Heute Abend erzähle ich es ihm."

„Warum hast du Maksym nicht mit zum Arzt genommen? Ich nehme Ihor überallhin mit. Vielleicht bekäme ich es auch allein hin, aber ich finde, er soll sich schon mal an die Pflichten und die Verantwortung gewöhnen."

„Ich wollte ihn überraschen", lüge ich leichthin.

„Nimm ihn ab jetzt überallhin mit."

„Okay", stimme ich zu, obwohl ich mir Maksym im Flur der Schwangerschaftsvorsorge nicht so recht vorstellen kann, wie er eine Stunde wartet, bis uns die Ärztin empfängt.

Da wechselt Jaroslawa das Thema. „Ich habe Andrij gesehen, er besucht euren Vater jeden Tag."

Ihre Worte berühren mich. „Ich war auch bei meinem Vater", sage ich schnell.

„Wann denn? Und warum bist du nicht zu mir gekommen?"

„Es war schon spät. Und ich hatte es eilig."

„Wie geht es deinem Vater? Wie ist euer Verhältnis?"

Mit einem tiefen Seufzer sage ich: „Wenn ich ehrlich bin, ich weiß es nicht. Wir verstehen uns nicht besonders gut."

„Immer noch nicht versöhnt?" Aus der Stimme der Freundin höre ich Mitgefühl heraus. Sie kennt nicht den eigentlichen Grund dafür, dass ich von zu Hause weggelaufen bin, und ich will nicht erneut zu diesem Thema zurückkehren. Jaroslawa weiß, dass wir uns nie sehr nahestanden und dass die Beziehung seit Mamas Erkrankung extrem angespannt war. Doch nach ihrem Tod hat sie sich dann vollständig aufgelöst.

„Was wünscht sich Ihor mehr, einen Jungen oder ein Mädchen?", lenke ich rasch ab.

„Ein Mädchen", erklärt Jaroslawa lachend.

„Ein Mädchen?", wiederhole ich, denn ich bin wirklich verwundert.

„Ja. Und wir nennen sie Marharytka."

***

Nachdem wir uns verabschiedet haben, setze ich mich emotional ausgelaugt, aber glücklich in eine Marschrutka. Ende März sind die Tage länger, die Sonne lugt immer öfter hinter den Wolken hervor und ich freue mich trotz des bitterkalten Windes über alles: den Frühling, die Schwangerschaft, die guten Nachrichten. Draußen, jenseits des Fensters, blinken Häuser, Einkaufszentren, Parkplätze, mir kommt es so vor, als würde ich fliegen.

Auf den Stufen vor dem Haus bemerke ich Nastja, die, die Hand in die Seite gestützt, etwas zu Ruslan sagt. Wir sind uns schon lange nicht mehr begegnet, deshalb rufe ich ihnen freudig zu.

Beide schauen sich um, und Nastja eilt mir entgegen.

„Hallo, Schönheit. Wie geht's?", frage ich das Mädchen und nehme ihre Hand.

„Ich war im Krankenhaus, aber ich habe nicht geweint", sagt Nastja stolz.

„Was hast du dort gemacht?"

„Ich habe gehustet."

„Lungenentzündung", erklärt Ruslan und öffnet die Haustür, „die Angina ist geheilt, jetzt wird die Entzündung behandelt."

„Sag bloß", erwidere ich betroffen, „und jetzt ist alles gut?"

„Ja", antwortet Ruslan müde, „heute waren wir bei der Nachuntersuchung und der Arzt hat versichert, dass alles wieder gut ist. Sie ist geheilt."

„Und was hast du Papa gerade erzählt, als ich gekommen bin?"

„Papa sagt, dass man am 1. April schwindeln darf, aber ich habe ihm gesagt, dass man das nicht darf. Niemals. Er selbst hat mir das beigebracht."

Wir lachen und versuchen nicht, sie vom Gegenteil zu überzeugen.

Im Aufzug holt Nastja ihre neue Puppe aus dem Rucksack und stellt sie mir vor. Sie steigen auf der sechsten Etage aus, ich auf der siebten.

Während ich zur Tür gehe, überlege ich, wie Maksym mit unserem Kind spielen wird, ihm Puppen oder Autos kauft, Bauklötze aufstapelt, es hochwirft, in den Garten bringt und an der Hand hält. Er wird ein guter Vater sein. Dessen bin ich mir sicher.

Maksym ist zu Hause. Ich ziehe die Schuhe aus und rufe ihn. Er schaut aus der Küche und lächelt. Ich betrachte ihn erstaunt: Er hat eine Schürze umgebunden, in der Hand hält er einen Löffel und ein Sieb.

„Was machst du da?“, will ich wissen.

„Ich koche Abendessen“, verkündet er.

„Wow“, rufe ich erfreut und mache mir bewusst, dass heute einer der besten Tage meines Lebens ist. Maksym ist gut gelaunt, also gibt es keinen Grund, seine Reaktion zu fürchten.

Ich wasche mir die Hände und lächle mein Spiegelbild an.

Auf dem Tisch stehen Makkaroni mit Käse. Mein Lieblingsgericht.

„Wie war die Arbeit?“, frage ich.

„Gut“, antwortet Maksym und hängt die Schürze an den Haken neben dem Spülbecken. „Andrij Andrijowytsch hat beinahe Orysja entlassen.“

„Warum?“

„Ich weiß nicht, was das Problem ist. Aber wären Tamara und ich nicht eingeschritten, wäre Orysja heute gefeuert worden.“

„Hat sie vergessen, etwas zu erledigen?“

Maksym denkt nach und probiert die Makkaroni, bevor er antwortet.

„Köstlich“, er leckt sich die Lippen, dann spricht er weiter: „Ich weiß nicht, inwiefern es die Arbeit betrifft. Orysja hat wohl mit der Exfrau des Chefs getratscht und jemand hat ihm das gesteckt. Ich denke, sie hat dieser Frau von jedem seiner Schritte berichtet.“

„Aber vielleicht ist das gar nicht wahr. Kann man denn deshalb jemanden entlassen?“, entrüste ich mich, denn dafür habe ich kein Verständnis.

„Möglich. Aber er ist der Chef und sie seine Angestellte. Egal wie man es dreht und wendet: Die Wahrheit ist immer auf seiner Seite.“

Nach dem Abwasch lege ich mich neben Maksym aufs Bett, mit meinem Kopf auf seiner Schulter. Mir ist warm ums Herz.

Soll ich es jetzt sagen oder später? Ich bin ein bisschen nervös, aber wozu das Gespräch hinauszögern?

Maksym greift nach seinem Buch. Er liest gerade den Science-Fiction-Roman Per Anhalter durch die Galaxis von Douglas Adams. Das ist nicht meine Art von Literatur, aber da ich keine Wahl habe, lausche ich Maksyms Kommentaren und Gedanken zum Buch. Manchmal scheint mir, er will mit seinem Wissen prahlen und schwadroniert nur deshalb stundenlang über die verwirrenden bis langweiligen Handlungsstränge und Hauptfiguren, wobei er so viele mir unbekannte Begriffe wie möglich einfließen lässt.

Mir kommen die Worte von Bohdana in den Sinn, die, als ich ihr einmal erzählte, wie ich Maksyms Intelligenz, Wissen und Belesenheit bewundere, ganz kategorisch meinte: „Es gibt einen Typ Mensch, in dessen Gesellschaft man sich immer wie ein stumpfsinniger Trottel fühlt, aber das liegt nicht daran, dass man wirklich einer ist, sondern daran, dass der Gesprächspartner mit Ausdrücken um sich wirft, als wolle er einen mit Schlamm beschmutzen. Die Methode ist simpel, fast schon primitiv: Man stellt sein Können unter Beweis, indem man das Können anderer Leute auf die eigene Person überträgt. Dazu braucht es keine große Intelligenz, sondern lediglich ein gutes Gedächtnis. Aber ein gutes Gedächtnis ist keineswegs ein Zeichen von Kultiviertheit oder Intellekt.“

Ich weiß nicht, ob Bohdana selbst darauf gekommen ist oder das irgendwo gelesen hat, aber nachdem ich diese Erklärung gehört hatte, stimmte ich ihr in Gedanken zu, obwohl ich meine Zustimmung nicht laut aussprach.

Ist das der Grund, weshalb er all diesen Schwachsinn erzählt?

Ich halte den Atem an und flüstere Maksym ins Ohr: „Ich habe Neuigkeiten.“

Er setzt sich auf und sieht mir aufmerksam in die Augen.

Kein Lächeln spielt auf meinen Lippen, als ich ihm von der Schwangerschaft erzähle und in Vorfreude erstarre.

März
Mittwoch

Die schlaflose Nacht fordert ihren Tribut. Ich bin müde, habe Ringe unter den Augen, meine Hände zittern verräterisch. Ich bemerke die Anwesenheit der Kinder und bitte sie in fast flehendem Ton, sich leiser zu verhalten, aber Artem ist heute aktiver denn je und Katrusja heult den ganzen Morgen, weil ihre Mama verboten hat, das Kleid mit dem Panda anzuziehen, das das Mädchen gestern mit Marmelade beschmiert hatte. Stattdessen hat sie dem Kind eine Cordhose und eine rosa Bluse angezogen. Katrusja schluchzt bitterlich, als wäre sie den ganzen Morgen verprügelt worden. Mein Kopf rotiert von dem ganzen Lärmen und Weinen. Dann nimmt Artem Solomijka die Puppe weg, sie versteckt dafür sein Lieblingsauto. Jetzt sitzen sie in verschiedenen Ecken und sind nicht nur aufeinander, sondern auch auf mich wütend.

Sollen sie wütend sein, Hauptsache, sie sind still.

Die Aushilfserzieherin Wita hustet laut. Ich glaube, sie hat sich erkältet. Warum zum Teufel kommt sie mit trockenem Husten zur Arbeit, wenn sie doch hier den ganzen Tag mit Kindern zu tun hat?

Gegen neun Uhr lugt Zoja Pawliwna herein und fragt nach dem Befinden meines Vaters. Ich antworte so höflich wie möglich, dass sich sein Zustand stabilisiert hat und das Schlimmste vorbei ist.

„Geht es dir nicht gut?“, fragt sie, ohne mich aus den Augen zu lassen.

„Alles in Ordnung“, sage ich mit angestrengtem Lächeln.

„Du bist etwas blass.“

Ich begreife, dass in der Leiterin der Mutterinstinkt erwacht ist, also komme ich ihr zuvor. „Der Hals schmerzt ein wenig, ich fürchte, ich werde krank.“

„Wita hustet und dir geht es auch nicht gut. Vielleicht suche ich eine Vertretung für euch?"

„Ich glaube, das ist nicht nötig."

Zoja Pawliwna geht, ich dagegen rufe die Kinder zusammen. Sie sollen sich für ein Spiel auf den Teppich setzen. Ich teile sie in Gruppen ein, gebe jedem farbige Karten und erkläre die Regeln. Einige hören aufmerksam zu, andere zanken sich und wieder andere gähnen.

Der Tag zieht sich wie Gummi.

Jaroslawa hat heute angerufen, ich glaube, sie wollte wissen, wie Maksym reagiert hat, aber ich hatte keine Kraft, ihren Anruf entgegenzunehmen. Vielleicht rufe ich später zurück. Aber nur vielleicht.

Nach der ersten Stunde ist Oksana hereingekommen und ich habe versucht, mich zu konzentrieren. Sie wollte ein wenig quatschen, aber heute kam das Gespräch nicht in Gang. Ich war nicht in der Stimmung, mehr über die neuen Boshaftigkeiten der Schwiegermutter und Oksanas scharfe Erwiderungen zu erfahren.

Draußen ist es windig und kalt, es nieselt, man hat den Eindruck, der Frühling hat sich zurückgezogen. Die Meteorologen warnen vor einer deutlichen Abkühlung und geben für die kommenden drei Tage eine Sturmwarnung heraus.

***

Ich sitze in der Marschrutka und fahre zur Schwangerschaftsvorsorge. Ich zittere. Der Sturm beugt die kahlen Bäume zur Erde, peitscht den Passanten ins Gesicht, wirft Plastikmülleimer um und zerstört gnadenlos Regenschirme. Ich möchte überhaupt nicht aus der warmen Marschrutka aussteigen, aber ich habe keine Wahl und bitte den Fahrer anzuhalten.

Ich renne beinahe zur Eingangstür der Beratungsstelle. So kalt und scheußlich wie draußen sieht es auch in meinem Herzen aus.

Der gleiche Weg zur Schwangerschaftsvorsorge, den ich auch gestern gegangen bin, wird heute zur Via della Croce, zu meinem Kreuzweg: zum Weg des Leidens, des physischen Schmerzes und der Seelenqual. Auch die Äste der nackten Bäume ragen nicht mehr störrisch in den Himmel, sondern hängen im Gegenteil schwer herunter und schwanken im Wind. Die Passanten schauen mich von der Seite an, aber vielleicht bilde ich mir ihre kritischen Blicke nur ein. Auch die Eingangstüren scheinen heute schwerer, wie bleigefüllt. Und der Flur kommt mir länger vor, was heißt länger – unendlich.

Drei Frauen sitzen vor der Tür meiner Ärztin. Ich nehme meinen Platz in der Schlange ein und warte.

Eine der Wartenden streichelt mit der rechten Hand einen fast unmerklichen Bauch und liest in aller Ruhe ein Plakat, auf dem in großen Buchstaben Empfehlungen zum Stillen aufgeführt sind.

Die Zweite, groß und mit stämmigen Schultern, aber seltsam kindlichen Gesichtszügen, wiegt sich von einer Seite zur anderen und sackt unter dem Gewicht des eigenen Körpers zusammen. Dennoch strahlt sie Ruhe und Zuversicht aus, denn nichts verändert eine Frau so sehr wie die Schwangerschaft und nichts macht sie weiblicher.

Die Dritte wird von einem Mann gestützt, der ihr mehrmals hilft, sich zu setzen und wieder aufzustehen. In den letzten fünfzehn Minuten ist er zur Apotheke gegangen, um Wasser zu holen, und in den nächstgelegenen Laden, um Gebäck zu kaufen. Er hat geschnaubt, aber durchgehalten. Ich ziehe meinen Hut vor solch einem Mann.

Nachdem ich vierzig Minuten gewartet habe, bin ich an der Reihe. Leise klopfe ich an die Bürotür, obwohl ich mich danach sehne, wegzulaufen.

Als Switlana mich sieht, ist sie sehr überrascht.

„Aber wir hatten verabredet …“, sagt die Ärztin statt einer Begrüßung.

„Ich weiß“, unterbreche ich sie schnell, „aber ich musste heute kommen.“

Diese Switlana ist heute schon nicht mehr so schön, wie sie mir gestern erschien. Sie sieht nach nichts aus, diese Kartoffelnase und die schmalen Augen wie Risse in einem trockenen, alten Holzboden.

Sie setzt sich an den Tisch, legt beide Hände auf jemandes Krankenakte und wartet auf meine Erklärung. Ich will nicht lange zögern, denn ich habe nicht die Kraft, ihren Blick auszuhalten, keine Kraft, an einem Ort zu sitzen, an dem alle Besucherinnen ein Kind erwarten und ihren Bauch streicheln. Ich kann nicht denken, ich habe die Worte vergessen, mein Mund ist trocken.

„Ich höre", drängt mich die Ärztin.

„Ich will abtreiben."

In ihren Augen blitzt etwas auf ... Ist es Verachtung? Ich empfinde dasselbe für mich, die ich Maksyms Entscheidung akzeptiert habe, diese Worte ausspreche, die bedeuten, sein ungeborenes Kind nicht zu wollen. Sie klingen viel zu laut ... Fast wie ein Schrei. Es scheint mir schrecklich und grausam, was ich im Begriff bin zu tun.

„Aber das ist Ihre erste Schwangerschaft", seufzt Switlana, „und deren Abbruch könnte Folgen haben."

„Ich will abtreiben", wiederhole ich. Diesmal kommen mir meine Worte noch schrecklicher vor.

Eine Kindsmörderin!

Eine herzlose Frau!

„Vielleicht denken Sie lieber noch ein wenig nach, statt eine übereilte Entscheidung zu treffen?", fragt Switlana, wobei sie nach den richtigen Worten sucht.

Warum weigert sie sich?

Die Entscheidung, das Kind loszuwerden, ist immerhin längst getroffen. Wie schrecklich das klingt. Wie es messerscharf durchs Herz schneidet. Ich werde das Kind nie kennenlernen, nicht wissen, wem es ähnlich schaut, welche Augenfarbe es hat, nicht sein erstes Lächeln sehen und Tränchen vom kleinen Gesicht wischen, nicht seine Hand halten, wenn es die ersten Schritte macht, es nicht knuddeln und mich darüber freuen.

Denn es wird gar nicht da sein.

Es wird einfach aus mir herausgeschabt und in den Müll geworfen, seine Seele wird durch die Welt irren und mich heimsuchen.

Das scheint mir eine der schrecklichsten Sünden und größten Lasten.

„Die Entscheidung ist nicht übereilt. Sie ist endgültig." Ich schlucke schwer und spüre, dass ich kurz davor bin, in Ohnmacht zu fallen.

Ich widere mich selbst an. Aber ich kann nicht anders handeln. Oder doch? Ich weiß es nicht.

***

Es tut nicht weh. Der gleiche Stuhl wie im Untersuchungsraum. Eine Injektion in die Vene. Ich spüre fast nichts. Außer Scham. Ich sehe winzige Fliegen, die tanzen.

Die Krankenschwester läuft herum, der Arzt zieht sterile Handschuhe an.

Ich schließe die Augen. In meinen Ohren braust und dröhnt es. Vielleicht drehe ich ja durch?

Switlana hat alles schnell organisiert. Wir sind auf die dritte Etage gegangen, sie hat mich gebeten, im Flur zu warten, bis sie sich mit dem Arzt besprochen habe. Nach einigen Minuten hat die Ärztin herausgeschaut und mich gerufen. Als ich das Büro des grauhaarigen, hochgewachsenen Arztes betreten habe, hörte ich, wie er freundlich sagte: „Weißt du, Switlana, ich war schon dabei, nach Hause zu gehen. Aber dir kann ich nichts abschlagen." Sie hat sich entschuldigt und mir einen anklagenden Blick zugeworfen, der mich um ein Vielfaches schrumpfen ließ. Das Gefühl, eine Versagerin zu sein ... Nein, darüber denke ich später nach. Als er vom Tisch aufstand, warf der Arzt ein: „Na gut, eine mehr oder weniger ... Wo ist da der Unterschied?"

Ich wollte davonlaufen, aber meine Beine gehorchten mir nicht. Sie waren so empfindungslos wie die einer Porzellanpuppe. Ich wollte etwas sagen, vielleicht etwas erklären, aber wozu?

Ich habe den Wunsch, zu sterben. Ich hasse mich für meine Willensschwäche.

Gestern zu Hause bin ich nicht für das Recht meines Kindes auf Leben eingetreten. Ich hatte Angst. Habe gekniffen.

Maksym hat sich nämlich nicht so gefreut, wie ich gehofft hatte. Vielmehr hat er sich überhaupt nicht gefreut. Mir nur einen geringschätzigen Blick zugeworfen ...

Ich will die Augen öffnen, aber meine Lider sind zu schwer. Gewichte auf den Augen, eine Last auf dem Herzen ... Ich will nicht denken, mich nicht erinnern.

Aber ich denke und erinnere mich.

„Das ist ein schlechter Scherz, Marta", hat Maksym gesagt, aber dann an meinem Blick erkannt, dass ich keine Witze mache. Er fuhr ernst fort: „Versteh mich nicht falsch, aber jetzt ist eine schwere Zeit, und Kinder zu haben wäre sehr gedankenlos und leichtfertig. Nur Verlierer und Unwissende setzen jetzt Kinder in die Welt. Das ist unvernünftig."

Oh.

Ich habe nicht so leicht und schnell aufgegeben. Ich habe erklärt, argumentiert, auf ihn eingeredet ... Ich habe etwas von bunten Windeln und Stramplern gemurmelt. Von Kinderwagen, Kinderbettchen und Lauflernhilfen. Habe gesagt, dass das Kind zur Musikschule oder zum Boxen gehen könnte. Ich habe ihn beschwichtigt! Ich Idiotin. Ich habe ihn beschwichtigt, denn ich dachte, er habe Angst. Ich habe ihn beruhigt, erklärt, dass er ein guter Vater wäre ...

Aber er rückte nicht von seiner Meinung ab. „Wo werden wir wohnen? Diese Bruchbude gehört nicht einmal uns. Kann man dieses Elendsquartier überhaupt als Unterkunft bezeichnen? Und in diesen Mauern willst du ein Kind großziehen? Außerdem bedeutet ein Kind Kosten, eine erdrückende Belastung in diesen unsicheren Zeiten. Wir sind noch jung, wir bekommen später Kinder, wir müssen uns nicht beeilen. Ich will mein Leben erst noch etwas für mich selbst haben", beharrte er.

Ich aber bat weiter, bettelte. Dann begann ich zu weinen. Bittere Tränen versengten mein Inneres. Ich hoffte weiter. Tief im Herzen glaubte ich, er würde seine Meinung ändern.

Alles überdenken und seine Meinung ändern.

Ich wollte glauben ...

Ich weiß nicht, was ihn am meisten ärgerte, meine Hartnäckigkeit oder die Tränen. Aber Maksym begann zu schreien. Er brüllte und hetzte dabei durch die Wohnung wie ein wütendes, wildes Tier. Seine Augen waren starr. Der Zorn vernebelte seinen Verstand. Er fluchte und nannte mich ein „dummes Huhn", das nicht in der Lage sei, zu denken und rational zu urteilen.

Er führte Fakten an, die mir seiner Ansicht nach helfen würden, Vernunft anzunehmen: die provisorische Unterkunft, das fehlende Eigentum, mein miserables, mickriges Gehalt, die unsichere Situation im Land, mein Mangel an Gehorsam und Rücksicht gegenüber meinem Mann und dessen Meinung.

„Du hast mich nicht konsultiert, als du schwanger geworden bist", polterte er, „du hast die Entscheidung selbstständig getroffen. Du hast nicht nach meiner Meinung gefragt!"

Schließlich erinnerte Maksym mich daran, dass er das Familienoberhaupt sei, das Alphamännchen, was bedeute, die endgültige Entscheidung liege bei ihm. Und seine Entscheidung laute, das Kind so schnell wie möglich zu beseitigen, bevor es zu spät ist. Er sprach nicht einmal das Wort „Kind" aus, sondern schrie: „Werde es los!"

Ich habe ihn noch nie so gesehen. Er machte mir Angst, und als ich auf der Bettkante saß, fürchtete ich fast, dass er mich schlagen würde.

Seine Worte glichen Ohrfeigen, sie kränkten, beschämten und demütigten mich. Als mir der Inhalt seines Geschreis bewusst wurde – dass er nämlich kein Kind will –, begann alles um mich herum zu wackeln, die Wände und der Schrank schwankten, die Porzellanpuppen wurden unfreiwillige Zeuginnen von Maksyms Zynismus und meiner Schmach, die Decke erzitterte, unser neunstöckiges Gebäude bebte. Ich wankte vor Ohnmacht, als säße ich in einem Boot inmitten eines Sees und um mich herum tobte ein Sturm. Und ich, schwach und erschöpft, ertrank.

Da gab ich auf.

Vielleicht hat er recht, ich weiß es nicht. Ich kann nicht darüber nachdenken.

Eines aber weiß ich: Seit gestern hat unsere Beziehung einen Riss, vielleicht nicht allzu tief, aber ich bin mir nicht sicher, ob er sich später in einen Graben des Misstrauens verwandeln wird.

Wird sich dieser Riss zu einer Kluft zwischen uns ausweiten?

Ist das vielleicht der Anfang vom Ende?

April
Samstag

Jaroslawa hat gestern angerufen, und ich habe schließlich abgenommen. Die Freundin fragte nach meinem Befinden, und als sie hörte, dass ich eine Fehlgeburt hatte, fand sie die richtigen Worte.

„Das kommt vor, aber verlier nicht den Mut", tröstete sie mich, „es tut mir leid. Es tut mir wirklich leid. Aber ihr dürft nicht aufgeben. Versucht es immer wieder. Ihr seid jung. Das wird sich regeln."

Maksym nannte mich „cleveres Mädchen". Davon wird mir übel.

Ich fahre zu meinem Vater. Es ist schwer, diesen Drang zu erklären, aber ich will jetzt zwischen den Mauern sein, in denen ich meine Kindheit verbracht habe, will in jenem Gebäude am Küchentisch sitzen und an Mama denken. Ich will mich ablenken.

In mir versammeln sich unergründliche Widersprüche. Ich suche mich in etwas und suche etwas in mir, aber ich finde es nicht. Vielleicht bereue ich später, dass ich zu Vater gegangen bin, doch gerade bin ich nicht in der Lage, meine Schritte zu analysieren. Ich gehe den vertrauten Weg entlang, den Kopf gesenkt.

Vater begrüßt mich an der Tür. Er humpelt ein wenig mit dem linken Bein, sicher eine Folge des Schlaganfalls. Er lächelt und bittet mich ins Haus.

„Ich habe Omelett gemacht", sagt er und holt eine Gabel aus der Schublade, „gerade wollte ich essen. Du kommst genau zur rechten Zeit. Zusammen ist es gemütlicher."

Ich glaube nicht, dass er sich verstellt, denn ich kenne ihn zu gut. Er freut sich tatsächlich über meine Anwesenheit. Ich beobachte seine langsamen Bewegungen, höre, wie er darüber spricht, dass der Sturm, der während der ganzen letzten Woche, statt nur drei Tage, wie von den Meteorologen angekündigt, gewütet hat, den Zaun umgeworfen und den Garten hinterm Haus verwüstet hat. Vater redet und redet, jetzt erkenne ich, wie er sich verändert hat. Er ist älter, gebeugter, verhärmter und netter geworden.

Ich kann mir nicht erklären, was diese Veränderungen verursacht hat.

Wir standen uns nie nahe, vielmehr war er der letzte Mensch in meinem Leben, zu dem ich in schwerer Stunde Zuflucht hätte nehmen wollen, aber heute fühle ich mich bei ihm wohler als in der kleinen Wohnung mit Maksym.

Ich hole Obst, Milchprodukte und Granatapfelsaft aus meiner Tüte. Öffne den Schrank, stelle alles ins Regal, Milch und Kefir in den Kühlschrank.

„Warum bist du allein gekommen?", fragt Vater und holt eingelegte Gurken aus dem Kühlschrank.

„Maksym ist auf Geschäftsreise", lüge ich. Mein Mann hat nie den Wunsch geäußert, meinen Vater kennenzulernen, und ich habe nicht darauf bestanden.

„Ärgerst du dich über etwas?" In seiner Stimme liegt mehr Sorge als Neugier.

„Nein, alles ist gut. Es war nur eine schwierige Woche."

Ich räume das Geschirr vom Tisch, wasche die schmutzigen Teller ab, bringe die Küche in Ordnung. Ich hole einen Lappen und wische, nachdem ich einen Eimer mit Wasser gefüllt habe, die Küchenschränke, die Spüle, ich öffne das Fenster und putze es von beiden Seiten. Vater sitzt neben mir und bedankt sich schon zum dritten Mal, aber ich weiß nicht, wofür genau: für das Putzen oder für den Besuch.

Ich erzähle ihm von Raufbold Artem aus dem Kindergarten, der sich ständig an Solomijka klammert. Uns kommt der Gedanke, dass der kleine Racker sich in das launische Mädchen verliebt haben könnte.

„Gestern war Andrij bei mir", sagt Vater, „aber nicht allein."

„Mit Bohdana?"

„Woher kennst du sie?", wundert er sich.

„Wir haben zusammengewohnt."

„Jetzt wohnt sie mit Andrij zusammen", lächelt der Vater, „ein lustiges Mädchen. Umgänglich, wenn auch jungenhaft."

„Ich wusste nicht, dass sie zusammenwohnen."

„Sie hat vor Kurzem ihre Sachen zu Andrij gebracht. Vielleicht wird ja was draus?", überlegt der Vater.

„Vielleicht klappt es", stimme ich zu, während ich das Fenster schließe. Obwohl ich tief im Inneren nicht sicher bin, dass ihre Beziehung gut geht. Andrij ist zielstrebig, konservativ und stur, noch dazu impulsiv und direkt. Bohdana ist wechselhaft, oberflächlich und benimmt sich manchmal wie eine verwöhnte Göre, auch sie ist impulsiv und direkt. Beide haben jedoch ein gutes Herz. Darüber hinaus gibt es noch eine Gemeinsamkeit: die Vorliebe für laute Partynächte und Alkohol.

Aber steht es mir zu, über sie zu urteilen? Noch dazu haben wir uns lange nicht gesehen, vielleicht haben sie sich also verändert.

Nachdem ich die Küche in Ordnung gebracht habe, frage ich, was ich kochen soll. Der Vater wird verlegen und bittet mit gesenktem Kopf: „Ich würde gern Pilaw essen, so, wie es deine Mama gekocht hat. In der Gefriertruhe ist Fleisch. Andrij hat es gebracht."

Er atmet laut und wagt nicht, den Kopf zu heben.

Es herrscht eine Stille, die der Vater, nachdem er seine Gedanken gesammelt hat, schließlich bricht: „Ich habe alles falsch gemacht ... Alles ist verloren. Wenn ich doch nur die Zeit zurückdrehen könnte", seufzt er, „ich hätte mich früher behandeln lassen müssen ... Gegen die Alkoholsucht."

Im Haus ist es totenstill. Er schweigt, ich aber finde keine Entgegnung.

„Ich bereue, Marta. Ich schäme mich und es tut mir leid, dass ich dein Leben ruiniert habe. Wenn ich nicht gewesen wäre, würde Mutter noch leben. Du hast alles getan, um sie zu retten, aber ich ... Ich habe nichts begriffen, niemanden verschont, nur an den Wodka gedacht. Wenn ich nicht das ganze Geld genommen hätte, dann ..."

„Hör auf", bitte ich ihn, „denk nicht mehr daran."

„Aber warum? Du hast alles versucht, alles getan, um sie zu retten, doch ich ... Und dann war ich auch noch wütend und zornig, dass du mir Vorwürfe machst."

„Daran kannst du nichts mehr ändern", sage ich leise. Ich merke, dass ich kurz davor bin, zu weinen. Die Erinnerungen sind unerträglich, brennen und schmerzen zu sehr.

„Ja", seine Stimme bricht, „daran ist nichts mehr zu ändern. Ich lebe noch, doch wer weiß, wie viel Zeit mir noch bleibt, daher will ich mit dir Frieden schließen. Ich habe mich dir gegenüber schuldig gemacht, sehr schuldig."

„Alles ist gut", sage ich gepresst.

„Nein, es ist nicht gut, Marta, überhaupt nicht gut. Es ist noch gar nicht so lange her, da habe ich erst begriffen, was ich angerichtet habe. Andrij hat mich gebeten, die Alkoholsucht behandeln zu lassen. Wie du weißt, habe ich mich doch gar nicht als Alkoholiker betrachtet. Kein Trunkenbold würde sich seine Sucht eingestehen. Aber jetzt bin ich geheilt und wie neugeboren. Ich habe angefangen, mich zu erinnern. Ich habe ständig nachgedacht, bis ich den Schlaganfall erlitten habe. Dann habe ich beschlossen, dass ich mich unbedingt ändern muss, mein Leben in Ordnung bringen, mich mit dir versöhnen, um Vergebung bitten."

Vater kann sich nicht zurückhalten, er beginnt zu weinen wie ein hilfloses Kind. Mir bricht das Herz. Andrij ist ein toller Kerl. Ich nicht. Als ich mich damals von Vater abwandte, brachte er ihn dazu, sich behandeln zu lassen. Ich dagegen gab mich meinem Hass hin und verbrannte mich dabei selbst.

Ich schäme mich bei dem Gedanken, dass Andrij sich mehr um Vater kümmert als ich, also nehme ich mir fest vor, das zu ändern, und vielleicht wird das Eis zwischen uns schmelzen, vielleicht kann ich ihn betrachten, ohne ihn zu verurteilen. Vielleicht kann ich ihm verzeihen. Und er mir.

Ich versuche, die Erinnerungen, die sich hinterrücks anschleichen, so weit wie möglich zu verdrängen, und lächle meinen Vater an. Die Vergangenheit, an die ich mich so sehr geklammert habe, möchte ich in der Vergangenheit belassen. Mama würde es bestimmt verstehen.

Es ist schwer, meinen Wunsch zu erklären, mit Vater zu reden, aber die Erkenntnis, dass es wichtig ist, von jemandem gebraucht zu werden, lässt das Vertrauen in das eigene Handeln wachsen. Dabei geht es im Moment nicht darum, dass mein Vater mich braucht, sondern darum, dass ich ihn brauche. Wie der Kranke die Medizin, wie der Durstige das Wasser, wie der Hungrige das Essen, wie der Bedürftige Pflege und Fürsorge … Ich will gebraucht werden.

April
Sonntag

Maksym und ich sitzen im Auto. Es herrscht absolutes Schweigen. Dabei macht mich der Gedanke, dass ich meinen Mann überhaupt nicht kenne, wahnsinnig.

Gestern hat er mir mitgeteilt, dass wir zu seiner Mutter und seiner Schwester aufs Dorf fahren müssen. Mutter und Schwester! Er hat eine Mutter und eine Schwester!

Mein überraschter Blick hat mehr gesagt als Worte. Also erklärte er kühl: „Ja, du hast richtig verstanden. Ich habe eine Mutter und eine Schwester."

„Aber das wusste ich nicht."

„Du hast nie gefragt. Deshalb wusstest du es nicht."

„Aber du hättest es doch von selbst erzählen können", schimpfte ich ihn.

„Hätte ich können, aber ich hielt es nicht für nötig", antwortete er eisig. „Ich habe kein besonders herzliches Verhältnis zu ihnen."

Das ist alles, was ich weiß.

Ich ertappe mich ständig bei dem Gedanken, dass ich immer wieder versuche, eine Logik in seinen Handlungen zu erkennen, in seinen Stimmungsschwankungen, seinen abrupten Wandlungen von einem sensiblen zu einem aggressiven Mann. Ich suche nach einer Rechtfertigung und kann keine finden.

Das Auto jagt die Straße entlang, vor dem Fenster flimmern Bäume, die zu einem unscharfen Bild verschwimmen. Die Sonne strahlt zu dieser Jahreszeit bereits mehr Wärme aus, sie lässt mich blinzeln, aber gleichzeitig friere ich.

Maksym hat Musik angemacht. Wir überwinden schweigend Kilometer um Kilometer, lassen die Stadt hinter uns und verhalten uns wie fremde Reisende, die zufällig im selben Auto sitzen.

Wird die Fahrt lange dauern? Ich will nicht fragen. Ich will gar nichts mehr.

Maksym schaut angespannt auf die Straße. Ich hatte heute mein teuerstes Kostüm und eine weiße Bluse angezogen, doch er hat mir befohlen, das Kleid anzuziehen, das wir nach meinem Geburtstag gemeinsam gekauft hatten. Warum war ihm das so wichtig? Wie üblich versucht er, einen Anschein zu erwecken, hinter dem nichts steckt.

Ich denke an das unbeschwerte Leben, das ich hatte, als ich mit Bohdana zusammenwohnte, und daran, dass sie mich „vernünftiges Geschöpf" genannt hat. Würde sie das jetzt auch noch sagen? Ich glaube nicht.

Mein Leben war einigermaßen geordnet, gewöhnlich und vorgeplant gewesen. Jeder Tag glich dem anderen, und das passte zu mir. Doch jetzt plant mein Mann für mich. Ob das gut ist? Vielleicht muss es so sein. Mehr als einmal habe ich mir gesagt, dass Maksym, wenn ich ihm folge, meine Demut und meinen Gehorsam zu schätzen wisse und deshalb stolz auf mich wäre. Aber jetzt fühle ich mich eher wie seine Sklavin, der er jeden Tag Verhaltensregeln diktiert.

Ich weiß, dass meine Gefügigkeit durch die Abtreibung erschüttert wurde. Am liebsten würde ich eine Meuterei auf dem Schiff anzetteln, aber ich bin nicht mutig genug. Vor einer Woche habe ich entschieden, dass es im Moment besser sei, nicht zu viel zu reden, sondern ruhig dazusitzen und solche Gedanken so weit wie möglich zu verscheuchen. Ich will vor allem ehrlich zu mir selbst sein: Ich habe nichts Bestimmtes von der Heirat erwartet. Ohne eine Vorstellung vom Alltag und vom Zusammensein im Eheleben habe ich es getan, ohne darüber nachzudenken, als ob ich einen überflüssigen Gegenstand gekauft hätte, den man später wieder loswerden kann. Selbst schuld.

Ich habe ernsthaft versucht, ihm zu glauben, weil es so einfacher ist. Ich sagte mir: Es soll so sein, wie Maksym es sagt. Ist das etwa falsch? Hätte ich denn vorhersehen können, dass ich wie die „graue Maus" denke, als die mein Vater mich früher bezeichnet hat? Immerhin sagt auch die Bibel, dass eine Frau, geschaffen aus der Rippe eines Mannes, diesem gehorchen und sich in allem auf ihn verlassen müsse. Wenn das wahr ist, was habe ich dann falsch gemacht?

Zuerst war ich mit Maksyms Verhalten als „Alphamännchen", wie er sich selbst bezeichnet hat, zufrieden, aber bald begann sich meine prosaische Sichtweise zu ändern. Nicht schnell, aber schnell genug, um mit einer Selbstanalyse anzufangen. Denken und Analysieren sind mir schon immer schwergefallen, denn ich bin es gewohnt, mit dem Strom zu schwimmen, weil es so leichter ist. Doch die Tatsache, dass sich der Strom in einen Abgrund verwandelt hatte, beunruhigte mich schließlich und zwang mich zum Nachdenken, Nachdenken und Nachdenken ...

Warum hat er nichts über seine Verwandten gesagt? Nur, weil ich nicht gefragt habe? Das glaube ich nicht. Wir sind seit fast acht Monaten verheiratet, und nicht ein einziges Mal (kein einziges Mal!) hat er über Mutter und Schwester gesprochen. Über meinen Vater weiß er ja auch Bescheid, obwohl wir seit mehr als drei Jahren nicht mehr miteinander reden. Wir hatten ein beschissenes Verhältnis, vielleicht war es bei Maksym und seiner Verwandtschaft genauso? Oder noch schlimmer?

Ich traue mich nicht zu fragen. Ob er antworten würde, weiß ich nicht.

Und dann verstehe ich, dass es leichtfertig von mir war, so rasch einen Mann zu heiraten, den ich kaum kannte. Dabei hatte Bohdana mich gewarnt, hatte von den Gerüchten erzählt, die ihre Freundin verbreitete, die angeblich eine Frau kennt, die mit Maksym zusammengelebt hat. Und diese Frau sei eines Tages irgendwohin verschwunden, einige erzählten, sie habe den Verstand verloren, andere scherzten, sie sei mit ihrem Liebhaber durchgebrannt ... Das alles war zu verwirrend und zu unplausibel, entschied ich dann und wischte Bohdanas Warnungen weg, warf ihr sogar vor, ihre Nase in die Angelegenheiten anderer Leute zu stecken ...

„Wir sind da." Maksyms Stimme bringt mich zurück in die Realität.

Ich kann nicht mit Sicherheit sagen, wo wir uns befinden, denn als wir am Ortsschild vorbeigefahren sind, war ich in Gedanken versunken.

„Wo sind wir?“, frage ich.

„Im Dorf Ozerne“, antwortet Maksym trocken, richtet seine Krawatte, reibt zum wiederholten Mal die bereits glänzenden Schuhe, kämmt sich und wirft sich einen Kaugummi in den Mund.

Wir steigen aus dem Auto, ich schließe sanft die Tür. Maksym hat mein Zuschlagen der Tür häufig kritisiert, daher schließe ich sie nun „wie einen Kühlschrank“, wie er zu sagen pflegt.

Wir gehen einen asphaltierten Weg zum Haus entlang. Rechts ein Garten, links eine Laube. Alles rundherum ist gepflegt und sauber. Im Garten sind in zwei Reihen Obstbäume gepflanzt, die eine Art Allee bilden. Auf beiden Seiten der hölzernen Laube wachsen Birken, sicher verhelfen sie im Sommer zum gewünschten Schatten und einer angenehmen Kühle. Das Haus ist groß und geräumig. Neben der Eingangstür ruht eine schwarze Katze, die sich in der Sonne wärmt und leise schnurrt. Eine gemütliche Atmosphäre familiären Wohlbefindens. Ich verstehe nicht, warum Maksym mich nicht früher hierhergebracht hat.

Er geht an der Katze vorbei, als ob er sie nicht bemerkte, und drückt auf die Klingel.

Einen Moment später befinden wir uns in einem geräumigen Wohnzimmer, wo uns Maksyms Schwester begrüßt. Das Erste, was an dieser Frau auffällt, sind ihre Augen: tiefliegend, tiefgründig und hypnotisierend. Das Zweite ist, dass sie in einem Rollstuhl sitzt.

Mein Herz schlägt wie wild. Warum hat er das nicht gesagt? Was spielt er für ein Spiel?

„Endlich“, sagt Maksyms Schwester mit leiser, ruhiger Stimme. Sie ist ungefähr so alt wie ich, dünn und klein. Ich wende den Blick von ihren Augen ab und betrachte neugierig meine neue Verwandte: langes, blondes Haar, hohe Stirn, dünne Augenbrauen und pralle Lippen. Sie ist hübsch.

„Hallo“, grüßt Maksym – meiner Meinung nach zu trocken.

„Hallo“, sage ich dumpf.

Maksym wendet den Blick von seiner Schwester zu mir und sagt: „Darf ich vorstellen, das ist Marta, meine Frau, und das ist Wira, meine Schwester.“

„Es ist schön, dich kennenzulernen, Marta“, sagt Wira heiter, aber ihrem überraschten Blick entnehme ich, dass sie soeben erst von mir erfahren hat. „Maksym, wie immer bist du unausstehlich. Du weißt doch, dass deine Geheimniskrämerei mich deprimiert. Warum hast du nichts gesagt?“

„Was hätte das geändert?“, erwidert er kalt. „Ich hätte nicht früher kommen können. Du weißt sowieso alles besser als ich, also lass uns aufhören.“

Er hätte nicht früher kommen können! Nicht können! Warum? Wir sind eine knappe Stunde hierhergefahren. Das sind nur etwa verdammte fünfzig Kilometer. Hierher könnte man jede Woche fahren.

„Gut, lassen wir es“, meint Wira fröhlich. „Marta, ich freue mich sehr, dich kennenzulernen.“

„Ebenfalls“, sage ich und lächle so aufrichtig wie möglich. Meine Stimme lässt mich im Stich. Es gibt zu viele Fragen, auf die ich keine Antworten habe, und ich bezweifle, dass ich sie in nächster Zukunft erhalten werde. „Ich bin auch froh, dass wir uns kennenlernen.“

Ich bemühe mich, die Worte gleichmäßig und sicher klingen zu lassen, aber meine Stimme ist wie von mir abgeschnitten, ich beherrsche und steuere sie nicht mehr. Ich darf mir nichts anmerken lassen. Ich befehle meiner Stimme, nicht zu zittern oder zu brechen, denn das verriete mein Unbehagen. Was zum Teufel geht hier vor?

Im selben Moment kommen mir die Worte von Jaroslawa in den Sinn, die auf der Suche nach einer Erklärung für meine überstürzte Heirat gesagt hat, dass ich eine Person geheiratet habe, die ich überhaupt nicht kenne. Jetzt habe ich Gewissheit: Ich kenne den Menschen nicht, mit dem ich mein Leben verbunden habe. Ich erkenne nicht einmal mehr mich selbst.

Wira bittet uns, auf dem Sofa im Wohnzimmer Platz zu nehmen, sie sagt, ich solle mich wie zu Hause fühlen.

Sie zeigt sich sehr geschickt, lenkt leicht nach rechts und links, und der Rollstuhl rollt sie folgsam in die erforderliche Richtung.

„Ich lasse euch kurz allein“, sagt Wira, „ich stelle nur den Wasserkessel auf, bin gleich wieder da.“

Sie verlässt uns und ich möchte mich eigentlich gern nach der Mutter erkundigen und danach, welche anderen Überraschungen mein Mann noch bereithält. Aber ich lasse es bleiben.

Das Wohnzimmer ist geräumig, hell, durch ein großes Fenster fallen Sonnenstrahlen in den Raum. Die Tapete ist beige, passend zu den Möbeln. An der Wand hängt ein Bild von einem Fluss, der sich in einem Bogen zwischen Hügeln und Bäumen dahinschlängelt. Die Birken haben ihre Äste zum Wasser hin gebogen, als wollten sie trinken.

Maksym bemerkt meinen Blick und sagt: „Dieses Bild hat Wira gezeichnet."

Seine Worte verblüffen mich, so meisterhaft und gefühlvoll ist die Landschaft dargestellt. Mir ist klar, dass nicht jeder Amateur das Gefühl für die Natur so gut wiedergeben kann, wie Wira es vermochte. Sie ist talentiert, oder hat sie Kunst studiert?

Ich frage mich erneut: Warum hat er meine Existenz vor ihnen versteckt und ihre vor mir?

Wenige Augenblicke später ist Wira zurück und bittet uns, in die Küche zu kommen. Mit schweren Beinen folge ich Maksym. Wir setzen uns an den breiten Tisch, der mitten im Zimmer steht, und ich empfinde es, als ertränken wir in Schweigen. Das Verhältnis von Bruder und Schwester ist wirklich angespannt, trotz Wiras Freude.

„Kann ich dir dabei helfen?", frage ich Wira, die aus dem Schrank Weingläser herausholt.

„Nein, danke. Aber du könntest den Kuchen aus dem Kühlschrank holen, und du, Maksym, hilf beim Obstschneiden."

Als das erledigt ist, lassen wir uns am Tisch nieder. Maksym erhebt sein Glas und bringt einen Toast aus: „Alles Gute zum Geburtstag, Wira."

Ein weiteres Mal bin ich mit dem Gefühl konfrontiert, dass alles um mich herum an Stabilität verliert, schwankt und wankt. Wira hat Geburtstag, aber Maksym hat das mit keinem Wort auch nur angedeutet.

„Vielen Dank", lächelt Wira, „danke für die Glückwünsche und dass ihr gekommen seid."

Maksym holt einen Umschlag aus der Tasche, mit Geld, so wie ich es sehe, und legt ihn vor die Schwester. Was sagt man dazu, ein schlichtes Geschenk. Keine Blumen, keine Süßigkeiten, keine Überraschung. Einfach bloß Geld.

„Das ist nicht nötig", sagt Wira beschämt.

„Wir wussten nicht, was wir dir kaufen sollen, daher haben wir beschlossen, dir Geld zu schenken, dann suchst du dir dein Geschenk selbst aus."

Ich möchte schreien, dass er lügt, aber wieder schweige ich. Ich zwinge mich, den Mund zu halten und nichts Überflüssiges zu sagen.

Wira fragt mich nach meiner Arbeit, ob ich ein Hobby habe und ob ihr Bruder mich gut behandelt. Ich lenke das Gespräch auf das Bild, das ich im Wohnzimmer bemerkt habe, und Wira erzählt eifrig von der Zeichnung.

Wie anders sie doch ist als Maksym! Wira ist offen, unverstellt und herzlich, er dagegen verschlossen, undurchsichtig und geheimnistuerisch. Sie spricht ruhig und bedacht, wählt ihre Worte, macht den Eindruck einer intelligenten und gebildeten Frau. Sogar die Art und Weise, wie sie ihren Rücken gerade hält, während sie im Rollstuhl sitzt, ist beeindruckend.

„Wo ist sie schon wieder hin?", unterbricht Maksym seine Schwester. Ich verstehe erst nicht, um wen es geht.

„Ich weiß es nicht", antwortet Wira, wobei ich bemerke, dass sich ihr Gesicht plötzlich verändert hat.

„Weißt du es nicht oder willst du es nicht sagen?", drängt Maksym.

„Quäl mich nicht", fleht Wira.

„Sie wusste, dass ich komme", sagt er, als sei ich nicht hier, nicht ganz nah, „denn ich komme immer zu deinem Geburtstag. Sie wusste das und macht doch einfach ihr Ding weiter. Gut, soll sie doch. Das kannst du ihr sagen: Es ist mir egal."

„Hör auf!" Wira schreit fast.

Mir dämmert, dass es um die Mutter geht, denn wir sind schon seit zwei Stunden hier, doch sie ist immer noch nicht aufgetaucht. Bisher blieb die Frage, wo die Mutter ist und warum sie den Sohn nicht treffen will, unbeantwortet. Nun stellt sich heraus, dass sie von seinem Besuch wusste und absichtlich das Haus verlassen hat, um ihm nicht zu begegnen.

„Na, dann“, sagt Maksym und steht vom Tisch auf, „wir werden gehen.“

„Bleibt noch ein bisschen“, bettelt Wira wie ein kleines Kind, „ich will mich noch mit Marta unterhalten.“

„Wir kommen wieder“, antwortet Maksym frostig.

„Wann? In einem Jahr?“, schreit Wira, und ich möchte aus diesem Haus, das anfangs so gemütlich wirkte, fliehen.

„Beruhige dich“, knurrt der Bruder seine Schwester an, „du kannst Mutter ausrichten, dass sie sich keine Sorgen machen muss. Denn wenn die Besuche ihres Sohnes sie so belasten, werde ich keinen Fuß mehr in dieses Haus setzen.“

Das war’s. Das Gespräch ist beendet, der Besuch auch. Ich bemühe mich, die richtigen Worte zu finden, um den Streit zu schlichten und Wira zu trösten, aber mir fällt nichts Sinnvolles ein, während sie verzweifelt weint.

Wira bleibt in der Küche zurück, während Maksym zur Eingangstür geht. Für einen Moment bleibe ich neben dem Rollstuhl stehen und nehme ihre Hand. Sie schaut mich mit ihren tiefgründigen Augen an, in denen die ganze Welt versinken könnte, und flüstert: „Pass auf dich auf. Und komm irgendwann zu uns. Komm allein.“

Ich habe keine Zeit zu antworten, denn in der Tür erscheint Maksym und fragt: „Kommst du?“

Wir verlassen das Haus, Wira bleibt zurück, und ich fühle mich wie eine elende Versagerin.

Die frische Luft bringt mich allmählich wieder zur Besinnung, obwohl mir der Kopf immer noch schwirrt. Maksym schreitet schnell zum Auto, ich versuche, ihn einzuholen. Da erscheint plötzlich aus dem Nichts eine Frau, die langsam um unser Auto herumgeht und vor der Motorhaube stehen bleibt.

„Lange nicht gesehen.“ Die Frau wirft mit Worten, als seien es Steine. Sie ist hochgewachsen, mit großen Brüsten und langen Beinen. Neben solchen Menschen fühle ich mich wie ein unreifes Geschöpf. Lange, schwarze Haare haben sich aus dem

Dutt gelöst, den sie kurz über dem Nacken gewunden hat, und fallen in Strähnen über ihre Schultern.

„Geh weg", knurrt Maksym.

Ich schaudere. Wann hört das alles auf? Wie viele Überraschungen kommen noch?

„Ich gehe, aber sie bleibt", sagt die Frau und nickt in meine Richtung.

„Geh weg!", schreit Maksym lauter, obwohl es eigentlich gar nicht mehr lauter geht.

„Ich glaube, sie würde gern die Wahrheit kennen. Stimmt's?" Aufgewühlt schaut sie mich an.

Maksym ist in Rage und schreit jetzt mich an: „Setz dich ins Auto!"

Ich will schnell tun, was er befiehlt, doch die Unbekannte greift meine Hand, und unsere Blicke treffen sich. Ihre Augen brennen wie Feuer, als wäre sie wahnsinnig. Ich lese darin Wut, Zorn und ... Hilflosigkeit. So schauen Menschen drein, die etwas Wertvolles verloren haben und sich in ihrer Not nicht zu helfen wissen. Ich habe diesen Blick bereits gesehen. Ich kenne ihn. So habe ich mich selbst im Spiegel angesehen, nachdem ich abgetrieben hatte. Wütend, zornig und hilflos.

„Setz dich ins Auto!", schreit Maksym wieder, und ich entziehe meine Hand ihren warmen, etwas rauen Handflächen.

Die Frau geht einen Schritt zurück und sagt leise: „Schau dir seinen Pass an. Ich heiße Ewa."

Die Autotüren schließen sich. Ich glaube, Maksym hat ihre letzten Worte nicht gehört, auch wenn mir das egal sein kann. Ich bin erschöpft.

***

Wir fahren eine Weile schweigend. Zum ersten Mal bin ich froh, dass Maksym nichts sagt und mich nicht wahrnimmt.

Die Ereignisse des heutigen Tages drehen sich wie ein Kaleidoskop vor meinen Augen. Wira, der Rollstuhl, Maksyms Wut, Ewa ...

War das vielleicht die Frau, von der mir Bohdana erzählt hat?

Wer ist sie?

Was ist passiert?

Warum hat Wira mich gebeten, ohne Maksym zu ihr zu kommen?

Wo ist ihre Mutter?

Nur Fragen, aber keine Antworten.

Als das Auto vor dem Eingang zu unserem Haus hält, wirft sich Maksym nach hinten in die Sitzlehne und sagt: „Dich heute mitzunehmen, war eine blöde Idee. Eine blöde Idee. Nun, jetzt weißt du, wie das Verhältnis zu meiner Schwester ist: höflich-angespannt. Mutter dagegen ... Sie spricht schon seit vielen Jahren nicht mehr mit mir. Es kommt vor, dass Eltern ein Kind lieben und das andere ignorieren. So war es auch bei uns. Wira haben sie seit ihrer Geburt geliebt und beschützt. All ihre Fehler dagegen wurden mir angelastet. Mir wurde immer gesagt, ich sei der ältere Bruder, deshalb müsse ich mich um sie kümmern. Ich hatte Pflichten, Wira dagegen Marotten. Und dann ist der Unfall passiert ... Seither ist Wira an diesen verfluchten Stuhl gefesselt.“ Er holt Luft und seufzt. „Wenn ich die Zeit zurückdrehen könnte, würde ich alles anders machen, ich würde sie davor bewahren. Aber die Eltern gaben mir die Schuld. Sie wollten meine Erklärungen nicht einmal anhören ... Vater hat mich aus dem Haus geworfen wie einen Hund, von dem man genug hat, Mutter dagegen will sich nicht daran erinnern, dass sie einen Sohn hat.“

Maksym wendet den Blick zu mir und ich erkenne, dass ich etwas sagen muss. Ich atme ein und bringe hervor: „Das tut mir leid.“

Er nimmt meine Hand und fährt fort: „Wira ist lieb und sensibel. Ich habe fast niemanden mehr, außer ihr und dir, weißt du. Mir ist bewusst, dass ich den Besuch scheinbar grundlos abgebrochen habe, aber es stört mich, dass sich immer noch generell nichts geändert hat. Das Haus ist auf Wira eingetragen. Auch über das Bankkonto, von dem wir erst nach dem Tod unseres Vaters erfahren haben, verfügt Wira. Das Land, und das sind fast fünfzig Hektar, ist ebenfalls Wiras Eigentum. Alles gehört Wira! Und mir ist nichts geblieben. Als habe es mich in ihrem

Leben nie gegeben. Kann man das denn machen? Entschuldige, Marta. Ich hätte dir das alles erzählen sollen, bevor wir gefahren sind, nicht jetzt. Ich verstehe, dass du verwirrt und schockiert bist. Ich verstehe es und verspreche dir, dass wir dort nicht mehr hinfahren."

„Und diese Frau?" Ich tue so, als erinnere ich mich nicht an ihren Namen oder hätte ihn nicht verstanden.

„Sie ist nicht ganz bei Verstand. Hast du ihre Augen gesehen? Der Blick einer Wahnsinnigen. Alle meiden sie."

„Aber warum hat sie dich angeschrien?"

„Sie fand, dass ich sie heiraten muss. Schon als wir Kinder waren, hat sie mich verfolgt und mich nicht in Ruhe gelassen. Sie ist verrückt und nicht wert, dass du dir Gedanken machst. Beachte sie nicht."

Wir fahren in den siebten Stock und kehren in unsere „Bruchbude" zurück, wie Maksym unsere Wohnung nennt. Sie ist absolut nicht mit dem Haus seiner Eltern vergleichbar. Viel armseliger und schäbiger.

Maksym bereitet Tee zu und schaltet den Fernseher ein. Jetzt ist er so, wie ich ihn kenne: ruhig, ausgeglichen und unerschütterlich.

Ich gehe ins Bad und drehe den Wasserhahn auf. Fange meinen Blick im Spiegel auf und versteinere.

Ich sehe nicht mein eigenes Spiegelbild.

Sondern eine Unbekannte.

In meinen Augen habe ich mehr als nur einmal Wut, Zorn, Hass und Hilflosigkeit gesehen, doch jetzt steht dort wie auf einem leeren Blatt Papier schwarz hingekleistert ein neues Wort: „Misstrauen". Und ich weiß, weshalb, denn ich glaube Maksym kein einziges Wort.

Mai
Mittwoch

Ich glaube, dass ich für immer mit Hass im Herzen leben werde. Jahrelang habe ich den Vater gehasst und mich daran gewöhnt. Jetzt, da mein Verhältnis zum Vater besser geworden ist, hat mich der Hass auf Maksym ergriffen.

Der Unterschied besteht darin, dass ich meinen Vater verlassen habe (wenn ich auch nach drei Jahren den Mut hatte, zurückzukehren), doch mit Maksym lebe ich noch zusammen.

Immer öfter denke ich über eine Scheidung nach.

Um mich endgültig dazu entschließen zu können, muss ich einen Schlussstrich ziehen und mir eingestehen, dass in unserer kurzen Ehe die zerstörerischen Kräfte überwiegen.

Während ich Tag für Tag darüber nachdenke, wird mir immer klarer, dass die Abtreibung nur der letzte Tropfen gewesen war und mich dann seit dem Besuch bei seiner Schwester Panik erfasst hat. Da gab es, hinter sieben Schlössern verwahrt, ein Geheimnis und möglicherweise nicht nur eines. Wollte ich es überhaupt kennen? Vorerst eher nicht.

Würde ich die Kraft haben, jahrelang ein normales Familienleben vorzuspielen, das in Wirklichkeit gar nicht existiert? Würde ich genug Willenskraft aufbringen, mich so um meinen Mann zu kümmern, wie es eine Ehefrau tun sollte? Aber das ist noch nicht alles, es bleibt die wichtigste Frage: Wozu? Wenn wir ein Kind hätten, hätte ich auch für Maksyms impulsiven Charakter und für meine Geduld mit ihm eine Rechtfertigung. Aber wir haben kein Kind und es ist fraglich, ob wir je eins haben werden. Also warum mich sehenden Auges zu diesem Wahnsinn verdammen?

Die Gedanken zerreißen mich, und jetzt, während er auf den Fernsehschirm schaut, frage ich mich, ob ich es überhaupt wagen würde, Maksym auf eine Scheidung anzusprechen. Wie würde es klingen: „Ich habe mir gedacht, dass wir kein gutes Paar sind“, oder: „Du hast mich zur Abtreibung gezwungen, deshalb will ich mich scheiden lassen“, oder auch: „Ich glaube dir nicht mehr“? Nein.

Maksym hat auf dem Bett Papiere ausgebreitet und sieht ein paar Verträge durch. Er sagt, in letzter Zeit gebe es Probleme bei der Arbeit, angeblich hat Hryhorij, der einzige Mitarbeiter seiner Abteilung, den Kaufvertrag für eine Einzimmerwohnung nicht richtig formuliert und die Käufer beabsichtigten, das Immobilienbüro zu verklagen. Sicher ist die Angelegenheit nicht angenehm, es ist auch nicht verwunderlich, dass Direktor Andrij Andrijowytsch wütend ist.

„Idiot“, brummt Maksym, der kurz davor ist, die Papiere durch die Gegend zu werfen, „nur ein Mitarbeiter, und der ist ein Idiot.“

Ich beneide Hryhorij nicht. Habe vielmehr Mitleid mit ihm. Einem solchen Abteilungsleiter wie Maksym direkt unterstellt zu sein, muss furchtbar sein. Ich würde sogar sagen, unerträglich. Mehr als einmal habe ich gehört, wie er Hryhorij vorgeworfen hat, übermäßig bezahlt zu werden, ihm keinen Urlaub gibt und wütend wird, wenn er sich krankmeldet ...

Gleichzeitig bezweifle ich, dass Hryhorij mich beneiden könnte.

Andrij ruft an. Das Klingeln holt mich aus meinen Gedanken.

„Ich habe gute Neuigkeiten, Marta“, sagt mein Bruder, ohne um den heißen Brei herumzureden.

„Welche?“ Ich habe keine Ahnung, worum es geht, denn in meinem Kopf kreisen noch Scheidungsgedanken.

„Bohdana und ich haben beschlossen, zu heiraten.“

„Ich freue mich für euch“, sage ich ehrlich überrascht und beeindruckt. „Das ist einfach großartig. Aber wie hast du es geschafft, das Herz von so einem Schlitzohr wie Bohdana zu erobern?“

„Sie ist nur anderen gegenüber so ein furchtloses und dreistes Schlitzohr, mir gegenüber ist sie ganz anders“, scherzt er. „Ich habe sie verzaubert und erobert. Da hat deine Freundin die Flinte ins Korn geworfen. Wir planen die Hochzeit für Juli, ihr bekommt noch eine offizielle Einladung." Während er das sagt, nehme ich in der Stimme meines Bruders Töne wahr, die ich früher nie bemerkt habe.

„Wir freuen uns sehr darauf", antworte ich.

„Hör mal, Bohdana und ich haben miteinander geredet." Die Stimme von Andrij wird ernster. „Wir wohnen in meiner Wohnung und werden auch nach der Hochzeit hierbleiben. Warum zieht ihr also nicht zu Vater? Dann ist er nicht so einsam, und ihr habt mehr Platz."

„Ich weiß nicht. Darüber habe ich noch gar nicht nachgedacht. Ich muss das mit Maksym besprechen."

Maksym reißt sich von seinen Papieren los und richtet erstaunt den Blick auf mich.

Als ich mich von Andrij verabschiedet habe, fragt er: „Was ist los?"

„Andrij hat vorgeschlagen, dass wir zu meinem Vater ziehen."

„Wozu?", seine Stimme klingt kalt, ich merke, dass ihm diese Idee nicht gefällt.

„Vater hätte mehr Spaß ..."

„Sind wir etwa Clowns?", fragt er sarkastisch.

Ich beschließe, den Stachel in seinen Worten zu ignorieren, daher fahre ich fort: „Das Haus ist groß, wir könnten uns dort gut einrichten."

„Ich dachte, dass du keine sonderlich herzliche Beziehung zu deinem Vater hast. Ich will nicht, dass es so aussieht, als könnte ich dir keine Unterkunft bieten und wir müssten deshalb jede Möglichkeit annehmen, die sich bietet. Dieses Haus gehört mir nicht und ich würde mich dort wie ein Gast ohne Rechte fühlen."

Ich bin mit seinen Argumenten nicht einverstanden, aber ich will ihn auch nicht vom Gegenteil überzeugen. Mir ist nämlich klar, sollten wir zu meinem Vater ziehen, würde ich mich noch schlechter fühlen, weil ich zwischen zwei Männern zerrissen würde, die zu einhundert Prozent keine gemeinsame Sprache finden würden.

2018

März
Freitag

Ich komme aus dem Kindergarten nach Hause zurück. Der Tag war hart. Jeder Tag scheint mir hart zu sein. Maksym hat angekündigt, dass er heute länger wegbleibt, denn Andrij Andrijowytsch feiert seinen sechzigsten Geburtstag und hat dazu die ganze Belegschaft ins Restaurant eingeladen.

Ich betrachte den Hartkäse an der Theke im Supermarkt, aber in meinem Portemonnaie herrscht Leere, daher kaufe ich nur ein paar Äpfel und Mineralwasser.

Gerne hätte ich Schokolade. Schwarze Luftschokolade. Ich schlucke meinen Speichel hinunter und fühle mich wie ein armer Schlucker, der mit hungrigen Augen in die Regale schaut, aber nichts kaufen kann. Zwar erinnere ich mich daran, dass Maksym gebratenen Fisch essen wollte, aber nachdem ich die Fünf-Hrywen-Scheine im Portemonnaie gezählt habe, ist mir klar, dass mein Geld höchstens für einen Fischschwanz reicht.

An der Kasse höre ich Nastja quasseln, drehe den Kopf und bemerke Ruslan, der dem Kind gerade erklärt, dass im März niemand Eis kauft.

„Wo wollt ihr denn hin?", frage ich meine Nachbarn.

„Oh, hallo Marta", grüßt Ruslan freudig, „wir gehen in den Park. Und wohin gehst du oder woher kommst du?"

„Ich komme von der Arbeit."

Nastja zieht mich am Jackenärmel und dreht den Kopf.

„Komm mit, Marta", bittet das Mädchen und richtet die rosa Mütze, die ihr über die Augen gerutscht ist.

„Ach, Sonnenschein, danke, aber ich bin ziemlich müde."

„Dann setz dich auf eine Bank und schau, wie ich die Rutsche hinuntersause."

„Du saust die Rutsche hinunter?" Ich tue, als würde ich nicht verstehen.

„Ja. Ich habe kein bisschen Angst vor der Höhe“, klingt die helle Stimme durch den Laden.

„Bravo. Aber ich will dich und deinen Papa nicht stören.“

Ruslan zieht die Augenbrauen hoch und runzelt die Stirn: „Red keinen Unsinn, Marta. Gehen wir ein wenig an die frische Luft.“

Er nimmt meine Tüte und wir verlassen den Laden. Ruslan legt die Sachen ins Auto, während Nastja und ich auf dem Rücksitz Platz nehmen. Im Fahrzeug-Innenraum riecht es nach Orangen.

Das Mädchen erzählt von einem Bären, den sie letzte Woche im Zoo gesehen hat, vom Brei, den Papa sie gestern zu essen gezwungen hat, und von dem Buch, das die beiden in der Buchhandlung gekauft haben.

„Ich weiß, was das Wort ‚Intuition‘ bedeutet“, quasselt Nastja weiter.

„Dieses Kind kann einfach nicht still sein“, sagt Ruslan lachend.

„Intuition?“, wundere ich mich. „Und was heißt das also?“

„Das ist, wenn ich Papa um ein Eis bitte, aber schon vorher weiß, dass er mir keines kaufen wird.“

Wir lachen fröhlich und ich ertappe mich einmal mehr bei dem Gedanken, dass Ruslan, obwohl er das Kind allein erzieht, es vermag, die Leere zu füllen, die im Herzen des Mädchens nach dem Tod der Mutter entstanden ist. Meiner Meinung nach ist er ein vorbildlicher Vater.

Nastja lacht beim Schaukeln und quietscht vergnügt, als wir einen steilen Hügel hinunterlaufen. Im Park ist es still und ruhig, hinter uns erstreckt sich ein gepflasterter Weg, vor uns liegt ein bunt bemalter Spielplatz. Ein kleines, gemauertes Gebäude in Form eines Schlosses lockt Nastja. Das Mädchen versteckt sich vor uns, sie späht durch die engen, flachen Fensterchen.

„Tu dir nicht weh“, ruft Ruslan, doch sie hört gar nicht hin. Zuerst versteckt sie sich im Schloss, dann streckt sie sich nach der hölzernen Mühle, deren lange Flügel vom Wind bewegt werden.

„Sie ist ein wunderbares Kind“, sage ich zu Ruslan, als wir auf der Bank Platz genommen haben, ohne Nastja aus den Augen zu lassen.

„Ja, das ist sie. Wenn es Nastja nicht gäbe, weiß ich nicht, wie ich den Tod meiner Frau überwunden hätte. Aber so hatte ich Gott sei Dank nicht die kleinste Chance, aufzugeben. Ich war gezwungen zu kämpfen."

„Wie schaffst du es, alles unter einen Hut zu bringen? Du arbeitest doch und dann kochst du noch und erziehst du auch noch deine Tochter?"

„Wenigstens dabei hatte ich Glück", meint Ruslan lachend und beobachtet aus dem Augenwinkel Nastja, der es schon gelungen ist, auf den Kopf des Steindrachens unweit des Hügels zu klettern, „ich arbeite schon seit über sechs Jahren als Programmierer. Vor nicht allzu langer Zeit hat unser Chef mit einer deutschen Firma einen Vertrag geschlossen. Danach konnten die Gehälter erhöht werden, aber auch der Umfang der Arbeit nahm zu. Doch ich habe eine mündliche Absprache mit meinem Vorgesetzten: Meine Anwesenheit im Büro ist nicht verpflichtend, ihm ist nur wichtig, dass ich meine Aufgaben erledige und die Fristen einhalte."

„Und die Ausstattung? Also, Computer ..."

„Musste ich selbst anschaffen. Es hat mich einiges gekostet, aber das hat sich schnell ausgezahlt, umso mehr, als ich nachts arbeiten, tags und abends dagegen viel Zeit mit Nastja verbringen kann."

Das Mädchen sitzt auf der Schaukel, schwingt fröhlich die Beine und singt dabei. Da ihr die Mütze erneut über die Augen gerutscht ist, versucht sie wieder, sie hinaufzuschieben.

„Ich verrate dir ein Geheimnis", lächelt Ruslan.

„Welches?"

„Ich will eine neue Wohnung kaufen. Das Mädchen wird größer, aber bei uns ist nicht genug Platz. Und das Gebäude, du siehst es ja selbst, ist in einem schrecklichen Zustand."

„Das ist toll!" Ich freue mich aufrichtig – und bin doch traurig. Wenn sie umziehen, bleibe ich allein zurück. Auch wenn wir uns nicht oft sehen, wärmt diese Freundschaft mein Herz.

Wahrscheinlich hat Ruslan meine Gedanken gelesen, denn er sagt: „Wir sehen uns aber weiterhin. Wir haben nicht mehr so viele Freunde, mit denen wir uns treffen."

Nastja rennt auf uns zu und verkündet laut: „Ich will essen.

Ich will eine Pizza. Ich will essen. Ich will eine Pizza." Jetzt trägt sie die Mütze in den Händen, offenbar hat sie die Hoffnung aufgegeben, damit klarzukommen.

„Schrei nicht so", sagt Ruslan und nimmt sie in den Arm, „ich hör dich ja. Wir laden dich auf eine Pizza ein, Marta."

„Danke. Aber das ist mir irgendwie unangenehm ..."

Sie wollen meine Einwände nicht hören. Nastja stellt sich zwischen uns und nimmt uns an den Händen. Wir kehren auf den schmalen Pfad zurück und gehen an den dichten Tannen vorbei. Die Luft ist zwar kalt, aber frisch. Der Spaziergang in der Natur gibt mir Kraft.

Ich finde es unmöglich, unseren Park nicht zu lieben: Er ist sauber, gediegen und gepflegt. Am besten gefällt er mir im zeitigen Frühjahr oder im Herbst, wenn die bunten Farben nicht ins Auge stechen, sondern sanft das Herz erwärmen. Genau dann spürt man eine Verbindung mit seiner Umwelt.

Wir gehen vorbei an niedrigen Sitzbänken, einem Pavillon, alten, rissigen Brunnen, die durstig den Frühling erwarten, an geschlossenen Gartencafés, die in einem Monat oder sogar früher die Bewohner der Stadt wieder anziehen werden.

Doch noch schlummert der Park. Still und friedlich schlummert er, er wartet auf sein Erwachen.

Wir gehen zum Auto, das Mädchen singt fröhlich, hebt aber plötzlich den Kopf und sagt: „Wir sind zu dritt, wie eine richtige Familie."

Mein Atem stockt, ich senke den Kopf. Kindliche Direktheit treibt die Erwachsenen manchmal in die Enge.

Ruslan lockert die Situation lachend auf: „Nein, Töchterchen, unsere Familie, das sind du und ich, Marta hat doch ihre eigene Familie."

„Schade", klagt Nastja, „ich wünschte, Marta würde bei uns wohnen und mit mir Puppen spielen."

„Es reicht. Hör auf", sagt Ruslan ernster.

Während wir drei uns unterhalten, spüre ich einen strengen Blick auf mir. Ich wende den Kopf nach rechts und bemerke eine Frau, die mich mit den Augen fixiert. Ich komme nicht sofort darauf, woher ich sie kenne, bin aber davon überzeugt, dass wir uns schon getroffen haben. Sie ist über dreißig, grau und unscheinbar, blass, mit einem Feuermal im Gesicht ... Wo habe ich sie bloß schon mal gesehen? Vielleicht ist sie die Mutter eines der Kindergartenkinder? Das muss es wohl sein.

Als die Frau merkt, dass ich sie anschaue, wendet sie sich hastig ab, geht weiter, wirft mir aber am Schluss noch einen schadenfrohen Blick zu. Wenn das die Mutter eines Kindes war, warum hat sie dann nicht gegrüßt?

„Eine Bekannte?", fragt Ruslan.

„Nein, eher nicht", antworte ich und versuche angestrengt, mich zu erinnern, woher ich diese Frau kenne.

Zu Hause angekommen, verabschieden wir uns im Aufzug. Ich öffne die Wohnungstür und seufze erleichtert auf: Maksym ist nicht da, also muss ich nicht erklären, wo ich mich bis sieben Uhr herumgetrieben habe.

Ich lasse Wasser in die Badewanne ein. Ich sollte Wäsche waschen und lache beim Gedanken daran bitter auf, denn ich erinnere mich, dass Maksym keine Waschmaschine kaufen wollte. „Wir besitzen nicht allzu viele Kleider, deshalb finde ich, du kannst sie auch mit der Hand waschen. Vor allem, weil meine Anzüge sowieso nicht dort hineindürfen und ich dir verbiete, meine Hemden darin zu waschen. Sie verlieren sonst ihre Farbe. Waschmaschinen kaufen nur faule Leute!" Darauf bestand er. Das hielt an, bis ich krank wurde. Ich hatte Fieber, und nachdem er sich davon überzeugt hatte, dass ich nicht simulierte, machte sich Maksym selbst ans Waschen. Da erst entschied er, dass eine Waschmaschine ein unverzichtbares Haushaltsgerät sei.

Nach dem Bad schalte ich den Fernseher ein, und plötzlich weiß ich wieder, wer diese Frau war. Das war Orysja, die Leiterin der Personalabteilung von Maksyms Arbeit. Aber warum war sie nicht bei der Feier von Andrij Andrijowytsch? Hat er nicht alle eingeladen?

Spielt eigentlich keine Rolle. Wichtig ist nur, dass sie im Park war und mich mit Nastja an der Hand gesehen hat. Ich überlege, wie wir nach außen wirkten. Nastja hatte recht: wie eine Familie.

Na ja, das war's dann. Ich werde Ärger bekommen, denn Orysja wird es Maksym erzählen und er wird eine Affäre daraus machen. Bis zu diesem Augenblick wusste er nicht, dass ich noch Verbindung zu dem „verwitweten Mann“ habe, wie er meiner Erinnerung nach Ruslan einst genannt hat.

Aber ich verdränge meine Unruhe schnell. Er wird herumschreien, aber auch wieder aufhören. Wie sehr muss man sich fürchten? Vor allem jetzt werde ich mir meinen Seelenfrieden nicht mehr durch negative Emotionen nehmen lassen.

Diesmal werde ich schlauer sein.

Das habe ich mir vorgenommen, seit ich weiß, dass ich wieder schwanger bin. Maksym weiß nichts davon und wird es in nächster Zeit auch nicht erfahren. Ich bin bereits im fünften Monat. Natürlich rundet sich der Bauch, aber Maksym hat es noch nicht bemerkt. Und ich schweige. Für eine Abtreibung ist es zu spät. Das heißt, das Kind wird auf die Welt kommen. Und keine Laune des Schicksals wird mir im Weg stehen: nicht, dass er unzufrieden ist und gar nicht Vater werden will, nicht die kleine, enge Wohnung, nicht die wirtschaftliche Situation des Landes, nicht Orysja mit ihrem Tratsch.

Ich werde bald Mutter, und meine heutige Entschlossenheit wird für mich und für das Kind reichen.

März
Dienstag

Es kommt mir vor, als würde dieser Tag nie enden. Müde und erschöpft sitze ich auf dem langen Krankenhausflur. Nachts hat Bohdana angerufen und gesagt, dass Andrij zum Vater eilen musste, weil es ihm nicht gut ging. Schnell habe ich mich bereitgemacht und bin mit dem Taxi zum Krankenhaus gefahren.

Der lange Flur, der zur Abteilung führt, erinnert mich an den Flur bei der Schwangerschaftsvorsorge. Wegen der beklemmenden Erinnerungen läuft es mir kalt den Rücken hinunter. Ich schnappe nach Luft, mein Herz macht einen Satz. Vater haben sie bereits hergebracht und auch Bohdana ist da. Andrij ist rastlos. Er rennt zur Apotheke und kauft die notwendigen Medikamente.

„Ein weiterer Schlaganfall“, teilt uns ein großer, grauhaariger Arzt mit heiserer Stimme mit, „diesmal ist sein Zustand schlechter.“

Ich möchte meinen Vater gern sehen, doch sie lassen uns nicht zu ihm. Ich denke daran, wie ich die Ärztinnen und Ärzte in solchen Fluren wachsam beobachtete, als ich beruhigende Neuigkeiten über den Gesundheitszustand meiner Mutter hören wollte. Damals war es schwerer. Damals war ich allein. Andrij hat sich nicht so um Mama gekümmert, wie er sich jetzt um Vater kümmert. Aber das ist unwichtig. Es ist gut, dass ich mich wenigstens jetzt nicht einsam fühle im Strudel der Ängste.

„Komm, setz dich.“ Bohdana nimmt meine Hand und führt mich den Flur entlang.

„Ich möchte weinen“, sage ich, während ich mich hinsetze und an die Wand lehne.

„Dann weine.“

„Ich kann nicht. Die Tränen kommen nicht.“

Ich habe das Zeitgefühl verloren, habe keine Ahnung, wie spät es ist. So ist es immer, wenn man im Krankenhaus landet. Man erstickt an der eigenen Hilflosigkeit und wartet sehnlichst auf das schmerzhafte Verdikt der Ärzte. Wache schieben auf den Fluren, Aufruhr im Herzen, Angst und Verzweiflung.

Mich vereinnahmt der Gedanke, dass ich den Vater, den ich vor nicht allzu langer Zeit erst wiedergefunden habe, verlieren könnte, der Gedanke gleicht einem Raubvogel: Er steigt nach oben und verunsichert mich.

Da klingelt allzu laut das Telefon. Ich hole mein halbtotes *Nokia* mit dem kaputten Bildschirm aus der Tasche. Es ist Maksym.

„Wie geht's?", fragt er. Seine Stimme klingt weich und ruhig, irgendwie anders.

„Der Arzt sagt, es steht schlecht. Sie lassen uns nicht zu ihm." Die Worte zu finden, fällt mir schwer. Es ist stickig und mir ist übel.

„Wirst du noch lange bleiben?"

„Ich weiß nicht. Ich habe mich bei Zoja Pawliwna entschuldigt und gehe nicht zur Arbeit."

„Alles klar. Ruf mich an, wenn es Neuigkeiten gibt", verabschiedet sich Maksym und schickt einen Luftkuss. Ich wünschte, er wäre jetzt bei mir.

Als ich das Telefon wieder in der Tasche verstecke, bemerke ich, dass Bohdanas Blick auf meinen Bauch gerichtet ist.

„Wie weit bist du?", flüstert sie.

„Im fünften Monat", seufze ich. „Ist es schon so offensichtlich?"

„Mir ist es aufgefallen und Andrij hat auch gefragt, ob Marta nicht vielleicht schwanger sei."

Komisch. Außenstehende bemerken es, der eigene Mann dagegen sieht nicht über den eigenen Tellerrand hinaus. Auch bei der Arbeit gab es Gerüchte, Zoja Pawliwna hat bereits begonnen, einen Ersatz für meinen Mutterschutz zu suchen, Oksana ist vor Freude auf und ab gesprungen, Jaroslawa hat es ebenfalls bemerkt, als wir uns zufällig im Supermarkt trafen. Ich glaube, dass auch Ruslan etwas ahnt. Alle außer Maksym.

„Marta“, beginnt Bohdana und nimmt meine Hand, „dein Aussehen gefällt mir nicht.“

„Was meinst du?“, frage ich besorgt.

„Das weißt du doch.“

„Ich bin einfach müde.“

„Müdigkeit ist die eine Sache, aber der Ausdruck in deinen Augen, deine Blässe ...“ Bohdana betrachtet mich, als wäre ich ein Ausstellungsstück in einem Museum.

„Hör auf“, sage ich schärfer als beabsichtigt, „bei mir ist alles in Ordnung. Du bist auch ein bisschen zerzaust.“

„Ich habe auch allen Grund dazu“, scherzt sie, „ich war auf einer Clubparty. Ich bin total kaputt.“

„Du hast es wohl übertrieben?“

„Ein bisschen.“

Überrascht ziehe ich die Augenbrauen hoch. „Und Andrij?“

„Was Andrij?“, wundert sich die Freundin, als hätte ich nach Maksyms Reaktion auf Bohdanas Nachtleben gefragt.

„Was sagt er dazu?“, präzisiere ich.

„Was soll er denn sagen? Er hatte auch eine wilde Nacht“, erklärt sie gleichzeitig lachend und gähnend.

„Was heißt das? War er nicht mit dir zusammen unterwegs?“

„Soll das ein Witz sein? Natürlich nicht. Er hat mit seinen Jungs Bier getankt. Wir haben da eine Grenze gezogen.“

„Was für eine Grenze?“, frage ich, denn ich verstehe sie wirklich nicht.

„Eine gewisse Zeit verbringen wir gemeinsam, dann wieder erholen wir uns voneinander. Das tut gut.“

„Das würde ich nicht sagen“, denke ich laut.

„Na ja, ich bin nicht so korrekt wie du“, sagt Bohdana und klopft mir auf die Schulter. „Ich kann mich auch mal betrinken, einen Joint rauchen und nachts nicht nach Hause kommen ... Hast du etwa gedacht, die Ehe würde mich völlig verändern und in eine ordentliche Hausfrau verwandeln?“

Ihr Lachen füllt den ganzen Korridor und hallt seltsam von den Wänden wider. Irgendwie unnatürlich.

„Trinkt Andrij?“, frage ich unvermittelt.

Bohdana hört auf zu lachen und nickt, wie mir scheint, etwas traurig mit dem Kopf. Das bedeutet, ich habe mich nicht geirrt, wenn ich an meinem Bruder öfter mal den Geruch von Alkohol oder Qualm wahrnahm. Haben die Gene sich durchgesetzt?

Komisch, dass er den Vater zum Alkoholentzug geschickt hat, aber nicht merkt, dass er selbst den gleichen Weg einschlägt. Ein Spiel mit dem Feuer.

Andrij kommt den Flur entlang auf uns zu, wobei er kaum die Beine bewegt. Als er schon ganz nah ist, sehe ich, dass Tränen seine Wangen hinabrollen, und begreife ohne Worte.

Er bleibt zwei Meter vor mir stehen, verbirgt das Gesicht in den Händen und schluchzt wie ein kleines Kind.

Ich umarme ihn. Er klammert sich fest und flüstert: „Er ist gestorben. Jetzt sind wir Vollwaisen."

Seine Worte treffen und verblüffen mich, denn erst jetzt begreife ich, dass ich noch ein Kind war, solange mein Vater lebte.

März
Donnerstag

Vater wurde gestern begraben. Der Friedhof in Harasdscha steht mir noch immer vor Augen: groß, traurig und endlos. Ein Ort, der jeden verschluckt, ohne seine Zustimmung einzuholen. Ein Reich der Toten: riesig und grenzenlos.

Vaters Grab befindet sich in derselben Reihe wie das von Mama, nur am anderen Ende. Unsere Familienreihe.

Ich bin am Boden zerstört, aus der Bahn geworfen und müde. Zoja Pawliwna hat mir die Genehmigung erteilt, bis Ende dieser Woche nicht zur Arbeit zu kommen, wofür ich ihr sehr dankbar bin.

Maksym wird bald von der Arbeit zurückkehren, deshalb schleppe ich mich in die Küche, um das Essen vorzubereiten. Ich stelle einen Buchweizenbrei auf den Herd und setze mich, um Zwiebeln, Karotten und Champignons für die Soße zu putzen. Maksym hat noch einmal etwas von Fisch gesagt, aber ich habe keine Kraft, in den Laden zu gehen.

In meinem Hals steckt ein Kloß, der mich am Luftholen hindert. Wenn ich wenigstens ein bisschen weinen könnte, ginge es mir vielleicht besser. Auch auf der Beerdigung habe ich nicht geweint. Als Mama gestorben ist, habe ich geschluchzt, aber für den Vater fiel keine einzige Träne, obwohl der Schmerz ebenso stark war. Jaroslawa und Bohdana wichen mir nicht von der Seite und auch Maksym zeigte Mitgefühl: Er fand tröstende Worte und kochte abends Lindenblütentee mit Honig.

Die Tür geht auf. Maksym ist zurück.

„Ich bin zu Hause!“, ruft er.

Ich betrete den Flur, der für zwei Erwachsene sehr eng ist. Maksym beugt sich zu mir, er riecht nach Alkohol. Ein Kribbeln läuft mir den Rücken hinunter – entweder wegen der Erinnerungen oder aus Unverständnis.

„Wie geht es dir?“, fragt er.

„Ich weiß nicht. Ich mache Abendessen.“

„Das musst du nicht, ich bin nicht hungrig. Außer natürlich gegebenenfalls für dich selbst.“ Er bewundert sich im Spiegel, dreht sich hin und her. Ein Model, kein Ehemann.

„Ich habe auch keinen Hunger“, seufze ich erleichtert und gehe in die Küche, um Gemüse und Pilze wieder in den Kühlschrank zu legen. Der Buchweizen kocht schon, also soll er fertigkochen für morgen.

„Wir haben ein Bier getrunken.“ Die Aussage wirkt auf mich wie eine Rechtfertigung. „Ich wollte ein bisschen mit den Jungs entspannen.“

„Aha“, sage ich gedehnt. Ich überlege, ob ich am Tag nach der Beerdigung seines Vaters ein Bier trinken gehen würde.

„Irgendwie bricht alles zusammen“, sagt Maksym und setzt sich auf einen Stuhl. „Es ist, als wäre Andrij Andrijowytsch verrückt geworden. Er meckert wegen allem und sieht bei allen nur die Fehler. Orysja ist die einzig Schlaue. Sie hat den Braten gerochen und ist in den Krankenstand entflohen. Bald werden wir sogar vergessen haben, wie sie aussieht.“

Jetzt verstehe ich, warum Maksym noch nichts von meinem Spaziergang mit Ruslan und Nastja im Park weiß, vermutlich hat er Orysja seither noch nicht gesehen.

„Entschuldige“, sagt er, „du hast es so schwer und ich beklage mich über mein Leben. Entschuldige, ich wollte dich nicht noch trauriger machen.“

„Schon gut.“

„Komm her“, sagt er und breitet die Arme aus.

Ich gehe zu meinem Mann und er setzt mich auf seinen Schoß. Er riecht zwar nach Alkohol, aber ich bemühe mich, nicht darauf zu achten. Der saure Geruch kitzelt meine Nase. Durch die Geschichte mit meinem Vater habe ich eines gelernt: Man muss verzeihen, sonst kann es zu spät sein. Wahrscheinlich hat der Vater gespürt, dass sein Tod bevorstand. Er hat es geschafft, sich bei mir zu entschuldigen. Ich dagegen fand nicht den Mut, mich ihm zu öffnen. Maksym umarmt mich.

Ich sehe meinen Mann an und erinnere mich, wie ich einst dachte, dass ich ihn mit der Zeit lieben würde. Nein, ich kann ihn nicht lieben. Aber ich hoffe, dass uns das Zusammenleben gelingt, denn an manchen Tagen geht es mir gut mit ihm, da ist es ruhig und gemütlich. Das Eheleben hat seine Höhen und Tiefen, das Schicksal hält Überraschungen bereit. Klar, ich widerspreche mir selbst, aber ich hoffe dennoch tief in meinem Herzen, dass sich mit uns alles zum Guten wendet. In jeder Familie ziehen einmal schwarze Wolken auf, ein andermal dagegen, sieh an, kommt sogar die Sonne hervor.

Maksym zieht mich an sich, streicht mir mit der Hand über den Rücken und berührt dann, nachdem er den weiten Strickpulli angehoben hat, meine Brust. Für einen Augenblick fühle ich seine Finger auf meinem Bauch und halte den Atem an.

Mir wird eiskalt und unheimlich zumute.

Er nimmt Abstand, zieht den weiten Pulli hoch und betrachtet meinen Bauch. Ich rechne mit Zorn, stattdessen sagt Maksym: „Was ist los? Bist du wieder schwanger?“ Und in seiner Stimme schwingt weniger Zorn mit als vielmehr Überraschung.

Ich wage es, auszuatmen.

Ich gebe mir Mühe, damit meine Stimme fest klingt, als ich entgegne: „Ja. Wir bekommen ein Kind.“ In die wenigen Worte lege ich all meine Ruhe und Selbstbeherrschung.

„Das hast du mir gar nicht gesagt ...“

„Ich hatte Angst“, unterbreche ich ihn.

„Wann?“

„Wann es auf die Welt kommt?“, frage ich noch sicherer zurück. „Im Juli.“

„Das ist sehr bald.“

„Ja. Bald.“

Maksym kratzt sich am Hinterkopf und blickt ins Nirgendwo. Offenbar hat ihn unser Gespräch ernüchtert.

„Wenn das so ist, soll es so sein.“ Seine Worte klingen so gleichgültig, als hätte ich ihn gebeten, einen verwahrlosten Hund auf unserer Veranda übernachten zu lassen, und er hätte großzügig zugestimmt. „Zumal wir jetzt einen Ort zum Leben haben werden.“

„Was meinst du?“, frage ich verwundert, und im nächsten Augenblick wird es mir klar.

„Wie was meinst du?“ Er macht große Augen, lockert die Krawatte und lehnt sich gegen die Wand. „Dein Vater ist gestorben, jetzt können wir ruhig in sein Haus ziehen. Wenn ich richtig verstanden habe, ist dort ja mehr Platz als in dieser Bruchbude hier. Andrij sagte nach der Beerdigung, dass er das Haus nicht beanspruchen wird, weil er eine Wohnung hat, und dein Vater habe ein Testament hinterlassen, gemäß dem du die einzige Erbin bist. Daher sehe ich kein Problem.“

Ich bekomme kaum Luft, ich will, dass Maksym still ist.

„Richten wir uns ein und gehen dann zum Notar.“

„Wozu ein Notar?“, frage ich wie betäubt.

„Wie wozu? Du benimmst dich wie ein kleines Kind, Marta. Natürlich um das Haus auf mich zu überschreiben.“

Das Herz schlägt mir fast bis zum Hals. Ich balle die Fäuste, bis die Knöchel weiß hervortreten.

„Aber das ist das Haus meiner Eltern“, sage ich, wobei ich jedes einzelne Wort mühsam hervorpresse.

Jetzt ähnle ich tatsächlich einem kleinen Kind: verloren und hilflos. In meinem Kopf wirbeln wie Rauch Gedanken, die zu ordnen mir die Weisheit fehlt. Warum bin ich so ohnmächtig? Warum kann ich mich nicht wehren, nicht verteidigen?

„Eltern, die nicht mehr am Leben sind“, zischt Maksym durch die Zähne, und ich habe den Eindruck, es befriedigt ihn zutiefst, dass mich seine Worte schmerzen.

„Aber warum hast du es so eilig?“

Er hebt die Brauen, als sei er des Gesprächs überdrüssig: „Du glaubst doch nicht, dass ich mich um ein Haus kümmere, das nicht mir gehört? Was ist dein Problem, Marta? Willst du das

Haus nicht auf mich überschreiben? Oder geht es dir vielleicht nur darum, zu wissen, dass du die Eigentümerin bist und mir das immer wieder unter die Nase reiben kannst?“

„Nein“, antworte ich schnell. Was soll ich denn darauf erwidern?

Am Ende beschließe ich zu schweigen, bis mir ein gewichtiger Einwand einfällt.

Maksym bewundert erneut sein Spiegelbild und stellt dann trocken fest: „Dein Vater hat uns ein nettes Geschenk hinterlassen.“

März
Freitag

Am Morgen war Maksym guter Laune. Aß Käsebrote zum Frühstück, lehnte den Buchweizenbrei ab, machte sich schnell fertig und ging zur Arbeit. Er versprach, gegen Mittag vorbeizuschauen.

Der Duft seines teuren Parfums hing noch im Zimmer.

„Bleibst du heute zu Hause?", hat er an der Tür noch gefragt. Er trug einen neuen Anzug, den er vor einer Woche gekauft hat, einen blauen. Das ist schon der dritte blaue Anzug in seiner Garderobe. Ihm zufolge unterscheiden sich allerdings die Farbtöne.

„Ja. Ich gehe erst am Montag wieder zur Arbeit", antwortete ich, während ich das Geschirr vom Tisch abräumte.

„Dann pack unsere Sachen."

„Wozu?"

„Wir ziehen dieses Wochenende um, Marta." Die Worte klangen wie ein Toast auf einer Feier.

„Dieses Wochenende", wiederholte ich erschrocken, denn ich dachte nicht, dass es so schnell gehen würde. Der Vater wurde gerade beerdigt und wir planen schon den Umzug ... In meinem Kopf kreiste der eine Gedanke: Es fühlt sich irgendwie falsch an, zu überstürzt.

„Warum hinauszögern? Los, pack unsere Sachen. Ich komme zum Mittagessen heim."

„Ja", sagte ich zustimmend, aber ich hatte das Gefühl, dass mein unterwürfiges Verhalten die Grenzen der Vernunft überschritt – wenn die nicht sogar schon ganz verloren gegangen ist.

„Übrigens", Maksym richtete seine Krawatte und kam zu mir, „hast du dich wieder beruhigt? Wirst du auch keinen Aufstand machen, wenn wir zum Notar gehen?" Seine Eile beunruhigte und erschreckte mich.

„Ich weiß nicht, es ist nur ..."

Maksym stieß ein kurzes Lachen aus und beugte sich dann vor, um mich auf die Wange zu küssen. „Das ist nur eine Formalität, Marta. Dinge wie ein Auto, ein Haus, eine Datscha müssen einfach auf den Mann eingetragen werden, sonst fühlt sich der Mann nicht vollwertig. Das verstehst du doch?"

Mein Schweigen hat ihm nicht gefallen. Zu einem gewissen Grad war ich mit Maksyms Argumenten einverstanden, aber ich wollte sehr gern einwenden, dass der Mann die Dinge, die er aufgezählt hat, auch selbst verdienen und kaufen muss, um sich vollwertig zu fühlen.

Er fuhr jedoch damit fort, Druck auszuüben: „Weißt du, in einer normalen Familie, in der die Menschen einander vertrauen, werden derlei Fragen nicht diskutiert."

Nachdem er sich ein weiteres Mal im Spiegel betrachtet hatte, ging er eilig zur Tür.

Ich stehe vor einem Dilemma, das mir Angst macht. Einerseits ist mir klar, dass in Maksyms Worten ein Körnchen Wahrheit steckt, denn wären wir eine normale Familie, wie er sich ausdrückte, müsste ich keine Angst haben. Aber der Gedanke, ich könnte tatsächlich bewusst mein einziges Eigentum übertragen und damit gute Chancen haben, auf der Straße zu landen, pocht beunruhigend gegen meine Schläfen und macht mich ganz melancholisch. Am Ende beschließe ich, ein andermal darüber nachzudenken, und mache mich ans Packen.

Ich hole den Reisekoffer und lege unsere Sachen hinein. Wir haben nicht allzu viel angehäuft. Das Geschirr gehört uns nicht, der Kleiderschrank, das Sofa und der Tisch ebenso nicht, auch Decken und Kissen gehören Maksyms Onkel. Ich breite Kleidung, Schuhe und Hygieneartikel aus ...

Ach, ich habe meine Porzellanpuppen ganz vergessen. Ich finde meinen alten, zerfledderten Rucksack, mit dem ich zu Studienzeiten auf Reisen gegangen bin, und lege die Puppen hinein, nachdem ich jede ordentlich und sorgfältig verpackt habe. Ich muss eine auf die andere legen, deshalb nehme ich einigen die Hüte ab und stecke sie getrennt in einen Beutel.

Von den Schuhen wird mir schwindelig – nicht von meinen,

sondern von Maksyms. Ich hatte bisher nicht darauf geachtet, wie viele Paar Schuhe er hat, doch jetzt, beim Anblick der teuren und meist ledernen Fußbekleidung, bin ich beeindruckt. Ich betrachte seine Lackschuhe und vergleiche sie mit meinen billigen Sneakers und Mokassins: ein sehr vielsagendes Bild.

Ähnlich verhält es sich mit den Hautpflegeprodukten und Parfums. Meine vier Tiegel und seine ... sieh einer an, nur zwölf: wie ein Stillleben.

Ich packe meine zwei Pullis und drei Blusen in den Koffer und lege Maksyms Hemden obendrauf. Vierunddreißig Stück.

Schließlich sind die Kleider eingepackt. Maksyms Anzüge hängen noch im Schrank, weil sie, Gott bewahre, knittern könnten.

Ich ziehe die Schublade im Nachttisch auf, um nachzusehen, ob ich nichts vergessen habe, und finde eine Mappe mit Dokumenten. Hoppla. Ich schaue noch einmal in jede Ritze. Nein, jetzt habe ich ganz sicher alles.

Die Dokumentenmappe stecke ich in die Seitentasche des Reisekoffers, als ich plötzlich eine Stimme aus dem Nirgendwo vernehme: „Schau dir seinen Pass an."

Der Schweiß bricht mir aus, meine Hände beginnen zu flattern. Nein, das werde ich nicht tun. Mit uns wird alles gut werden, man sollte nicht in der Vergangenheit wühlen.

Aber dieselbe Stimme wiederholt ganz klar: „Schau dir seinen Pass an. Ich heiße Ewa ..."

Ich fürchte mich, aber ich hole die Dokumente hervor. Darin finde ich auch seinen Pass.

Kalter Schweiß tritt auf meine Stirn, ich friere, doch die hartnäckige Stimme flüstert immer noch: „Schau dir seinen Pass an."

Meine Hände zittern nervös. Soll ich? Und was, wenn ...?

Nein, ich muss nachsehen, sonst werde ich mir bis ans Ende meiner Tage Fragen stellen. Ich werde nachsehen, mich vergewissern, dass alles gut ist, und unnütze Sorgen und Misstrauen ad acta legen.

Als Wohnort ist das Dorf Ozerne angegeben. Das bedeutet, er ist noch immer im Haus seiner Eltern gemeldet. Warum hat er dann gesagt, dass sie ihn aus dem Haus geworfen und alles der Schwester Wira vermacht haben? Halt, zur Anmeldung hat mir Maksym gar nichts erzählt, das bedeutet, alles ist gut und es lohnt sich nicht, sich deswegen zu beunruhigen. So weit, so gut.

Ich blättere eine Seite zurück, und da ist er. Er existiert. Der vielsagende Stempel. „Ehe registriert."

Ehe. Er war schon einmal verheiratet! Sein „Sie ist mir nachgelaufen" stellt sich also als unwahr heraus. Er hat mich angelogen.

Ich habe damals schon gespürt, dass er lügt. Schwarz auf weiß: „Zaritschna E. O.". „E." steht wohl für Ewa. Schmerzhafte Einträge. Darunter ein anderer Stempel anlässlich der Scheidung.

Alles ist eine Lüge. Jedes seiner Worte ist davon durchdrungen.

Aber bin ich denn besser? Nein, ich bin genau wie er. Denn ich habe zugelassen, dass er mich an der Nase herumführt, und mich bewusst geweigert, der Wahrheit ins Gesicht zu sehen. Ich habe mir selbst etwas vorgemacht. Meine verzerrte Wahrnehmung der Welt und die Fähigkeit, vor dem Offensichtlichen die Augen zu verschließen und stattdessen meiner Einbildung zu folgen, haben mit mir ein Spiel ohne Regeln gespielt. Ich schaffe es nicht, mich zu konzentrieren, denn mein Kopf ist jetzt wie der einer Porzellanpuppe: leer.

Die Gedanken wirbeln und streichen um mich herum wie aufgescheuchte Vögel. Ich presse die Hand vor den Mund, dabei rutscht mir Maksyms Pass aus den verschwitzten Fingern. Der Pass ist genauso aalglatt wie sein Besitzer.

Das muss ein Witz sein. Das kann nicht wahr sein. Nein, das kann nicht passieren.

Mir fällt die Decke auf den Kopf. Das Zittern vergeht, stattdessen wird es stickig. Ich bekomme keine Luft mehr.

Mit der Handfläche wische ich mir Schweißtropfen von der Stirn und halte meinen Kopf in den Händen. Darin brodelt es. Vor meinen Augen tanzen die Möbel.

Wieder höre ich Ewas Stimme: „Ich glaube, sie würde gern die Wahrheit kennen. Stimmt's?" Ich hätte es früher erfahren können, wollte aber nicht. Ich wollte einfach nicht.

Maksyms Schwester hat mich zurückgerufen und vorgeschlagen, alleine zu reden, aber ich habe gekniffen. Wira weiß über das Bescheid, was auch ich wissen sollte. Sie war bereit, es mir zu erzählen, aber ich habe mich dagegen entschieden.

Was habe ich getan? Ich habe blind vertraut. An das geglaubt, woran ich glauben wollte. So war es bequem. Und einfach. Das Schicksal hat mir einen Streich gespielt, mir die bittere Wahrheit ins Gesicht geworfen, aber ich habe nicht verstanden, nicht die grellen Warnzeichen erkannt. Ich stelle mir vor, wie er sich gefreut hat, als er log und ich dazu unterwürfig nickte ...

„Marta“, höre ich die Stimme von Maksym.

Er steht vor mir. Ich habe nicht bemerkt, wie er hereingekommen ist. Er ist falsch. Unecht. Mein Mann stellt sich als Knäuel heraus, dessen Fäden aus Lügen gesponnen wurden.

„Was machst du da?“, fragt er, als er den Pass vor mir liegen sieht, wobei er jedes Wort einzeln betont. Sein Gesicht ist verzogen, das Jackett aufgeknöpft, in den Händen hält er seinen Schlüsselbund.

„Du hast mich angelogen“, werfe ich ihm entgegen.

„Wovon redest du?“ Er reißt mir den Pass aus den Händen, und seine blutunterlaufenen Augen machen mir Angst.

„Du hast mich angelogen“, wiederhole ich.

„Du hast das missverstanden.“ Er bemüht sich, Ruhe zu bewahren. Wägt jedes Wort ab, hält an sich und überschreitet keine Grenzen. Noch nicht.

„Dann erklär es mir“, spucke ich hervor, „erklär mal. Du hast gesagt, dass diese Frau ... dass sie dir hinterhergelaufen ist ... Aber jetzt stellt sich heraus, dass ihr verheiratet wart. Sag bloß nicht, dass du das vergessen hattest!“

„Was zum Teufel geht es dich an, ob ich verheiratet war oder nicht? Das ist doch längst vorbei. Es war ein Fehler. Jeder macht Fehler. Ich war jung ...“

„Was das für einen Unterschied macht? Du hast es verheimlicht, du hast gelogen ...“ Die Worte fliegen aus meinem Mund, ich kann nicht mehr aufhören. „Wie konnte ich dir nur glauben? Wie?“

„Mach keinen Aufstand. Du wirkst geradezu hysterisch. Ja,

ich war verheiratet. Aber nicht lange. Und es war eine schreckliche Ehe. Ich will nicht darüber sprechen." Eine tiefe Falte des Zorns und der Empörung erscheint auf seiner Stirn. Er regt sich auf, wird wütend und zornig.

Ich sollte aufhören, sollte still sein, aber entgegen dem gesunden Menschenverstand kreische ich wie verrückt: „Denkst du, ich glaube dir jetzt noch irgendwas? Und wenn du wieder lügst? Du lügst ja pausenlos."

„Hör auf, Marta." Noch reißt er sich zusammen.

„Ich höre nicht auf, Maksym. Ich höre nicht auf. Ich kenne den Menschen, mit dem ich zusammenlebe, überhaupt nicht. Manchmal habe ich sogar Angst vor dir. Was verheimlichst du mir noch?"

„Wovon redest du?" In diesem Augenblick wird seine Stimme eisig.

„Von deiner Schwester. Von deiner Mutter ..."

Er lässt mich nicht ausreden. Er packt mich an den Schultern und schüttelt mich, als sei ich bewusstlos. Das tut weh. Seine Finger graben sich in meine Haut. „Warum steckst du deine Nase in mein Leben? Warum? Ich habe viele Fehler gemacht, aber jetzt bemühe ich mich, so zu sein wie alle. Und du willst ins Wespennest stechen? Wenn ich etwas verheimliche, habe ich Gründe dafür. Verstanden? Ich frage, ob du mich verstanden hast? Was geht dich meine Schwester an? Und meine Mutter? Was willst du wissen? Du hast Angst vor mir? Zu Recht. Ich rate dir, vor mir Angst zu haben, sonst ..."

„Sonst was?" Ich weiß nicht, woher ich den Mut nehme, auch nur ein einziges weiteres Wort auszusprechen.

„Mach mich nicht wütend, Marta. Mach mich nicht wütend."

„Lass mich in Ruhe. Du bist ein furchtbarer Mensch, Maksym. Ich verstehe dich nicht und werde dich wahrscheinlich nie verstehen."

„Aber ich verlange gar nicht, dass du mich verstehst. Willst du alles kaputt machen? Alles zunichtemachen, nur um deine eigene Neugier zu befriedigen?" Seine Stimme geht in einen Schrei über und dröhnt durchs ganze Haus. Die Augen füllen sich mit Blut, werden purpurrot. So habe ich ihn noch nie gesehen: fuchsteufelswild und nicht zurechnungsfähig. In dieser Sekunde hätte ich einen Eid schwören können, dass genau so wahnsinnige, besessene Menschen aussehen. Er erinnert an ein hungriges Tier, das gequält wurde, schließlich ausgebrochen ist und leichte Beute gemacht hat.

So schutzlos und hilflos habe ich mich noch nie in meinem Leben gefühlt. Ich schrumpfe auf die Hälfte oder sogar ein Drittel, verwandle mich in ein winziges Insekt, das Maksym jetzt zerquetschen wird, indem er mit seinen Lederschuhen darauf tritt. Es wird zermalmt und hinterlässt keine Spuren.

Er ergreift meine Hand und schleudert mich gegen die Wand. Ich stoße mir die Schulter, ertrage den Schmerz aber schweigend. Maksym kommt langsam auf mich zu und atmet mir laut ins Gesicht. Er kommt wie ein Henker zu seinem Opfer. Dann drückt er mir die Kehle zu. Ich bekomme keine Luft. Sein Gesicht ist so nah an meinem, dass ich das Blut in seinen Augen und die Pfeile sehe, die die Augen auf mich abschießen. So fühlt es sich wahrscheinlich an, zu sterben, wenn kein Sauerstoff mehr in die Lunge gelangt. Ich verwachse mit der Wand. Ich möchte unsichtbar werden, aber das liegt nicht in meiner Macht. Das Blut in meinem Hals pulsiert schneller, Schweißtropfen fließen den Rücken hinab, gierig schnappe ich nach Luft ...

Er tritt einen Schritt zurück und nimmt die Hände von meinem Hals. Er holt aus, und bevor ich das Ausmaß der Katastrophe begreifen kann, schlägt er mich mit schwerer Hand auf die Wange. Ich falle hin.

Hinter meiner Stirn pocht es, als wäre dort eine mechanische Uhr.

Der Schweiß strömt und für einen Moment scheint es mir, als schliefe ich.

„Steh auf", schreit er.

Meine Beine verweigern mir den Gehorsam, aber ich versuche angestrengt, mich zu erheben. Ich habe keine Kraft in den Armen, die Beine geben nach. Ich tue das Einzige, was ich tun kann: Ich schütze meinen Bauch mit den Händen.

„Das Kind“, flüstere ich kaum hörbar, „schlag mich nicht. Du tötest das Kind.“

Maksym hört auf. Sein schwerer Atem rasselt durch den Raum, durch den gerade ein Tsunami hindurchgefegt ist. Er geht hinaus ins Bad. Ich höre, wie aus dem Hahn Wasser fließt. Er wäscht sich die Hände. Er hat sich schmutzig gemacht.

Wenig später kommt er zurück, setzt sich neben mir in die Hocke und sagt: „Sei mir nicht böse. Zwing mich nicht, das wieder zu tun. Ich wollte das nicht. Du bist selbst schuld. Du hast mich provoziert.“

Er steht auf, nimmt die Autoschlüssel, kehrt aber noch einmal um: „Und noch etwas. Wenn du dich noch einmal mit diesem Witwer sehen lässt, wirst du teuer dafür bezahlen. Ich habe dich gewarnt und du hast nicht gehorcht. Aber ich dulde keinen Ungehorsam. Ich will, dass du dich fügst. Gerüchte brauchen wir nicht. Kapiert?“

Die Tür schließt sich.

Er ist weg und ich beginne endlich, bitter und laut zu weinen. Ein Weinen, das an das Heulen eines Hundes erinnert.

***

Ich habe so geweint wie nie zuvor in meinem Leben. Ich habe den Vater beweint, mich an die Mutter erinnert und lauthals über mein Schicksal geschluchzt. Kurzum, ich habe mich selbst bemitleidet. Erniedrigung, Kränkung, Häme. Alles verschlingt sich zu einem Knoten. Für immer.

Eine solche Demütigung habe ich noch nie erlebt. Aber in diesem Moment quält mich nicht der körperliche Schmerz, vielmehr zerreißt das seelische Trauma mein Herz.

Ich hasse ihn!

Selbst mein Vater, wie schlecht er als Familienvater auch war, hat niemals die Hand gegen meine Mutter erhoben. Niemals!

Getreten, misshandelt und beschämt liege ich auf dem Bett, den Kopf unter der Decke. Ich habe Angst, hervorzuschauen, Angst, mich zu bewegen. Ich kann kaum atmen. Jeder einzelne

Gedanke verursacht Schmerzen. Der Kopf ist mit dem Kissen verschmolzen. Ich spüre weder Arme noch Beine. Ich möchte sterben, um die offensichtliche Verachtung und Wut, die Maksym auf mich richtet, nicht mehr zu spüren.

Brutal, bösartig und hinterhältig ...

Ich hasse ihn. Ich hasse mich selbst. Ich habe Angst um das Kind, das ich erwarte. Ich bin starr vor Wut. Ich hasse den Mann, von dem ich bald ein Kind bekomme. Offenbar liegt es in meiner Natur, zu hassen.

Das Telefon zerreißt die Stille. Zu laut, ich erschrecke. Eine Nachricht. Ich schiebe das *Nokia* unters Kissen und heule weiter.

Stunden vergehen. Eine nach der anderen. In meinem Bauch bewegt sich das Kind und erinnert mich daran, dass da jemand ist, für den ich leben muss. Für den ich kämpfen muss.

Ich ziehe meinen Kopf unter dem Kissen hervor und setze mich auf. Das Zimmer wankt. Alles dreht sich. Der Kleiderschrank scheint umzukippen, hinterm Fenster ist es dunkel. Ist vielleicht schon Nacht? Ich habe heute noch nichts gegessen, deshalb versuche ich aufzustehen. Im Rücken spüre ich einen Schmerz. Ich schleppe mich in die Küche und setze den Wasserkessel auf. Wieder höre ich das Telefon. Ich gehe ins Schlafzimmer zurück und hole es unter dem Kissen hervor. Es ist Ruslan. Aber ich will nicht reden.

Mit dem Telefon in der Hand bewege ich mich in die Küche, setze mich an den Tisch und keuche. Ich spüre jedes Ein- und Ausatmen.

Ich muss um des Kindes willen leben. Ich muss. Ich habe keine andere Wahl, ich muss es tun. Aus dem Kühlschrank hole ich die Stachelbeermarmelade, die mir Jaroslawa spendiert hat, gieße Tee auf und stopfe mir ein Stück Brot in den Mund. Zu süß.

Ich nehme das Telefon und lese die Nachrichten. Ruslan ist beunruhigt.

„Wir haben Mlynzi mit Kondensmilch. Komm zum Tee zu uns."

„Hey. Wo steckst du? Melde dich."

„Was ist passiert, Marta? Ich mache mir Sorgen. Schreib zurück."

„Warum gehst du nicht ans Telefon?"

Was soll ich ihm sagen? Alles erzählen?

Nein. Ich kann nicht. Ich schäme mich.

Zwanzig Minuten später ruft Ruslan wieder an. Ich wage es schließlich, abzuheben.

„Marta, was ist los? Ich bin sehr beunruhigt", in der Stimme liegt ein Hauch von Bestürzung.

„Ich habe das Telefon nicht gehört." Ich bringe die Worte kaum hervor.

„Was ist passiert? Deine Stimme ist so ..."

„Mein Vater ist gestorben", antworte ich hastig. Lieber erzähle ich von Vater. Ich werde alles erzählen. Aber über Maksym kann ich jetzt nicht sprechen. Wer traut sich schon, so etwas laut auszusprechen? Soll Ruslan denken, dass ich wegen Vater trauere. Möge ein Schmerz den anderen überdecken. So ist es einfacher.

„Das wusste ich nicht. Mein Beileid."

„Mir geht es schlecht, Ruslan, mir geht es sehr schlecht."

„Komm zu uns, wenn du kannst. Bitte komm."

Ich stimme zu. Ohne darüber nachzudenken, was ich da tue, nehme ich seinen Vorschlag an. Ich ziehe mir Mokassins an, kämme mir die Haare und sehe im Spiegel eine verängstigte Frau, deren Anblick mich erschreckt. Das lockige Haar hat sich aus dem strengen Pferdeschwanz gelöst und steht in alle Richtungen ab. Unter den Augen Blutergüsse, und auf der Unterlippe bemerke ich Bissspuren. Vielleicht habe ich, um nicht zu schreien, die Zähne fest zusammengepresst und mir dabei auf die Lippe gebissen. Ich versuche, die Verletzungen so gut es geht zu überschminken, schließe die Tür und gehe. Jetzt ist es mir egal, was Maksym sagt, wenn er mitbekommt, was ich tue.

Mir ist eiskalt. Ich drehe mich um und lege mir die Jacke über die Schultern.

Im Flur wartet Ruslan. Als er mich sieht, eilt er mir entgegen. Er strahlt Wärme aus. Warum geht von manchen Männern Wärme aus, andere dagegen sind brutal und alkoholisiert?

„Mein Gott, Marta, ich habe mir solche Sorgen gemacht!" Er neigt den Kopf zur Seite und sieht mir in die Augen.

Er nimmt meine Hände, sie verschwinden in seinen warmen Handflächen. Ich fange wieder an zu weinen und Ruslan drückt mich an sich und wiegt mich hin und her.

„Ruhig, ruhig, beruhige dich. Du darfst dich nicht aufregen. Du musst auf dich aufpassen“, flüstert er. Diese Worte bedeuten, er weiß von meiner Schwangerschaft. Denn er ist nicht so blind wie Maksym.

Er riecht nach Zitrone und Güte.

Wir gehen in die Küche, und Ruslan setzt mich auf einen Hocker.

„Tee?“, fragt er.

„Nein. Ich will keinen. Setz dich einfach zu mir.“

Er zieht einen zweiten Stuhl heran und setzt sich mir gegenüber. Ich sehe die Sorge in seinem Blick, glaube sogar, sein Herz schlagen zu hören.

Es ist ungewohnt, ihn in einer abgetragenen Jogginghose und einem zerschlissenen T-Shirt zu sehen.

„Wo ist Nastja?“, frage ich.

„Sie schläft. Sie war heute müde und ist früher ins Bett gegangen.“

„Wie spät ist es?“

„Neun.“

„Neun“, wiederhole ich monoton. Ich erinnere mich an den Morgen, dann an den Mittag, doch alles Weitere habe ich nicht mehr im Gedächtnis. Ich wurde aus dem Leben geworfen und ich weiß nicht, wie lange es dauern wird, bis ich wieder in den üblichen Trott zurückfinde.

„Wie fühlst du dich?“, fragt Ruslan aufgewühlt.

„Ich weiß nicht.“ Und das stimmt. Ich weiß es wirklich nicht.

Er nimmt meine Hand und legt sie an seine Wange. „Wenn ich irgendwie helfen kann, sag es“, spricht er leise und küsst jeden Finger meiner Hand.

Ich ziehe meine Hand nicht weg, aber ich fühle auch nichts, denn in der Leere existieren keine Emotionen.

So verfliegen die Minuten, wir aber verlieren uns schweigend in der schweren Stille. Bis zu diesem Abend hatte ich Ruslan nie als Mann wahrgenommen. Er war der Vater einer Halbwaisen und mein Freund. Aber in diesem Moment, in dem er mir so nahe ist, denke ich: Warum haben wir uns nicht früher getroffen, warum haben sich unsere Wege nicht gekreuzt, warum ist es erst so spät passiert ...

Ich bin entsetzt über meine eigenen Gedanken. Es ist gekommen, wie es kommen musste. Ich bin einer solchen Person wie Ruslan nicht würdig, einer Person, die rein, aufrichtig und fürsorglich ist. Ich bin sicher, dass er nie im Leben in seinem Herzen Hass verspürt hat, und wenn er wüsste, welche schwarzen Gedanken in meinem Kopf umherschwadroniert sind, wie ich den Vater gehasst und gemieden habe, wie ich Maksym hasse, würde er vor mir fliehen, als sei ich mit Cholera infiziert.

„Mein Vater hat mich nie geliebt." Ich weiß nicht so recht, was ich da eigentlich sage, aber ich rede weiter. Die Worte fließen ruhig dahin. Wenn ich mein Herz ein wenig öffne – vielleicht fühle ich mich dann besser? Ich werde über den Vater sprechen, Ruslan das erzählen, was ich noch niemandem erzählt habe. Ich beichte meine Sünden. Ich erzähle vom Vater, aber verschweige gleichzeitig Maksym und die heutigen Prügel.

„Schon in seiner Jugend hat er getrunken. Er hat getrunken, aber nicht zugegeben, dass er Alkoholiker war. Er hat alle mehr oder weniger geeigneten Flüssigkeiten in unserem Haus gesoffen. Sich betrunken und randaliert. Ich habe ihn gehasst. Aber dann kam das Schlimmste."

Ich schaue in Ruslans Augen und frage mich, ob er sich von mir abwendet, wenn er die Wahrheit erfährt. Die Wahrheit, die keine einzige lebende Seele kennt. Das Geheimnis, das ich jahrelang in mir verborgen hielt.

„Mama hat meine Wut und die meines Bruders gezügelt. Sie hat gesagt, der Vater wisse nicht, was er tue. Aber für mich war das keine Rechtfertigung. Wie kann man einen Menschen verteidigen, der eine Uhr aus Großmutters Erbe dem Pfandleiher gibt? Ich konnte ihm das nicht verzeihen ... Aber dann wurde Mama krank. Krebs. Sie hat rasch abgebaut, Andrij sagte, es sei Zeit, sich auf das Schlimmste vorzubereiten. Alle haben mir geholfen, so gut sie konnten. Freunde haben Spenden gesammelt, sich wegen materieller Hilfe an Kommunalpolitiker gewandt, meine Freundin Jaroslawa hat Bekannte aus Wohltätigkeitsfonds zusammengebracht und ein paar Tausend herausgeholt. Ich wollte meine Mutter in ein Krankenhaus in der Hauptstadt bringen, weil ich hoffte, es sei noch nicht zu spät für eine Operation in Kyjiw."

Ruslan hört zu und streichelt meine Hand. Mit jedem ausgesprochenen Wort fühle ich mich freier.

„Ich habe versucht, so viel Zeit wie möglich mit meiner Mutter zu verbringen. Nachts habe ich an ihrem Bett gesessen und ihre Hand gehalten. Ich habe ihr Geschichten aus dem Unileben erzählt, mit ihr meine Eindrücke von Jaroslawas wechselnden Verehrern geteilt. Ich habe sie gewaschen, gepflegt und gefüttert ... Doch sie ist vor meinen Augen dahingeschwunden, ihr Gesicht nahm eine gelbe Farbe an, die Nase wurde spitz, die Wangen fielen ein. Unter den Augen erschienen dunkelblaue Schatten, die an schwarze Pfützen erinnerten. Irgendwo tief im Herzen war mir klar, dass der Tod Mamas Körper berührt hat. Sie sprach unzusammenhängend, verschluckte dabei halbe Wörter, stammelte und keuchte ... Jetzt denke ich, dass es ohnehin zu spät gewesen wäre, Mama zu operieren. Viel zu spät ... Das von mir gesammelte Geld hätte wahrscheinlich sowieso nicht gereicht ... Doch dann ... eines Tages ..."

Ich atme tief durch, denn diese Erinnerungen zerreißen mir immer noch das Herz.

„Eines Tages war dieses gesammelte Geld verschwunden. Ich habe im ganzen Haus gesucht, aber nichts gefunden. Mein Vater hatte es gestohlen. Sein Verstand war vernebelt und er hat nicht gewusst, was er tat, genauso hat Mama mich getröstet: ‚Hör auf, Marta', bat sie, ‚wach auf. Mir hilft sowieso nichts mehr, doch ihr werdet weiterleben. Er ist dein Vater, du bist seine Tochter. Ich werde gehen, doch ihr bleibt zurück.' Jedes Wort fiel ihr schwer, sie holte Luft und faltete flehend die Hände über ihrer Brust. Sie hat ihm keine Schuld gegeben. Sie konnte verzeihen und die Herausforderungen des Schicksals akzeptieren. Aber ich konnte das nicht. Ich habe einen Aufstand gemacht, Vater angeschrien und ihm gesagt, dass er für dieses gestohlene

Geld bestraft würde. Dass alles im Leben wie ein Bumerang zurückkomme. Mama hat versucht, mich zu stoppen, sie hat mich gebeten, nicht zu fluchen, aber in diesem Moment konnte ich einfach nicht aufhören."

Ruslan hört zu. Wenn sich seine Meinung über mich gerade ändert, dann versteckt er das gut.

„Damals habe ich Mama gefragt, wie sie es fertigbringe, ihn zu verteidigen. Sie hat in aller Ruhe geantwortet, man müsse eben verzeihen können. Ich habe die Tür zugeknallt und bin aus dem Haus gelaufen, nachdem ich zu den beiden gesagt hatte: ‚Wenn ihr euch so toll miteinander versteht, will ich nicht stören. Wenn du deinen Mann so maßlos schützt, dann soll er sich doch um dich kümmern.' Ich habe Jaroslawa angerufen, und wir haben die ganze Nacht in Clubs verbracht. Wir haben getrunken, geraucht, getanzt ... Ich wollte vergessen. Und als ich am nächsten Morgen nach Hause gekommen bin, war Mama tot. Vater saß über ihrem Körper und hielt ihre Hand. Als er mich ansah, bin ich erschrocken. Ein Blick voller Schmerz, aber auch voller Verachtung für mich. Sie ist gestorben, während ich mitten auf der Tanzfläche irgendeinen betrunkenen, verqualmten Typen umarmt habe."

Die Uhr an der Wand zeigt fast Mitternacht. Die Zeit vergeht unerbittlich. Doch ich habe noch nicht alles erzählt.

„Mein Bruder Andrij hat da schon nicht mehr bei uns gewohnt, er hatte ein Apartment gemietet. Wir beerdigten Mama und ich blieb mit Vater allein. Zwei Feinde in vier Wänden. Nach Mamas Tod hat sich etwas in unserer Beziehung verändert, ich wollte aber gar nicht herausfinden, was genau. Vater hat nicht aufgehört zu trinken, hat weiterhin den Kummer hinuntergespült und nachts leise geweint. Ich konnte ihn nicht einmal ansehen. Weißt du, warum? Einzig und allein, weil er Zeuge der unwürdigen Szene war, die ich vor Mamas Tod gemacht habe. Das war der letzte Tag in Mamas Leben und ich ... Nur er hat die letzten Worte gehört, die ich ihr zugeworfen habe. Er hat meine Erbärmlichkeit und Kleinlichkeit, die Armut meiner Seele gesehen. Und so ging es tagein, tagaus. Ich habe ständig darauf gewartet, dass er mir endlich Vorwürfe macht, aber das tat er nicht. Er sprach kein einziges Wort, und das machte es noch schwerer. Bald habe ich eilig meine Sachen in einen Rucksack gestopft und das Haus verlassen. Bin mit Bohdana zusammengezogen. Ich habe meinen Schmerz hinter sieben Schlössern verwahrt. Das Schlimmste ist, dass ich meinem Vater nicht nur die Schuld für seine Alkoholsucht gegeben, sondern mir erlaubt habe, ihn zu hassen, denn ohne ihn hätte ich niemals diese Worte zu meiner Mutter gesagt. Ich habe meine Schuld auf seine Schultern geladen und mich selbst zum Opfer gemacht."

„Weine nicht", sagt Ruslan ruhig, „beruhige dich."

„Aber er hat es kein einziges Mal erwähnt ... Ich habe damit gelebt, bin an Groll und Selbstmitleid erstickt. Und jetzt ist er weg. Ich vermisse ihn. Ich hätte ihm so viel sagen wollen ... Ich hätte um Verzeihung bitten und ihm früher vergeben können, aber meine Überheblichkeit und mein Stolz haben mich unversöhnlich gemacht. Ich habe meine Eltern als selbstverständlich wahrgenommen. Aber das sind sie nicht. Heute sind sie da, morgen sind sie weg. Und wir können Worte, mit denen wir wie mit Pfeilen auf ihre Herzen gezielt haben, nicht mehr zurücknehmen. Kinder sind gnadenlos und unnachgiebig. Kinder haben immer recht. Möglicherweise sind gerade Kinder die allergrausamsten Geschöpfe, weil sie es verstehen, Wehrlosigkeit vorzutäuschen und gleichzeitig Schwächen auszunutzen."

„Ja, in jeder Familie macht jeder Fehler", sagt Ruslan ruhig, „mach dich deswegen nicht fertig."

„Nicht jeder. Könnte ich nur alles rückgängig machen ... Wäre ich früher aufgewacht und hätte mich dazu überwunden, mit Vater zu sprechen ... Aber jetzt ist er von uns gegangen, er ruht friedlich und bewahrt für immer mein Geheimnis. Denn nur er weiß, dass ich keine so gute Tochter bin, wie ich vorgebe zu sein."

März
Samstag

Heute Morgen wurde ich von einem Telefonanruf geweckt. Es war mein Bruder Andrij. Er fragte, wie es mir ginge, und übermittelte Grüße von Bohdana. Gegen elf Uhr rief Jaroslawa an. Ich beantwortete ihre Fragen kurz, um keinen Verdacht zu erregen.

Gestern bin ich um fast zwei Uhr nachts von Ruslan zurückgekommen. Er hat mich zu unserer Wohnungstür gebracht, dann verschmolz ich mit der Stille. Seine Fähigkeit, zuzuhören, hat mich gerettet. Ich habe ihm ein Geheimnis anvertraut, das mir keine Ruhe gelassen hat, und ich verspürte Erleichterung. Über Maksym verlor ich kein einziges Wort. Ich bemühte mich überhaupt darum, nicht an ihn zu denken.

Mein Mann ist immer noch nicht da. Die gepackten Sachen sind so in den Koffer gequetscht, dass die Porzellanpuppen schreien würden, wenn sie es könnten.

Die Decke fällt mir schon nicht mehr gar so sehr auf den Kopf und draußen ist es nicht mehr dunkel. Ich fühle mich ruhiger. Das gestrige Gespräch mit Ruslan hat mich von meinen Fesseln befreit. Ich habe mich einer Last entledigt, die mich zu Boden gedrückt hat.

Auf dem Herd steht immer noch der Buchweizenbrei, den niemand auch nur angerührt hat. Ich hole einen Topf heraus und koche eine Soße.

Nachdem ich gegessen habe, kehre ich ins Zimmer zurück, setze mich aufs Bett und lege die Hände in den Schoß. Lange sitze ich schweigend dort, wie ein Schulmädchen, das bestraft wird und dem ein Schulverweis droht.

Ich höre die Wohnungstür quietschen. Mein Herz schlägt so wild, dass es noch aus der Brust springen wird. Ich mühe mich auf die Füße, doch sie gehorchen wieder nicht.

Maksym kommt herein, ich weiche drei Schritte zurück, drücke mich rückwärts an die Fensterbank. Sicher bemerkt er den Schrecken in meinem Gesicht, denn er bleibt in der anderen Ecke des Raums stehen.

„Hab keine Angst", sagt er leise. Seine Stimme klingt müde, sein Aussehen ist auch nicht besser. „Ich habe befürchtet, du wärst nicht mehr da."

Ich sehe ihn an und wundere mich über mich selbst: Er hat befürchtet, dass ich ihn verlasse, aber ich hatte diese Möglichkeit in all der Zeit nicht ein einziges Mal in Erwägung gezogen?

Sollte ich lieber gehen?

Er sinkt schwer in den Stuhl, der neben der Tür steht, und sieht verstört durch mich hindurch. Die Krawatte ragt aus der Jackentasche, am Hemd stehen drei Knöpfe offen, die Schuhe aber glänzen genauso wie gestern.

„Ich habe alles kaputtgemacht, Marta", meint er seufzend.

Ich möchte aus dem Zimmer fliehen, verschwinden, unsichtbar werden, mich in eine der Porzellanpuppen verwandeln und in den Rucksack klettern, dort Schutz finden und sterben. Ich habe Angst vor ihm. Ich reibe meine schweißnassen Hände und fühle, wie auch auf die Stirn Schweißtropfen treten. Erneut.

„Bitte, hab keine Angst", flüstert er noch einmal, „auch wenn ich weiß, dass ich nach gestern nicht darum bitten darf."

Es fällt mir schwer zu atmen, ein kalter Schweißtropfen gleitet an meiner Schläfe hinab. Ich fühle mich wie ein in die Enge getriebenes Tier.

Scheint es mir nur so oder hat Maksym die ganze Nacht nicht geschlafen? Er hat sich nicht rasiert, was äußerst selten vorkommt.

„Hör mir zu, Marta, und entscheide dich erst dann." Er spricht die Worte nicht einfach, sondern modelliert sie sorgsam. Jedes Wort setzt er deutlich und bewusst. „Ich habe dir nicht alles erzählt, weil ich dachte, dass eine Frau wie du mich nie verstehen würde. Ich akzeptiere und nehme es dir nicht übel, wenn du mich nie wieder sehen möchtest. Ich verstehe das und lasse dich gehen. Aber hör mir bitte bis zum Ende zu."

Er schließt die Augen und keucht. Dann holt er tief Luft. Gestern habe ich etwas gestanden, heute gesteht mein Mann.

„Die Beziehung zu meinen Eltern war schwierig. Ich habe dir schon gesagt, dass sie mich wie ein zweitklassiges Wesen behandelt haben. Aber ich habe mich bemüht. Ich wollte, dass sie auf mich ebenso stolz sind wie auf meine Schwester. Rückblickend ist mir klar, dass ich ein schlechter Sohn war. Die hellen Tage meiner Kindheit und Jugend konserviere ich tief in meinem Herzen. Mein Vater hielt mich nicht nur für völlig talentfrei, sondern für insgesamt frei vom mindesten Funken an Intelligenz. Er nannte mich einen stumpfsinnigen, naiven Lump. Bei der erstbesten Gelegenheit hat er mir das ins Gesicht geschleudert. Nachdem sie mich aus dem Haus geworfen hatten, beschloss ich, meinen Eltern das Gegenteil zu beweisen, zu beweisen, dass ich ohne ihre Hilfe erfolgreich sein kann. Ich bin in eine Fachschule eingetreten, habe einen Job in der Nachtschicht gefunden und mit dem Selbststudium begonnen."

Er holt tief Luft.

Jetzt verstehe ich, woher bei ihm dieser große Drang kommt, seinen Verstand unter Beweis zu stellen, indem er mit wenig bekannten Fakten auftrumpft.

Ich höre auf zu schlottern und setze mich auf die Kante des ungemachten Betts, werfe die Decke zur Seite und lehne mich aufs Kissen. In der Lendengegend spüre ich ein Stechen, im Unterleib Schmerzen. Ich mache es mir bequem, klopfe das Kissen zurecht und lege die Hände auf den Bauch. Mir scheint, das Gespräch wird lange dauern.

„Sie haben mir die Schuld dafür gegeben, was mit Wira geschehen ist, dafür, dass sie an den Rollstuhl gefesselt ist." Er wählt jedes Wort sorgfältig, und ich spanne mich an, denn jetzt enthüllt sich mir ein weiteres Geheimnis. „Aber das war ein unglücklicher Zufall. Das hätte jedem passieren können. Wira geriet unter ein Auto, doch sie haben mir die Schuld gegeben. Vater hörte meine Worte nicht, wollte sie nicht hören. Für ihn war ich eine taube Nuss. Marta, es ist so schrecklich, wenn dir die eigenen Eltern nur noch Verachtung und Misstrauen entgegenbringen, wenn du zwar beweist, dass du recht hast, aber niemand dir zuhören möchte."

Als wüsste ich das nicht. Wahrscheinlich bin ich die Einzige in seinem Umfeld, die eine solche Entfremdung nachempfinden kann.

„Außerdem weißt du von Ewa. Ja, ich habe gelogen. Ich habe mich geschämt, eine Ehe mit einer Frau zuzugeben, die ... Ich weiß nicht, wie ich es sagen soll, damit meine Worte nicht zu rabiat wirken. Du hast sie gesehen ... In meiner Jugend war Ewa eine wahre Schönheit. Alle Jungen waren in sie verliebt, aber sie hat mich erwählt. Ewa ist zu mir nach Luzk gezogen, wir ließen uns zusammen in einer engen, alten Wohnung nieder. Bald heirateten wir. Ich war blind. Und dumm. Sie zog mir das ganze Geld aus der Tasche und hing irgendwo ab, während ich nachts arbeitete. Dann wurde Ewa schwanger. Sie wollte das Kind nicht bekommen. Und ich hatte Angst davor, Vater zu sein. Wir waren jung. In einem relativ späten Stadium der Schwangerschaft aber hat sie das Kind dann verloren, ich erinnere mich wie heute an diese schreckliche Blutung ... Daraufhin wurde Ewa wahnsinnig. Sie wurde verrückt, du hast selbst ihren Blick gesehen. Sie beschuldigt heute noch mich. Mich allein. Es ist so, als ob man alles, was mit den mir nahestehenden Menschen passiert ist, mir zur Last legen würde. Ich bin der Einzige in ihrem Leben, dem sie die Schuld zuschieben können ... Wir haben uns scheiden lassen und sie ist zurück zu ihren Eltern. Ich aber bin geblieben."

Maksym setzt sich ans andere Ende des Betts. Wendet mir den Kopf zu und fährt noch leiser fort: „Es gibt keine Rechtfertigung für das, was ich gestern getan habe. Ich wage es nicht einmal, um Verzeihung zu bitten, denn so etwas kann nicht verziehen werden. Ich will nur, dass du verstehst. Alle haben sich von mir abgewandt. Es ist bitter, mir das einzugestehen, aber niemand braucht mich. Bitte, wende du dich nicht auch noch von mir ab. Verlass mich nicht."

Schwer atmend rückt er näher, kniet sich hin und legt seine warme Hand auf meinen Bauch: „Um des Kindes willen. Lass uns um unseres Sohnes willen die Familie erhalten."

„Oder der Tochter", sage ich fast unhörbar.

„Oder der Tochter."

Er legt seinen Kopf auf meinen Bauch und küsst meine Hand.

„Ich liebe dich, Marta. Ich liebe dich wirklich. Erinnerst du dich an unsere Hochzeit? Wir hatten uns schnell dazu entschlossen und waren beide davon überzeugt, dass Liebe für eine Ehe nicht nötig sei. Du hattest deine Gründe, ich meine. Ich wollte nicht noch einmal in ein Netz aus Gefühlen geraten, aus denen man sich nicht befreien kann. Ich dachte, gegenseitiger Respekt reiche aus. Aber inzwischen hat sich alles geändert. Ich liebe dich wirklich. Und ich werde unser Kind lieben. Ein Kind braucht seinen Vater. Und ich brauche dieses Kind. Hab keine Angst vor mir. Bitte, hab keine Angst. Ganz ehrlich, ich will dieses Kind. Verlass mich nicht. Gib mir eine letzte Chance."

Kann ich mich weigern, ihm zu verzeihen, wenn ich doch selbst nicht ohne Sünde bin?

Kann ich bewusst die Ehe zerstören, das Kind ohne Vater lassen, nur weil er ein Mal etwas falsch gemacht hat?

Habe ich denn das Recht, so egoistisch zu handeln?

Wahrscheinlich nicht. Nein, das habe ich nicht. Im Herzen spüre ich, dass Maksym seine Worte aufrichtig meint, dass er nicht heuchelt.

Ich lege meine Hand auf sein Haar. Ich bin nicht sicher, ob ich das Richtige tue, ob ich es nicht bereuen werde, aber ich sage: „Mit uns wird alles gut."

Maksym hebt sein verweintes Gesicht, flüstert „Danke" und holt aus der Tasche ein kleines Samtschächtelchen. „Das ist für dich. Ich mache dir zu selten Geschenke, entschuldige. Nimm es, es soll dich daran erinnern, dass ich ohne dich verloren bin."

Ich nehme die Schachtel und finde darin ein Paar goldene Ohrringe.

Wir schweigen und bleiben lange in einer Umarmung sitzen.

Dann aber packt Maksym die restlichen Sachen, wir schließen die Tür zu der beengten Wohnung, lassen die Vergangenheit dort zurück und machen uns auf den Weg.

Auf der Fahrt zu meinem Elternhaus denke ich: „Hoffentlich war das die richtige Entscheidung. Ich verzeihe ihm, um den Fehler nicht zu wiederholen, den ich in der Beziehung zu meinem Vater begangen habe.“

Ich muss lernen, mich zu überwinden.

Ich muss lernen, zu verzeihen.

Mai
Mittwoch

Nach dem Umzug in mein Elternhaus rede ich mir ein, dass man auf Ruinen eine Zukunft errichten kann. Ich glaube daran, muss daran glauben, sonst zerbreche ich, denn jede Ecke erinnert mich an ein Ereignis, jeder Gegenstand bedeutet etwas und versetzt mich zurück in die Vergangenheit. Ich habe mir angewöhnt, Parallelen zu angenehmen Erinnerungen zu ziehen, wenn ich die Dinge ansehe. Das mag Selbstbetrug sein, doch es hilft mir.

Draußen ist es warm. Ich setze mich auf die Bank unter dem Apfelbaum und hebe mein Gesicht zum Himmel. Ich ertappe mich dabei, dass ich tatsächlich glücklich bin.

Mir wird schwindlig von der Luft, von dem Duft der Apfelblüten – zart und sanft. Ein leichter Wind stiehlt sich durch die dicken Äste des Apfelbaums, und im nächsten Augenblick tanzen tausende weiße Blütenblätter um mich herum. Innerhalb von Minuten ist der Boden unter meinen Füßen von einem weißen Tuch bedeckt.

Als ob ich in ein Märchen geraten wäre.

Jeden Tag denke ich, dass es die richtige Entscheidung war, aus der kleinen und engen Wohnung auszuziehen. Hier ist es schön und ruhig. Auch wenn auf der Wolodymyrska-Straße oft Autos entlangrasen, steht unser Haus doch etwas abseits der Fahrbahn. Daher ist der Lärm bei uns weniger zu hören.

Die Häuser – unseres, das von Jaroslawa und einige andere – stehen wie in einer Ausbuchtung. So sind wir von der Welt abgeschottet. Wenn wir deren Lärm jedoch wünschen, haben wir stets die Möglichkeit, ins turbulente Leben einzutauchen.

Ich schaue auf die Beete, mit denen ich mich im nächsten Jahr befassen will. Vielleicht werde ich Gladiolen und Dahlien pflanzen, die meine Mutter so sehr liebte. Ich werde einen neuen Ort zum Ausruhen schaffen, denn die alte Bank ist an einigen Stellen morsch. Im Herbst beschneiden wir die Roten und Schwarzen Johannisbeeren und reißen die dichten Himbeersträucher heraus. Hinter dem Haus liegt ein kleines Stück Land. Früher pflanzten meine Mutter und ich dort Gemüse an. Wenn Maksym nichts dagegen hat, könnte ich Rote Bete und Karotten säen.

Langsam gehe ich zurück hinein. Es riecht nach Kindheit. Das Haus ist groß und geräumig, doch auch schon lange reparaturbedürftig. Aber das macht nichts, wir werden uns darum kümmern. Wir werden uns um alles kümmern.

Rechts vom Küchenfenster hängt ein Porträt, auf dem mich meine jungen Eltern anlächeln. Darunter habe ich ein Foto von uns vieren gehängt: Papa, Mama, Andrij und mir. Ich bin darauf nicht älter als fünf. Die Aufnahme wurde am Tag vor Weihnachten gemacht, wir lächeln.

Das Haus verfügt über eine Küche, ein Bad, ein Wohnzimmer und drei Schlafzimmer. Platz gibt es mehr als genug. Die Möbel sind schäbig und alt, daher haben wir von meinem Mutterschaftsgeld Sofa und Sessel bestellt, irgendwann werden wir auch den Schrank ersetzen.

Im Moment nutzen wir nur eins der Schlafzimmer, gegen Herbst wollen wir ein weiteres als Kinderzimmer einrichten. Maksym sagt, dass wir das Haus in zwei Jahren in Ordnung gebracht haben werden. Ich glaube ihm, will ihm glauben.

Er hat sich seit jenem Tag verändert. Natürlich gibt es weiter Wutausbrüche, denn sein aufbrausender Charakter bricht immer wieder mal durch. Doch sie gehen schnell vorüber. Er schreit, beruhigt sich aber sofort wieder, dann umarmt er mich und bittet um Verzeihung. So ist das in jeder Familie, da bin ich mir sicher, denn es gibt keine musterhaften Beziehungen. Gelegentlich stellt sich das, was wir vom Leben anderer Leute zu sehen bekommen, als Illusion heraus. Zum Beispiel Jaroslawa und Ihor. Scheinbar ist alles in Ordnung, aber dann erzählt sie mir von all dem, was ihr nicht passt. Das Gleiche gilt für Bohdana und Andrij. Daher habe ich entschieden, jenen Tag, an dem Maksym seine Hand gegen mich erhoben hat, aus meinem Gedächtnis zu streichen und weiterzuleben.

Ein scharfes, lautes Zischen holt mich aus meinen Gedanken. Fast springe ich auf. Ich gehe in die Küche und lausche. Irgendetwas stimmt nicht mit dem Kühlschrank.

Erschrocken trete ich näher. Er brummt und knattert verdächtig.

Was soll ich tun?

Das Erste, was mir einfällt, ist, ihn auszuschalten. Gut, dass die Steckdose seitlich ist und ich dieses Ungetüm, das dreimal so schwer ist wie ich, nicht wegschieben muss.

Gegen sieben kommt Maksym und bemerkt schon in der Tür eine Pfütze beim Kühlschrank, dann schaut er zu mir: „Was ist passiert?“

„Ich weiß es nicht“, sage ich, werfe den Lappen in den Eimer und wische mir die schweißnasse Stirn ab, „der Kühlschrank ist wohl kaputtgegangen.“

„Das hat gerade noch gefehlt.“

Maksym holt das Telefon heraus und verkündet eine Minute später, dass gegen acht Uhr ein Handwerker kommt.

Wir essen in absoluter Stille zu Abend, und ich denke einmal mehr, dass meinen Mann irgendwelche Sorgen umtreiben. Aber ich wage es nicht, nachzufragen.

***

Der Handwerker, ein junger Kerl mit einem dichten, roten Haarschopf und tiefgründigen, grauen Augen, teilt uns mit, dass der Kühlschrank nicht repariert werden kann. Sollten wir doch unbedingt eine Reparatur wünschen, würde diese genauso viel kosten wie ein neuer. Dann verabschiedet er sich und geht.

Durch das offene Fenster dringt die abendliche Kühle ins Haus. Aus den Augenwinkeln sehe ich Maksym an und warte darauf, dass er das Schweigen bricht, aber er hat es nicht eilig, seine Sorgen mit mir zu teilen.

Gegen zehn Uhr, als ich das Bett mache, seufzt Maksym zum hundertsten Mal an diesem Abend.

„Hast du irgendwas?“, wage ich schließlich zu fragen.

Er schaut weg und stützt dann den Kopf in die Hände: „Es ist einfach nicht richtig."

„Wovon sprichst du?"

„Wir kaufen Möbel für dieses Haus, planen Reparaturen, jetzt ist auch noch der Kühlschrank kaputt ... Ich denke immer wieder darüber nach, dass man den Zaun reparieren könnte und eine neue Bank bestellen, aber ..."

„Aber?" Ich ignoriere, worauf er hinauswill. „So ist das Leben: Man kauft etwas, etwas anderes geht kaputt."

„Ja. Aber das ist nicht mein Haus. Ich bin hier noch nicht einmal gemeldet. Was, wenn Andrij es sich anders überlegt und uns rauswirft?"

Mir wird klar, dass ich diesmal entweder Maksym überzeugen oder auf seine Bedingungen eingehen muss.

„Ist dir das so wichtig?", frage ich.

„Was genau?"

„Dass das Haus auf dich überschrieben wird? Dass es dein Eigentum wird?"

„Es ist nicht so, dass es wichtig wäre. Nur ... So wäre es richtig. Denn, weißt du, ich fühle mich irgendwie unbehaglich, wie ein Untermieter."

Mir bleiben die Worte im Halse stecken.

Ich habe keine Ahnung, was ich tun soll.

Mai
Freitag

„Der Anzug steht dir", lobe ich Maksym.

Er richtet sein weißes Hemd, wirft ein sandfarbenes Jackett über und steckt die Füße in die hellen Lederschuhe.

Auf das Gespräch über die Überschreibung des Hauses sind wir nicht wieder zurückgekommen, zwischen uns stehen unausgesprochene Worte und Gedanken.

Mich bedrückt die Situation. Maksym dagegen tut so, als wäre nichts passiert.

Mitten in der Nacht bin ich in Gedanken mögliche Optionen durchgegangen, aber ich weiß nicht, was ich tun soll. Auf der einen Seite wird es erwartet, dass der Mann die Immobilien besitzt und nicht seine Frau. Auf der anderen Seite ist es die einzige Zuflucht, die ich habe. Mag es alt und desolat sein, aber es ist ein Dach über dem Kopf.

Maksym verlässt das Haus und schließt leise die Tür.

Ich zögere einen Moment – kurz und bedeutsam. Dann renne ich ihm nach: „Maksym", rufe ich von der Türschwelle aus, „warte."

Er bleibt stehen.

Langsam gehe ich zu meinem Mann, und das Bewusstsein, dass meine Entscheidung unser Leben verändern könnte, macht mich fröhlich.

„Kannst du noch einen Moment warten?"

Er nickt und blickt mich aufmerksam an.

Ich nehme seine Hand und führe ihn zur Bank unter dem Apfelbaum. Er folgt mir willig.

Ich hole Luft und lasse mich schwer auf der Bank nieder. Maksym setzt sich neben mich. Unter unseren Füßen liegen die abgefallenen weißen Blüten.

„Weißt du“, beginne ich, „ich will nicht, dass du denkst, das sei eine grundlose Laune von mir.“

„Wovon redest du?“

„Vom Haus. Von der Überschreibung.“

Er senkt den Kopf und wartet darauf, dass ich fortfahre.

„Ich zögere, weil es das Einzige ist, das mir von den Eltern bleibt. Mehr werde ich nie bekommen.“

„Aber es ist doch nur eine Formalität“, flüstert Maksym, „wir werden weiterhin darin wohnen, uns darum kümmern, es reparieren ...“

„Ja, aber ...“

Der unvollendete Satz hängt zwischen uns. Jeder hat seine Sichtweise, seine Vorstellungen.

„Marta“, sagt Maksym, „ich verspreche dir, dass ich dich beschützen, lieben und mich um dich kümmern werde. Ich weiß, dass ich kein einfacher Mensch bin, aber glaube mir, ich bemühe mich, dich glücklich zu machen. Ich hatte nie etwas Eigenes, verstehst du? Selbst die jämmerliche Wohnung gehörte dem Onkel. Das Haus im Dorf ist auf Wira überschrieben. Und so frage ich mich oft: Bin ich wirklich so ein Taugenichts? Eigentlich hätte ich längst schon etwas erreichen müssen, aber irgendwie ist mein Leben so verquer ... Ich dränge dich nicht. Ich will dich nicht zwingen. Es soll deine Entscheidung sein. Wenn du mir nicht vertraust und zögerst, dann lass alles, wie es ist. Wenn du aber auch nur die kleinste Chance siehst, dann ... Das Einzige, worum ich dich bitten kann, ist: Zweifle nicht an mir.“

Er sieht mich mit seinem klaren und hellen Blick an. Etwas in mir sträubt sich und flüstert, dass Maksym Theater spielt, aber mein Herz sagt etwas anderes. Jetzt, da der Himmel klar ist, fast durchsichtig, da die Sonne sanft durch die Äste des Apfelbaums scheint, da rundherum Stille herrscht, möchte ich ihm glauben. Nein, das trifft es nicht. Ich glaube ihm.

Wenn man zusammenlebt, während Tag für Tag schmerzhafte Erinnerungen und Verdächtigungen an einem nagen, ist das unangenehm. Seit März hat mich Maksym nicht ein einziges Mal verletzt, ich wiederum habe nicht ein einziges Mal an

Trennung gedacht. Und das kann nur eines bedeuten: Bei uns ist alles gut. Ich will mich richtig entscheiden.

Warum also sollte ich das Fundament der Beziehung zerstören, die wir zusammen aufbauen?

„Maksym", ich nehme seine Hand, „lass uns das Haus auf dich überschreiben."

„Aber du willst doch nicht."

„Doch, ich will. Es ist das Richtige."

Ich hebe meine Augen zum Himmel und bete, dass ich mich nicht irre.

Juli
Montag

In einem weißen Trägerkleid steht Jaroslawa vor meinem Gartentor und winkt begeistert jemandem zu. Ich schaue auf die Straße und rufe: „Was machst du da?“

„Ich besuche dich. Ich habe Ihor zur Arbeit gebracht und wollte vorbeischauen. Bist du allein?“ Sie fragt immer, ob ich allein bin, erkundigt sich, wie lange Maksym abwesend sein wird, und kommt erst dann herein.

Als sie hört, dass Maksym zur Arbeit gegangen ist, öffnet Jaroslawa das Tor und schiebt den Kinderwagen herein, in dem Marharytka schläft. Das Mädchen ist schon über ein halbes Jahr alt. Sie ähnelt Jaroslawa, ist genauso laut und lustig. Das Kind trägt ein leichtes Kleidchen, denn die Hitze hält schon die zweite Woche an, auf dem Kopf hat sie ein gebundenes Tuch.

„Schau“, sagt Jaroslawa und bündelt ihre Haare zu einem Pferdeschwanz, „sie schläft.“

„Ich sehe, dass sie schläft.“

„Rücksichtsloses Kind.“

„Was ist los?“, frage ich verwundert.

Wir gehen langsam den Weg entlang und setzen uns dann im Schatten auf die alte Holzbank.

„Stell dir mal vor, zwei Nächte lang randaliert dieses Kind, will essen, will spielen ... Aber tagsüber schläft es friedlich.“

„Dann musst du dich hinlegen, während sie schläft.“

„Das ist das Problem: Ich kann tagsüber nicht schlafen. Würde mir nicht Mama jede Nacht helfen, als wäre sie Ahörnchen und Behörnchen zugleich, wäre ich schon gestorben.“

„Du wärst nicht gestorben. Das ist bei allen so.“

Jaroslawa verjagt eine lästige Fliege, die sich bereits auf die Hand des Kindes gesetzt hat.

„Wie geht es Ihor bei der Arbeit?“

„Ach, alles gut. Er arbeitet wirklich lange und ist müde. Aber er ist zufrieden. Hat sich schon an unser Landleben gewöhnt, sagt, dass es hier gemütlich, heimisch und ruhig ist. Und wie geht es Maksym? Ich sehe, er macht seine Sache gut. Ich freue mich für euch.“

„Ja“, sage ich lächelnd. „Er hat angefangen, das Haus zu reparieren, hat Tapeten gekauft, Laminat bestellt, Handwerker gefunden, die die Sanitäranlagen im Bad auswechseln. Und er bringt den Hof ein bisschen in Ordnung.“

„Toll“, sagt sie erfreut, aber ich bin nicht sicher, ob sie es so meint.

„Ja, das macht er toll.“

Jaroslawa holt aus der Tasche Mineralwasser.

„Dein Baby ist noch nicht bereit, auf die Welt zu kommen?“, fragt Jaroslawa und blinzelt gegen die Sonnenstrahlen, die durch die dichten Äste des Apfelbaums dringen.

„Es kann jeden Tag kommen.“

Wir quatschen fast bis zum Mittagessen. Das kleine Glücksknäuel namens Marharytka schläft währenddessen.

Als das Kind aufwacht und anfängt, zu schreien, nimmt Jaroslawa es in die Arme und drückt es an sich.

„Es gibt auf der Welt nichts Wertvolleres als dein Kind“, sagt sie und macht sich auf den Weg nach Hause, denn das Baby hat Hunger. Doch sie schaut sich noch einmal um und fügt mit einem Augenzwinkern hinzu: „Selbst wenn das Kind nachts nicht schläft.“

***

Ich gehe ins Haus. Schlurfend, denn das Gehen fällt mir jeden Tag schwerer. Mir fällt ein, dass ich bügeln wollte.

Ich nehme das Bügeleisen, das Maksym in einem Secondhandladen gekauft hat, und stelle es aufs Brett. Dann hole ich Maksyms Hemden aus dem Schrank und lege sie ordentlich auf einen Stuhl. Stumpf führe ich das Bügeleisen hierhin und dorthin. Die Füße brennen ein wenig, ich würde mich gern hinlegen, aber drei Hemden sind noch übrig. Das Bügeleisen stößt eine Dampfwolke aus, als würde es niesen. Als ich das letzte Hemd zur Hand nehme, spüre ich, dass etwas an meinen Beinen herabfließt. Vor Schreck schreie ich leise auf. Es geht los. Aber ich bin allein.

Langsam bewege ich mich zum Telefon, aber mein *Nokia* geht nicht an. In letzter Zeit führt das Gerät ein Eigenleben: Wenn es Lust hat, funktioniert es, wenn es keine Lust hat, funktioniert es nicht. Als sei es bösartig, will es gerade jetzt nicht anspringen. Ich versuche, es einzuschalten, aber es blinkt nur und geht dann wieder aus. Ich werfe es aufs Bett und schlurfe mühsam nach draußen. Am schiefen Gartentor bleibe ich stehen und lehne mich an. Es biegt sich unter der schweren Last. Ich atme tief ein. Mein Herz klopft wie verrückt. Laut rufe ich nach Jaroslawa, aber sie hört mich nicht. Wahrscheinlich ist sie mit Marharytka beschäftigt.

Was kann ich tun? Der Schmerz im Unterleib beunruhigt mich. Und wenn ich hier mitten auf der Straße gebäre? Ich bewege mich auf Jaroslawas Haus zu, zum Glück wohnt sie in der Nähe. Ich überquere die Straße. Der Schmerz wird stärker. Während ich den gepflasterten Weg entlanggehe, rufe ich: „Wo bist du, Jaroslawa?"

Niemand antwortet. Warum ist sie nicht zu Hause? Was, wenn sie ausgegangen ist? Was soll ich tun? Ich bekomme Angst.

Wann Maksym zurückkommt, weiß ich auch nicht.

„Jaroslawa?" Ich schlage an die Tür. In diesem Moment erscheint sie mit Marharytka auf dem Arm.

„Was ist los?", fragt die Freundin besorgt.

„Es geht los", sage ich gegen die Wand gelehnt.

Jaroslawa ruft einen Krankenwagen, dann telefoniert sie mit Ihor. Sie fragt, ob Maksym Bescheid weiß, und ich antworte keuchend, dass mein Telefon kaputt ist, ich ihn also nicht informieren kann.

„Ich habe Angst", sage ich.

„Das brauchst du nicht.“ Sie hockt sich neben mich. „Ich hatte auch Angst. Aber die ganze Prozedur ist gar nicht so schlimm, wie es immer heißt. Nur ein bisschen schmerzhaft.“

„Danke, das tröstet mich.“

Der Krankenwagen kommt und Jaroslawa winkt mir eifrig nach.

„Gleich ist Ihor hier und bleibt bei Marharytka, dann komme ich schnell zu dir. Wage es nicht, zu gebären, bevor ich da bin“, scherzt sie.

2019

Mai
Dienstag

Meine Gedanken sind einfach und banal, fast primitiv. Aber egal, ich fürchte mich nicht, wie ein Trottel zu wirken, wenn ich erkläre, dass es keine größere Freude gibt als die Mutterschaft.

Ich habe einen Sohn. Einen Sohn! Ein kurzes Wort, das die ganze Welt bedeutet.

Danylo Maksymowytsch. Oder für mich einfach Danylko.

Ich finde, er ähnelt Maksyms Schwester Wira, aber das gefällt meinem Mann nicht. Daher sage ich jetzt, bei genauerem Hinsehen sei unser Sohn doch eine Kopie seines Vaters. Das freut Maksym. Ganz hoch trägt er den Kopf vor Stolz.

Soll er sich freuen. Für mich bleibt das Kind Wiras Ebenbild. Vor allem die Augen. So ein weiser Blick aus tiefgründigen Augen. Danylko wirkt zuversichtlich, selbst wenn er lacht oder weint. Auch wenn ich ihn füttere, bleibt dieser nachdenkliche Blick. Auf dem Köpfchen zeigt sich blondes Haar, die Wangen sind pausbäckig, die Lippen geschwungen, die Augenbrauen wie mit dem Pinsel gezogen. Ein hübscher Junge.

Meine Freude. Mein Stolz. Mein Trost.

Wenn man vor Liebe zu einem Kind verrückt werden kann, so bin ich es.

Maksym sagt, ich mache zu viel Aufhebens um das Kind, rede zu viel in Babysprache, und deshalb werde er nicht zu einem richtigen Mann heranwachsen. Was erwartet er denn von mir? Dass ich einem zehn Monate alten Kind Kommandos gebe wie in der Armee? Soll er sagen, was er will, solange ich meinen Sohn verwöhnen kann, werde ich das tun.

Als Jaroslawa Danylko auf der Entbindungsstation das erste Mal gesehen hat, bemerkte sie eine Ähnlichkeit mit meiner Mutter. Andrij dagegen sagte: „Der Kleine sieht genau so aus wie unser Alter." Bohdana widersprach, sie findet, das Kind ähnele mir. Ich weiß nicht, aus welchem Winkel sie ihn angesehen haben, aber ich befasse mich nicht mit solchen Feinheiten. Wen interessiert es, wem er ähnlichsieht?

Die Hauptsache ist doch, dass ich ihn habe.

Jetzt sitzt er gerade auf einer dreifach gefalteten Decke, schlägt mit einem Spielzeugauto auf den Boden und lacht. In solchen Momenten lege ich alles beiseite, setze mich neben das Kind und freue mich einfach darüber. Ich genieße es und danke Gott dafür, dass er mir einen Lebensinhalt geschenkt hat.

Mai
Mittwoch

Seit der Geburt meines Sohnes sehe ich anders aus. Wenn ich in den Spiegel schaue, stelle ich Veränderungen fest, die mir nicht gefallen. Ringe unter den Augen, eingefallene Wangen wie bei einer zahnlosen, alten Frau, eine graue, blasse Haut. Was soll man sagen? Schlaflose Nächte und Tage hinterlassen eben ihre Spuren. Bis zur Schwangerschaft lag mein Gewicht bei etwa vierundfünfzig Kilogramm, was für meine Größe mehr oder weniger normal ist. Jetzt wiege ich nur noch siebenundvierzig. Ich ernähre mich gut, esse Obst, Getreide, Brei, Milchprodukte. Aber die Kilos purzeln nur so.

Heute ist Danylko unruhig und launisch. Seit heute Morgen quengelt er, hat sich geweigert seinen Brei zu essen, wollte ständig auf meinen Arm und hat geweint. Ich mache mir Sorgen, ob dem Kind etwas fehlt.

Ich messe Fieber. Nur für alle Fälle. Dem Sohn gefällt das nicht. Als ich das Thermometer unter seinen Arm schiebe, versucht er, es herauszuziehen.

38,2. Sieh an.

Ich bitte ihn, den Mund zu öffnen, aber Danylko streckt nur die Zunge heraus. Ich hole aus dem Schrank die Hausapotheke und suche das *Nurofen*. Gefunden. Ich ziehe alle Register, um die Medizin in den Mund meines Sohnes zu bekommen. Er verzieht das Gesicht und fängt wieder an zu weinen.

„Mein Schatz." An mich gedrückt wiege ich ihn.

Er beruhigt sich ein wenig. Ich trage ihn zum Fenster, um seinen Hals zu untersuchen. Er aber wehrt sich und reißt sich los.

Als das Kind in meinen Armen eingeschlafen ist, rufe ich in der Poliklinik an. Eine Krankenschwester bestätigt mit heiserer Stimme, dass sie unseren Anruf registriert hat.

„Warten Sie auf den Arzt", sagt sie schließlich und legt den Hörer auf, ohne sich zu verabschieden.

Ich versuche, Danylko ins Kinderbettchen zu legen, aber er fängt an zu weinen, sobald sein Kopf das Kissen berührt. Dreimal versuche ich, ihn hinzulegen, und dreimal misslingt es. Daher mache ich es mir auf dem Sofa bequem, mit dem Sohn in meinen Armen, und decke ihn zu.

Er japst leise und lächelt im Schlaf. Meine Mutter hat einmal gesagt, wenn ein Kind im Schlaf lächelt, wird es gerade von Engeln bespaßt. Vielleicht stimmt das. Sollen sie ihn bespaßen.

***

Gegen Mittag höre ich ein Klopfen an der Tür. Mit Danylko auf dem Arm öffne ich. Es ist eine Ärztin aus der Hausarztpraxis in der Nachbarstraße. Sie ist vierzig Jahre alt, groß, schlank und stets stark geschminkt.

„Was ist denn los?", fragt sie.

Ich erzähle vom Fieber, dem verweigerten Brei und dem Hals, der meiner Meinung nach rot ist.

Sie sagt, dass wir das Kind wecken müssen. Zuerst protestiere ich, aber dann bin ich einverstanden. Nachdem sie ihn untersucht hat, erklärt die Ärztin, dass die Lunge meines Sohnes frei, aber der Hals rot sei und das Fieber verursacht habe. Sie verschreibt Medikamente und erklärt mir, wie sie verabreicht werden.

„Die Behandlung sollte sofort beginnen", sagt sie beim Hinausgehen, „warten Sie nicht ab, sonst wird es schlimmer."

Ich danke ihr und wir verabschieden uns.

Ich überlege, wie ich zur Apotheke am Ende unserer Straße komme. Ich möchte nicht mit Danylko nach draußen gehen, denn heute ist es windig und etwas kühl.

Daher hole ich das Handy, das mir Maksym vor Kurzem gekauft hat, und wähle seine Nummer. Er geht nicht dran. Ich lege das Telefon auf den Tisch und schaue aus dem Fenster, in der Hoffnung, Jaroslawa zu sehen. Aber die Straße ist leer.

Erneut nehme ich das Handy zur Hand. Ich muss Maksym

erreichen. Während es monoton tutet, kommt mir in den Sinn, wie oft er betont hat, dass das Telefonieren teuer sei.

„Hallo", höre ich schließlich die Stimme meines Mannes.

„Entschuldige, dass ich dich störe", sage ich leise. Ich entschuldige mich immer, wenn ich ihn während der Arbeitszeit anrufe, denn er ist zu beschäftigt, um ohne gewichtigen Grund zu schwatzen ...

„Was ist denn?", drängt er mich.

„Danylko hat Fieber. Die Ärztin ist gekommen ..."

„Gut, dass sie gekommen ist. Aber was willst du von mir?"

„Wir müssen Medizin kaufen."

„Du rufst mich nur an, wenn etwas gekauft werden muss", sagt er wütend – wie ich finde, ohne Grund. Vielleicht hat er einen schweren Tag.

„Maksym", sage ich leicht verärgert, „er braucht wirklich Medikamente. Verstehst du das etwa nicht?"

Am Telefon herrscht Stille.

„Gut", meint er einen Augenblick später, „sag mir, was er braucht."

Ich diktiere ihm die von der Ärztin verschriebenen Arzneimittel, wobei ich jedes Wort deutlich ausspreche.

„Meine Güte", murmelt Maksym, „eine nette Liste. Müssen wir das alles kaufen? Könnten wir auch auf etwas verzichten?"

„Das ist eine ganz normale Liste. Nur drei Medikamente."

„Nur drei ...", seufzt er, „du weißt doch, wie hoch die Preise in den Apotheken im Moment sind."

„Ich bitte dich ja nicht, mir drei Lippenstifte und Puder zu kaufen. Das sind Medikamente für dein Kind", sage ich, wobei ich die Worte noch deutlicher betone. Dann beende ich das Gespräch.

Was für ein Geizkragen! Wie kann man nur so sein? Warum meckert er ständig wegen des Geldes? Bringt ihm das Erleichterung? Ich verstehe es nicht.

Gegen fünf Uhr steigt Danylkos Temperatur erneut. Er ist ganz heiß, die Händchen sind dagegen kalt. Die Wangen sind gerötet, die Augen geschlossen. Ich hole das Thermometer, und kurze Zeit später zeigt es mir fast 39 Grad an. Ich werde nervös.

Oh Gott! Wo bleibt nur Maksym?

Ich nehme das *Nurofen* aus der Schachtel und gebe dem Kind wieder davon.

Das Telefon läutet. Es ist Jaroslawa. Ich gehe nicht dran, denn ich spüre meine Arme nicht mehr und habe überhaupt keine Lust, zu reden. Danylko windet sich und wimmert. Ich habe ihn den ganzen Tag schon auf dem Arm, wir gehen sogar zusammen auf die Toilette. Er weigert sich nachdrücklich zu essen, will nicht spielen, und wenn ich versuche, die Windel zu wechseln, weint er, ja schluchzt sogar. Das Einzige, was ihn beruhigt, ist, an der Brust zu nuckeln.

Mir fällt ein, dass ich morgens ein Stück Fleisch aus dem Gefrierschrank geholt, es dann aber nicht geschafft habe, es zu kochen. Ich wollte es zusammen mit Kartoffeln und Käse im Ofen backen. Zum Abendessen wird es stattdessen Asianudeln geben. Ich seufze laut, denn ich sehe schon den wütenden, hungrigen Maksym vor mir.

Manchmal verwirren mich seine kulinarischen Marotten. „Mach mir Fleisch, aber mit der und der Soße, dann Fisch, aber nicht einfach gebraten, sondern gedünstet, dann Brei, aber nicht so zubereitet, dann die Suppe weniger gewürzt oder das Kompott nicht so süß ..."

Eine Stunde später kommt Maksym nach Hause.

„Na, wie geht's?", fragt er noch von der Türschwelle aus.

„Er schläft. Aber das Fieber ist wieder gestiegen, deshalb habe ich ihm *Nurofen* gegeben."

Er holt die Medikamente aus einer Tüte und legt sie auf den Tisch. „Weißt du, wie viel ich für das alles bezahlt habe?"

Ich antworte nicht, denn ich weiß es nicht und will es auch nicht wissen. Das ist eine Situation, in der es geradezu unanständig und unangebracht ist, aufs Geld zu schauen.

Danylko weint laut und weigert sich, die Medizin zu schlucken. Sein Weinen ist im ganzen Haus zu hören, laut und durchdringend. Maksym klappert auf der Suche nach Essen mit den Töpfen in der Küche und murmelt wütend etwas vor sich hin.

„Hast du etwa nichts gekocht?", ruft er.

„Ich konnte nicht“, übertöne ich das Weinen unseres Sohns, „er war den ganzen Tag auf meinem Arm. Ich wollte ja, aber ...“

„Willst du mich verarschen?“, schreit Maksym laut, obwohl er nur einen Meter von mir entfernt steht. Sein Hemd hängt aus der Hose, als sei er auf der Flucht.

„Nein, ich verarsche dich nicht.“ Die Kräfte verlassen mich, deshalb antworte ich ruhig und wende den Blick ab. Soll er denken, was er will.

Maksym wütet. Danylko schreit und steckt sich ein Händchen in den Mund. Ich bin mir sicher, dass ich gleich umfallen werde wie ein vom Wind entwurzelter Baum.

Schließlich beruhigt sich der Sohn. Ich messe noch einmal die Temperatur und bin froh, dass sie jetzt immerhin auf fast 37 Grad gefallen ist. Als ich die bunten Bauklötze vor Danylko hinlege, klatscht er in die Hände. Dann hole ich den Traktor aus der Spielzeugkiste und schiebe ihn durchs ganze Haus, wobei ich Motorengeräusche nachahme.

Ich habe diesen Traktor auf dem Dachboden gefunden, als ich Säcke mit Vaters Sachen – Hosen, Pullover, alte Anzüge und Jacken – dorthin geschleppt habe. Da stand eine Holzkiste, in die ich zehn Jahre zuvor altes, unnützes Zeug gestopft hatte: den Samowar, einige Bilder, eine Decke und diesen Traktor, mit dem Andrij in seiner Kindheit gern gespielt hat. Ich erinnere mich natürlich nicht mehr daran, aber ich weiß aus den Erzählungen meiner Mutter, dass mein Bruder das Spielzeug Tag und Nacht bei sich behielt. Da meine Mutter es nicht weggeworfen hat, wollte ich es auch nicht tun. An jenem Tag, an dem ich die Säcke hochgeschleppt habe, fand ich es wieder und brachte es meinem Sohn. Der Traktor ist dunkelblau und, da er schon so viele Jahre gehalten hat, offenbar aus qualitativ hochwertigem Metall. Auch Danylko hat ihn schon herumgeworfen, auf den Boden geknallt und Steine hineingestopft, doch nichts kann diesem Spielzeug etwas anhaben.

Ich lasse die Tür zum Wohnzimmer leicht angelehnt, um Danylko im Blick zu behalten, und schlurfe in die Küche.

„Ich bin so müde“, sage ich.

„Was soll ich denn sagen?“, murrt Maksym und holt die Bratpfanne. Wahrscheinlich macht er Spiegeleier. Früher haben Bohdana und ich gescherzt: Wenn im Kühlschrank wenigstens ein Ei übrig ist, dann musst du nicht verhungern. So ein Essen ist etwas für Faule.

Als ich das Brot aus dem Brotkasten nehme, merke ich, wie sich der Magen zusammenkrampft. Ich habe heute noch nichts gegessen. Ich lege zwei Gabeln heraus und schaue verwirrt zu Maksym. Er hat die letzten beiden Eier, die im Kühlschrank waren, gebraten und auf seinen Teller gelegt. Weder für mich noch für das Kind ist etwas übrig.

Also stelle ich einen Topf auf den Herd und fülle etwas Buchweizen hinein. Eine Grütze ist schnell gekocht.

„Morgen ist ein wichtiger Tag“, sagt Maksym, nachdem er fertiggekaut hat.

„Warum?“, frage ich müde, einfach nur, um zu fragen. In diesem Augenblick interessieren mich seine Pläne für morgen nicht.

„Morgen Früh findet bei uns eine Sitzung statt, in der über die Zusammenlegung zweier Abteilungen zur Schaffung einer einzigen großen beraten wird. Und es soll darüber entschieden werden, wer den Posten des Leiters dieser Abteilung übernimmt.“

„Vielleicht ernennt man dich?“

„Ich hoffe es“, sagt Maksym selbstgefällig, „ich hoffe sehr darauf. Vor allem, denke ich, weiß Andrij Andrijowytsch, dass er so einen Mitarbeiter wie mich kaum noch einmal finden wird. Ich erledige alle Aufträge und beschwere mich im Gegensatz zu den anderen nie. Ich bin fleißiger als sie alle zusammen. Ich kann alles schaffen. Im Lauf der Jahre habe ich viel Erfahrung gesammelt.“

„Mhm“, murmle ich. Ich habe nicht die Kraft, etwas einzuwerfen in diesen Monolog, der von Eitelkeit und Prahlerei nur so strotzt und den Maksym fast jeden Abend von sich gibt. Müde gähnend schaue ich zu meinem Mann.

„Ich dies, ich das ... Meine Erfahrung ... Aber ich kann ... Niemand außer mir ...“

Natürlich, die ganze Welt dreht sich allein wegen Maksym. Das muss ich mir anhören! Wie sehr kann man sich eigentlich selbst loben?

Danylko klappert mit den Bauklötzen und poltert mit dem Traktor. Jetzt werde ich ihn füttern, ihm Medizin geben, ihn schlafen legen und dann selbst ins Bett fallen.

„... weil er ihn mehr als einmal enttäuscht hat, aber Andrij Andrijowytsch mag es nicht, wenn die Mitarbeiter weniger diszipliniert sind als ich. Ich habe ihn noch nie enttäuscht. Und er weiß das. Ich bin immer ...“, fährt Maksym fort, aber ich habe schon den Faden der Geschichte verloren und weiß nicht, wovon er spricht. Wahrscheinlich beschwert er sich über einen der Mitarbeiter und lobt sich wieder selbst. Ach ja, was soll man dazu sagen.

Der Abend zieht sich wie Gummi. Irgendwie habe ich es geschafft, Danylko zu füttern, oder vielmehr habe ich ihm, so gut ich konnte, Buchweizenbrei in den Mund gestopft und er hat ihn fleißig nach rechts und links gespuckt. Ich habe die Medikamente aus den Schachteln genommen und in die Küche gestellt. Sie sollten an einem gut sichtbaren Platz stehen, falls ich nachts schnell etwas finden muss.

Es ist beinahe zehn Uhr, als Danylko in den Schlaf sinkt, auch wenn er unruhig schläft, sich windet und keucht. Immerhin bin ich beruhigt, weil das Fieber nicht mehr über 37 Grad steigt, wobei es zu früh ist, sich zu freuen, denn die Nacht liegt noch vor uns.

Maksym schaltet den Fernseher aus und legt sich, die Beine schulterbreit auseinander, aufs Bett. Jetzt ähnelt er meinem Vater, wenn er betrunken war: die gleiche Selbstsicherheit, Überheblichkeit und das gleiche animalische Verhalten. Genau so erinnere ich mich am ehesten an meinen Vater, so taucht er aus meinen Kindheitserinnerungen auf, und dabei bleibt es, wie ich leider zugeben muss.

Mein Kopf berührt das Kissen, und kaum habe ich die Augen geschlossen, bin ich schon am Einschlafen. Die Müdigkeit übermannt mich.

Danylko schläft im Nebenzimmer, denn Maksym hat darauf bestanden, dass das Kind von den Eltern getrennt schläft, auch wenn es krank ist. Vielleicht hat er recht. Ich weiß es nicht. Heute habe ich nicht die Kraft, darüber nachzudenken.

Da legt Maksym seine Hand auf meinen Rücken. Ich schreie fast auf. „Bloß das nicht, nicht jetzt", will ich rufen, aber ich schlucke die Worte hinunter und schweige.

Er presst seinen schweren Körper an mich und küsst meinen Hals, aber ich will schlafen. Maksym zieht mir das Nachthemd aus, da setzt er sich abrupt im Bett auf und sagt wütend: „Wie ich das satthabe."

„Was genau?", frage ich verblüfft.

„Diesen Geruch."

Ich schrecke hoch, als würde es brennen, und schaue in sein Gesicht, um zu verstehen, was genau er meint.

„Welcher Geruch?", frage ich alarmiert und schnuppere. Ich rieche nichts. Alles ist wie immer.

„Der Milchgeruch."

„Mein Gott, welche Milch? Wovon redest du?"

„Du riechst nach Milch."

Meine Augen müssen in diesem Moment die Größe von Untertassen angenommen haben. Was faselt er da?

„Ich finde, der Kleine ist lange genug gestillt worden. Du stinkst. Und ich will, dass du nach Frau riechst."

Er dreht sich auf die andere Seite, löscht das Licht und schläft ein. Ich dagegen liege fast bis Mitternacht mit offenen Augen da und kann nicht begreifen: Hat er gescherzt oder es ernst gemeint? Stinken Frauen etwa, die ihren Kindern die Brust geben?

Mai
Sonntag

Ich kann mich kaum zusammenreißen, so fassungslos bin ich. Gestern hat mich Oksana angerufen, mit der ich bis zum Mutterschutz im Kindergarten zusammengearbeitet habe, um mir mitzuteilen, dass Zoja Pawliwna gestorben ist. Ein Herzinfarkt.

Es ist schwer zu begreifen. Zoja Pawliwna ... Eine Frau voller Vitalität und Energie, die treibende Kraft unseres Kindergartens. Wie kann das sein?

Tränen steigen mir in die Augen, denn ich trauere jetzt nicht nur um die Leiterin des Kindergartens, sondern auch um eine gute Bekannte, eine Freundin.

Maksym widerspricht nicht, als ich sage, dass ich zur Beerdigung gehen will, aber er beschwert sich wegen Danylko.

„Wo soll er bleiben?", lamentiert er.

„Wie wo?" Ich verstehe nicht. „Heute ist doch Sonntag. Du hast frei. Also könntest du ..."

„Ich habe einen Haufen zu tun", sagt er, ohne mich ausreden zu lassen, und versteckt sich hinter der Badezimmertür.

„Was denn?" Ich folge ihm, denn ich weiß wirklich nicht, wohin mit unserem Sohn. Ich werde ihn ja wohl nicht auf den Friedhof mitnehmen?

„Ich muss zur Arbeit fahren", verkündet er, und es klingt wie ein Urteilsspruch.

„Davon hast du nichts gesagt."

„Denkst du denn, dass es eine Kleinigkeit ist, ein Abteilungsleiter mit sieben Mitarbeitern zu sein, dass man der Aufgabe keine Aufmerksamkeit widmen muss? Kannst du dir überhaupt vorstellen, was meine Arbeit alles beinhaltet? Und welche Verantwortung auf meinen Schultern liegt? Da sind Berichte, Geldangelegenheiten, Papierkram ... Das ist etwas anderes, als im

Kindergarten Rotz abzuwischen, wie du es getan hast: Finanzfragen sind viel wichtiger, als du dir überhaupt vorstellen kannst ... Ach, wem erzähle ich das."

Ich glaube, dass er jetzt gleich richtig loslegt und keine Macht der Welt ihn aufhalten kann. Denn es ist ihm heilig, von der Wichtigkeit und Bedeutsamkeit seiner Arbeit zu erzählen. Im selben Atemzug gibt er dann noch die gesamte Biografie Napoleons wieder und zitiert dessen stärkste Phrasen.

Maksym ist ein Roboter, kein Mensch.

Meiner Ansicht nach tut ihm die neue Position nicht gut. Seine Prahlerei geht durch die Decke, er ist so eingebildet, dass es seinen Verstand beeinträchtigt, seine Eitelkeit ist in jedem Wort zu spüren. Der Strahlenkranz auf seinem Haupt wächst und wächst ...

Rasch wähle ich Bohdanas Nummer, obwohl ich weiß, dass ich Danylko auch bei Jaroslawa lassen könnte. Aber kürzlich ist er krank gewesen und ich will Marharytka keinem Risiko aussetzen.

„Hallo Marta", meldet sich die warme, freundliche Stimme von Bohdana.

„Hallo. Ich habe eine Bitte an dich."

„Was immer du wünschst", scherzt sie.

„Was hältst du davon, Babysitter zu spielen?"

„Das wäre toll", ruft Bohdana, „bring den Kleinen zu uns. Wir sind heute zu Hause, und für deinen Bruder ist es sowieso nicht gut, sich bloß wieder auszuruhen. So kann er wenigstens mit dem Kleinen spielen."

„Wovon redest du?"

„Er wird dicker", lacht die Freundin. „Dein Bruder wird dicker. Säuft Bier, isst, liegt herum, aber sein Wanst reicht bald bis zur Decke."

„Aha. Kein Problem. Danylko wird ihn auf Trab halten", witzle ich zurück, registriere aber aufmerksam das „Säuft Bier". Nur Bier oder auch etwas Stärkeres?

Nachdem wir aufgelegt haben, packe ich die wichtigsten Sachen in eine Tasche. Es gibt doch noch gute Menschen auf der Welt.

Maksym schlägt vor, uns mit dem Auto zu Andrij und Bohdana zu bringen. Ich lehne das Angebot nicht ab. Mit Danylko auf dem Arm nehme ich auf dem Rücksitz Platz. Das Kind brabbelt und klatscht in die Hände.

„Sag ihm, er soll leiser sein“, sagt Maksym, als wir auf die Hauptstraße biegen, „er lenkt mich vom Verkehr ab.“

„Gut“, antworte ich leise und versuche, Danylkos Aufmerksamkeit mit dem Fingerspiel „Elster-Krähe“ zu fesseln.

Ich weiß nicht, warum, aber ich fühle mich in diesem Auto eingepfercht. Als hätte man mich in ein Metallfass gesteckt und den Deckel geschlossen. Ich bekomme kaum Luft. Unsere Dose auf Rädern ist zu eng. Ich möchte die Tür öffnen und in die Freiheit springen. Das Gefühl drückt auf die Brust, aufs Herz.

Nach einer Weile wird mir klar, warum: Mich bedrückt die ambivalente Haltung Maksyms gegenüber dem Kind. Selbst jetzt wendet er sich nicht direkt an unseren Sohn, sondern an mich, genauer gesagt, durch mich an ihn.

Es gibt Tage, an denen Maksym mit Danylko auf allen vieren im Haus herumkrabbelt, Bauklötze aufeinanderstapelt und Märchen erzählt. Diese Tage gibt es, aber sie sind selten. Dann wirkt Maksym ... geerdet. Er findet zu sich selbst. Er scherzt mit uns und lacht aus vollem Herzen über die lustigen Aktionen unseres Sohnes. Er setzt sich Danylko auf den Rücken und spielt ein Pferdchen, das sich verirrt hat und den Heimweg sucht. Er verspricht ihm, einen Hund zu kaufen und eine Schaukel an die höchsten Äste des Apfelbaums zu hängen.

Die anderen Tage überwiegen jedoch: wenn das Kind den Papa bittet, mit ihm zu spielen, aber der es gar nicht bemerkt, es mit entfremdetem Blick anstarrt, als wisse er nicht, wer vor ihm steht. An solchen Tagen nimmt Maksym Danylko nicht auf den Arm. Er sieht ihn distanziert, gleichgültig an, so als betrachte er ... ein Haustier. Das heißt, er nimmt ihn nur als zur Familie gehörig wahr. Er ist da? Dann ist er halt da.

Vor zwei Wochen zum Beispiel, als ich abends im Bad war, stolperte Danylko über die Schwelle an der Küchentür und fiel hin. Maksym rief, ich solle schnell aus dem Bad kommen, um dafür zu sorgen, dass er ruhig sei. Genau das hat er gesagt: „Sorg dafür, dass er ruhig ist." Er dagegen schaute weiter fern. Als beim Sohn der erste Zahn durchbrach und ich, das Kind auf dem Arm, in unser Schlafzimmer kam, um dieses Ereignis mit ihm zu teilen, richtete Maksym gleichgültig seinen kalten Blick auf uns, hörte zu und sagte: „Okay."

Ähnliche Episoden drehen sich kaleidoskopartig in meinem Kopf. Solche Vorkommnisse lassen mich weniger ängstlich, sondern vielmehr wachsam sein, da man nie genau weiß, wie Maksyms Reaktion ausfällt.

So ist es auch heute. Ich glaube nicht, dass Maksym zur Arbeit geht. Das ist eine erfundene, primitive Ausrede, um bloß nicht mit dem Kind allein zu bleiben.

Aber weshalb? Was ist mit ihm los? Wenn er seinen Sohn einfach nicht liebte, könnte ich das irgendwie nachvollziehen, aber so kommt dabei ein Tohuwabohu heraus: Alle drei Tage liebt er ihn, sonst nicht. Total absurd.

Ich verscheuche die ärgerlichen Gedanken und beschließe, ihnen keine Aufmerksamkeit mehr zu schenken, denn Maksym macht sowieso, was ihm passt, ich aber werde vor allem dafür sorgen, dass es dem Kind gut geht. Mit der Achterbahnfahrt seiner Launen soll mein Mann alleine klarkommen.

Schließlich kommen wir an. Bohdana empfängt uns an der Tür des neunstöckigen Gebäudes und streckt Danylko die Arme entgegen: „Wo ist unser Sonnenschein? Komm zu mir, Krümelchen", zwitschert Bohdana fröhlich, doch ich bemerke Ringe unter ihren Augen. Sie trägt fleckige Jeans und ein zerknittertes Hemd.

Ob sie gestern getrunken hat? Vielleicht mit Andrij zusammen? Sicher haben sie etwas Dummes getan.

Es schüttelt mich.

Sie drückt Danylko an sich und kitzelt ihn, er wiederum lacht laut und von ganzem Herzen. Während ich Bohdana ansehe, denke ich daran, wie ich einst bezweifelt habe, ob aus ihrer Partnerschaft mit meinem Bruder etwas Gutes entstehen würde. Auch jetzt bin ich noch nicht sicher, ob sie glücklich sind. Irgendeine Uneinigkeit besteht zwischen ihnen, aber ich mische mich nicht ein. Es ist mir unangenehm, meine Nase in ihre Angelegenheiten zu stecken. Habe ich überhaupt ein Recht dazu, wenn ich doch haufenweise eigene Probleme und Fragen nicht lösen kann? Allein schon Maksym mit seinen Marotten reicht für zwei Familien oder sogar für mehr.

„Dein Onkel ist zum Laden gelaufen", schnurrt Bohdana, „um dir neue Spielsachen zu kaufen."

Der Kleine zupft Bohdana am Ohr, er zieht an ihrem mondförmigen Ohrring. Ich übergebe ihr die Tasche mit den Kindersachen, küsse beide und eile zur Haltestelle. Bis hierher rieche ich den Minzkaugummi, mit dem Bohdana üblicherweise den Geruch nach Alkohol und Zigaretten überdeckt. Irgendwas ist da faul.

Maksym ist schon gefahren, ohne ein Wort zu Bohdana zu sagen, ohne sich von mir oder Danylko zu verabschieden. Heute ist keiner der Tage, an denen er geerdet wirkt und zu sich selbst findet.

Aber das wundert mich nicht. Dieses Verhalten ist gewöhnlich, alltäglich.

***

Eine halbe Stunde später stehe ich an der Tür der Friedhofskapelle: ein hohes, stattliches Gebäude, das Gedanken an die Ewigkeit weckt. Viele Menschen haben sich versammelt: Einige stehen zusammen und flüstern leise miteinander, andere haben sich etwas entfernt, fast bis zum Ruhmesdenkmal, und betrachten müde die Prozession.

Der Himmel ist bedeckt, schwere, graue Wolken hängen bedrohlich über der Friedhofskapelle, als würden sie jeden Moment herabfallen. Und da beginnt schon der Regen. Die Luft ist schwer.

Ich verliere mich in der Menge. Wische mir die feuchten Handflächen mit einem Tuch ab. Versuche jemanden aus unserem Kindergarten zu finden, stattdessen stolpere ich gegen Ruslan. Er schaut mich verwundert an.

„Was machst du denn hier?“
„Und du?“, frage ich nicht weniger verwundert zurück.
„Woher kennst du Tante Zoja?“
„Tante Zoja?“, wiederhole ich, denn ich bin es nicht gewohnt, dass die Leiterin so genannt wird. „Zoja Pawliwna ist die Leiterin des Kindergartens, in dem ich gearbeitet habe. War die Leiterin. Und für dich ...“
„Für mich ist sie einfach Tante Zoja, die Frau meines Onkels.“
„Aha“, nicke ich verblüfft, „wie klein die Welt ist, was?“
„Das ist wahr.“
Ich bemerke Oksana mit einem Rosenstrauß in der rechten Hand. Sie hat ihre Frisur verändert und die Haare blond gefärbt. Oksana lächelt breit, als sei sie auf einer Jubiläumsfeier, nicht auf einer Beerdigung, winkt mir eifrig mit der Hand und ruft mich zu sich.
Ich will gehen, aber Ruslan sagt: „Warte, Marta.“
Ich bleibe stehen und sehe ihn an. Seine Augen glänzen warm und ruhig. Seit wir in mein Elternhaus gezogen sind, habe ich ihn nicht mehr gesehen. Jetzt würde ich zu gern mit ihm an einen anderen Ort gehen, um zu reden, mich nach Nastja zu erkundigen, mich an einem einfachen, wohltuenden Gespräch zu wärmen. Doch ich weiß, dass das hier und jetzt nicht geht. Wäre das nicht sowieso zu viel von ihm verlangt? Was bin ich denn für ihn? Eine ehemalige Nachbarin, die sich bei ihm beklagt und ausheult? Solche wie mich findet er überall.
„Was meinst du, Marta, wollen wir nach alldem“, er wendet den Blick zur Friedhofskapelle, „in ein Café gehen und Tee trinken? Natürlich nur, wenn es dir nichts ausmacht.“
Ach, wie gerne würde ich ein, zwei Stunden bei einer Tasse Tee mit diesem sensiblen, warmherzigen und attraktiven Mann verbringen. Doch ich lehne ab: „Ich kann heute nicht. Ich muss meinen Sohn abholen und nach Hause gehen.“
„Hast du deine Telefonnummer geändert?“, fragt er.
„Ja.“
„Ich wollte dich anrufen, aber es hat nicht geklappt. Gibst du mir die neue Nummer?“

Wir schweigen. Die Zeit bleibt stehen. Wenige Meter von uns ruht Zoja Pawliwna, rundherum flüstern fremde und unbekannte Leute vernehmlich. Eine Frau mit einem großen Kranz in den Händen bedeckt den Mund mit der Hand, damit niemand bemerkt, wie sie gähnt. Ein großer, gedrungener Mann schnäuzt sich laut in sein Taschentuch. Jemand stößt mich an der Schulter, und dadurch kehre ich vom Himmel auf die Erde zurück.

Ich diktiere Ruslan meine Telefonnummer und schaue ihm noch mal in die Augen. Noch einen Moment, und ich ertrinke in seinem warmen Blick. Nie hat mich jemand so angesehen. Niemals und niemand. Vielleicht bin ich für ihn doch nicht nur eine frühere Nachbarin?

Schnell drehe ich mich um und gehe zu Oksana, egal wie gern ich bei Ruslan bleiben würde.

Juni
Freitag

Es wird Abend. Schwer versinkt die Sonne hinter dem Horizont, langsam und gemächlich schwebt sie tiefer. Ich sitze auf der alten Holzbank unterm Apfelbaum, nicht weit von mir spielt Danylko mit seinen Autos, legt Steinchen auf einen Anhänger, nimmt sie dann wieder herunter, und wenn etwas nicht klappt, fuchtelt er wütend mit der Faust.

Ein leichter Wind wiegt die Bäume, an den Stamm des Apfelbaums gelehnt nicke ich ein. Das Essen habe ich schon gekocht und das Haus geputzt, ich habe mich verausgabt, denn auch unser Sohn hat den ganzen Tag pausenlos meine Aufmerksamkeit gefordert.

Gegenüber unserer baufälligen Pforte, die noch immer niemand repariert hat, hält ein schwarzes Auto mit abgedunkelten Fenstern. Eine Tür öffnet sich, laute Musik zerreißt die abendliche Stille. Aus dem Fahrzeug fällt Maksym und verabschiedet sich laut lachend von jemandem.

Er knallt das Gartentörchen zu, es zittert. Als er den Weg entlanggeht, verknotet sich sein rechter Fuß mit dem linken, oder vielleicht auch umgekehrt. Er torkelt von einer Seite zur anderen. Er ist wieder betrunken.

Seit Maksym Chef der größten Abteilung in der Agentur geworden ist, hat er völlig den Bezug zur Realität verloren. Jeden Abend kommt mein Mann betrunken nach Hause zurück, vielleicht weil er sich über die Beförderung freut, vielleicht handelt es sich aber auch um ein Anzeichen von Größenwahn. Er sagt, arbeitsbezogene Angelegenheiten erfordern nicht nur einen formellen, sondern auch einen informellen Rahmen.

Als würde er mich gar nicht bemerken, geht er an mir vorbei direkt ins Haus. Das weiße Hemd, das er heute Morgen so sorgfältig in die Hose gestopft hat, erinnert jetzt an ein langes, zerknittertes Nachthemd, das fast bis zu den Knien reicht. Die Krawatte ragt aus der Tasche heraus, der Hosenknopf steht offen. Aber die Schuhe schimmern, wie immer, auf Hochglanz poliert.

Auf der Schwelle stolpert er über den Traktor, den Danylko dort liegen gelassen hat, und stürzt beinahe.

„Pass auf", rufe ich.

Maksym bückt sich, hebt den Traktor auf und schleudert ihn zur Seite. Das Spielzeug landet in der Nähe unseres Sohnes. Noch etwa einen halben Meter, dann hätte er das Kind getroffen.

Mit einem Schrei springe ich von der Bank auf. Danylko erschrickt, wegen meines Schreis oder des lauten Knallens der Haustür, und beginnt zu weinen. Ich drücke das Kind an mich, um es zu beruhigen, mir selbst zittern die Hände und das Herz klopft wie wild. Damit ich meinem Sohn nicht noch mehr Angst einjage, versuche ich, meine eigene Furcht zu unterdrücken. Mein Verstand schreit mir jedoch zu, dass Maksym eine Grenze überschritten hat. Er hätte dem Kind wehtun können.

Ich muss vorsichtig und aufmerksam bleiben.

„Sch, sch", flüstere ich Danylko zu, „alles ist gut."

Aber durch meinen Kopf schießt der Gedanke: „Ich lasse es nicht zu, dass dich jemand verletzt. Selbst wenn es dein Vater ist. Niemand darf dir etwas tun."

Juni
Sonntag

Maksym ist seit gestern zu Hause. Nüchtern.

Ich schiebe einen Käsekuchen in den Ofen und spüle das Geschirr. Gerade haben wir gefrühstückt, der ganze Tag liegt noch vor uns.

Wenn ich mich nicht täusche, ist Maksym gut gelaunt. Danylko sitzt unter dem Esstisch und stapelt Bauklötze zu einem Turm auf. Jeden Tag wird er neugieriger, interessierter und versucht, etwas in einer uns unverständlichen Sprache zu sagen.

„Maksym", rufe ich meinen Mann.

Ohne etwas zu sagen, kommt er in die Küche und setzt sich an den Tisch. Als Danylko seinen Papa bemerkt, zupft er ihn am Bein. Maksym beugt sich zu ihm und schaut unter den Tisch.

„Hast du den selbst gebaut?", fragt er den Sohn.

Danylko nickt bejahend, während er weiter Bauklötze aufeinanderstapelt.

„Bravo", lobt Maksym und streichelt ihm über den Kopf.

Sieh einer an, denke ich: Er kann sich also auch normal verhalten. Er kann es! Warum zeigt sich diese Normalität dann so selten?

„Was hast du heute vor?", frage ich.

„Nichts."

„Ich backe einen Kuchen", verkünde ich so freundlich wie möglich.

„Das sehe ich. Ich bin nicht blind", in letzter Zeit antwortet er mir immer so scharf.

„Was hältst du davon, wenn wir Jaroslawa und Ihor für heute Nachmittag zu uns einladen?", schlage ich vor – vergeblich, wie ich in diesem Augenblick erkenne. Ich weiß gleich, dass er nicht zustimmen wird.

„Wozu?" Er durchbohrt mich mit einem abschätzigen Blick. „Wir werden Tee trinken."

„Das will ich nicht", antwortet er kurz und ohne Erklärung.

„Warum nicht?"

„Wir haben keine gemeinsamen Gesprächsthemen."

„Aber ...", versuche ich zu widersprechen, doch ich finde wie üblich keine Argumente.

„Sie sind uninteressant", präzisiert Maksym mit eisiger Stimme.

Schweigend wende ich mich wieder dem Spülbecken zu und wasche die Gabeln ab. Klar, uninteressant. Ich würde ihm so gern zu verstehen geben, dass sich vielleicht umgekehrt andere nicht für ihn interessieren, dass nicht jeder seine Geschichten spannend findet, die er – auch ungefragt – überall einstreut: zum Beispiel über die hängenden Gärten der Semiramis, die vom babylonischen König Nebukadnezar errichtet wurden, oder über das fünfte Weltwunder, das Mausoleum von Halikarnassos. Es ist kaum zu glauben, wie dumm ich bin, aber ich habe nur mit Mühe gelernt, diesen komplizierten Namen richtig auszusprechen.

An Weihnachten waren Andrij und Bohdana bei uns zu Besuch. Das Fest war ein großer Erfolg: Alle, außer mir, haben sich natürlich betrunken. Als Maksym vom bevorstehenden Besuch erfuhr, hatte er finster dreingeschaut, nach dem Feiertag aber stellte er fest, dass mein Bruder und seine Frau doch nette Leute seien. Bemerkenswert, bemisst er das jeweils an der Menge der konsumierten Spirituosen?

Zu diesem Anlass hat der betrunkene Maksym das betrunkene Publikum auf seine Weise unterhalten. Auf dem Höhepunkt des Fests fragte er meinen Bruder: „Weißt du, wie man im antiken Rom das Kolosseum nannte?" Andrij hielt sich kaum auf dem Stuhl, Bohdana dagegen hätte fast gelacht, hätte Maksym nicht mit ernstem Bass seinen Monolog fortgesetzt: „Amphitheatrum Flavium. Es wurde vom Imperator Flavius Vespasianus im Jahr 75 unserer Zeitrechnung gebaut."

Kann man sich an einem frostigen Weihnachtsmorgen ein spannenderes Gespräch vorstellen? Als ich dieses Monodrama verfolgte, dachte ich: „Wenn Bohdana nüchtern wäre, würde sie sich dann ebenso verhalten?" Immerhin war sie es, die Maksym kritisiert, seine Schwächen bloßgestellt und auf seine Fehler hingewiesen hat. Inzwischen glaube ich jedoch, dass Alkohol im menschlichen Gehirn Wunder bewirkt. Vielleicht hätte Darwin die Fassung verloren, wenn er gesehen hätte, wie ein Betrunkener zum Tier wird und auf jede Art von Entwicklung spuckt. Selbst wenn ich mich tausendmal irre, kann mich keine Macht der Welt vom Gegenteil überzeugen: Ein betrunkener Mensch ähnelt einem Affen. Die Tiere mögen mir verzeihen.

„Die sind uninteressant", wiederholt Maksym sein Urteil über Jaroslawa und Ihor. Kein Wunder, er interessiert sich für niemanden, der klüger, selbstbewusster und erfolgreicher ist als er. Er ist bereit, jeden in den Dreck zu ziehen, der im Leben mehr erreichen könnte.

„Maksym", fahre ich mit einem Zittern in der Stimme fort, „wollen wir zu deiner Schwester und zu deiner Mutter fahren? Wir sind schon lange nicht mehr dort gewesen."

Ich denke schon seit einiger Zeit über einen solchen Besuch nach, habe mich aber bisher nicht getraut, den Vorschlag laut auszusprechen. Mal war Maksym betrunken, dann hatte er schlechte Laune, dann war ich zu müde.

Warum sollten wir nicht mal dort hinfahren? Andererseits ...

Ich spüre, wie die Anspannung steigt. Mir scheint, dass sogar der Kühlschrank lauter brummt.

„Im Juli wird Danylko ein Jahr alt, und sie, also deine Mutter und deine Schwester, haben ihn noch nie gesehen."

Ich spiele mit dem Feuer. Ich hätte dieses Thema nicht ansprechen müssen. Die Worte kommen wie von selbst aus meinem Mund. Meinen Mann anzusehen, wage ich aber nicht.

„Heute ist so ein schönes Wetter", fahre ich fort, während meine Hände anfangen, nervös zu zittern, „warum besuchen wir sie nicht? Es ist so wunderbar, wenn man eine Familie hat, mit der man das Wochenende verbringen kann. Und es ist nicht weit dorthin. Hm?"

Mit den letzten Worten drehe ich mich vom Spülbecken weg und schrumpfe unter Maksyms Blick wieder auf ein Drittel meiner Größe. Die nun herrschende Stille wird nur noch von Danylkos Gebrabbel unter dem Tisch durchbrochen.

Maksym erhebt sich und kommt zu mir. Er ist böse. Ich habe alles vermasselt. Wie immer.

„Was willst du?“, zischt der Mann. „Was versuchst du damit zu erreichen?“

„Nichts“, flüstere ich. Mein Selbstvertrauen ist verflogen.

Maksym legt seine Hände auf meine Schultern und drückt sie fest zusammen. Er drückt und drückt. Es tut weh. „Was willst du damit erreichen, habe ich dich gefragt?“

Ich verstehe nicht, was er meint.

Im nächsten Moment packt er mich an den Schultern und schüttelt mich wie der Großvater den Birnbaum, sodass ich mir vorstelle, dass mein Kopf abreißt, auf den Boden fällt und gleich einem Ball davonrollt.

Dann stößt er zu. Mein Körper ist wie mit Watte ausgestopft, er gehorcht mir absolut nicht mehr. Ich stolpere gegen die Wand, stoße mir dabei schmerzhaft den Kopf. Daraufhin schreie ich, halte mir aber sofort die Hand vor den Mund, um Danylko nicht zu erschrecken.

Maksym sieht böse aus. Rasender Blick. Den habe ich schon einmal gesehen.

Er erhebt sich über mir wie eine starke Mauer. Meine Beine geben nach, ich rutsche an der Wand hinunter. Aber er schlägt mich nicht. Diesmal rührt er mich nicht an. Er verlässt die Küche und geht ins Wohnzimmer. Kurz darauf erklingt die Stimme des Moderators irgendeiner Fernsehsendung. Ich bedecke mein Gesicht mit den Handflächen.

Ich weine.

Danylko ruft mich: „Mama!“ Als ich hinübersehe, zeigt er mit dem Fingerchen auf den hohen Turm, den er unter dem Tisch gebaut hat.

Ich krabble auf Knien zu meinem Sohn unter den Tisch und küsse ihn auf die Wange.

„Das hast du gut gemacht“, flüstere ich dem Kind zu.

Ich sitze lange dort, bis mir der Geruch von verbranntem Kuchen in die Nase steigt und mich aus meiner Benommenheit holt.

So kann es nicht weitergehen. Diesmal ist es nicht Angst, die sich in mein Herz schleicht, sondern Abscheu. Abscheu vor Maksym.

Juni
Montag

Danylko ist launisch. Ich messe die Temperatur des Kindes – sie ist normal, ich höre die Atmung ab – sie ist in Ordnung. Ich weiß nicht, was er hat, aber ich erinnere mich daran, dass die Ärztin erwähnt hat, dass Kinder grundlos unruhig und gereizt sein können, wenn die Zähne durchbrechen.

Bestimmt ist es das.

Mein Sohn liegt den ganzen Tag über in meinen Armen. Er wimmert und steckt die Fäustchen in den Mund. Ich glaube, ein weiteres Zähnchen ist schuld daran, dass er so empfindlich ist.

Gegen Mitternacht höre ich ihn weinen. Als ich ins Kinderzimmer komme, schluchzt Danylko bitterlich und streckt die Ärmchen aus, als er mich sieht.

„Ganz leise“, flüstere ich ihm zu, „komm zu mir.“

Auf meinem Arm trage ich ihn ins Wohnzimmer. Die Tür zu unserem Zimmer schirme ich ab, dann setze ich mich aufs Sofa.

Auf ein Kissen gestützt stille ich meinen Sohn. Er saugt und ächzt. Wie ein schweres Gewicht lastet auf mir die Müdigkeit. Die Stunden vergehen.

Es ist unmöglich, Danylko von meiner Brust zu lösen. Könnte er hungrig sein? Oh nein, er sucht lediglich Ruhe und Wärme. Mehr als zwei Stunden lang nuckelt er, nicht um satt zu werden, sondern um meine Gegenwart zu spüren.

Es muss jetzt drei Uhr sein.

Meine Hände sind steif, in meinem Rücken sticht es. Ich muss die Position wechseln. Ich schaue ins Gesicht meines kleinen Engels und lächle. Langsam bewege ich Danylko von mir weg, um ihn in den anderen Arm zu nehmen. Da beginnt er, laut zu weinen. Ein solches Weinen mitten in der Nacht zerreißt mir das Herz. Außerdem bedrückt mich das Gefühl der eigenen Hilflosigkeit.

Maksym kommt ins Wohnzimmer, bei seinem plötzlichen Erscheinen schrecke ich auf.

„Warum brüllt er so?", fragt er.

„Ich weiß nicht", erwidere ich ehrlich, „vielleicht weil er zahnt."

„Ich weiß nicht, ich weiß nicht", äfft Maksym mich nach, „warum ein Kind auf die Welt bringen, wenn du keine Ahnung hast? Was für eine Mutter bist du bloß?"

Als er verschwindet, atme ich erleichtert auf. Soll er nur gehen, wir kommen schon allein zurecht.

Ich lege Danylko auf dem anderen Arm ab, und er verstummt.

Maksym wiederholt ständig, dass ich eine schlechte Mutter sei. Er hat wohl recht, denn eine gute Mutter hätte gewusst, was ihrem Kind fehlt und warum es schreit, ich aber weiß es nicht.

Bis zum Morgen nagen die Fragen an mir: Wie wird man eine gute Mutter? Wie findet man sofort den Grund heraus, warum das Kind weint? Wie kann man es schnell beruhigen? Wie lernt man, mit allem fertigzuwerden?

Ich bin eine unbeholfene Mutter und Ehefrau.

Alles ist schlecht. Nein, nicht schlecht, sondern einfach schrecklich.

Warum macht mir Maksym ständig Vorwürfe? Weist auf meine Fehler hin? Die einzig mögliche Begründung ist, dass es ihm Vergnügen bereitet, mich in die Enge zu treiben.

Juni
Donnerstag

Zwei Tage lang war ich zwischen Himmel und Erde, habe mein Leben analysiert. Zwei Tage lang habe ich geklagt und geheult, geschluchzt in der Nacht und mein Schicksal verflucht. Zwei Tage lang habe ich nach Gründen gesucht, warum ich so eine nichtsnutzige Ehefrau und unbegabte Mutter bin, in Gedanken die Worte von Maksym wiederholt. Ich bin zu dem Schluss gekommen, dass er recht hat.

Zwei Tage meines Lebens sind an mir vorübergezogen. Genug!

„Es ist nicht so schlimm, wie ich es mir einbilde", habe ich mir gesagt und mir Eiswasser ins Gesicht gespritzt. Die Tropfen flossen schwer von meiner Stirn, rannen die Wangen hinunter, und ich schaute fasziniert auf mein Spiegelbild und fragte mich: „Was hast du getan, Marta?"

Nach dem Abendessen habe ich Danylko ins Bett gebracht, nun mache ich mir einen Tee und lasse mich auf dem Sofa nieder. Es ist an der Zeit, sich über etwas klar zu werden.

Erstens, ich habe einen Sohn.

Zweitens, ich habe eine Familie.

Drittens gibt es ein Dach über dem Kopf.

Ich habe Arbeit, das ist der vierte Punkt.

Außerdem habe ich Freundinnen und einen Bruder.

Aber all das verblasst, wenn ich an Maksym denke. Er ist der Vater unseres Sohnes, das Oberhaupt der Familie. Das „Alphamännchen". Doch ich verachte ihn jeden Tag mehr. Und fürchte mich.

Bis ich spät in der Nacht einschlafe, drehen sich in meinem Kopf seine Worte: „Du stinkst", „Sag ihm, er soll leiser sein", „Warum ein Kind auf die Welt bringen, wenn du keine Ahnung hast? Was bist du für eine Mutter?"

Wenn ich morgens aufwache, verscheuche ich aufs Neue diese unglückseligen Gedanken, die mich immer mehr beschäftigen.

Ich suche in meinem Mann stets nach guten Eigenschaften, manchmal finde ich welche, aber meistens nicht. Es heißt, ein Narr sei reich an Ideen, so auch ich – ich klammere mich an Maksyms Liebe zu Danylko, an seine Fürsorge für die Familie, an den harten und verantwortungsvollen Job, auf den ich seine schlechte Laune zurückführe ... Ich bin wie eine Ertrinkende, die sich an einen Strohhalm klammert, wohl wissend, dass der sie nicht retten wird.

Wenn ich schon fast resigniert habe, zwinge ich mich, daran zu denken, wie Maksym mit seinem Sohn spielt. Es hilft nicht. Denn stattdessen tauchen andere Bilder auf: ich unter dem Tisch, die ständige und übermächtige Angst, wieder etwas falsch zu machen, das Geräusch seiner Handfläche, wenn sie schwer auf meine Wange klatscht ...

Sein Drängen, seine Geringschätzung und seine Wut machen mir Angst, aber jetzt fürchte ich nicht nur um mich selbst. Ich habe Angst um meinen Sohn.

Der beängstigendste Gedanke aber, der mir in letzter Zeit öfter durch den Kopf geht, ist die Frage, ob es nicht ein Fehler war, Maksym zu verzeihen, nachdem er das erste Mal seine Hand gegen mich erhoben hat, ob ich damit nicht mich und das Kind einem Leben in Angst ausgesetzt habe.

Als würden 220 Volt durch meinen Körper fließen, geht mir plötzlich auf, dass ich es genau so mache wie meine Mutter. Nämlich falsch.

Der schlimmste und unwiderrufliche Fehler besteht darin, sich nicht zu widersetzen, mit dem Strom zu schwimmen, auf etwas zu warten, wenn es gilt, zu kämpfen. Mama hat nicht gekämpft. Sie hat geglaubt, dass sich der Vater schließlich anpassen und ein guter Familienvater werden würde. Sie hat geglaubt und gewartet. Und hat es doch nicht mehr erlebt.

Und ich begehe den gleichen dummen Fehler: Erwarte von Maksym etwas, das er nicht geben kann. Warte darauf, dass er sich ändert. Dabei ahnt er nicht einmal, dass das von ihm erwartet wird.

Es ist nicht seine Schuld.

Es ist meine Schuld.

Wenn ich mit dem Strom schwimme, wie Mama es getan hat, wirft er mich irgendwann ans Ufer, von wo es kein Zurück mehr gibt.

Ich presse meine Hände so fest zusammen, bis die Knöchel weiß hervortreten. Bis sie weh tun. „Hör auf mit dem Wahnsinn, solange du ihn noch aufhalten kannst, Marta", befehle ich mir.

Ich muss handeln, und auch wenn ich nicht weiß, was genau zu tun ist, überkommt mich zusammen mit einem Gefühlsschwall auch eine unerschütterliche Entschlossenheit.

„Du bist stark", hat meine Mutter zu mir gesagt.

Und ich hatte ihre Worte einfach vergessen.

Juni
Freitag

Die Ärztin versichert mir nach der Untersuchung, dass mit Danylko alles in Ordnung ist.

„Jede Mutter macht das durch“, erklärt sie, nachdem ich von den Launen meines Sohnes, dem grundlosen Weinen und der Weigerung zu essen erzählt habe.

Die Ärztin bestätigt meine Vermutung, dass sein Verhalten mit dem Zahnen zusammenhängt, das nicht nur Kinder, sondern auch ihre Angehörigen aus der Bahn wirft.

„Wenn Sie Zahnschmerzen haben“, sagt sie mit einem Lächeln, „wie fühlen Sie sich dann? Genauso ist es bei den Kindern.“

Während sie spricht, spielt Danylko mit einem Flugzeug, das ich im Erdgeschoß der Poliklinik gekauft habe. Am Ende des Besuchs wiegen wir den Sohn und messen seine Größe.

„Er wächst“, stellt die Ärztin anerkennend fest.

Auf dem Heimweg gehen wir in den Supermarkt, um Bananen zu kaufen. An der Kasse zupft mich jemand am Arm, es ist Bohdana.

„Hallo Häschen“, sagt sie zu Danylko.

Ein graues Käppi wirft einen Schatten über ihr Gesicht. Weder Augen noch Stirn sind zu sehen. Nur Nasenspitze und Kinn.

„Hallo“, grüße ich, dabei bemerke ich eine Flasche Wodka in ihren Händen. Wahrscheinlich mache ich große Augen, denn sie sagt sofort, als würde sie sich rechtfertigen: „Wir haben Gäste.“

„Aha.“ Ich nicke.

„Wollt ihr auch kommen?“, fragt sie.

„Nein, danke. Wir müssen schnell nach Hause. Maksym kommt bald zurück, dann werden wir zu Abend essen.“

„Natürlich“, entgegnet Bohdana.

„Wie geht es Andrij?“, frage ich, während ich mein Portemonnaie aus der Tasche hole.

„Okay."

Eine Antwort, die beliebig interpretiert werden kann.

Als wir uns verabschieden, ertappe ich mich bei dem Gedanken, dass ich mich nicht geirrt haben kann: Bohdana hat einen blauen Fleck unter ihrem linken Auge. Und ebendiesen blauen Fleck hat sie unter ihrem Käppi versteckt. Ist sie hingefallen? Oder war es das Werk von Andrijs rechter Faust?

Was zum Teufel ist mit ihnen los?

***

In der Nähe unserer schiefen Gartenpforte fällt mir ein Auto auf. Wahrscheinlich ist Maksym schon zurück.

„Papa ist zu Hause", sage ich zu Danylko, der jedoch mit dem Flugzeug beschäftigt ist und meine Worte nicht beachtet.

Wir gehen den Weg entlang, an dem das Gras dringend gemäht werden müsste, da höre ich das ukrainische Volkslied *Warum bist du nicht gekommen, als der Mond aufging?*. Findet bei uns eine Party statt? Ich bin total überrumpelt.

Als ich das Haus betrete, lausche ich den Bässen, die den Liedtext in entgegengesetzter Reihenfolge variieren.

„Stopp", schreit Maksym, als er uns in einer Küchenecke bemerkt.

Am Tisch sitzen drei Männer: Einer von ihnen ist mein Mann, die anderen kenne ich nicht. Alle sind betrunken.

„Darf ich vorstellen", grölt Maksym und steht vom Tisch auf. Das Hemd ist aufgeknöpft, die Hose fast bis zu den Knien gerutscht.

„Guten Tag", grüße ich verwirrt und schaue die Gäste an. Mit so etwas habe ich nicht gerechnet.

Der eine ist groß, mit lockigem Haar und Pausbacken. Wenn ich mich nicht irre, müsste das Hryhorij sein, denn er entspricht Maksyms Beschreibungen. Der andere ist klein, mit einem Wanst wie bei einer Schwangeren und zusammengekniffenen Augen.

„Das ist meine Marta", führt Maksym mich mit großer Geste vor, „und das ist mein Sohn. Danylo!", ruft er den Namen, als würde er den Präsidenten selbst vorstellen. „Mein Stammhalter. Mein Fleisch und Blut!“

Diese Aussage macht mir Angst. Ich möchte rufen, dass er falschliegt und Danylko niemals so sein wird wie er. Aber ich schweige.

Die betrunkene Gesellschaft nickt fröhlich mit dem Kopf. Der Große, der mutmaßliche Hryhorij, steht auf, wobei er sich am Tisch festhält, um nicht zu fallen. Der mit dem Wanst sagt, er freue sich, mich kennenzulernen, doch mir scheint, dass er nicht einmal in der Lage ist, seinen Kopf zu drehen, um Hallo zu sagen.

Auf dem Tisch bemerke ich drei Flaschen Wodka, zwei davon leer, sowie Gurken und Tomaten, Wurst und Käse auf Tellern.

„Jetzt bewirtet uns Marta“, sagt Maksym, als sei ich ein kleines Kind, das auf einen Stuhl gestellt wird, um ein Gedicht aufzusagen und damit die Gäste zu unterhalten.

„Maksym, ich ...“

„Du backst einen Kuchen“, unterbricht er mich.

Das Mehl ist vor einer Woche ausgegangen. Was für einen Kuchen will er haben?

„Maksym, kann ich dich kurz sprechen?“ Ich nehme meinen Mann bei der Hand und will ihn in ein anderes Zimmer führen, aber er packt mich an der Schulter und schubst mich.

Ich fliege durch den Raum wie eine leere Plastikflasche. Ich habe keine Ahnung, wie es mir gelungen ist, ohne einen einzigen Schritt gemacht zu haben, ins Wohnzimmer zu kommen und nicht zu fallen, dennoch halte ich das Gleichgewicht.

Maksym folgt mir und schließt die Tür. Danylko ist bei den betrunkenen Gästen geblieben.

„Hör zu, entweder du benimmst dich, wie es sich für die Gastgeberin gehört, oder du fliegst aus diesem Haus.“

Er ist nicht so betrunken, wie ich dachte.

Mit ausdruckslosen Augen starrt er mich an, Schweißtropfen auf der Stirn, weitere Worte schießen aus seinem verzerrten Mund, aber ich nehme schon nichts mehr wahr. Ich möchte weinen, bitterlich und untröstlich. Aber ich halte mich mit aller Kraft zurück. Vor ihm will ich nicht weinen.

„Hast du verstanden?“, fragt er.

Ich nicke, denn mir fällt nicht ein, was man in einer solchen

Situation anderes tun kann.

„Mach mir keine Schande, Marta!"

Bin ich es denn, die ihm Schande macht? Bin ich es denn, die aus dem eigenen Elternhaus geworfen werden sollte, weil ich mich weigere, betrunkene Männer zu bedienen?

Maksym öffnet die Tür und lässt mich vorgehen. Als ich die Küche betrete, erstarre ich augenblicklich: Danylko sitzt auf Hryhorijs Arm und spielt mit einem Feuerzeug.

„Du Idiot", sagt Maksym, „er ist noch zu jung zum Rauchen."

Bei diesem geistreichen Scherz bricht die Gesellschaft in Gelächter aus.

Maksym bedankt sich bei allen Heiligen, nimmt das Kind und trägt es ins Wohnzimmer. Ich stelle einen Topf mit Wasser auf den Gasherd, ohne zu wissen, was ich kochen soll. Da donnert Maksym plötzlich: „Lass den Herd, Marta, setz dich zu uns."

Das hat mir gerade noch gefehlt.

Ich setze mich.

Der kleine dickbäuchige Mann torkelt zum Schrank und holt ein Schnapsglas aus einem Fach. Wie ich sehe, spielt er in meiner Küche ganz toll den Gastgeber.

„Ich trinke nicht", sage ich, wobei mir die Worte im Hals stecken bleiben.

Eine Stunde vergeht. Dann eine zweite.

Die Gäste machen keine Anstalten zu gehen.

Eine vierte Flasche Wodka taucht auf dem Tisch auf, dann eine fünfte. Haben sie etwa eine ganze Kiste gekauft?

Eine weitere Stunde vergeht.

Maksym schafft es, nüchtern zu werden und sich dann erneut zu betrinken.

Ich höre mir alle möglichen Geschichten an.

„Ohne mich würde in dieser Agentur alles zusammenbrechen." Es ist nicht schwer zu erraten, welcher der drei Männer sich selbst so sehr lobt.

„Alle Papiere, alle Verträge laufen über mich ...", fährt Maksym fort.

„Das Büro wäre ohne mich längst geschlossen worden. Ich besitze Ansehen, Erfahrung ... Niemand weiß so viel wie ich ..."

„Ich ... ich ... ich ...“ Ein Zar, kein Abteilungsleiter.

Gegen neun Uhr weint Danylko, also schleiche ich zum Wohnzimmer. Ich nehme den Sohn auf den Arm und beobachte, wie er in den Schlaf gleitet. Die Äuglein schließen sich, er gähnt.

Ich setze mich mit ihm aufs Sofa, die Müdigkeit liegt auch mir schwer auf den Schultern.

Das Kind schläft ein, wacht aber gleich wieder auf, denn die Gäste – allen voran der Hausherr – jaulen das Lied *Es blüht der Schwarzdorn.* Maksym schreit bis zur Heiserkeit. Danylko weint. Ich könnte ebenfalls schluchzen.

Ich stehe auf und gehe Richtung Küche, öffne die Tür und bitte: „Leiser, Maksym.“

Er wirft mir einen Blick zu, in dem ich einen Anflug von Wut bemerke. Erschrocken weiche ich drei Schritte zurück.

„Bitte“, flüstere ich und ermahne mich im Stillen, keine Angst zu haben.

Maksym erhebt die Hand und befiehlt seinen Gästen auf diese Weise, mit dem Singen aufzuhören. Er knurrt: „Sei brav. Verschwinde.“

Wie zu einem Hund.

Ich schließe die Tür und verschwinde, aber vorher werfe ich noch ein: „Dein Sohn kann nicht schlafen! Es geht auch leiser.“

Mein Gemecker gefällt ihm nicht. Ich sehe es an seinem Blick. Er wird diese Äußerung von Widerspruch nicht dulden. Soll er hingehen, wo der Pfeffer wächst. Zum Teufel mit ihm. Ich bin es leid, mich vor ihm zu fürchten. Eine Welle der Empörung steigt in mir auf, weil er dem Kind das Leben verleidet. Nein, ich werde kein ergebenes Kalb sein. Ich bin stark, das hat Mama gesagt, auch wenn ich jetzt schon weiß, was mir mein Ungehorsam einbringen wird, und mir ein eisiger Schauer über den Rücken kriecht.

Gegen Mitternacht gehen die Gäste. Danylko windet sich wimmernd in meinen Armen. Als Maksym seine Trunkenbolde hinausbegleitet hat, versinkt das Haus in einer durchdringenden Stille, die in den Ohren rauscht.

Als mein Mann zurückkommt, knallt er die Tür laut zu und stürmt ins Wohnzimmer.

„Leg ihn hin“, weist er mich an, während er über mir schwebt.

„Wen? Wohin? Wovon redest du?“, murmle ich schläfrig.

„Ich sagte: Leg ihn aufs Sofa.“

Es geht um Danylko. Ich schüttle mich, um einen klaren Kopf zu bekommen.

Maksym erhebt sich weiter über mir wie der Eiffelturm, neben dem sich ein Mensch ganz unbedeutend vorkommt.

Ich lege meinen Sohn langsam auf das Sofa und versuche, mich aufzurichten, aber Maksym packt mich am Nacken und drückt mein Gesicht zu Boden. Ich krümme mich in der Mitte. Ich bin ohnehin nicht groß, doch jetzt bin ich direkt winzig.

Er drückt mit seiner ganzen Kraft auf meinen Hals und zischt: „Du bist keine Frau. Du bist eine Schande.“

Maksym nimmt seine schwere Hand von meinem Nacken, aber bevor ich es schaffe aufzustehen, wickelt er schon wie wild meine Haare um seine Hand und zieht daran. Noch einen Moment, dann wird mein Kopf abreißen, wenn ich nicht schnell meine Beine sortiere, werde ich mindestens mit einer Glatze enden.

Wir befinden uns in der Küche. Maksym stößt mich so, dass ich mich nicht auf den Füßen halten kann.

„Du beschämst mich!“ Seine Worte mischen sich mit dem Geruch nach Alkohol.

Der Boden. Hart, kalt und schmerzhaft.

Kopfschmerzen, ein Hämmern gegen die Schläfen, Krämpfe im Bauch ...

Nach Luft schnappen. Die Luft gierig durch die verengte Kehle saugen.

Klirren. Zerbrochenes Glas auf dem Boden. Ich auf den Scherben. Ein scharfer Schmerz in der Hand. Ich habe mich an einer Flasche geschnitten, die auf den Boden gefallen ist. Auf den Lippen spüre ich Blut. Es fließt am Kinn herunter.

Tränen. Salzig, verräterisch, heiß. Überall brennt es: im Körper, im Herzen und in der Seele.

Es stinkt. Im Haus stinkt es. Maksym stinkt, ich stinke, dieses würdelose Leben stinkt.

Was soll ich tun?

Wie kann ich diesem Wahnsinn etwas entgegensetzen?

2020

Juli
Mittwoch

Ich fühle mich wie ein undichter, alter Eimer, zu nichts nütze, im Garten liegend und darauf wartend, dass man ihn wegwirft. Sosehr ich mich selbst ermahne, mich gegen Maksym zu wehren – es kommt nichts dabei heraus. Es ist nicht so einfach, meine inneren Ängste loszuwerden, wie ich dachte. Ich mache mir Vorwürfe, denn ich verwandle mich in ein unterwürfiges Schaf, das sich gedankenlos zur Schlachtbank bewegt.

Alles entgleitet mir. Ich bekomme es nicht einmal hin, Alltägliches zu erledigen. Heute Morgen habe ich den Hirsebrei anbrennen lassen, dann, während ich Danylko das Shampoo aus den Händen nahm, das er zu probieren versuchte, kochte die Milch über. Der Topf, in dem der Brei gekocht hatte, weicht in der Spüle ein, auf dem Gasherd habe ich Reinigungsmittel verteilt, jetzt warte ich, dass es wirkt und ich in der Küche endlich Ordnung schaffen kann.

Ich schaue mich im Haus um und seufze. Die Reparaturen sind noch immer nicht abgeschlossen. Es ist gut, dass Maksym einen Handwerker mitgebracht hat, um die Sanitärtechnik auszuwechseln, aber ein anderer Handwerker, der neue Fliesen legen sollte, hat sich geweigert, es zu tun. Maksym hat ihn angebrüllt, dass der Preisvorschlag astronomisch sei, und ich habe erwartet, dass er mit einigen unbekannten Fakten über das Leben von Jurij Gagarin aufwarten würde, doch dieses Mal lag ich falsch. Der Handwerker weigerte sich mit meinem Mann zu verhandeln, woraufhin Maksym sagte: „Geh zum Teufel. Solche wie dich gibt es zuhauf. Ich finde jemand anderen." Aber er fand niemand anderen. Mit der Zeit verstand ich, weshalb: Es liegt an seiner Gier. Maksym will es billig, fast umsonst, doch natürlich spielt dabei kein Handwerker mit. Deshalb ist die Reparatur des Hauses im Anfangsstadium stecken geblieben, von einer schnellen Beendigung träume ich besser gar nicht.

Vor einem Monat haben wir die Tapete im Kinderzimmer selbst neu geklebt. Oh, was mich das gekostet hat! „Gib her, Marta", „Schneller, bist du eingeschlafen?", „Marta, beweg dich", „Bring mal" ... Und jetzt schaue ich mir diese Tapete an und weiß nicht, welche Reaktion richtiger wäre: zu lachen oder zu weinen. Das Muster passt an den meisten Stellen nicht zusammen und an manchen Stellen ist die Tapete so zerknittert, als sei sie zerkaut.

Draußen das gleiche Bild: Maksym hat alles Mögliche angefangen, aber nichts zu Ende gebracht. Im Herbst hat er die Bäume geschnitten, aber die abgeschnittenen Äste liegen noch immer im Garten. Im Frühjahr hat er sich darangemacht, alte Bretter hinter dem Haus hervorzuziehen, um sie zu verbrennen, die Hälfte ist schon hervorgezogen, doch der Rest verrottet seither. Wir haben nie etwas gepflanzt. Auf einem kleinen Stück Land, das umzugraben ich geschafft habe, habe ich Rote Bete und Karotten gesät, doch der restliche Gemüsegarten verwildert.

Wenn ich Jaroslawas Haus anschaue oder die Nachbarhäuser, bricht mir das Herz. Allein ihre drei Meter hohen Umzäunungen sind einiges wert. Auch wenn ich mich manchmal damit tröste, dass sie durch diese Abschottung nicht sehen, wie wir leben. Denn es ist eine Schande und eine Schmach. Ach, es läuft alles schief ...

Gott sei Dank, mein Sohn ist eingeschlafen. Friedlich schlummert er im Bettchen, eine Hand unterm Kissen, die andere unterm Kinn. Er ist mein. Meine Hoffnung, mein Glaube und meine Stärke. Der Sinn meines schäbigen Lebens. Für andere ist er ein gewöhnliches Kind mit einer Stupsnase und neugierigem Blick, aber für mich – der Mittelpunkt der Welt.

Am Sonntag ist Danylko zwei Jahre alt geworden. Meiner Meinung nach wird er Wira immer ähnlicher: die gleichen Haare, der Schnitt der tiefgründigen Augen, die prallen Lippen, dazu rötliche Pausbacken, als ob er in jeder eine reife Kirsche versteckt hätte.

Ich lüge Maksym immer noch vor, dass unser Sohn aussieht wie er. Mein Mann freut sich, woraus nach meiner Ansicht mehr Eigen- als Vaterliebe spricht. Einst habe ich mir wirklich gewünscht, dass Danylko seinem Vater ähnelt, ich dachte, das könnte sein eisiges Herz erweichen und dort Liebe ansiedeln, aber inzwischen hat sich meine Meinung geändert.

So leben wir nun mal ...

Ich stelle eine Tasse Kaffee auf den Tisch, ziehe mir einen Stuhl heran und nehme mit der Zeitung am Küchenfenster Platz. Sonnenstrahlen fallen ins Haus und erhellen die Haferflockenschachteln, die sich auf dem Beistelltisch aneinanderreihen.

Durchs Fenster bemerke ich Jaroslawa. Zuerst will ich sie nicht sehen. Ich will niemanden sehen.

„Hallo“, grüßt die Freundin und legt ein Päckchen Bonbons der Marke *Vogelmilch* auf den Tisch, „wollen wir Tee trinken?“

Ich will den Kessel aufsetzen, aber der Herd ist noch nicht sauber. Na, was soll's, ich beginne die Oberfläche zu bearbeiten.

„Ihor hat eine Reise gebucht. Wir fahren nach Griechenland“, schwatzt Jaroslawa, „Anfang September hat er den lang ersehnten Urlaub, dann verreisen wir. Die Eltern werden auf Marharytka aufpassen. Cool, oder?“

„Mhm“, brumme ich. Was soll ich darauf antworten? Mein benebelter Verstand ist nicht einmal in der Lage, sich richtig für die Freundin zu freuen. Urlaub in Griechenland! Verdammt, ich weiß nicht einmal mehr, wann ich mir einigermaßen anständige Unterwäsche gekauft habe, weil Maksym das ganze Geld hinter sieben Schlössern verwahrt.

„Ist Maksym noch bei der Arbeit?“, fragt Jaroslawa.

Ich lächle schief. Sie geht auf Nummer sicher, denn sie will ihm keinesfalls begegnen. „Ja. Bei der Arbeit.“

„Wie lange wird er dort sein?“, fragt sie.

Vielleicht sollte ich ihr erklären, dass er mir über seinen Verbleib keine Rechenschaft ablegt. Oder ihr erzählen, dass der Moment, seitdem die Abwesenheit meines Mannes mich mehr freut als seine Anwesenheit, schon weit zurückliegt. „Bestimmt lange“, antworte ich kurz.

„Was hast du denn für eine Laune, Marta?“ Jaroslawa hebt wachsam die gefärbten Brauen.

„Es ist alles in Ordnung“, antworte ich und fülle den Kessel mit Wasser. Die elektrische Zündung des Gasherds funktioniert nicht, ich drücke zwar, aber es entsteht kein einziger Funke. Also entzünde ich mit Streichhölzern eine Flamme.

„Mach mir nichts vor“, murrt Jaroslawa, „was ist passiert?“

Ach, Gott. Alles, was passieren kann, ist passiert. Und überhaupt, in unserer Ehe läuft alles schief. Ich fühle mich schrecklich und sehe schrecklich aus. Wie eine Schimäre. Das Einzige, das vielleicht einigermaßen anständig aussieht, sind meine Haare. Sie sind lang, dicht und üppig. Der Rest ist gruselig anzusehen. Ich habe mich in eine dünne, blasse, leidgeprüfte, gedemütigte und erbärmliche Ehefrau verwandelt. Ich kann mich selbst nicht im Spiegel ansehen.

Und das ist noch nicht alles, denn darüber hinaus herrscht in meiner Seele ein bedeutungsloses Nichts.

Mit jedem Tag sinke ich weiter hinab auf den Grund des Sumpfs, tauche unter im Morast, versage mehr und mehr. Allein der Gedanke an meinen Sohn unterbricht meine Taubheit und zwingt mich, wenigstens ein paar Schritte zu unternehmen.

Jeden Tag denke ich darüber nach, wie ich Maksym entgegentreten kann, wie Widerstand leisten, wie verhindern, dass er mir in seiner Wut irreparable Schäden zufügt. Jeden Tag denke ich darüber nach. Aber zu konkreten Taten überzugehen, schaffe ich nicht.

Wenn ich in den Supermarkt gehe, habe ich den Wunsch, wegzulaufen. Zu rennen, ohne mich umzusehen, Passanten mit der Schulter zu stoßen und „Aus dem Weg!“ zu schreien. Wenn ich mit meinem Sohn spazieren gehe, koste ich jeden kurzen Moment der Freiheit aus, doch mein Herz brennt, weil es mich schmerzt, nach Hause zurückzukehren.

Sich gegen einen Despoten aufzulehnen ist eben nicht das Gleiche, wie sich hinter einem Turm aus Bauklötzchen zu verstecken. Man muss stark sein. Wenn ich schon körperlich unterlegen bin, sollte ich meinen moralischen Widerstand stärken. Aber ich ... Entweder bin ich überhaupt nicht fähig, zu widerstehen, oder ich bin noch nicht so weit.

Ich bin wütend auf mich selbst wegen meiner Feigheit, vor allem in den Momenten, in denen ich mit Danylko im Kinderwagen unterwegs bin und lächelnden Pärchen begegne, die händchenhaltend über die lauschigen Plätze spazieren, mit denen Luzk übersät ist, in ein normales Haus zurückkehren, das sogar richtige Dachziegel hat, Kaffee trinken gehen und sich von der Sonne verwöhnen lassen, dann mit der Menge verschmelzen, sich aber nicht verlieren.

„Wach auf, Marta", flüstere ich mir jeden Abend zu, „du wirst es dir nicht verzeihen, wenn Danylko unglücklich wird."

Ich vergieße Tränen und nehme mir fest vor, am nächsten Morgen zu handeln. Aber Gott ist mein Zeuge: Egal, wie sehr ich vorankommen möchte, vorerst stehe ich still, als läge ich in Ketten. Jeden Tag ermahne ich mich, dass ich mich nicht mit meinem eigenen Leid aufhalten darf, aber diese Ketten halten meinen Körper fest umschlungen.

Wie ein Blitz taucht in meinem Kopf ein Satz auf, den Bohdana einst mit einem Marker an die Wand unserer gemeinsamen Wohnung gemalt hat: „Es wird nicht immer so sein." Kaum merklich schüttle ich den Kopf, gehe die Worte vor meinem inneren Auge durch. „Es wird nicht immer so sein", aber damit es nicht so bleibt, darf ich nicht herumsitzen und die Hände in den Schoß legen.

„Mir geht es gut", presse ich hervor.

„Wenn ich dich nicht schon so lange kennen würde, würde ich dir vielleicht glauben, Marta. So aber glaube ich dir nicht."

Ehrlich gesagt, ist es mir egal, ob Jaroslawa mir glaubt.

„Ich habe nur schlechte Laune." Ich bemühe mich zu lächeln, aber ich weiß, dass das Lächeln sehr unaufrichtig herüberkommt.

„Warum denn?", hakt sie sehr ernst nach.

Ich wende mich Jaroslawa zu und schweige. Schaue nur.

Ich frage mich, ob sie tatsächlich bereit ist, zu hören, was ich erzählen könnte. Ob sie sich all das vorstellen kann, was ich durchmachen muss?

Meine treue Freundin. Eine Freundin, die von ihren Eltern geliebt und verehrt wird, deren Mann um sie kreist, als wäre sie der Mittelpunkt des Universums.

Nein, sie ist nicht bereit.

„Lass uns Tee trinken", sage ich lächelnd und stelle Tassen auf den Tisch.

Die Uhr an der Wand tickt laut, es erinnert an menschliches Herzklopfen.

„Marta", sagt Jaroslawa fast im Flüsterton, „vielleicht bist du jetzt nicht bereit, mir von dem zu erzählen, was an dir nagt. Aber wenn es so weit ist, sollst du wissen, dass ich dir jederzeit zuhöre und dir helfe, so gut ich kann."

Ich trinke heißen Tee und möchte jedem ihrer Worte glauben. Nur, dass sie mir überhaupt nicht helfen kann. Überhaupt nicht.

Das alte Kattunkleid, das ich im Haus trage, verrutscht ein wenig und entblößt das Bein oberhalb des Knies. Da: ein handtellergroßer blauer Fleck. Schnell bedecke ich den Bereich mit dem Kleid und schaue zu Jaroslawa. Ich bin sicher, dass sie nicht nur den Abdruck auf dem Bein, sondern auch den auf der Hand bemerkt hat.

„Marta", fährt Jaroslawa fort, „du wirkst verängstigt, und das beunruhigt mich. Deine Hände zittern. Und wenn du denkst, dass ich nichts merke, dann liegst du falsch. Ich bin nicht blind."

„Das scheint dir nur so", versuche ich, den Fluss ihrer Worte zu stoppen.

„Hör auf", sagt sie ein wenig barsch. „Du schreckst beim kleinsten Geräusch zusammen. Hast du Angst vor etwas oder jemandem? Ich frage jetzt nicht, vor wem, aber du sollst wissen, dass ich es mir denken kann."

Sie steht vom Tisch auf, kommt auf mich zu und nimmt meine Hand. Bestimmt will sie mich bemitleiden, doch das ist das Letzte, was ich jetzt brauchen kann.

Es klingt abgedroschen, aber ich würde gerne nichtnur vor Maksym, sondern auch vor mir selbst davon laufen. Das nagt an mir. Kürzlich habe ich im Fernsehen in irgendeiner Sendung die Frage gehört: „Wenn Sie die Zeit zurückdrehen könnten, was würden Sie ändern?“ Ich schrie in Gedanken: „Ich würde auf keinen Fall zu der Party von Bohdanas Freundin gehen, auf der ich Maksym kennengelernt habe.“

Jaroslawa beugt sich zu mir: „Du verlierst dich. Aber das Schlimmste ist, dass du einem kranken, obdachlosen Hund ähnlich geworden bist, der täglich geprügelt, mit Füßen getreten, abschätzig behandelt wird. Glaubst du, ich sehe das nicht?“

Ich blinzle. Noch ein Moment, dann heule ich auf.

Der Vergleich mit dem Hund hat ins Schwarze getroffen.

Doch vor meinen Augen steht die Inschrift an der Wand: „Es wird nicht immer so sein.“ Und ich glaube jedes Wort.

Juli
Donnerstag

Ich schleiche durchs Haus wie ein Einbrecher. Ich trete leise auf, fast lautlos, aber die alten Dielen knarren und verraten mich. Das Ticken der Wanduhr ist zu hören: klar und deutlich, aber gleichzeitig unwirklich.

Ich habe gelernt, zu gehen, als sei ich ein Geist, manchmal ist es, als würde ich nicht einmal den Boden berühren.

Meine Augen haben sich an die Dunkelheit gewöhnt, es schüttelt mich vor Kälte. Jeden Moment könnte ich die Grenze zur Panik überschreiten.

Mir ist bange und unheimlich. Ich verstecke mich in meinem eigenen Haus, im Haus meiner Eltern, wo meine, wenn auch nicht so glückliche, aber doch meine Kindheit verlief. Ich verstecke mich vor meinem Mann.

Danylko schläft und ich seufze erleichtert, als ich die Tür zu seinem Zimmer schließe. Würde doch auch Maksym schlafen. Aber nein.

Ich mache einen Schritt und verharre dann. Es ist dunkel, man sieht die Hand vor Augen nicht. Ich fühle mich blind, verängstigt und hilflos.

Ich bin müde.

Erschöpft.

Gleich falle ich um.

„Marta“, brüllt Maksym durchs ganze Haus.

Ich höre auf zu atmen. Das Atmen könnte mich verraten.

Er ist erst vorhin zurückgekommen, aber hat sofort mit meiner „Erziehung“ begonnen.

„Marta!“ Mein Name hallt durchs Haus.

Ich bleibe stumm.

Es ist fast drei Uhr morgens. Am Himmel ist kein einziger Stern zu sehen, der Mond schläft, versteckt sich hinter dichten Wolken. Das kommt mir gelegen, denn sonst würden sich die nächtlichen Himmelslichter ins Haus stehlen und meine Anwesenheit preisgeben. Obwohl, was gibt es schon preiszugeben? Maksym weiß sowieso, dass ich da bin, er weiß nur nicht, wo genau.

„Marta!" Seine Stimme klingt betrunken, orientierungslos. Aber es scheint nur so, als sei er vom Trinken völlig erledigt. Nein. Ich weiß, dass er es nicht ist. Er hat mehr als einmal bewiesen, dass er sein Ziel noch immer trifft, egal wie betrunken er ist. Früher habe ich dumme Gans geglaubt, ich könnte ihn überlisten, jetzt glaube ich das nicht mehr. Ich habe meine Lektion gelernt. Ich wurde „erzogen".

Am liebsten würde ich in Rauch aufgehen, sterben, im Erdboden versinken ... Solche Gedanken habe ich nun schon zum wiederholten Mal.

Im Flur sind schwere Schritte zu hören. Maksym ist auf der Suche nach mir.

Ich zittere, an die Wand gepresst.

Sechs Schritte trennen uns noch. Genau sechs Schritte muss er noch machen, um seine süße Beute zu finden.

Er knallt die Faust gegen die Wand. Wenn es ihm jetzt noch gelingt, das Licht einzuschalten, bin ich verloren. Aber zum Glück fällt mir ein, dass die Glühbirne im Flur gestern Abend durchgebrannt ist und ich heute vergessen habe, eine neue einzuschrauben. Ich lache heimlich, dabei halte ich meine verschwitzte Hand vor den Mund.

„Marta!", brüllt mein Mann erneut.

Ich hasse meinen Namen, denn er klingt wie ein Urteilsspruch.

Ich hasse Maksym.

Ich möchte ihn anschreien, dass er die Klappe halten, verschwinden, abhauen soll ... Ich kann mich kaum beherrschen, mich nicht unerwartet auf ihn zu stürzen. Oh, am liebsten würde ich ihm die besoffene Visage zerkratzen, die Faust in die Zähne schlagen. Ihm so weh tun wie er mir. Doch ich presse mich mit aller Kraft gegen die kalte Wand, drücke die Fingernägel in die Handflächen und beiße mir auf die Lippe. Schweigend stehe ich da.

„Marta!“, donnert Maksym erneut.

Er wird mich finden. Jetzt findet er mich. Vorausgesetzt, er findet mich überhaupt.

Sei klüger. Sei schlauer.

Ich rühre mich nicht. Ich atme nicht. Ich bin nicht da. Ich verschmelze mit der Wand wie ein Schatten.

Die Schritte entfernen sich. Er geht ins Schlafzimmer.

Er hat mich nicht gefunden.

Und das ist mein kleiner Sieg.

Juli
Dienstag

Gegen Mittag hat Ruslan angerufen. Bei der Beerdigung von Zoja Pawliwna hat er meine Nummer aufgeschrieben, seither fragt er von Zeit zu Zeit, wie es mir geht, lädt mich auf einen Kaffee ein, erzählt von Nastja. Es kommt vor, dass wir stundenlang quatschen, scherzen und Neuigkeiten austauschen. Oder vielmehr redet Ruslan und ich höre zu, denn ich habe nichts zu erzählen.

Heute hat er mich zu einem Spaziergang im Park eingeladen, er hat gesagt, er nähme Nastja mit und ich Danylko, so wären wir zu viert unterwegs. Ich habe abgesagt.

„Gott ist mit den Vorsichtigen“, wie es so schön heißt.

Ich will einen Generalputz machen, denn im Haus herrscht Unordnung. Danylko verteilt gekonnt seine Spielsachen, Kekskrümel und Saftflecken.

Ich räume das Kinderzimmer auf, wische Staub in unserem Zimmer. Doch später, als ich den Sohn zum Mittagsschlaf hingelegt habe, nehme ich die mir liebste Aufgabe in Angriff: Ich wische meine Porzellanpuppen sauber. Dazu nehme ich jede einzelne in die Hand und betrachte sie lange.

Als es Abend wird, hole ich Gemüse aus dem Kühlschrank und mache einen Salat. Dann koche ich Nudeln, schmore Fisch mit Karotten und Zwiebeln.

Als ich höre, dass in der Nähe ein Auto hält, wird mir schlecht, denn das bedeutet, dass Maksym nach Hause kommt.

Schweigend betritt er das Haus, wirft die Tasche mit den Papieren aufs Sofa im Wohnzimmer und geht die Hände waschen. Wir haben eine Regel: Während mein Mann sich die Hände wäscht, muss ich den Tisch decken. Sonst wird es mir schlecht ergehen.

Gott, wie sich alles verändert hat. Wann hat das angefangen?

Es gelingt mir nicht, den Moment zu benennen, an dem Maksym die Grenze überschritten hat.

Als mein Mann in die Küche kommt, weiß ich sofort, dass er schlechte Laune hat, was wiederum bedeutet, dass ich extrem aufpassen muss.

„Ich habe überlegt“, sagt Maksym, während er den Fisch gründlich kaut und die Gabel neben den Teller legt, „dass du genug zu Hause herumgesessen hast.“

„Was meinst du?“, wundere ich mich.

„Du musst wieder arbeiten gehen. Das Geld reicht hinten und vorne nicht, und du sitzt seit zwei Jahren bloß herum.“

„Aber ...“, stammle ich, „aber Danylko ist doch noch ganz klein.“

„Von wegen klein“, er wendet den Blick ab und isst weiter, „der Junge ist zwei Jahre alt, aber du behandelst ihn wie ein Neugeborenes.“

Ich fürchte mich zu widersprechen, aber zuzustimmen wäre noch viel schlimmer.

„Meld ihn in der Krippe an. Ende der Diskussion.“

Ich sehe, dass die Frage entschieden ist. Maksym ist nicht bereit, mit sich reden zu lassen, daher nickt mein verräterischer Kopf als Zeichen der Zustimmung.

„Je früher, desto besser“, beendet er das Thema und kaut weiter.

„Okay“, stimme ich folgsam zu.

„Der Fisch ist sehr lecker. Du kochst gut“, lobt er mich.

Nach dem Essen geht er ins Kinderzimmer, von wo aus das fröhliche Gebrabbel unseres Sohnes zu mir dringt. Maksym erzählt ihm ein Märchen, als wäre nichts geschehen.

Wahrscheinlich werde ich meinen Mann nie verstehen.

Während er mit dem Sohn spielt, wasche ich das Geschirr ab und gehe in Gedanken die anstehenden Veränderungen in unserem Leben durch. Und egal wie schrecklich es ist, begreife ich doch, dass die Rückkehr aus dem Mutterschaftsurlaub mich retten kann.

Jede Situation hat ihre Vorteile, ich muss sie nur nutzen.

Juli
Mittwoch

Nach dem ersten Piepton höre ich Oksanas fröhliche Stimme: „Na, wer ruft denn da an! Hallo."

Die Worte bleiben mir im Hals stecken. Gleich kommen unendlich viele Fragen, auf die ich keine Antwort geben kann. Warum nur lieben es manche Leute so sehr, exzessiv zu tratschen und nachzubohren, ein Verhalten, das teilweise an Detektive erinnert, die Erlaubtes, aber auch Verbotenes durchwühlen?

Wir tauschen allgemeine Phrasen über Kinder, Gesundheit, Glück, Wetter und Lebensmittelpreise aus. Es macht keinen Sinn, es noch lange hinauszuzögern, also atme ich durch und verkünde: „Ich will wieder arbeiten."

„Warum das denn auf einmal", ruft Oksana. Ich stelle mir vor, wie sie jetzt die Augen rollt und die Augenbrauen hochzieht.

„Na ja", antworte ich gedehnt, „Danylko ist schon zwei Jahre alt, ich werde ihn in einer Krippe unterbringen, damit er beaufsichtigt wird."

„Sei nicht dumm. Umso mehr, als es seit dem Tod von Zoja Pawliwna bei uns sehr unangenehm ist. Die neue Leiterin teilt gegen alle aus. Das ist keine Frau, sondern ein Biest", erklärt sie mir.

Fast entgegne ich ihr, dass ich im Umgang mit wilden Tieren erfahren bin, aber ich unterlasse es. Es ist traurig, dass eine Fremde Zoja Pawliwnas Stelle eingenommen hat.

„Hat dein Mann dir gesagt, dass du wieder arbeiten sollst?", fragt Oksana.

Aha, jetzt geht es los.

„Nein, das habe ich selbst entschieden", lüge ich.

„Du Närrin."

Als wir uns verabschiedet haben, seufze ich.

Nun muss ich der Personalabteilung einen Antrag schicken und mich um einen Krippenplatz für Danylko kümmern.

Gegen Abend, als Maksym von der Arbeit zurückkommt, teile ich ihm mit, dass ich in den kommenden Tagen den Kindergarten besuchen und einen Antrag schreiben werde.

„Cleveres Mädchen“, sagt er gut gelaunt, mich dagegen schüttelt es.

Er schaltet den Fernseher ein, um die Nachrichten anzuschauen. Nach fünfzehn Minuten schaltet er ihn wieder aus und bietet an: „Sollen wir spazieren gehen? Heute ist es schön draußen. Die Hitze hat nachgelassen.“

Ich nicke erstaunt. Wie kommt das? Was ist los?

Aber ich frage nicht weiter. Ich mache Danylko fertig, ziehe statt des verschlissenen Kleids ein T-Shirt und einen leichten Rock an, den ich schon seit meiner Studienzeit besitze, und wir gehen los.

„Ein Eis?“, fragt Maksym, und ich weiß gar nicht, wie mir geschieht.

Ich zeige mich aber sofort einverstanden. An der Straßenecke kauft er Plombir, dann springt er in einen Laden und bringt Danylko Kekse.

„Ich finde, er sollte kein Eis essen, denn sein Hals könnte davon weh tun. Ich habe lieber Kekse geholt“, sagt er und nimmt den Sohn auf den Arm. Danylko legt eine Hand auf die Schulter des Vaters, mit der anderen stopft er sich einen Gewürzkeks in den Mund.

Die leichte Abendkühle belebt, aber ich kann mich nicht entspannen. Diese Stimmungsschwankungen, Maksyms Ausbrüche und Anfälle werfen mich aus der Bahn. Manchmal denke ich, wenn er immer derselbe wäre, das heißt, wenn er immer poltern und schreien würde, dann würden mich solche plötzlichen Demonstrationen seines Interesses an uns nicht so anstrengen.

Eine Frau und ein Mann kommen uns entgegen, im Kinderwagen schläft ein Kind. Ganz normal. Wie alle anderen auch. Als sie an uns vorbeigegangen sind, schaue ich ihnen nach.

Ich betrachte uns mit ihren Augen: Wir wirken auch normal.

Ich sehe mich noch einmal um und bohre meinen Blick in ihre Rücken. Ich frage mich, ob sie jene Angst, die Atmosphäre, in der wir leben, spüren könnten? Ob sie vermuten könnten, dass ein so fürsorglicher Mann, der seinen Sohn auf dem Arm trägt und ihn mit Keksen füttert, seine Frau verprügelt? Da dreht die Frau plötzlich den Kopf und begegnet meinem Blick. Was denn, denkt sie etwa ebenfalls darüber nach? Widerfährt ihr etwa das Gleiche?

Es reicht, sage ich zu mir selbst. Hör auf zu philosophieren.

„Sollen wir weiterlaufen oder zurückgehen?", fragt Maksym.

Es ist mir egal, aber ich antworte, dass wir noch weitergehen könnten.

Maksym plaudert fröhlich mit Danylko, der zur Antwort froh brabbelt. Die Wolodymyrska-Straße liegt hinter uns, wir biegen ab in die gnadenlos laute Lwiwska: Die Autos rasen vorbei, als würden sie Rennen fahren, die Bürgersteige sind grau, die Gebäude düster. Die Stimmung passt zu unserem Spaziergang, finde ich, aber zehn Minuten später ändert sich meine Meinung.

Wir befinden uns am Aussichtspunkt. Vor uns liegt das Panorama von Luzk. Maksym schaut fasziniert in die Ferne und lächelt, den Kopf in meine Richtung gewandt. Ich zwinge mich, zurückzulächeln. Wir gehen zum Metallzaun, ich folge Maksyms Blick: Er liebt die lutherische Kirche, die sich in den Abendhimmel reckt, betrachtet die Türme des Luzker Schlosses, die in der Distanz neblig wirken. Seine Gedanken scheinen in die Ferne zu schweifen – bis zu den von Schilf bedeckten Ufern des Styr. Ich lenke meinen Blick von Maksym auf die Landschaft. Tief atme ich die Luft von Frische und Freiheit ein.

„Es ist so wunderschön", sagt Maksym zu sich selbst.

„Ja", stimme ich zu und bin erstaunt über seine Empfänglichkeit für die Landschaft und deren Schönheit.

Aber dann drehe ich den Kopf, denn eine simple Sache wird mir plötzlich klar, die lange von Staub verdeckt und verborgen war. Maksym ist ein einfacher Mensch mit seinen eigenen Ängsten und Schwächen. Er ist so einfach, dass es fast primitiv ist. Er reckt sich wie die lutherische Kirche zum Himmel, kann ihn aber nicht erreichen. Denn es gibt Dinge, die er nicht beeinflussen kann. Deshalb muss ich ihm zeigen, dass er keine Macht über mich hat, dass der Schmerz, den er mir zufügen will, an mir abgleitet, dass sein Zorn mich nicht einschüchtert. Soll er an seinen Klischees und Wünschen ersticken, soll er mich ruhig weiter terrorisieren, ich bin jetzt nicht mehr bereit, ihn zu fürchten.

Denn Maksym ist nicht der allmächtige Gott. Er ist nur ein ganz gewöhnlicher Mann, den es in den Fäusten juckt.

August
Samstag

Das Gartentor knarrt, ich schaue aus dem Fenster. Jaroslawa kann den Eimer Tomaten, den sie mir neulich versprochen hat, kaum schleppen. Ich hatte Setzlinge gekauft, sie eingepflanzt, aber eine Blattlaus hat sie befallen, sodass sie abgestorben sind. Maksym hat mich daraufhin verspottet, er erklärte, die menschliche Nichtsnutzigkeit und Unfähigkeit zeige sich in allen Dingen.

„Nimm", sagt Jaroslawa keuchend. Sie stellt den Eimer ab und holt Luft.

„Danke. Wollen wir Tee trinken?", schlage ich vor.

„Wo ist denn Maksym?", fragt sie erstaunt, denn sie weiß, dass er heute einen freien Tag hat.

„Er ist in die Stadt gefahren. Irgendwas erledigen."

„Ich denke eher nicht", lehnt sie ab, und wir beide kennen den Grund. Es ist schwer, zuzugeben, dass mein Mann zwischen uns steht, zumal Ihor Jaroslawa nie verboten hat, sich mit mir zu treffen, sondern im Gegenteil immer wieder betont, dass eine Freundschaft gepflegt werden muss.

Manchmal gleichen Jaroslawa und ich wieder den Teenagern, die hastig und heimlich eine Zigarette rauchten. Das ist dank Maksym aus unserer Freundschaft geworden.

Wenn ich Ihor auf der Straße oder im Geschäft treffe, lächelt er freundlich, erkundigt sich, wie es mir geht, fragt nach Danylko und lässt jedes Mal Grüße an Maksym ausrichten. Ihor besitzt den nötigen Takt und die nötige Erziehung, um die Misanthropie meines Mannes nicht zu beachten, sich trotzdem zivilisiert zu verhalten und seine Nachbarn nicht anzukläffen.

Ihor ist intelligent. Würde man meinen Mann neben ihn stellen, könnte man das Gleiche über Maksym denken, doch dieser falsche erste Eindruck vergeht ganz schnell, denn Maksyms grobe und taktlose Erwiderungen, die Geringschätzung in seinen

Augen und seine Feindseligkeit gegenüber der Umwelt verraten mehr über ihn als sein teurer Anzug und die Lederschuhe.

Sie sind verschieden. Ihor weiß, wie man Mitgefühl zeigt und in der Öffentlichkeit nicht die Selbstbeherrschung verliert. Natürlich verliert auch er, wie jeder von uns, mal die Kontrolle über sich selbst, aber er beherrscht sich schnell wieder und entschuldigt sich. Er kümmert sich um Jaroslawa auf eine Art und Weise, wie keiner der mir bekannten Männer sich um seine Frau kümmert. Er spielt mit seiner Tochter, behandelt Jaroslawas Eltern mit Respekt, ernährt die Familie und organisiert Urlaube. Was kann man sich mehr wünschen?

Er ist so anders als Maksym, dass es direkt lächerlich anmutet, sie zu vergleichen.

„Hast du das neue Rezept deiner Mutter für die Tomaten mitgebracht?" Jaroslawa hatte die Tomaten, die ihre Mutter einmachte, gelobt und gesagt, dass ich das auch probieren müsse, sonst wäre sie beleidigt.

„Ach", seufzt sie, „ich bringe es dir. Fängst du jetzt gleich an, sie einzumachen?"

„Nein. Du kannst es auch in einer Stunde noch bringen."

„Dann füttere ich Marharytka und komme wieder. Oder ich rufe an."

„Komm vorbei", erwidere ich lächelnd.

Jaroslawa verlässt das Haus, und ich ertappe mich bei dem Gedanken, dass ich sie auf eine positive Art und Weise beneide – für die Freundin läuft alles so gut, wie ich es mir für mich nie hätte träumen lassen.

Zwanzig Minuten später bemerke ich durch das Küchenfenster Maksym. Er läuft auf dem überwucherten Weg zum Haus, strauchelt aber im hohen Gras. Er ist betrunken wie eine Strandhaubitze.

Er öffnet die Tür und starrt mich mit einem verschwommenen Blick an. So viel Verachtung liegt in seinen Augen, dass ich gern bis ans Ende der Welt geflohen wäre.

Ich höre Danylkos Stimme aus dem Wohnzimmer. „Mama, Mama!", ruft der Sohn.

Ich gehe auf ihn zu, aber Maksym ergreift meine Hand. Seine starken, verschwitzten Finger graben sich in meine Haut. Heute könnte es bei uns hoch hergehen.

„Bleib stehen", zischt er.

„Lass mich!", bitte ich oder flehe vielmehr.

„Bleib stehen, sage ich."

Ich ziehe meine Hand zurück und entferne mich fünf Meter, um möglichst schnell aus seinem Blickfeld zu verschwinden.

Danylko hat mit einem Ball gespielt, der unter das Sofa gerollt ist. Das Kind hat sich hingekniet und seine Hand zwischen den Boden und das Sofa gesteckt. „Da drüben ist er." Er zeigt mit dem Finger.

Ich helfe ihm, den Ball hervorzuholen, und werde mit einem breiten Lächeln belohnt.

Wieder in der Küche, mache ich mich an die Tomaten.

„Woher hast du die?", fragt Maksym drohend.

„Jaroslawa hat sie gebracht", antworte ich prompt und bedaure sofort, dass ich nicht gelogen habe. Ich hätte sagen können, dass ich sie gekauft habe. Obwohl sich hier eine neue Frage ergäbe, nämlich, woher ich das Geld dazu hätte.

„Ich habe es dir doch schon gesagt. Wie oft habe ich gesagt, dass du keine Almosen annehmen sollst?" Genauso hat er letzten Herbst reagiert, als Jaroslawa mir Trauben schenkte, oder im Winter, als sie Danylko Äpfel brachte. Maksym hat sie in den Müll geworfen und war offenbar sehr stolz auf seine Tat.

„Das sind keine Almosen", protestiere ich und empfinde dabei Befriedigung.

Er erhebt sich vom Hocker und baut sich vor mir auf. Wie ein hoher, steiler Felsen.

„Das kommt von Herzen. Ich sehe darin nichts Schlechtes."

„Du wirkst wie eine Schmarotzerin", zischt er mir ins Gesicht.

„Vielleicht bist daran aber auch du schuld?" Woher ich den Mut nehme, weiß ich nicht, aber in mir wächst die Entrüstung. „Willst du etwa, dass wir verhungern?"

Ich habe bereits zwei Fehler begangen, die nicht mehr zu korrigieren sind: Erstens habe ich Jaroslawas Tomaten angenommen, und zweitens habe ich es gewagt, meinem betrunkenen Mann eine Standpauke zu halten. Ich weiß, dass mich mein abfälliger Ton teuer zu stehen kommen wird.

Maksym packt mich am Genick und dreht mein Gesicht zu sich. In diesem Moment werde ich zur Porzellanpuppe: leicht, leblos, seelenlos.

Mir ist klar, was jetzt passieren wird.

Ich keuche. Mein schneller Atem schneidet wie ein Messer durch die Luft.

Maksym packt mich mit aller Kraft an den Schultern und schüttelt mich, ich dagegen stelle mir wieder vor, wie mein Kopf abreißt, auf den Boden fällt und davonrollt. Wie bei der Porzellanpuppe.

Dann kracht seine Faust auf mein Gesicht. Vor meinen Augen wird es dunkel, als ob jemand das Licht ausgemacht hätte. Auf den ersten Schlag folgt direkt der zweite. Es wird immer dunkler und dunkler.

Meine Beine geben nach, ich verliere das Gleichgewicht und falle. Der Kachelboden fängt meinen Körper auf. Wie hart er ist. Wie weh es tut, mit dem ganzen Gewicht des Körpers, auch wenn er noch so dünn ist, auf dem Boden aufzuschlagen.

„Komm schon, schlag zu. Schlag zu!", schreie ich, während mein Körper schon in stummem Schmerz brüllt.

Ich frage mich schon lange nicht mehr: Was habe ich Falsches getan? Gibt es wirklich einen Grund für seine Wut? Woher kommt so viel Brutalität? Warum kann eine solche Kleinigkeit wie die Tomaten von heute sich zu so einer Katastrophe ausweiten?

Wie viele ähnliche Katastrophen es schon gegeben hat! Eine versalzene Suppe, ein ungewaschenes Hemd, ein zur falschen Zeit gesagtes Wort oder meine Weigerung, Sex zu haben.

Jedes Mal, wenn er die Hand gegen mich erhebt, trifft er genau sein Ziel, denn das Ziel bin ich, klein, dünn und zusammengerollt, die regungslos vor ihm liegt. Fällt es ihm schwer, mich zu treffen? Ich glaube nicht. Ich laufe ja nicht weg, leiste auch keinen Widerstand. Lege mich folgsam hin und ordne mich unter.

Aber heute nicht. Diesmal befreie und wehre ich mich. Mir reicht's. Es ekelt mich an.

„Du bist ein Schlappschwanz!", schreie ich aus Leibeskräften.

Er schnaubt bedrohlich über mich hinweg, und ich tue das Erste, was mir in den Sinn kommt, ich brülle vor Lachen. „Ich hasse dich!" Ich spucke ihm ins Gesicht und im nächsten Moment fange ich seinen verwirrten Blick auf. Oh ja. Das ist es, was ich erreichen wollte: seine Ratlosigkeit.

Er hält inne und tritt von einem Fuß auf den anderen.

„Warum hast du aufgehört?", provoziere ich ihn. „Komm schon, schlag zu. Weißt du, es tut mir gar nicht weh."

Es wird still. Nur sein Keuchen ist zu hören.

„Oh Gott!", wie aus einer anderen Welt höre ich Jaroslawas Schrei. „Was zum Teufel tust du da?"

Ich habe einen Schleier über den Augen, ich kann nichts sehen.

Warum ist sie gekommen? Ich verstehe nicht, warum Jaroslawa gekommen ist, wo sie doch annehmen muss, dass Maksym zu Hause ist?

Das Rezept! Sie hat das Rezept gebracht. Es wäre doch besser gewesen, sie hätte angerufen. Aber vielleicht hat sie sogar angerufen?

In meinen Ohren klingelt es. Ich versuche aufzustehen, aber mein Körper gehorcht mir nicht.

„Marta", schreit Jaroslawa.

Sie hat etwas in der Art schon lange geahnt, aber ich kann ihr Entsetzen verstehen, denn sie hat sich das Ausmaß der Gewalt nicht vorstellen können.

Ich will ihr sagen, dass sie gehen soll. Einfach von hier weggehen. Ich versuche, meinen Kopf zu drehen, um Maksym zu sehen. Ich erblicke ihn und schreie etwas. Oder bilde ich mir das nur ein?

Ich bekomme Angst. Mit einem schnellen, sicheren Schritt geht er zu Jaroslawa, packt ihre Schultern und schleudert sie nach hinten. Sie kracht gegen die Wand und kreischt mit einer Stimme, die nicht ihre ist: „Lass los, du Idiot. Ich werde dich bei der Polizei anzeigen."

Maksym stößt sie auf den Korridor hinaus. Ich versuche aufzustehen, aber mein Körper gehorcht mir nicht. Ich knie mich hin, so wie es Danylko vorhin gemacht hat, als er nach seinem

Spielzeug suchte, und krieche zur Tür. Meine Finger berühren einen Gegenstand. Ich schaue genauer hin und halte mir überrascht den Fund vor die Augen: Das ist mein Ohrring. Wahrscheinlich ist er beim wiederholten Schlagen weggeflogen. Allerdings liegt auf meiner Handfläche gar kein Ring, denn er ist verbogen und hat die Form einer Nadel angenommen: dünn und ganz gerade.

Auf der Türschwelle verharre ich. Maksym stößt Jaroslawa mit seiner ganzen Kraft, sodass sie nach draußen fällt.

„Dass ich dich hier nie wieder sehe. Verstanden?“, keucht er.

Jaroslawa springt auf und rennt zur Pforte, ohne sich umzudrehen. Ich höre ihre Schritte – laut und gleichzeitig lautlos.

„Vielleicht ist sein Hass für heute versiegt“, denke ich hoffnungsvoll, da spüre ich an meiner Hand, wie mich die Wange meines Sohnes leicht berührt. Er kuschelt sich an mich.

Ich setze mich hin und drücke ihn an mich. Maksym marschiert an uns vorbei ins Haus, nimmt den Eimer mit den Tomaten und wirft ihn aufs Beet. Die Tomaten kullern über die Erde, berühren die Blätter einer Pfingstrose, die schon längst verblüht ist und sich hinter den dicken Rosenstämmen versteckt.

„Mama“, Danylko reibt sich an meiner Wange.

Ich drücke meinen Sohn mit aller Kraft an mich und sage zu mir: „Herr, gib mir die Kraft zu kämpfen.“

August
Sonntag

Ich erwache im Morgengrauen. Maksym hat in dieser Nacht im Wohnzimmer geschlafen, denn ich habe mich vor Schmerzen gewunden und ihn am Einschlafen gehindert.

Ich nehme einen Spiegel vom Nachttisch und betrachte mein Gesicht.

Die Wangen sind geschwollen. Blutergüsse unter beiden Augen, aber unter dem rechten ist er größer und heller, so groß wie ein Hühnerei. Die Unterlippe ist dick, auf der Oberlippe eine Blutkruste. Auf dem Nasenrücken ein Ödem, auf dem sich seltsame Flecken gebildet haben, die aussehen wie mit dem Pinsel gemalte Figuren. Diese Flecken besitzen verschiedene Formen, die kleinen Ahornblättern ähneln.

In zwei Wochen soll ich meine Arbeit wiederaufnehmen, doch bis dahin werden diese Male nicht verschwinden. Wie kann ich mich dort sehen lassen? Die Kinder werden auf mich zeigen, die Kolleginnen werden über mich tratschen und die Eltern werden miteinander flüstern. So wie ich aussehe, möchte ich nicht einmal Brot kaufen, geschweige denn zur Arbeit gehen, wo ich noch dazu Kindern begegne. Eine Erzieherin, die ihre eigenen Probleme nicht im Griff hat, aber fremde Kinder erziehen will.

Aus dem Schrank hole ich die Hausapotheke, gefüllt mit Schmerzmitteln, Gelen und Salben gegen Wunden und Quetschungen. Ich creme mein Gesicht ein, bezweifle diesmal jedoch, dass die Medikamente helfen werden. Den handtellergroßen Fleck am Hals werde ich mit einem leichten Tuch abdecken.

Ich habe eine Menge solcher praktischer Dinge: Meine dürftige Garderobe füllt sich mit Schals und Tüchern aus zweiter Hand in allen Regenbogenfarben. Ebenfalls im Secondhandladen habe ich billige Sweater mit hohem Kragen und zwei Paar Shorts gekauft.

Im Sommer ist es am schwierigsten, blaue Flecken zu verbergen, deshalb trage ich bei jeder Temperatur Jeans und langärmelige Hemden, die ich im gleichen Geschäft erstanden habe. Manchmal rettet mich mein langes Haar, das ich über mein entstelltes Gesicht fallen lassen kann. Ich weiß schon gar nicht mehr, wann ich mir die Haare zuletzt habe schneiden lassen.

Die Prellungen breiten sich wie Schlangen auf den Armen und Beinen aus, ich kann zwar meinen Rücken nicht sehen, aber ich habe das Gefühl, dass er komplett blau ist.

Auf dem Bett liegend schaue ich meine Hände an. Auf der rechten zähle ich sechs blaue Stellen unterschiedlicher Größe. Sie erinnern an den Saft zerdrückter Heidelbeeren, der über den Körper verschmiert wurde und sich nicht so rasch entfernen lässt wie gewünscht. Natürlich werden die Prellungen wieder weggehen, doch an ihrer Stelle erscheinen andere, und jeder dieser schwarzen Flecken hinterlässt eine Narbe auf der Seele.

Ich rolle mich auf dem Bett zusammen und werfe mir die Decke über den Kopf.

Was ist nur aus meinem Leben geworden? Zunehmend erinnere ich mich selbst an ein ungehorsames Kind, das, ohne ein Bewusstsein für die Gefahr, Nägel in eine Steckdose steckt. Oder an einen Akrobaten, der auf einem dünnen Seil balanciert, aber auf Sicherungsvorkehrungen und Schutzmaßnahmen verzichtet. Oder an einen Bergarbeiter, der die Sicherheitsvorschriften missachtet und in der Mine eine Zigarette raucht.

Ich weiß, dass diese Qualen früher oder später enden, denn so kann es nicht ewig weitergehen. Dieses Duell muss aufhören, und obwohl ich keine Ahnung habe, wie, muss ich als Siegerin daraus hervorgehen.

***

Ich bin eingeschlafen. Als ich aufwache, sitzt Danylko auf der Bettkante und wimmert. Ich schaue auf die Uhr. Fast elf. Wow, ich kann mich nicht erinnern, wann ich das letzte Mal so lange geschlafen habe.

Ich versuche, aus dem Bett zu steigen, aber mein geschundener Körper ist zu schnellen Bewegungen nicht fähig.

„Komm zu Mama", sage ich, wobei ich meinen Sohn anlächle, wohl wissend, wie hässlich das gezwungene Lächeln auf dem entstellten Gesicht wirkt.

Danylko hat Hunger, er zieht mich in die Küche. Ich stecke meine Füße in die Hausschuhe und schlurfe hinter meinem Sohn her. Aus einer Schachtel schütte ich ein paar Haferflocken in Danylkos blaue *Winnie-Pooh*-Schüssel und setze den Wasserkessel auf. Der elektrische Zünder funktioniert wieder nicht richtig, deshalb nehme ich ein Streichholz. Gestern habe ich keine Milch gekauft, also muss das Kind die Haferflocken mit Wasser essen. Ich bin eine schlechte Mutter.

Während das Wasser kocht, gehe ich mich waschen. Ich habe Angst, mich im Spiegel anzusehen.

Da erschaudere ich plötzlich bei dem Gedanken: Wo ist eigentlich Maksym? Schläft er noch?

Ich gehe vom Bad ins Wohnzimmer. Das Sofa ist leer, die Decke ist nicht abgezogen, das Kissen ist auf den Boden gefallen.

„Mama", höre ich die Stimme meines Sohnes.

Ich kehre in die Küche zurück und sehe den pfiffigen kleinen Kerl beim Herd stehen und auf den Kessel zeigen. Er weiß, dass Kinder nicht zu nah ans Feuer gehen dürfen, deshalb hat er mich gerufen, als er bemerkte, dass der Kessel dampft.

„Gut gemacht." Ich streichle sein Köpfchen.

Danylko probiert den Haferbrei, den ich mit Erdbeermarmelade gemischt habe. Mir selbst habe ich einen Pfefferminztee gemacht, in der Hoffnung, dass er mich etwas beruhigen wird. Ganz schön naiv.

Mein Sohn sieht mich von Zeit zu Zeit an. Ich lächle zurück und erzähle das Märchen vom *Schwesterchen Fuchs*.

Als er fertig gegessen hat, kommt er zu mir und berührt die Prellung unter dem rechten Auge. Seine Berührung ist warm und sanft, aber gleichzeitig schmerzhaft. Als bekäme ich einen elektrischen Schlag. Er versteht nicht, was mit seiner Mama los ist!

Gegen Mittag gibt mir der Gedanke keine Ruhe: Wie konnte ich das zulassen? Wie nur? Was habe ich falsch gemacht?

Ich reibe das Hühnchen mit Knoblauch ein und analysiere weiter mein Leben. Ich kann nicht nur Maksym die Schuld geben, denn auch mein eigenes Fehlverhalten ist offensichtlich. Er tut, was er für richtig hält, und ich habe aus irgendeinem Grund entschieden, es zu ertragen. Ich habe es zugelassen.

Ich bin insofern schuld, als dass ich ständig versucht habe, Anzeichen der Menschlichkeit in ihm zu finden, sei es auch nur ein Schatten oder eine Spur von Anstand. Ich erinnere mich, wie ich dachte, ich sei auch nicht ohne Sünde, daher müssten wir miteinander auskommen. Lächerlich. Wenn man in einer Person gute Eigenschaften sucht, findet man sie auf jeden Fall auch – davon war ich überzeugt. Das hatte Mama gesagt. Also suchte ich gewissenhaft. Ich fand nichts, also suchte ich erneut. Ich dachte oft: „Es muss doch wenigstens irgendetwas Greifbares geben, wenn es auch nur eine Kleinigkeit wäre."

Maksym ist zwanghaft und unberechenbar. Er macht mir mehr und mehr Angst. Was ist mit ihm los? Es muss einen Grund geben, der seine Aggression erklärt. Wenn er großspurig von der Arbeit erzählt, erkenne ich, dass dort für ihn alles in Ordnung ist. Er hat sich nie übermäßig um das Familienleben gekümmert, daher glaube ich nicht, dass es ihn in irgendeiner Weise bedrückt. Der Sohn? Seinem Sohn gegenüber ist er gleichgültig. Ich? Na, ich bleibe für ihn eine Art Sandsack, den ein Boxer dringend braucht, selbst wenn der Sack sehr ramponiert ist. Der Sex? Ich habe nicht den Mut, mich zu verweigern. Einmal habe ich über Kopfschmerzen geklagt und dafür Fußtritte erhalten. Was dann? Vielleicht liegt in der fernen Vergangenheit ein Geheimnis verborgen? Was, wenn er etwas verschweigt, das in seiner Kindheit passiert ist? Denn unser einziger Besuch bei seiner Schwester war rätselhaft und hat viele Fragen aufgeworfen, auf die ich – trotz Maksyms damaliger Erklärungen – bis jetzt keine Antworten habe ...

„Das riecht lecker", höre ich hinter mir die Stimme meines Mannes. Vor Überraschung wäre ich fast aufgesprungen.

Ich sehe mich um.

„Oh!", ruft er aus, als er mein blaues Gesicht bemerkt. Als ich ihn anschaue, sehe ich Verwirrung und Verlegenheit.

„Zufrieden?“, frage ich mit hasserfüllter Stimme.

Maksym legt seine Hände auf meine Schultern. Ich schrecke unter seiner Berührung zusammen. Mit einer langsamen Bewegung dreht er mich mit dem Gesicht zu sich und beugt sich herab, um mich zu küssen. Mein einziger Wunsch ist es, wegzulaufen.

„Entschuldige“, flüstert Maksym in mein Ohr.

Dann kramt er in seiner Tasche und holt ein kleines Schächtelchen hervor, das mit einem festlichen Band verschnürt ist.

„Marta“, sagt er leise, und plötzlich wirkt er ganz normal auf mich. Ein ganz gewöhnlicher, einfacher, durchschnittlicher Mensch, der einen Fehler gemacht hat und die Schuld wiedergutmachen will. Aber ist dem tatsächlich so?

Ich blicke schweigend vor mich hin, während sich ein schwerer Atemzug über unsere Köpfe erhebt und in der Luft schwebt.

„Marta“, sagt er wieder, „entschuldige. Es tut mir sehr leid.“

Er nimmt meine rechte Hand und legt die kleine Schachtel hinein, dann entfernt er den Deckel und ich erblicke eine Armbanduhr. Verrückt. Mein Mann ist wirklich verrückt, er hat nicht alle Tassen im Schrank.

„Das kommt von Herzen. Wirklich“, sagt er und lehnt meinen dünnen, geschundenen Körper an sich.

Der Duft von teurem Parfüm steigt mir in die Nase, hinter meiner Stirn pocht ein quälender Gedanke: Maksym, deine Handlungen werden von deiner Kraft geleitet, ich aber werde mich vom Verstand leiten lassen. Wir werden sehen, wer von uns gewinnt.

***

Auf dem Teller vor mir dampft Kartoffelpüree, daneben liegt ein Stück Brathähnchen. Ich füge Gurken- und Tomatensalat mit saurer Sahne hinzu, aber ich bezweifle, dass ich mir irgendetwas in den Mund zwängen kann. Danylko kaut auf einer Kartoffel und rümpft ab und zu die Nase. Das Hähnchen hat er abgelehnt, den Salat will er nicht einmal ansehen. Er hat keinen Appetit.

Mit leeren Augen schaue ich zu Maksym und zum ersten Mal fühle ich gar nichts. Leere herrscht in meinem Herzen, selbst über die Geheimnisse seiner Vergangenheit nachzudenken habe ich keine Lust. Danylko windet sich auf seinem Stuhl und rutscht dann nach und nach auf den Boden. Er ist geradeso satt geworden.

Maksym und ich bleiben allein am Tisch zurück. Ich verspüre eine übermächtige Müdigkeit. Mir fehlt sogar die Kraft, die Gabel zum Mund zu führen. Mein Mann kaut sorgfältig und still das Fleisch, er schweigt demonstrativ und blickt abwesend über meinen Kopf hinweg.

Ich möchte so gern schlafen. Und noch mehr: allein sein, sodass auch Danylko mich nicht mehr beansprucht. Mein Körper brennt, der Kopf brummt. Ich habe es satt, zu denken, zu analysieren, zu überlegen, Rechtfertigungen zu suchen ... Ich bin erschöpft.

Als Maksym sein schweigendes Mahl beendet hat, höre ich ein Klopfen an der Tür. Ich verkrampfe mich. Wer kann das sein? Jaroslawa wird es kaum sein, sonst aber fällt mir niemand ein.

Die Tür öffnet sich, und Ihor erscheint auf der Schwelle. Er sieht böse aus. Mein Blick sucht Jaroslawa, es könnte ja sein, dass sie ihren Mann begleitet, aber ich stelle fest, dass er allein gekommen ist.

Maksym spannt sich an. Sie haben sich nie verstanden, aber nach der gestrigen Szene gibt es erst recht keinen Anlass mehr, auf eine friedliche Einigung zu hoffen.

„Was willst du?", wirft ihm Maksym beißend entgegen.

„Ich erwarte dich auf der Straße. Komm heraus, wir reden", sagt Ihor stählern und schließt die Tür.

Es ist, als ob die Stille, die im Haus geherrscht hat, jetzt aus jeder Ecke der Küche vielsagend brüllt. In meinem Innersten spüre ich, dass jetzt etwas passieren wird, das nicht mehr rückgängig gemacht werden kann.

Maksym geht nach draußen. Ich folge ihm.

Er ist noch nicht durch die Tür getreten, da wirft Ihor ihn mit einem schweren Schlag zu Boden. Damit hat Maksym nicht gerechnet, deshalb verliert er das Gleichgewicht und fällt. Ich schreie, halte aber sofort die Hand vor den Mund.

„Steh auf!", schreit Ihor.

Maksym zieht verblüfft die Augenbrauen hoch, steht auf und will zuschlagen, aber Ihor zeigt sich in diesem Zweikampf geschickter. Der nächste Schlag holt Maksym erneut von den Füßen.

Ich werde von einer Vielzahl widersprüchlicher Empfindungen erfasst: Panik, Vergnügen, Scham, Hilflosigkeit ... Aber schließlich kehrt Frieden in mir ein. Endlich passiert etwas.

Ihor schmettert Maksym die Faust ins Gesicht und schreit etwas. Ich achte nicht auf seine Worte, denn sie haben keine Bedeutung. Wichtig ist, was ich sehe: das blutende Gesicht meines Mannes.

Mit weit geöffneten Augen zähle ich die Schläge.

Eins: Der ist für Jaroslawa.

Zwei: Der ist für mich.

Drei: Für die Scham, die ich vor meinem Sohn empfinde.

Vier: Für alles, was mein Mann noch tun wird.

Ich verspüre Zufriedenheit und ein Hochgefühl. In meinem Kopf ist nur der eine Gedanke: endlich.

Ich will Ihor zuschreien: „Mehr, stärker, hör nicht auf ..."

Als ich in freudiges Lachen ausbreche, halte ich mir schnell wieder den Mund mit der Hand zu. Emotionen umringen mich von allen Seiten, ich tanze beinahe.

Dann spuckt Ihor aus und geht weg. Seine Aufgabe ist erledigt.

Ich bin glücklich. Endlich hat es immerhin irgendjemand geschafft, diesen Mistkerl auf den Boden zu zwingen.

August
Montag

„Ich hasse Montage“, wiederholt Maksym zum dritten Mal.

So geht das jeden einzelnen Montag, denn zu Wochenbeginn finden in seiner Immobilienagentur jeweils die Besprechungen statt, bei denen der Direktor Anweisungen erteilt, was Maksym, der sich niemandem unterzuordnen vermag, unerträglich findet.

Es ist schon zwei Wochen her, dass Ihor meinem Mann die Fresse poliert hat. Danach benahm er sich, als sei er ein gerupftes Huhn, schnitt Grimassen und gackerte. Er sagte, dass er mit dem zerschlagenen Gesicht nicht unter Leute ginge, und besorgte sich bei einem Chirurgen, den er kennt, eine Arbeitsunfähigkeitsbescheinigung. Eine Woche lang ging er nicht aus dem Haus. Eine unerträgliche Woche lang.

Am darauffolgenden Montag beschwerte er sich zwar, ging aber trotzdem zur Arbeit.

Heute ist nun mein erster Arbeitstag nach dem Mutterschaftsurlaub. Und Danylkos Tag ist sogar noch bedeutungsvoller: Unser Sohn geht zum ersten Mal in die Krippe.

Er wollte morgens nicht aufstehen oder sich anziehen, ich dagegen raste durchs Haus, als hätte ich Feuer unterm Hintern.

Wir steigen ins Auto, denn Maksym hat angeboten, uns jeden Morgen zum Kindergarten zu bringen, von dort aus würde er dann selbst zur Agentur fahren. Er trägt einen teuren sandfarbenen Anzug, ein Hemd, das er Anfang August gekauft hat und das er selbst bügelt, weil er behauptet, dass ich ungeschickt bin und einige Stellen ungebügelt lasse. Er riecht nach teurem Parfüm. Im Vergleich zu meinem Mann wirke ich wie ein Geschöpf ohne Geschmack und ohne Geld. Alte Hosen mit fadenscheinigen Gesäßtaschen, die an mir hängen wie ein Wischmopp am Stiel, dazu ein T-Shirt, in das noch mindestens drei weitere Leute hineinpassen. Etwas Besseres war in meinem Schrank nicht zu finden.

Na ja, macht nichts. Wenn ich jetzt wieder ein Gehalt bekomme, werde ich mir mehr oder weniger anständige Sachen kaufen, zumindest reicht es für den Einkauf im Secondhandladen an dem Tag, an dem die Ware im Geschäft aufgehängt wird, wenn es also noch eine gute Auswahl gibt.

Heute trage ich mein Haar offen, weil die Quetschung am Hals noch nicht abgeheilt ist und an manchen Stellen im Gesicht Spuren von Prellungen zurückgeblieben sind. Ich lasse mein Haar auf die Schultern und den Pony in die Stirn fallen, damit die blauen Flecken verdeckt werden.

Mein Mann schaltet die Musik ein, während ich eigentlich gern Ruhe hätte, damit ich meine Gedanken sammeln und nach der morgendlichen Hektik zu Hause durchatmen kann. Nie stimmen unsere Bedürfnisse überein. Ich muss mich an einen neuen Rhythmus gewöhnen und sollte noch früher aufstehen, um alles hinzubekommen: Frühstück warm machen, Tee kochen, Kleider herauslegen, und es wäre nicht schlecht, auch Zeit zu haben, um mich selbst ein bisschen parat zu machen.

Heute bin ich um sechs aufgewacht. Morgen werde ich um fünf aufstehen – lieber habe ich etwas zu viel Zeit als zu wenig. Probleme wird es an den Tagen geben, an denen ich in der zweiten Schicht arbeite, denn dann muss ich Danylko in die Krippe bringen, wieder nach Hause fahren, mittags aber zur Arbeit zurückkommen. An diesen Tagen muss mein Sohn zwölf Stunden am Stück in der Krippe verbringen: von halb acht am Morgen bis halb acht am Abend. Denn es besteht kaum Hoffnung, dass Maksym ihn abholt.

Als Maksym ins Stadtzentrum abbiegt, wird mir klar, dass wir uns in die falsche Richtung bewegen.

„Wohin fährst du?“, frage ich erschrocken.

„Ein Bekannter wartet hier auf mich.“

„Aber dann komme ich nicht rechtzeitig zur Arbeit.“

„Doch, das klappt schon. Ich brauche nicht lange.“

Maksym hält in der Nähe der 24-Stunden-Apotheke an und steigt aus. Danylko dreht gähnend den Traktor in seinen Händen.

„Hast du nicht genug geschlafen?“, frage ich Danylko.

Er schenkt mir ein offenes Lächeln, wie es nur Kinder können, und bittet um etwas zu trinken. Ich hole das Fläschchen mit Apfelsaft heraus und strecke es meinem Sohn hin.

Mit dem Blick suche ich Maksym. Wo bleibt er so lange? Ich schaue auf die Uhr: Bis zum Arbeitsbeginn bleiben mir noch zwanzig Minuten. Wenn sich das noch länger hinzieht, werde ich mich verspäten.

Da sehe ich Maksym in der Gesellschaft eines großen, glatzköpfigen Mannes. Sie stehen nicht weit vom Auto entfernt, sprechen und gestikulieren dabei. Ich höre nichts, denn im Auto spielt weiter laute Musik. Was würde ich wohl hören? Wäre es wichtig für mich?

Ich schaue Maksyms Gesprächspartner genauer an: Er ist einen Kopf größer als mein Mann, dabei kann schon Maksym kaum als klein bezeichnet werden. Ich würde mich neben so einem Kraftprotz wie ein Insekt fühlen. Er trägt verschlissene Jeans und ein graues T-Shirt mit einer englischen Aufschrift – was da steht, erkenne ich nicht. Als der Typ den Kopf zu mir dreht, bemerke ich auf der linken Wange eine lange Narbe , die an einen Dreizack erinnert. Ein unsympathischer Kerl. Aber eines kann ich mit Sicherheit sagen: Würde ich ihm spätabends begegnen, würde ich wegrennen, so schnell ich kann.

Maksym holt sein Portemonnaie aus der Tasche und schaut zum Auto. Er überprüft, ob ich ihn beobachte, also wende ich den Blick ab und tue so, als würde ich in meiner Handtasche wühlen.

Warum gibt er ihm Geld?

***

Es ist erst elf Uhr, aber ich habe mich schon furchtbar gequält. Danylko hat sich am Morgen geweigert, den Kindergarten zu betreten, und hat sich mit seinen Ärmchen an meine Beine geklammert. Seither habe ich sein verwirrtes Weinen im Ohr. Zweimal bin ich schon in den ersten Stock zu seiner Gruppe gegangen, habe hineingespäht und bin, den Tränen nahe, wieder gegangen. Er schluchzt.

Oksana und ich haben die Gruppe der jüngeren Kinder ab drei Jahren. Die Hälfte von ihnen schreit heute wild, alle rufen nach Mama, ein rothaariger Junge wiederum bittet darum, den Opa anrufen zu dürfen. Dieses kleine Kind mit den feuerroten Haaren heißt Orest, er verschluckt die Hälfte der Buchstaben, wenn er spricht, und weigert sich, sich aufs Töpfchen zu setzen. Schon dreimal mussten wir ihm das Höschen wechseln.

Oksana hat heute Morgen angerufen, um sicherzustellen, ob ich auch munter sei. Das war ich, aber jetzt bin ich kaputt.

Ich wünschte, ich könnte Danylko schon holen und von hier abhauen.

„Marta!“, ruft mich Wita, die Aushilfserzieherin.

Ich schrecke zusammen. Mit meinem Namen verbinde ich unangenehme Erinnerungen.

„Was ist?“

„Die Leiterin will dich sehen.“

Ich seufze und gehe den langen Korridor entlang.

Vor dem Büro, in dem immer Zoja Pawliwna saß, halte ich inne. Ich richte mein Haar, lasse es so weit wie möglich ins Gesicht fallen und klopfe an die Tür.

„Herein“, höre ich von der anderen Seite.

Unsere neue Leiterin, Larysa Fedoriwna, sitzt im weichen Sessel mit der hohen Lehne. Kurze, schwarze Haare sind chaotisch auf ihrem Kopf verteilt, als hätte sie vergessen, sich zu kämmen. Leuchtend roter Lippenstift lässt ihre Lippen dreimal dicker erscheinen, als sie wirklich sind. Kohlschwarze Augen durchbohren mich.

„Wie geht es dir, Marta?“, fragt sie, während sie mich aufmerksam mustert.

„Gut“, antworte ich kurz angebunden.

„Ich gebe dir eine Woche, um dich einzugewöhnen, dann besuche ich deinen offenen Unterricht. Das Thema der Stunde gebe ich dir später bekannt."

„Gut."

„Und noch etwas: Das Herbstfest Anfang Oktober überlasse ich dir. Ich führe einen neuen Ansatz ein: Ab jetzt wird jede Erzieherin, anders als früher, selbstständig eine Veranstaltung vorbereiten. Triviale Herangehensweisen wollen wir nicht mehr."

Was sie mit trivial meint, verstehe ich nicht. Was ändert sich dadurch, dass eine Erzieherin vor den Eltern und Kindern steht statt zwei? Aber ich zwinge mich zu einem Lächeln und stimme zu.

„Wie Sie meinen", antworte ich unterwürfig.

Wir wünschen uns gegenseitig einen schönen Tag, ohne es ernst zu meinen. Oksana hat recht, das ist keine Zoja Pawliwna.

Wieder draußen atme ich auf. Ich glaube, sie hat die Spuren der Prellungen entdeckt. Ich schäme mich.

***

Nach der ersten Schicht hole ich Danylko und wir gehen nach Hause. Er ist noch müder als ich.

Auf dem Weg zum Bus ruft Bohdana mich an und lädt mich ein, sie zu besuchen. Da ich mich nicht einmal daran erinnern kann, wann ich sie das letzte Mal gesehen habe, kann ich nicht absagen, also erkläre ich meinem Sohn, dass wir noch einen Besuch machen.

Schon als sie die Tür öffnet, bemerke ich, dass sich unter dem karierten Hemd ein ansehnlicher Bauch wölbt.

„Wir sehen uns so selten, dass ich hätte gebären können, ohne dass du es mitbekommst", scherzt sie.

Zum zweiten Mal an diesem Tag schäme ich mich. Wir treffen uns wirklich zu selten. Und daran ist nicht Bohdana schuld.

Ich erfahre, dass sie bereits Mutterschaftsurlaub hat und die Geburt Ende Oktober stattfinden soll.

Der erschöpfte Danylko quengelt. Ich führe ihn ins Schlafzimmer, ziehe ihm die Socken aus und lege ihn aufs Bett. Ich wickle ihn in eine dünne Decke. Noch ehe ich die Tür erreiche, ist mein Sohn eingeschlafen.

Bohdana bietet mir Mlynzi und Tee an. Wir sitzen in der Küche und quatschen über alles Mögliche.

„Wie geht es Andrij?", frage ich.

„Gut. Er hat zwei Jobs und ich habe ihn gewarnt, dass er einen aufgeben muss, wenn das Kind auf der Welt ist, denn ich schaffe das nicht allein."

„Ja, du wirst Hilfe brauchen."

„Wie hast du alles hinbekommen?", interessiert sich Bohdana.

„Was meinst du? Ich habe fast nichts hinbekommen", scherze ich.

„Untertreib nicht."

„Bohdana, mir scheint, Andrij trinkt", wage ich zu erwähnen.

„Und?", wundert sie sich.

„Tu nicht so, als ob du nicht verstehst", sage ich und bereue schon, dass ich meine Nase in ihre Angelegenheiten stecke.

„Es kommt vor, dass er trinkt. Was ist dabei?"

„Nichts", winke ich ab.

Aber nun beginnt sie, Fragen zu stellen: „Was ist denn daran falsch? Wer trinkt heutzutage nicht?"

Das ist wahr. Es ist lächerlich.

„Ich weiß, woran du denkst", sagt sie. „Euer Vater hat getrunken, deshalb denkst du ..."

„Ich denke gar nichts. Ich bin nur besorgt."

„Genug", regt sich Bohdana auf. „Jeder hat seine Schwächen. Ja, er säuft, aber ich bin auch keine Heilige. Das weißt du."

Ich nicke stumm, verstehe aber nicht. „Vergiss es", werfe ich ein, um sie friedlich zu stimmen.

Bohdana holt aus dem Kühlschrank ein Glas Marmelade. Die Schwangerschaft steht ihr: Die jugendliche Schlichtheit ist verschwunden, die strahlenden grünen Augen glänzen vor Glück, die Haare sind nicht so kurz wie früher. Ich glaube, Bohdana trinkt und raucht nicht mehr, schläft genug und nimmt viel Gemüse und Obst zu sich. Sie ist aufgeblüht.

„Ich habe hier etwas Besonderes für dich."
„Was denn?", frage ich verwundert.
„Rosenmarmelade."
„Nicht dein Ernst."
Sie legt einen Teelöffel bereit und holt kleine Tellerchen.
„Marta, ist bei dir alles in Ordnung?", fragt sie plötzlich.
„Ja. Warum fragst du?" Ich tue, als wüsste ich nicht, wovon sie spricht.
„Die Spuren der Prellungen in deinem Gesicht. Und auf den Händen." Sie hat noch nie um den heißen Brei geredet, sondern ihre Gedanken immer ausgesprochen, egal worum es ging. Im Großen und Ganzen empfinde ich diese Direktheit und Offenheit angenehmer als Geheimniskrämerei.
„Ach, das meinst du. Ich bin hingefallen", antworte ich dennoch.
„Wann?", fragt Bohdana.
„Ich weiß nicht mehr. Es ist bestimmt zwei Wochen her. Ich bin über Danylkos Eimerchen gestolpert und auf die Türschwelle gedonnert."
Bohdana sieht mich schweigend an mit einem Blick, von dem mir kalt wird. Die Rosenmarmelade klebt an meinem Gaumen. Ich habe das Gefühl, dass eine von uns gleich platzen wird. Wenn man meine natürliche Zurückhaltung bedenkt und Bohdanas Direktheit, wird es wohl sie sein.
Es ist Zeit, von hier zu verschwinden.
„Erinnerst du dich, wie Andrij Anfang des Sommers Danylko einen ganzen Tag lang gehütet hat?", fragt sie eisig.
Eigentlich will ich gar nichts weiter hören, denn ich spüre, dass sie jetzt etwas sagen wird, das mich endgültig umhaut. „Ja. Ich erinnere mich", entgegne ich so ruhig wie möglich.
„Also ... Danylko hat im Zimmer mit einem Plüschbären gespielt, dem, den mir Andrij geschenkt hat, als ich ihm von der Schwangerschaft erzählt habe."
„Und?", treibe ich sie an. Soll sie es möglichst schnell rauslassen.
„Er hat das Spielzeug auf den Boden gelegt, ist aufgestanden und hat den Bären mit aller Kraft geschlagen. Wir sind erschrocken und haben ihm verboten, das zu tun. Andrij hat sich zu

ihm gesetzt und ihm erklärt, dass man das nicht tun darf, weil es dem Bären wehtut. Danylko aber hat in seiner rudimentären Sprache widersprochen und geantwortet, dass man das wohl darf. Dann hat Andrij gefragt, wo er das denn gesehen hat, ob vielleicht in einem Zeichentrickfilm jemand gekämpft hat. Aber Danylko sagte: Nein, Papa würde das machen."

Jedes ihrer Worte hinterlässt in meinem Herzen eine Narbe. Das Atmen wird mir schwer. Ich erblasse.

„Ist bei dir also alles in Ordnung, Marta?"

Lieber Gott, was soll ich ihr sagen? Warum bin ich nur hierhergekommen?

Bohdana wartet auf eine Antwort und wendet den Blick nicht von mir. Es kommt mir vor, als schrumpfte ich, als würde ich noch kleiner und dünner.

Meine Kehle ist trocken. Ich trinke einen Schluck Tee, stehe auf und sage kaum hörbar: „Danylko hat sich das ausgedacht. Kinder haben eine wilde Fantasie, weißt du."

Als ich mit meinem Sohn nach Hause zurückkehre, wirbeln Bohdanas Worte noch immer durch meinen Kopf, mein Mutterinstinkt brüllt durch diesen Wirbel, dass ich am Rande eines Abgrundes stehe, in den mein Sohn zu fallen droht. Meine Mission ist es jetzt, das Kind vor Gewalt zu schützen.

***

Maksym ist noch nicht von der Arbeit zurückgekehrt. Ich habe meinen Sohn früher ins Bett gebracht und gehe nach draußen. Die Augusthitze ist der Nacht gewichen, stattdessen liegt Regen in der Luft.

Nicht weit von Jaroslawas Haus hält ein schwarzes Auto, aus dem ein kleiner, vornübergebeugter Mann aussteigt, der jedoch große und selbstsichere Schritte macht, als wolle er alle, die ihm begegnen, herausfordern.

Wer kann das sein? Noch dazu zu so später Stunde? Ich schaue auf die Uhr: Es ist schon zehn vorbei.

Kurze Zeit später verlassen Jaroslawas Eltern das Haus und gehen ebenfalls zum Auto. In der Tür erscheint die Freundin mit Marharytka auf dem Arm. Ich warte, bis das Auto wegfährt, und laufe zu Jaroslawa.

So habe ich sie noch nie gesehen: verweint, strubbeliges Haar, rote Augen, blasses Gesicht. Einige Sekunden lang betrachten wir uns stumm. Auf meine Hand fällt ein schwerer Regentropfen. Schwer wie eine mörderische Last. Meine Hände beginnen zu zittern. Seit dem Moment, als Jaroslawa mich misshandelt auf dem Boden liegen sah, haben wir uns nicht mehr getroffen. Ich würde viel dafür geben, ihr Erscheinen bei mir an jenem Abend ungeschehen zu machen. Zum dritten Mal an diesem Tag schäme ich mich.

„Jaroslawa", sage ich nicht laut, sondern eher flüsternd.

„Ach, Marta", seufzt sie.

Ich warte darauf, dass sie weint, aber keine einzige Träne tritt in ihre Augen.

„Ihor", sagt Jaroslawa leise, wie mit letzter Kraft, „ist etwas zugestoßen."

„Was ist ihm zugestoßen?", frage ich erschrocken.

„Ihor wurde überfallen. Aber das ist nicht das Schlimmste."

„Oh nein", panisch halte ich mir die Hand vor den Mund.

„Sie haben ihn zusammengeschlagen. Er liegt auf der Intensivstation. Bewusstlos. Im Koma."

***

Ich löse mich in der Dunkelheit des Hauses auf und werde zu einer Schimäre.

Es war ein harter Tag.

Ich zwinge mich nachzusehen, ob Danylko schläft. Mein Augenstern hat sich zusammengerollt und schnauft friedlich.

Ich gehe zurück ins Wohnzimmer. Das Knarren der Pforte kündigt Maksyms Heimkehr an.

Er schaltet das Licht an, es schmerzt in meinen Augen. Ich kneife sie zusammen, um meinen Mann zu sehen. In der einen Hand hält er einen Strauß roter Rosen, deren Farbe an Blut erinnert, das wie Rotwein in alle Richtungen zu fließen scheint. In der anderen Hand ein Kuchen und darauf eine Schachtel

Trüffelpralinen. Er legt die Süßigkeiten auf den Tisch und holt eine Flasche Wein aus der Tasche. Auch rot.

„Feiern wir heute etwas?", frage ich kaum hörbar.

„Ja", antwortet er lächelnd.

„Ach, Maksym, es ist nicht gerade ein passender Moment", sage ich so ruhig wie möglich und wähle meine Worte genau, „du ahnst ja nicht, was passiert ist."

„Hm?", murmelt er fragend.

„Jaroslawas Ihor ist etwas zugestoßen. Er wurde überfallen. Man hat ihn ausgeraubt und geschlagen. Er befindet sich in einem ernsten Zustand. Die Ärzte garantieren für nichts, und Jaroslawa ... Es ist so schrecklich, es geht mir nicht in den Kopf."

„Oh, wie unerfreulich." Maksym simuliert Mitgefühl. „Bestimmt wird er genesen. Er ist ein kräftiger Kerl, also wird er auch wieder gesund. Ich will mir nicht den schönen Tag von schlechten Neuigkeiten verderben lassen."

Er nimmt die Vase, die Vater einst Mama zum Geburtstag geschenkt hat und die sie wie ihren Augapfel gehütet hat. Damals, als Vater noch nicht so viel getrunken hat. Maksym füllt Wasser in die Vase und stellt die Blumen hinein.

„Hol Weingläser", befiehlt er.

Ich stelle Gläser auf den Tisch und fühle mich wie eine Versagerin: Jaroslawa hat großen Kummer, ich aber feiere.

Maksym wäscht sich die Hände, trocknet sie am Handtuch ab und entkorkt den Wein. Ich nehme ein Glas, doch meine Hände zittern. Einige Tropfen geraten auf den Tisch und bilden einen Fleck, der in Form und Farbe genau an die Prellung erinnert, die mein Mann auf meinem Körper hinterlassen hat. Zuerst werden die Stellen, an denen er mich verprügelt hat, rot, dann verwandeln sie sich in violette Kleckse, dann werden sie mit der Zeit blau.

Er sagt etwas, aber ich höre nicht zu. Die Müdigkeit haut mich fast um.

Nach zwanzig Minuten geht Maksym ins Schlafzimmer, auf dem Weg zieht er sein Hemd aus. „Marta!", ruft er mich.

Wie sehr ich meinen Namen hasse. „Ich komme", flüstere ich leise und wanke zu ihm.

Er steht mitten im Schlafzimmer nur noch mit der Hose bekleidet. Das Hemd liegt nachlässig auf dem Boden neben dem Nachttisch. Auf seiner Brust und dem Bauch glitzern Schweißtropfen. Er ist stark und männlich. Leider.

Maksym umarmt mich fest. Seine kräftigen Hände drücken auf meine Schultern und beugen sie nach unten.

Ich habe das Gefühl, mich übergeben zu müssen. Ich will nicht, was er will. Seine linke Hand umfasst meinen Hals, die rechte dagegen öffnet den Gürtel an seiner Hose. Nur noch in Unterwäsche zieht er mir mein schweißnasses T-Shirt aus.

Hinter meiner Stirn pocht nur der eine Gedanke: Ich will nicht. Ekel steigt in mir auf und blockiert meine Atmung. „Maksym“, flehe ich ihn an.

Er hört nicht.

Seine Hände gleiten schnell über meinen Körper, sie bereiten mir Schmerz, nicht Lust. „Maksym“, wiederhole ich.

Er hört nicht auf. Schwitzige Finger knöpfen meinen BH auf und ich schlinge die Arme um meine Brust.

„Maksym“, flüstere ich, schaue ihm in die Augen und versuche, dort auch nur den geringsten Funken Verständnis zu finden, „ich will nicht. Nicht heute.“

Maksym schleudert meinen kraftlosen Körper aufs Bett, spreizt meine Beine und stellt sich über mich. In diesem Augenblick denke ich an Bohdanas Worte: „Er hat den Bären auf den Boden gelegt, ist aufgestanden und hat das Plüschtier mit aller Kraft geschlagen.“

Ich versteinere. Ich fühle mich, als sei ich abgeschieden von der Welt und von meinem Körper. Ohne nachzudenken und ohne um mich herum etwas wahrzunehmen, ziehe ich schnell meine Kleider aus und werfe sie beiseite. Ich spreize die Beine und drehe mich zur Wand.

Soll er machen, was er will. Wenn es nur schnell geht. Soll er seine animalischen Instinkte befriedigen.

Wenn Sex das ist, was ich jedes Mal durchmache, wäre es mir lieber, darauf zu verzichten. Ich kann gut ohne dieses zweifelhafte Vergnügen leben.

August
Dienstag

Heute rief Maksym an und verkündete, dass er die Nacht nicht zu Hause verbringen würde. Das kommt manchmal vor, und diese Momente ermöglichen es mir, zu verschnaufen und aufzuleben. Wüsste ich, wo er die Nacht verbringt, würde ich mich dorthin schleichen und darum flehen, dass er dort festgehalten wird.

Vielleicht hat er eine Geliebte? Ich würde mich freuen, auch wenn ich mit der betreffenden Frau tiefstes Mitleid empfände. Soll er sich herumtreiben, wo er will, wenn er nur mich und unseren Sohn nicht anrührt.

Auf dem Heimweg mit Danylko fühle ich mich wie betäubt. Nein, so weiterzuleben ist unmöglich.

Ich nehme ihn auf den Arm und drücke aufs Haltesignal. Die Marschrutka hält an. Das Kind schaut sich um, es hat keine Ahnung, wo wir uns befinden.

„Heute machen wir einen kleinen Ausflug", sage ich zu Danylko.

Auf der Karte habe ich Geld, von dem ich einen Teil aus ganzem Herzen für das Kind ausgeben möchte, genauer gesagt, um ihm eine Freude zu bereiten. Draußen ist es schwül, schwere, graue Wolken ziehen über den Himmel, und ich hoffe, dass wir es noch vor dem Regen schaffen, spazieren zu gehen.

Wir bewegen uns auf den Park zu. Ich halte die Hand meines Sohnes und sauge die Luft tief ein. Wir verschmelzen mit der Menge, die uns verschluckt, und in diesem Augenblick glaube ich, dass wir so werden können wie alle Leute: normal, nicht gepeinigt, sorglos und leicht.

Leicht wie die Wassertropfen der Fontäne, die vom Wind auf alle Seiten geweht werden und dann frei und ungezwungen in das kleine Brunnenbecken fallen. Leicht wie die Luftballons, die das kurzgewachsene, rothaarige Mädchen verkauft und von denen ich dem Sohn ein Bündel kaufe. Leicht wie das Fruchteis, das meinem Sohn von den Fingern tropft. Leicht wie die Baumkronen, die sich in die Höhe strecken, weit weg von den Launen der Menschen, mit denen wir unser Leben verbunden haben. Leicht wie das Lächeln des Sohnes, wenn er im ferngesteuerten Kinderauto sitzt und darauf wartet, dass ich ihm beim Losfahren helfe. Leicht wie der Klang der Gitarre, der über dem Park schwebt und alle Sorgen und Ängste in den Schlaf wiegt.

Als wir uns erschöpft auf eine Bank setzen, hebe ich den Kopf zum Himmel und danke allen Heiligen. Für die Momente der Leichtigkeit, die ich so lange nicht gespürt habe. Für dieses wahre Glücksgefühl, wenn ich sehe, wie mein Sohn mit mir zusammen auflebt. Für seinen neugierigen Blick, wenn er die Welt betrachtet und das sieht, was er vorher nicht wahrgenommen hat: den Glanz und Schimmer der Stadt, in der er geboren wurde und lebt.

Es wird Abend. Als sich das erste Dämmerlicht auf die Erde legt, beginnt im Park eine märchenhafte Zeit. Langsam, wie durch den Wink eines Zauberstabs, flammen über unseren Köpfen tausende kleiner Lämpchen auf. Danylko dreht verzückt den Kopf, verzaubert bewundert er das Mysterium: Vor uns erstreckt sich die leuchtende Allee der Regenschirme. Sie, diese Schirme, hängen über unseren Köpfen entlang der breiten Allee, als seien sie vom Himmel gefallen, aber nicht ganz bis zur Erde geschwebt, sondern hätten beschlossen, vorher anzuhalten. Wir strecken die Hände aus, als wollten wir sie berühren, die blauen und gelben, wir springen, dann lachen wir laut. Danylkos Augen leuchten. Sie leuchten genau so wie die tausend Lichter im Park.

Der Wind lebt auf und lässt die Regenschirme tanzen: Sie schaukeln und kreisen. Doch selbst die stärkste Windböe kann uns nicht aus dem Park vertreiben. Wir sind ganz erschöpft vor Glück.

***

Danylko schläft friedlich und lächelt. Ich ziehe mein Nachthemd an und höre das Heulen des Windes vor dem Fenster. Ein Sommersturm.

Als ich durch die geöffnete Tür schaue, dringt der kalte, heftige Wind ins Haus. Schwere Regentropfen prasseln ans Fenster. Nach einer halben Stunde hat der gnadenlose Orkan dafür gesorgt, dass der Weg zum Haus völlig überschwemmt ist. Die Blumen schwimmen auf den Beeten, die Bäume beugen sich demütig zur Erde. Ich aber beobachte die Tollheit der Natur.

Ich kann nicht einschlafen. Ich verliere mich im strömenden Regen. Ertrinke.

Ich lege mich ins Bett und drehe mich von einer Seite zur anderen. Ich stelle mir vor, wie Maksym die Straße entlangfährt, der gnadenlose Wind beidseits der Straße die Bäume herabdrückt und auf Maksyms Auto wirft.

Es wäre so einfach. So viele Verkehrsunfälle ereignen sich, warum sollte nicht mein Mann eines ihrer Opfer werden? Warum kann nicht während des Sturms ein Baum auf ihn fallen? Warum kann nicht sein Auto in den Graben fliegen und sich überschlagen? Warum kann er nicht an einer unheilbaren Krankheit sterben? Warum kann ihn nicht jemand überfallen und zusammenschlagen, wie sie es mit Jaroslawas Ihor getan haben?

Warum?

Ich liege schlaflos da und stelle mir in allen Einzelheiten den Autounfall vor, der das Leben meines Mannes fordert. Ich sehe zerbrochenes Glas, Rauch aus der Motorhaube, verbogenes Metall ...

Ich wünsche ihm keine langen Qualen, ich will nicht, dass er Schmerzen erleidet.

Der einzige Wunsch, der mich immer öfter verfolgt, ist, dass Maksym verschwindet. Es spielt keine Rolle, auf welche Weise. Er soll einfach nur verschwinden.

August
Freitag

Heute Morgen hat Jaroslawa angerufen und mir mitgeteilt, dass Ihor gestern Abend das Bewusstsein wiedererlangt hat. Ihre Stimme klang fröhlicher, ich freue mich für sie.

Wir haben uns nach meiner Arbeit in der Nähe des Krankenhauses verabredet.

Es ist heute so schwül, dass mein T-Shirt komplett durchnässt ist. Weil es so stickig ist, gleichen die Kinder in meiner Gruppe schläfrigen Fliegen: Sie weigern sich zu spielen, zeigen kein Interesse am Unterricht und verstecken sich beim Spazierengehen im Schatten.

Die ganze Arbeitswoche schon bemühe ich mich, mir die Namen der Kinder zu merken, beobachte sie, um festzustellen, auf wen ich mich während einer offenen Stunde verlassen kann.

Orest quengelt ständig und ruft nach dem Großvater, Marynka weint ohne Ende, Witalyk nimmt den anderen Kindern dauernd das Spielzeug weg, Switlanka will nichts essen, obwohl sich ihre Mutter jeden Tag bei der Leiterin beklagt, dass ihr Kind hungrig sei ...

So einen Spaß haben wir also.

Aber das macht nichts, denn ich bin zufrieden, dass Danylko immer seltener weint. Theater gibt es nur, wenn er sich morgens von mir losreißen muss: Er schreit, macht Krawall und stampft mit den Füßchen.

Gegen Mittag werden einige Kinder von den Eltern abgeholt, die Übrigen legen sich aufs Bett. Das ist die lang ersehnte Ruhe, wenn man davon innerhalb der Mauern eines Kindergartens überhaupt sprechen kann.

Der Vater von Saschko späht durch den Türspalt. Ihn habe ich mir als Ersten gemerkt, denn er ist kein einziges Mal in nüchternem Zustand gekommen. Er öffnet den Mund und riecht schon bei der Begrüßung nach Schnaps. Schrecklich, wie kann man bei dieser Hitze trinken?

„Wie geht es meinem Kosaken?", fragt er schwankend.

„Gut. Ein lieber Junge." Ich zwinge mich zu einem freundlichen Lächeln.

„Und ist die Erzieherin auch lieb? Hä, Saschko?", scherzt er, worauf niemand reagiert, nur sein eigenes Gelächter füllt den ganzen Raum.

Ich wende mich schweigend zum Tisch.

„Mit dir würde ich auch gern anbändeln", erklärt er, während er auf mich zugeht.

„Bitte verlassen Sie die Gruppe", sage ich angespannt.

„Was hast du denn?" Der Betrunkene hebt die Brauen.

Trotz der Hitze beginne ich zu zittern.

„Du zierst dich wie eine Jungfrau. Das gefällt mir." Den kann wohl nichts bremsen.

In diesem Moment betritt Larysa Fedoriwna die Gruppe, zum ersten Mal freue ich mich wirklich, sie zu sehen. „Was ist hier los?", fragt sie streng.

Die Leiterin schaut uns beide abschätzig an und begleitet schließlich Saschkos betrunkenen Vater zur Tür. Dann wendet sie sich zu mir und fragt mit eisiger Stimme: „Du denkst also, dass du im Kindergarten mit Männern flirten kannst?"

Ich starre sie an, finde aber keine Worte.

„Willst du eine Abmahnung bekommen? Was ist das bloß für ein Benehmen? Und das vor den Augen der Kinder?"

Ich schweige. Alle Worte sind aus meinem Kopf verschwunden, ich kann mir beim besten Willen nicht vorstellen, wie man das richtigstellen könnte.

Larysa Fedoriwna dreht sich zur Tür, hält aber nach drei Schritten inne und wirft mir zu: „Ich werde dir ab jetzt ein lustiges Leben bescheren."

***

Ich verlasse den Kindergarten und gehe zur Trolleybushaltestelle. Danylko lasse ich heute den ganzen Tag betreuen, denn in dieser Hitze möchte ich das Kind nicht bis zum Krankenhaus quer durch die Stadt ziehen. Ich werde ihn nach dem Treffen mit Jaroslawa abholen.

Schweiß läuft mir über den Nacken und tropft auf meine Schultern. Ich bleibe stehen, hole einen Haargummi aus der Handtasche, mache einen Pferdeschwanz und stecke ihn hoch.

Im Bus ist es so stickig, dass mir der Schweiß über den Rücken strömt, als wäre ich in einen Regenguss geraten. Ich kann die Haltestelle am Krankenhaus kaum abwarten. Hinter dem Fenster blitzen Schaufenster auf, Reklameschilder leuchten in der Sonne, die Passanten erinnern an verletzte Vögel: Sie bewegen kaum ihre Beine. Der Asphalt schmilzt, der überfüllte Bus ist kurz davor zu bersten.

In einem leichten, geblümten, knielangen Kleid steht Jaroslawa da. Ihr warmes Lächeln weckt Hoffnung.

„Lass uns etwas Kaltes trinken gehen", sagt sie und zieht mich ins Café.

Wir bestellen einen Mojito und setzen uns auf das weiche Sofa in der Ecke des langen Saals. Leise Musik spielt, die Klimaanlage rauscht, es sind nicht viele Besucher da, deshalb ist es nicht laut.

„Also, wie geht's?", frage ich.

Der Kellner stellt die Getränke auf den Tisch und geht wieder.

Ich lehne mich ans Sofa, bereit, zuzuhören.

„Ihor hat das Bewusstsein wiedererlangt", sagt Jaroslawa glücklich, „die Ärzte bestätigen, dass er nicht mehr in einem kritischen Zustand ist. In ein oder zwei Tagen wird er auf eine Normalstation verlegt."

„Wie fühlt er sich denn?"

„Ich durfte nur für ein paar Minuten hinein, aber heute sieht er besser aus. Ich denke, von dem Trauma wird er sich nicht so schnell erholen, aber das Schlimmste liegt hinter uns. Er ist noch elend, blass, die Augen trüb, das Sprechen fällt ihm schwer, er reiht ein Wort an das andere. Er will sprechen. Obwohl die Ärzte ihm jede Anstrengung oder Aufregung verbieten, hat er sogar versucht, mich aufzuheitern. Weißt du, es ist so schrecklich, da liegt er halbtot und will mich doch trösten. Ich bete jeden Tag und flehe Gott an, ihm beizustehen."

„Alles wird gut", ermutige ich Jaroslawa.

„Ja, wird es."

„Verlier nicht den Mut. Du hast ein Kind und Ihor geht es besser ... Wie ist es überhaupt passiert?"

„Das weiß ich nicht genau. Die Polizei hat mich angerufen. Dann bin ich ins Krankenhaus gerast. Da haben sie Ihor schon von der Aufnahme auf die Intensivstation verlegt. Ich hatte solche Angst um ihn. Soweit ich weiß, war er auf dem Heimweg von der Arbeit, als er überfallen wurde."

„Das ist grauenhaft!"

„Ja. Schrecklich. Am helllichten Tag. Stell dir nur vor, welches Übel in unserer Stadt lauert."

Auf diese Entgegnung weiß ich nichts zu sagen, daher nicke ich nur und trinke von meinem Mojito.

„Marta", sagt Jaroslawa und sieht mich aufmerksam an, „wenn wir schon von Übel sprechen, muss ich dir sagen, was ich denke."

„Wozu?", unterbreche ich meine Freundin. „Wozu es aussprechen. Ich weiß schon, ich verstehe. Das ändert aber nichts."

„So kann es doch nicht weitergehen." Jaroslawa lässt nicht locker.

Natürlich kann es das nicht. Als wüsste ich das nicht selbst. Ich schaue weg, denn ich habe nicht die Kraft, ihr in die Augen zu sehen.

„Warum erträgst du das?"

Weshalb stochert sie in meiner Wunde? Begreift sie nicht, dass ich nirgendwo hinkann? Wer kann mich denn brauchen? Das Haus ist auf Maksym überschrieben, daher ist es sein Eigentum – ich verfluche mich selbst und meine Schwäche dreimal täglich. Ich habe sonst nichts. Wo soll ich mit meinem Sohn wohnen? Auf der Straße? Sie weiß das, ich habe ihr davon erzählt, und trotzdem fragt sie nach dem Offensichtlichen.

„Als ich damals zu dir kam“, sagt Jaroslawa weiter, „als ich dich gesehen habe ... auf dem Boden ... Gott ...“

„Bitte hör auf“, unterbreche ich ihren Gedankenfluss. Es ist zu viel. Laut darüber zu sprechen ist inakzeptabel, daran denken kann ich, aber in Worte kleiden – niemals.

„Wie denn aufhören?“, fragt sie lauter als nötig. „Aufhören und warten? Worauf warten? Dass er dich erschlägt?“

Sie hat recht, aber mir fehlen die Worte für eine Antwort.

Ich denke die ganze Zeit daran. Ständig sehe ich das blutige Bild vor mir, in dem ich tot auf dem Boden liege, während Maksym über meinem Körper weint. Ja, weint. Denn ich bin sicher, dass er schluchzen würde und flennen, sich selbst verfluchen, in Tränen baden.

Soll ich ihr erzählen, dass ich davon träume, dass er stirbt, und nicht ich? Über meine eingebildeten Verkehrsunfälle sprechen, über den Baum, der auf sein Auto fällt? Wem kann ich so etwas erzählen? Niemandem.

Also schweige ich.

Es ist ermüdend. Ratschläge ermüden. Gespräche. Mitleid. Alles ermüdet, und mir scheint, dass sich die Welt gegen mich verschworen hat.

„Wie geht es Marharytka?“, wechsle ich das Thema.

„Du musst bei der Polizei Anzeige erstatten“, drängt die Freundin weiter.

„Wie geht es Marharytka?“, frage ich beharrlich.

„Sie sperren ihn ein. So etwas ist strafbar. Er ist ein Unmensch, der dich misshandelt. Das ist häusliche Gewalt. Tyrannei. Despotie ...“

Wie stellt sie sich das denn vor? Anzeige erstatten, das ist leicht gesagt, aber nicht so leicht umzusetzen. Ich habe diese Option eine Million Mal durchdacht, würde es aber nie wagen, denn wenn es nicht klappt, dann würde Maksym mich definitiv umbringen. Man muss sich nur einmal vorstellen, wie er zur Polizei bestellt wird und nach dem Verhör nach Hause kommt ... Nein, das wäre Selbstmord.

Mein Leben wird von Ausweglosigkeit beherrscht. Ich weiß nicht, in welche Richtung ich mich bewegen soll. Ich gehe unter im Griff der Angst. Selbst wenn meine Entschlossenheit kurz aufflammt, bin ich mir immer noch nicht darüber im Klaren, was weiter zu tun ist. Ich schaue wieder zu Jaroslawa und frage zum dritten Mal: „Wie geht es Marharytka?"

Sie seufzt und antwortet: „Gut. Sie hat ein bisschen gehustet, aber es ist schon wieder vorbei. Tausendmal am Tag fragt sie, wann Papa zurückkommt."

„Ihr wolltet nach Griechenland fliegen", erinnere ich sie.

„Ja. Das hatten wir geplant. Egal, fliegen wir eben nächstes Jahr."

„Erinnert sich Ihor gar nicht daran, wie es passiert ist? Nicht das kleinste Detail? Vielleicht hat er der Polizei etwas erzählt?"

„Die Polizei war heute Morgen schon bei ihm. Er erinnert sich an alles. Ein bisschen unzusammenhängend, aber er hat dem Polizisten alle Einzelheiten geschildert." Ich sehe, dass es Jaroslawa schwerfällt, darüber zu sprechen.

„Hör mal, hat er den Angreifer nicht gesehen? Vielleicht kennt er ihn? Vielleicht sind sie sich schon irgendwo begegnet?"

„Nein, diesen Mann hat er noch nie gesehen und er hat keine Ahnung, wer er sein könnte. Aber er hat sich etwas gemerkt."

„Oh, das ist gut."

„Ja."

„Was denn genau?", frage ich weiter. Ich will wirklich, dass der Täter gefunden und bestraft wird.

„Er sagte etwas von einem großen Mann. Sehr groß, sagte er. Und ihm war, als habe er auf der linken Wange eine lange, auffällige Narbe gesehen. Und dass er eine Glatze hatte. Ich weiß nicht, wie viel davon stimmt, aber Ihor wiederholte immer wieder das mit der Narbe. Ich glaube nicht, dass er sich das einbildet. Ich denke, es gibt in unserer Stadt nicht viele Leute mit solchen Merkmalen."

2021

April
Mittwoch

Am Abend, während Danylko müde auf dem Sofa vor dem Fernseher sitzt, putze ich die Küche. Ich wische den Wasserkessel ab, räume die Pfannen weg und bringe Ordnung in die Besteckschubladen.

Da höre ich Schritte und erschaudere. Ständig bin ich verängstigt. Beim kleinsten Rascheln zucke ich zusammen.

Ich gehe zur Eingangstür und erblicke Andrij. Er sieht schlecht aus. Dunkle Ringe unter den Augen, das Gesicht hat die Farbe einer reifen Kirsche, als ob es geschwärzt worden wäre, die Lippen fest zusammengepresst. Die Haare sind zerzaust, als hätte sie jemand absichtlich durcheinandergebracht.

„Was ist passiert?“, frage ich alarmiert und trete zur Seite, um meinen Bruder ins Haus zu lassen.

Er kommt langsam herein, zieht Schuhe und Jacke aus. Sein Kopf ist gesenkt, als könne er ihn nicht aufrecht halten. Ich bemerke einen Fleck auf dem Pullover und ein großes Loch in der Socke.

Seit Bohdanas Kind bei der Geburt gestorben ist, lässt sich mein Bruder sehr gehen. Je länger das dauert, desto ähnlicher wird er unserem Vater.

Der Verlust des Babys hat in ihrer Beziehung einen Riss verursacht. Das ist nicht verwunderlich, solche Traumata sind schwer zu überwinden. Das weiß ich selbst zu genau.

Für Bohdana ist es ein doppelter Schlag, denn schon vor der Heirat hatte sie eine Fehlgeburt, die sie nur schwer verkraftet hat. Und diesmal kündigte nichts die Katastrophe an, die Schwangerschaft verlief gut, das Kind bewegte sich, alles schien normal. Doch plötzlich starb das Kind während der Niederkunft. Kam auf die Welt und starb.

Damit begann eine dunkle Zeit in ihrem Leben. Wie Andrij sagte, redeten sie kaum miteinander, sondern saßen jeder in einer anderen Ecke der Wohnung. Drei Monate nach dem Verlust des Kindes hat Bohdana einen Rappel bekommen: Sie ging in Nachtclubs, begann wieder Gras zu rauchen und trank reichlich. Sie weigerte sich, zur Arbeit zu gehen, sagte, die beste Art, den Schmerz und die Erinnerung loszuwerden, sei, allen Kummer zu ertränken, sich mit Drogen zuzudröhnen und nicht mehr aus dem Rausch zu erwachen. Anfangs rief ich an, um meine Hilfe anzubieten, aber Bohdana nahm den Hörer nicht mehr ab.

Andrij ging nicht ins Detail, gab Bohdana keine Schuld, aber ich wusste, dass er leidet. Einmal habe ich es gewagt, ihn zu fragen, ob er trinkt, da versicherte mein Bruder mir, dass er das nicht tue. Ich wusste nicht, ob ich ihm glauben sollte. Schließlich sagte ich mir, sie seien erwachsen und müssten selbst klarkommen. Ich wollte keine Ratschläge erteilen, denn obwohl ich ihre Besorgnis und Fürsorge schätze, bin ich keineswegs erfreut, wenn ich belehrt werde, sie wissen doch vieles gar nicht. Genauso wie ich. Was weiß ich von den Problemen meines Bruders? Bin ich in der Position, ihn zu ermahnen und zu belehren, wenn ich doch selbst nicht ganz normal bin? Eine weise Frau hätte längst einen Ausweg aus meiner Situation gefunden, ich dagegen packe den Stier immer noch nicht bei den Hörnern.

„Was ist passiert?", frage ich zum zweiten Mal besorgt.

Andrij legt den Kopf auf den Tisch und schluchzt laut. Ich löchere ihn nicht weiter mit dummen Fragen, sondern lasse ihm Zeit, sich auszuweinen.

„Bohdana liegt im Krankenhaus", sagt er unter Tränen.

Schon wieder ist jemand im Krankenhaus. Erst vor Kurzem wurde Ihor nach langer Reha entlassen. Und jetzt Bohdana.

„Weshalb?"

Ich sitze neben dem Bruder und streichle seinen Kopf.

Er altert. Vorzeitig.

„Ach Marta, wie konnte sie nur?"

„Was konnte sie?"

„Ich bin nicht schuld."

„Schuld woran?"

Er schweigt. Die Totenstille wird nur vom Ticken der Uhr unterbrochen.

„Sie hat nicht bedacht, wie schwer es auch für mich ist. Sie ist nur um ihren eigenen Schmerz gekreist. Wie konnte sie das nur tun? Ich dachte, sie liebt mich, aber offensichtlich habe ich mich geirrt. Ich irre mich ständig. Ich ..."

Die Worte sprudeln nur so aus ihm heraus.

„Sie hat das Kind verloren und dachte, dass es nur ihr wehtut. Als würde ich nicht auch leiden."

Sie haben sich verrannt, jeder wollte seinen Schmerz allein ertragen.

„Also, was ist denn passiert?", frage ich schließlich noch einmal.

„Ich bin nach Hause gekommen, und sie ... Sie ist ... Sie hat dagelegen und nicht mehr geatmet. Ich dachte, sie sei tot ..."

„Warum hat sie nicht mehr geatmet?"

„Sie hat Tabletten geschluckt."

„Ach herrje ..."

„Ich habe einen Krankenwagen gerufen. Sie befindet sich in einem ernsten Zustand."

„Alles wird gut. Bohdana wird wieder gesund", sage ich, nur um irgendetwas zu sagen.

Seine Augen sind trüb, er sieht mich an und nimmt doch nichts wahr. „Sie könnten sie in eine psychiatrische Klinik einweisen."

„Vielleicht ist das ja notwendig", sage ich so sanft wie möglich, damit meine Worte nicht zu grausam klingen.

„Aber ihr ist es egal, ob sie zu Hause ist oder im Krankenhaus. Ihr ist alles egal."

In solchen Situationen finde ich keine Worte, als hätte sie jemand absichtlich aus meinem Kopf gelöscht.

Das Summen des Kühlschranks irritiert in der Stille.

Was könnte ich sagen? Soll ich den Bruder trösten? Ich weiß es nicht. Bohdana bejammern? Oder Andrij? „Sag mir die reine Wahrheit", bitte ich ihn mit gepresster Stimme.

Er sieht mich mit traurigen Augen an.

„Hast du Bohdana geschlagen?"

Das bleierne Schweigen zwischen uns hätte man mit dem Messer schneiden können. Als sei plötzlich ein Nebel ins Haus gekrochen. Alles ist wie erstarrt: die Menschen, die Natur, die Technik, sogar der Kühlschrank hat nun aufgehört zu summen.

Dann sagt er unvermittelt: „Nein!" Aber ich glaube ihm nicht. Ich weiß nicht, warum, aber ich glaube ihm nicht. Vielleicht habe ich insgesamt aufgehört, den Menschen zu vertrauen?

Er hat zu lange geschwiegen. Oder zu laut widersprochen. Es klang scharf, als erinnere es ihn an etwas, das er vergessen wollte.

Ich weiß nicht. Vielleicht ist es auch die Wahrheit. Vielleicht hat er sie auch nicht geschlagen. Doch sollte ich erfahren, dass er sie geschlagen hat, werde ich meinen Bruder für immer aus meinem Leben streichen.

Danylko kommt in die Küche. Als er den Onkel sieht, umarmt er ihn. Das Kind stellt seinen Traktor neben Andrij und schiebt ihm seinen Kopf unter die Hand. Der Bruder bemerkt das Spielzeug, erstaunt sagt er: „Das ist ja mein Traktor." Dabei unterdrückt er ein schiefes Lächeln. „Ich erkenne ihn wieder. Vater hat ihn gekauft, als er noch nicht trank. Das ist lange her. Die Jungs und ich haben ihn gegen die Wand geworfen, wir haben uns draufgesetzt, aber er ist nicht kaputtgegangen. Ganz offensichtlich ist er sehr robust. Und jetzt kann der Kleine ihn noch gebrauchen. Solche Spielsachen halten ewig."

Andrij nimmt das Kind an der Hand und schaut zu mir: „Warum ist bei uns nichts so wie bei anderen Leuten, Marta?"

Ich weiß nicht, was er meint.

„Dir geht es nicht besonders gut, und bei mir ..."

Ich tue so, als gingen mich seine Worte nichts an. Ich stelle den Wasserkessel auf den Herd und bereite den Tee vor.

„Warum ist bei uns nichts so wie bei anderen Leuten?" Die bittere und offensichtliche Wahrheit holt uns ein. Alles läuft schief! Er hat den wunden Punkt getroffen.

Ich sehe mich um. Vielleicht ist der Grund in diesem Haus zu finden, in dem wir aufgewachsen sind? Oder sind es die Gene? Kann das sein? Unsere Eltern waren unglücklich und das Schicksal ihrer Kinder verläuft nicht besser.

***

Nach Andrijs Besuch blieb lange ein bitterer Nachgeschmack hängen. Der Bruder ist gegangen, aber die von ihm ausgesprochenen Worte sind geblieben.

Als ich damit fertig bin, die Küche aufzuräumen, ziehe ich Danylko Jacke und Mütze und mir selbst meine – übrigens neuen, nach und nach beim Secondhandladen gekauften – Kleidungsstücke an: einen kupferfarbenen Regenmantel, schwarze Jeans und ein Sweatshirt, wie immer mit hohem Kragen.

Wir gehen spazieren. Das ist zu einer gewissen Tradition geworden: aus dem Alltag ausbrechen und das Leben, das rundherum tobt, mit den Fingerspitzen berühren.

Heute gehen wir unsere Straße, die Wolodymyrska, entlang. Danylko lässt sich die Salzstangen schmecken, die ich im Laden an der Ecke gekauft habe, und schaut sich neugierig um. Ich bemühe mich sehr, dem Kind immer wieder etwas Neues zu zeigen, seinen Horizont zu erweitern, seine Entwicklung zu fördern. Wir bewegen uns langsam auf dem Gehweg voran, auf der Fahrbahn rasen Autos vorbei. In einem von ihnen könnten wir sitzen, Danylko und ich, und frei und sorglos Abenteuern entgegenfliegen.

Wir passieren die prächtige Sankt-Theodosius-Kirche, die sich auf einer Anhöhe erhebt, und bleiben vor dem Gebäude stehen, das die Einwohner von Luzk das „dünne Haus“ nennen.

„Schau“, sage ich und zeige Danylko das hohe, fünfstöckige Haus, das ungewöhnlich und seltsam, aber vom architektonischen Standpunkt aus gleichzeitig interessant ist.

Wir schauen auf die großen Fenster, die gemütlichen Balkone, mein Sohn folgt mit den Augen gehorsam meinem Finger.

„Ein Flugzeug“, sagt Danylko.

„Sieht das Haus aus wie ein Flugzeug?“, frage ich zurück.

Er nickt, schüttelt dann aber den Kopf und korrigiert sich: „Kein Flugzeug. Lakete.“

Ich lache laut, weil er recht hat. Aus der Ferne ähnelt das hohe, flache Haus wirklich einer Rakete.

„Ich will mit einer Lakete fliegen“, sagt der Sohn, „und Mama fliegt mit.“

Ich warte eine Minute. Dann zwei. Danylko wendet den Blick zur Skulptur eines großen Herzens, die sich vor dem Haus befindet – und als er die zwei Tauben darauf bemerkt, läuft er hin.

„Ich will fliegen. Und Mama fliegt mit.“ An Papa denkt er nicht.

Vielleicht kann er auf so einen Papa auch wirklich verzichten?

Vielleicht kommt bald der Moment, an dem es Zeit ist, ein Risiko einzugehen?

April
Donnerstag

Nach dem misslungenen Herbstfest im letzten Jahr versicherte Oksana, dass sie mir in Zukunft helfen würde.

Larysa Fedoriwna hatte die gesamte Belegschaft zu einem pädagogischen Rat versammelt und mich dort buchstäblich vernichtet.

„Unqualifizierte Herangehensweise und verantwortungslose Einstellung“, hatte sie mein Werk zusammengefasst, in das ich einen Monat lang all meine Kraft und mein Herzblut steckte. Allerdings war ich damals für ihre Bemerkungen nicht aufnahmefähig, denn am Tag vor dem Rat hatte Maksym mir eine Rippe gebrochen und ich war kaum in der Lage, mich zur Arbeit zu schleppen, war also sowieso auf den schlimmsten Verlauf der Ereignisse gefasst.

Man stelle sich nur vor: Einige Kinder hatten sich bei dem Fest geweigert, ihren Text zu sprechen, Orest brach mitten in der Aufführung in Tränen aus und beruhigte sich erst, als der Großvater den Enkel zu sich holte, Marynka wiederum machte sich in die Hose, obwohl ich sie vor der Feier dreimal aufs Töpfchen gesetzt hatte.

Aber das ist schon ein Weilchen her. Heute beschäftigen wir uns mit dem Verlauf der Jahreszeiten. Die Kinder sind toll, sie geben sich Mühe, sie machen mit ...

Das Telefon holt mich aus meinen Gedanken.

Ruslan ist dran, und ich sage freudig: „Ich habe lange nichts von dir gehört.“ Zuletzt hat er vor ungefähr einem Monat angerufen, dann ist er abgetaucht.

„Ich war auf einer Geschäftsreise im Ausland.“

„Wow“, zeige ich mich aufrichtig überrascht.

„Die Firmengründer haben hier ein neues Büro eröffnet und mich zu einem Training eingeladen. Sie haben mir vorgeschlagen, die Filiale zu leiten."

„Das freut mich sehr für dich."

„Danke. Wir haben uns ewig nicht gesehen, Marta. Was hältst du davon, dich mit mir zu treffen?"

Ich überlege, wie ich das einrichten könnte. Dann stimme ich zu.

Früher hätte ich abgesagt, weil ich mir gesagt hätte: „Gott ist mit den Vorsichtigen", aber heute möchte ich aus eigenem Antrieb mit.

„Passt es dir nach dem Mittagessen?", frage ich.

„Ja, heute habe ich frei. Ich hole dich ab", sagt Ruslan und verabschiedet sich.

***

Gegen eins sehe ich aus dem Fenster und bemerke Ruslan. Er lehnt sich an die Motorhaube, hat die Arme vor der Brust verschränkt und wartet. Die blaue Jacke ist aufgeknöpft. Ich glaube, er hat abgenommen.

Gerade kommt Oksana, also greife ich meine Tasche wie ein glücklicher Teenager und eile aus dem Kindergarten.

Als Ruslan mich sieht, breitet er die Arme aus und zieht meinen dünnen Körper an sich. Seine rechte Hand drückt mir zu kräftig auf die Schulter, ich schreie beinahe auf. Die Folgen kürzlicher Schläge machen sich noch bemerkbar.

Wir steigen ins Auto und er schaltet die Musik ein. Diesmal freue ich mich über die Klänge aus den Lautsprechern, nicht wie bei dem lauten Hämmern von Trommeln bei Maksym im Auto, wenn ich mir am liebsten die Ohren zuhalten würde.

Als wir vor dem Restaurant ankommen, erschrecke ich. Ich trage alte Turnschuhe, abgetragene Jeans und einen altmodischen Rollkragenpulli. Wie kann ich mich in dem Outfit sehen lassen?

Ruslan bemerkt meine Besorgnis. Ich muss mir eingestehen, dass man vor ihm unmöglich etwas verbergen kann. Er blickt mich fragend an.

„Ich bin nicht angemessen gekleidet“, sage ich wahrheitsgemäß.

„Hör auf“, entgegnet er lächelnd.

Wie lieb er ist. Ruslan, das ist gewiss der einzige Mensch, abgesehen von Danylko, bei dem ich mich komplett fallen lassen kann. Seine positive, unterstützende Art, die natürliche Liebenswürdigkeit und Sensibilität lassen mein Herz dahinschmelzen. Seine Manieren gleichen denen von Jaroslawas Ihor.

Warum nur? Warum habe ich ihn nicht früher getroffen?

Ich vertreibe die sündigen Gedanken und gehe unsicher hinter Ruslan her. Ich trete leise auf den Fliesenboden, obwohl meine Turnschuhe außer einem Quietschen sowieso kein Geräusch von sich geben. Aber ich bin es gewohnt, mich wie ein Schatten zu bewegen. Sogar im Kindergarten behaupten die Kollegen, sie hörten mich nie hereinkommen. Sie finden das lustig, ich dagegen lächle bitter: Wenn sie den Grund für meine lautlose Fortbewegungsart wüssten, würden sie nicht scherzen.

Wir setzen uns an einen Tisch am Fenster und öffnen die Speisekarten. Ruslan weiß bald, was er bestellen will, ich zögere noch. Schließlich wähle ich Kalbfleisch mit Gemüse und lege die Speisekarte wieder hin.

Im Saal ist es stickig. Mein warmer Pullover klebt mir am Körper. Ich rolle die Ärmel hoch, bemerke jedoch einen hellen, blauen Fleck. Mit einer schnellen Bewegung ziehe ich den Ärmel wieder über das Handgelenk und hebe schüchtern den Blick zu Ruslan. Oh nein, er hat es gesehen!

Ich schaue weg. Kurz darauf sehe ich ihn wieder an und weine fast. Ruslan steht vom Tisch auf, kommt zu mir und schiebt mir eine Haarsträhne aus der Stirn. Auch dort finden sich Spuren. Er begreift alles.

Der Kellner rettet die Situation, indem er unsere Bestellung bringt.

„Wie läuft es mit Nastja?“, frage ich schnell.

„Gut. Sie wird jeden Tag reifer." Seine Stimme ist ruhig, aber mit einem besorgten Unterton.

Warum habe ich diesem Treffen zugestimmt? Bin ich so dumm, dass ich alle um mich herum für nichtsahnende Wesen halte? Dabei flüstern die Arbeitskolleginnen, die Eltern betrachten mich trottelige Erzieherin mit Argusaugen. Witalyks Mutter etwa fragte kürzlich, als sie die Spuren von Prellungen bemerkte: „Ein Kampftrauma?" Ich lenkte das Gespräch in eine scherzhafte Richtung und tat so, als verstünde ich nicht, worum es geht.

„Wie geht es dir, Marta?", fragt Ruslan. Seine Frage pikst wie ein rostiger Nagel in mein Herz.

„Gut." Ich lenke wieder ab. „Danylko wird im Herbst in die Gruppe der jüngeren Kinder kommen. Er ist so lustig ..."

„Marta", unterbricht mich Ruslan, „ich will wissen, wie es dir geht."

So ernst habe ich ihn noch nie erlebt, außer dem einen Mal, als er zu mir kam, weil Nastja krank war.

„Es ist alles in Ordnung. Warum fragst du?", gebe ich vor, nicht zu verstehen.

Er gibt keine weitere Erklärung ab. Schweigend wartet er auf meine Antwort.

Woher soll ich die Kraft nehmen, eine solche Befragung durchzuhalten? Das Schlimmste an dieser Situation ist, dass er nicht aus Neugier fragt, sondern weil er sich Sorgen macht. Natürlich tut er das. Denn kein normaler Mensch würde das, was ich durchlebe, auch nur in Gedanken zulassen.

„Ah, du redest von den blauen Flecken", sage ich vorgeblich fröhlich und nehme einen Schluck Mineralwasser, „ich bin letzte Woche hingefallen. Was hast du denn gedacht?"

Er glaubt mir nicht. Niemand glaubt mir mehr. So oft kann ein Mensch wohl nicht fallen, stolpern und gegen etwas stoßen? Niemand fällt mehr auf meine unbeholfenen und dummen Lügen herein. Ich weiß das und lüge trotzdem weiter.

Es ist still geworden, doch kurz darauf höre ich ihn sagen: „Vergiss es. Nichts für ungut."

Er sticht mit der Gabel in den Fisch auf seinem Teller und weicht meinem Blick aus. Ich weiß, dass Ruslan mir kein Wort glaubt.

Tja, wie ist es wohl zu dieser Situation gekommen? Sobald ich mich mit jemandem treffe, ergießt sich ein Strom von Fragen über mich. Dann bin ich gezwungen, mich zu winden und zu lügen. Folgt daraus, dass ich also niemanden mehr treffen sollte, um die Leute nicht in eine unangenehme Lage zu bringen und mich selbst nicht in eine Sackgasse zu manövrieren?

Als der Nachtisch gebracht wird, verschwindet die Spannung zwischen uns. Wir reden über die Kinder, die Arbeit, den Alltag ... Er erzählt von seiner neuen Stelle und macht sich darüber lustig, dass er jetzt ein großer Filialleiter wird.

„An so etwas habe ich nicht einmal zu denken gewagt. Und dann bieten sie mir einfach so an, Vorgesetzter zu werden. Ich habe zuerst gezögert, weil ich bisher mehr zu Hause war als bei der Arbeit, aber Nastja ist nun schon größer, deshalb nehme ich mir die Freiheit, sie zu meinen Eltern aufs Dorf zu bringen, wenn ich auf Geschäftsreisen gehe."

„Wie viele Mitarbeiter wirst du haben?", frage ich.

„Ich weiß nicht genau. Vielleicht zehn, vielleicht aber auch mehr."

Ich denke an Maksyms überhebliche Freude, als er in der Immobilienagentur Abteilungsleiter wurde und stolz mitteilte, dass er jetzt einen Mitarbeiter habe. Und diese Eitelkeit und dieser Stolz, als er dann noch zum Leiter der größten Abteilung ernannt wurde! Huh, eine schreckliche Erinnerung.

Auch während ich weiter zuhöre, vergleiche ich Maksyms Reaktion mit der von Ruslan. Denn in ihr zeigt sich der ganze Unterschied zwischen ihnen beiden.

Wir brechen auf. Ruslan zahlt die Rechnung und dankt dem Kellner, ich für meinen Teil bin froh, dass er nicht mehr auf das für mich schmerzhafte Thema zurückkommt.

Ich erhebe mich vom Tisch und nehme meine Tasche. Ruslan steht mit dem Gesicht zur Eingangstür. Plötzlich hebt er die Hand, um jemandem zu winken. Sicher ist ein Bekannter in den Saal gekommen. Ich aber schaffe es nicht mehr, mich zurückzuhalten.

Ich schrecke zusammen.

Ich schrecke zusammen, denn genau so hebt auch Maksym die Hand, wenn er sich bereit macht, mich zu verprügeln. Genau so schwingt er den Arm.

Automatisch gehe ich in die Hocke, um der Faust auszuweichen. Ich umfasse meinen Kopf mit den Händen und berühre die Fliesen. Die Beine schlottern, mir wird schwarz vor Augen. Wie albern von mir! Ich bin ein erbärmlicher Nichtsnutz, der bei der kleinsten Bewegung zusammenzuckt.

Ich schäme mich, wieder aufzustehen.

Ruslan hockt sich neben mich, berührt meine Wange und führt mich vorsichtig. Auf seiner Stirn steht eine tiefe Falte. Empörung und Wut blitzen in seinen Augen auf.

Er reicht mir ein Glas Wasser, und als ich es wage, ihn anzusehen, fragt er: „Warum wolltest du mich zum Narren halten? Denkst du, ich habe dir die Mär vom Hinfallen auch nur eine Sekunde abgenommen?"

***

Am Abend hat es abgekühlt, der Wind lebt auf. Ich stecke Danylko in die Jacke und ziehe ihm die Mütze über die Ohren. Er verzieht das Gesicht.

Ich führe meinen Sohn an der Hand und lausche seinem Gebrabbel über die Freunde aus der Krippe. Da er das halbe Alphabet nicht artikuliert, besucht er zweimal pro Woche einen Logopäden, auch zu Hause trainieren wir die Sprachfertigkeit mit Übungen. Bisher sehe ich allerdings keine Resultate.

Ich öffne das Gartentor und stelle fest, dass die Fenster dunkel sind, was bedeutet, Maksym ist nicht da. Ein erleichtertes Seufzen entweicht meiner Brust. Ich bin heute allzu müde, überhaupt allzu erschöpft in letzter Zeit ... Alles ist mir zu viel. Wie lange das schon so ist, kann ich nicht sagen.

Ruslans Worte hallen in meinem Kopf wider: „Warum wolltest du mich zum Narren halten? Denkst du, ich habe dir die Mär vom Hinfallen auch nur eine Sekunde abgenommen?“ Natürlich habe ich das nicht gedacht. Die Leute um mich herum sind nicht so begriffsstutzig, wie ich sie hinstelle.

Jeder sieht die Spuren der Prellungen, die vom Weinen geschwollenen Augen, den erschrockenen Blick ... Und ich tue so, als würde ich nicht bemerken, dass sie es sehen. Ich habe Ruslan das von dem Sturz vorgelogen, ihn für dumm verkauft und auch noch künstlich gelacht, während ich mich im Herzen schwach und ohnmächtig fühlte.

Ich widere mich selbst an, ich verliere jegliche Moral.

Ruslan hat nichts mehr gefragt, ist nicht mit lästigen Fragen in mich gedrungen. Erst als er mich zum Kindergarten zurückbrachte, sagte er: „Wir müssen dafür sorgen, dass das aufhört. Ich lass dich nicht allein. Das verspreche ich.“ Er sagte „Wir“ und ich wusste nicht, wie ich reagieren sollte.

Er mag mich. Und ich ihn. Aber zwischen uns befindet sich ein Abgrund.

***

Danylko streift fleißig seine Stiefel am Fußabtreter vor der Tür ab. Als wir das Haus betreten, rieche ich Gas. Ich erinnere mich nicht sofort daran, wie man sich in solchen Fällen verhält, deshalb lasse ich den Sohn an der Tür zurück und eile selbst, die Nase mit dem Rollkragen bedeckt, in die Küche, drehe das Gas ab und öffne die Fenster.

Ich kehre zu meinem Sohn zurück nach draußen. Wir frieren und warten, dass der Gestank aus dem Haus zieht. Danylko will reingehen, aber ich halte ihn zurück.

Nach einer halben Stunde gehen wir erst ins Haus.

Ich sehe nach, ob Maksym vielleicht in der Küche ist, finde ihn aber nicht. Durch meinen Kopf rattert die Vorstellung, ich könnte auf seinen leblosen Körper stoßen. Ich lächle vor mich hin. Vielleicht werde ich wahnsinnig.

Langsam gehe ich ins Wohnzimmer, wo ich ein Durcheinander vorfinde. Meine Porzellanpuppen sind über den Boden verstreut, keine von ihnen ist noch heil. Von den süßen Gesichtern sind nur scharfe Splitter geblieben, das Porzellan hat Maksyms Zorn nicht standgehalten. Ich war nicht zu Hause, als ihn die Wut überkam, und offenbar hat er sie an den Puppen ausgelassen.

Ich sehe die Puppe an, die mir meine Mutter geschenkt hat. Sie hat am meisten gelitten. Der grüne Hut ist vom Kopf geflogen, Arme und Beine sind abgerissen, der Kopf ist zerbrochen. So wie meiner. Ich stelle mir vor, ich wäre an ihrer Stelle: ein übel zugerichtetes Gesicht, zerrissene Kleidung, geschwollene Wangen, verdrehte Glieder, ausgerissenes Haar, das in Knäueln danebenliegt ...

Auf dem Bett in unserem Schlafzimmer finde ich den betrunkenen Maksym schließlich, er schläft und schnarcht dabei. Sein schwerer Körper liegt quer über dem Bett, er hat das Bewusstsein verloren.

Ich gehe zurück in die Küche. Auf dem Gasherd steht der Wasserkessel über dem eingeschalteten Kochfeld. Wahrscheinlich wollte Maksym Tee trinken, der elektrische Anzünder hat nicht funktioniert, aber er hat es nicht bemerkt und keine Streichhölzer benutzt, deshalb hat sich das Gas im Haus verbreitet.

Meine Güte, wir hätten in die Luft fliegen können.

April
Freitag

Heute arbeite ich in der zweiten Schicht und gehe daher Bohdana im Krankenhaus besuchen, während Danylko bereits in der Krippe ist.

In meinem Inneren krampft sich alles zusammen. Sie und mein Bruder tun mir aufrichtig leid.

Im langen Korridor begegnen mir nur wenige Menschen. Ich weiß nicht, in welchem Zimmer sie liegt, deshalb frage ich die Krankenschwester. Lautlos bewege ich mich durch den Flur, und als ich ihr Zimmer schließlich gefunden habe, gehe ich auf Zehenspitzen hinein.

Ein unangenehmer Geruch steigt mir in die Nase. So riechen dumpfe Verzweiflung und lange währende Hoffnungslosigkeit. Mir wird schwindelig. Wenn ich Bohdana nicht so sehr liebte, wäre ich auf keinen Fall gekommen.

Bohdanas Bett steht am Fenster. Sie liegt zusammengerollt unter einer Decke. In meinem Mund eine große Leere, ich bekomme kaum Luft, an Sprechen ist nicht zu denken. Ihr kleiner, dünner Körper ist verborgen, nur der Kopf ist zu sehen. Zaghaft hebe ich die Hand und berühre Bohdana an der Schulter.

„Hallo", bringe ich mit Mühe hervor.

Sie dreht ihren Kopf und schaut mir nicht in die Augen, sondern direkt hinein in mein Herz, was mich sehr betrübt.

„Wie geht es dir?", frage ich.

Bohdana rückt schweigend die Decke zurecht und richtet ihren Blick auf ... ich weiß nicht einmal, wohin sie schaut. Vielleicht in die Unendlichkeit. Schmerz, Leere und Leid spiegeln sich in ihren müden Augen.

Ich schiebe einen Stuhl ans Bett und setze mich.

Die Minuten verrinnen. Wir schweigen. Ich weiß nicht, worüber ich sprechen soll und ob das, was ich sagen könnte, angemessen wäre. Sie schaut an die rissige Decke, ohne je zu blinzeln, während ich meine Finger knete und kurz davor bin, zu schluchzen.

Bohdana hat sich verändert. Die Augen sind eingefallen und trüb, rundherum haben sich schwarze Kreise gebildet, das Gesicht ist blass. Das Leuchten in ihren Augen ist einer Verzweiflung und einer unbestimmten Düsternis gewichen. Sie verschmilzt mit den Wänden im Krankenzimmer.

Das ist nicht die Bohdana, die ich kenne. Wo ist meine Freundin hin, die sich über mich lustig gemacht, mich belehrt und kritisiert hat? Wo ist die Frau, in der das Leben brannte? Wo ist sie? Und wer ist das hier vor mir?

Wenn ich die bedrückende Unbestimmtheit und Ausdruckslosigkeit in ihrem Blick sehe, erfasst mich Panik, denn mir wird klar, dass Bohdana nach diesem Verlust nicht mehr dieselbe sein wird wie früher – fröhlich, quasselig und scharfzüngig. Sie ist am Boden zerstört. Gebrochen. Verloren.

Warum hat sie entschieden, dass es am einfachsten ist, eine Handvoll Pillen zu schlucken und auf ihr Leben zu spucken? Wegen eines Kindes, das, kaum auf der Welt, gestorben ist? Oder wegen Andrij, der sie vielleicht nicht unterstützt hat? Der sie möglicherweise sogar geschlagen hat? Herrje, was macht sie nur?

Offenbar haben Hoffnungslosigkeit und Einsamkeit in ihren Augen den letzten Tanz vollführt. Sie hat ihren Glauben verloren.

Bohdana ist bereits verzweifelt. Auch ich werde am Ende verzweifeln. Wie lange werde ich noch durchhalten? Wie lange wird es noch dauern, bis ich resigniere und die Verzweiflung die Schlinge um meinen Hals fester zieht? Wie lange werde ich noch warten, ehe ich endlich anfange zu handeln?

Lange, sinnentleerte Jahre liegen hinter mir, in denen ich mir sage, dass man so nicht leben kann, dass Maksym sich nicht ändern wird, dass ich in einem Netz gefangen bin und nicht einmal weiß, worauf ich warte. Wie lange wird das noch so weitergehen? Wie lange werde ich untätig bleiben?

Mensch, Marta, brüllt meine innere Stimme, du bist am Limit. Nur ein falscher Schritt und du landest im Abgrund. Worauf zum Teufel wartest du?

Gegen Mittag küsse ich sie auf die kalte Wange und gehe, ohne dass ein Wort gesagt worden wäre.

Der kalte Aprilwind zerzaust mein Haar. Ich möchte weinen, schluchzen, heulen ... Nicht wegen Bohdana, sondern wegen mir selbst. Ich könnte jederzeit so enden wie sie: an ihrer Stelle sein, mit einem entstellten Gesicht, gebrochenen Knochen und einem Körper, aus dem das Leben herausgeprügelt wurde. Mit den gleichen leeren Augen. Da und doch abwesend.

Eine übermächtige Verzweiflung ergreift mich. Ich bin mir nicht sicher, ganz und gar nicht sicher, ob ich die Kraft und Ausdauer haben werde, mich den Herausforderungen des wutentbrannten Maksym zu stellen. Ich bin stark, aber nicht kräftig.

Und was wird dann mit Danylko geschehen? Wie wird er aufwachsen? Was erwartet ihn?

Ein Heim? Pflegeeltern? Ein Leben auf der Straße?

Am schlimmsten wäre es, wenn Maksym unseren Sohn aufzöge.

All das könnte Realität werden, während ich noch auf den richtigen Moment warte.

Ich bleibe vor einem Café stehen und spähe wie ein Dieb ins Fenster. Die weit aufgerissenen, roten Augen eines Straßenköters blicken mich an. Das bin ich! Verängstigter Blick, zerzaustes Haar. Ich schaudere, meine Hände zittern wie die einer Alkoholikerin. Ach, dieser Anblick ist mir vertraut: Die Hände meines Vaters haben so gezittert, sie beginnen auch bei Maksym so zu zittern. Meine Zähne klappern, als würden sie einen Stepptanz hinlegen, meine bleiernen Beine knicken ein. Ich bin völlig durchgefroren, Kälte und Angst wandern durch meinen Körper und bleiben in den Knochen stecken.

Ich will so nicht mehr leben!

Ich will nicht in einem Krankenhausbett enden! Ich will nicht so daliegen wie Bohdana – halb lebendig, halb tot.

Ich will nicht, dass mich Verzweiflung und Ohnmacht bezwingen.

Da leuchten diese Straßenköteraugen auf, die mich aus dem Fenster des Cafés anblicken, und im Kopf schwirren Gedanken, die flimmern wie ein Kaleidoskop, es ist schwer, sie zu greifen, sie festzuhalten, aber es gelingt mir. Damals, als wir zu dritt das Panorama von Luzk bewunderten, habe ich Maksym angesehen und gemeint, dass er so sei wie alle – gewöhnlich und einfach. Das wiederum bedeutet, dass er Ängste hat, gut versteckt und vom Staub der Vergangenheit bedeckt.

Ich werde seinen wunden Punkt finden.

Ich schüttle den Kopf und sehe im selben Moment ganz klar einen Ausweg aus diesem verfluchten Labyrinth vor mir.

Mai
Mittwoch

Das Telefon klingelt zum dritten Mal, und zum dritten Mal gehe ich nicht dran. Es ist Ruslan. Ich weiß nicht, was ich ihm sagen soll. Nach diesem misslungenen Mittagessen im Restaurant haben wir nicht mehr miteinander gesprochen. Ich gehe ihm aus dem Weg.

Die Arbeitszeit neigt sich dem Ende zu und ich warte ungeduldig darauf, aus dem lärmenden Kindergarten fliehen zu können.

Oksana erscheint heute früher und erzählt den neuesten Kindergartenklatsch, von dem mir ganz schwindelig wird. Während ich ihrem Monolog lausche, denke ich ständig: Hat sie nicht genug eigene Probleme, dass sie fremde durchkauen muss?

Sie macht alles gleichzeitig: Haare kämmen, quatschen, eine SMS schreiben und mit dem Fuß die Legosteine in eine Kiste stoßen. „Die Zicke macht mich noch fertig", wechselt Oksana das Thema, jetzt muss ich mir etwas über die hysterische Schwiegermutter anhören, „sie findet jetzt, dass wir uns schlecht ernähren. Stell dir das mal vor, Marta. Sie gibt uns keine einzige Kopeke von ihrer Rente für Lebensmittel, denkt aber, dass mein Gehalt ausreicht, um im Mai Erdbeeren zu kaufen. Was ist das bloß für ein Mensch?"

Ich gehe zum Fenster und bemerke Ruslans Auto. Oksanas Worte gehen an mir vorbei, verwirrt mache ich mich bereit, heimzugehen, werfe mir die Jacke über die Schultern und schleppe mich zur Tür.

„Tschüss", werfe ich der Kollegin zu.

„Gehst du schon? Bleib doch noch ein bisschen", sagt sie verwundert, als hätte sie gedacht, dass ich bis zum Abend hierbleiben würde.

„Ich gehe jetzt. Ich muss gehen", murmle ich vor mich hin.

Draußen stoße ich auf Ruslan, der an der Eingangstür auf mich wartet. Sein Lächeln kaschiert seine Verlegenheit nur schlecht.

Die Wangen sind gerötet, das Haar vom Wind zerzaust und seine Lippen sind fest zusammengepresst, als ob er etwas Wichtiges sagen möchte, aber nicht weiß, wo er anfangen solle.

„Ich habe mir Sorgen gemacht“, erklärt er kurz.

„Aha“, murmle ich.

„Wir müssen reden.“

„Worüber?“, frage ich nicht allzu freundlich.

Er antwortet nicht, stattdessen führt er mich wie ein kleines Kind an der Hand zum Auto, öffnet die Tür und bittet mich, Platz zu nehmen. Ich kann nicht ewig davonlaufen und ihm aus dem Weg gehen, deshalb sage ich zu.

***

Wir schweigen. Im Auto spielt leise Musik. Das Auto fährt mit hoher Geschwindigkeit aus der Stadt. Vor den Fenstern ziehen Häuser, Bäume, Passanten vorbei.

Dann hält Ruslan am Straßenrand. Da ich die Stadt selten verlasse, ist mir nicht klar, wo wir uns befinden.

„Hier gibt es einen Weg zum Fluss“, sagt er und steigt aus. In seiner Verwirrung wagt er es nicht, mich anzusehen.

Wir gehen leise zwischen hohen Birken hindurch, manchmal unterbricht das Knacken der Äste unter den Füßen die Stille.

„Ich war noch nie hier“, sage ich und blicke den rauschenden, hypnotisierenden Fluss entlang.

Die Stille ringsum ist wie ein süßer Traum, aus dem man nicht zurückkehren möchte. Es macht den Eindruck, als sei alles eingefroren und verschwunden: die Verwirrung, die Unruhe, der Schmerz, die Angst. Ich blinzle wegen des hellen Lichts, sauge die kühle Luft ein und bin wie ein neugieriger Reisender, der sich auf eine lange Fahrt begibt und jeden Moment in sich aufnimmt.

„Schön und ruhig“, sagt Ruslan kaum hörbar und rückt den Schal um meinen Hals zurecht, „frierst du auch nicht?“

„Nein. Alles gut.“

Die Sonne lugt hinter den Wolken hervor und spiegelt sich im Wasser. Ich fange Ruslans Blick auf, und wieder kann ich nicht erkennen, welche Farbe seine Augen haben. Tief und unergründlich, wie das Wasser im Fluss.

Wir gehen langsam am Ufer entlang. Auf der rechten Seite reihen sich Weiden aneinander, die einen Tunnel bilden und deren lange Äste zum Wasser hinunterreichen. Die Strahlen der Frühlingssonne berühren jeden Zweig, als würden sie sie streicheln und liebkosen. Wir bleiben an einer blau gestrichenen Holzbank stehen und schauen vor uns hin. Ich versuche, mit den Augen am Horizont einen Halt zu finden, aber das ist schwer, denn vor uns liegt ein endloses, ebenes Feld. Der Fluss fließt geräuschvoll. Die jungen Blätter der erwachten Bäume rascheln, als würden sie flüstern. Ich dagegen brenne innerlich. Die von mir getroffene Entscheidung hat mich beflügelt. Ich bin zu einem Vogel geworden: nicht gefesselt, sondern frei.

„Warum hast du nicht auf meine Anrufe reagiert?"

Ich zucke mit den Achseln, denn ich kann keine Erklärung finden. Maksym hat alle Erklärungen mit seiner schweren Faust aus meinem Kopf geschlagen. Das Einzige, was ich jetzt weiß, ist, dass ich nicht bloß versuchen werde, aus dem von Maksym um mich herum gesponnenen Netz herauszukommen, sondern dass ich mich von dem Druck und der Despotie meines Mannes befreien werde.

„Du könntest mit Danylko bei mir und Nastja einziehen", sagt Ruslan schlicht und gleichzeitig herzlich. Er schaut mich nicht an, sein Blick wandert über das weite Feld. Er ist nah und gleichzeitig weit von mir entfernt.

„Ich kann nicht."

„Warum?" Er schnappt nach Luft. „Glaub nicht, dass ich dich unter Druck setzen und zu etwas zwingen will. Wenn du bereit bist für neue Gefühle, wirst du es mir sagen. Aber jetzt könntest du einfach ..."

Er verstummt, ich bleibe still. Seine Worte wühlen mich auf. Ich könnte was? Mich verstecken? Weglaufen? Verschwinden?

„Du weißt, dass du mir nicht gleichgültig bist, auch wenn ich es nie zu sagen wage."

Wie soll man das aushalten? Warum spricht er über seine Gefühle?

„Wir werden zur Polizei gehen und eine Aussage machen. Reich die Scheidung ein. Wir werden ihn gemeinsam aufhalten."

„Nicht jetzt. Ich kann nicht", meine Worte stören die Harmonie. In diesem Moment bin ich wie ein Vandale, der mit vernichtenden Schlägen etwas Wertvolles und Zerbrechliches beschädigt.

Ruslan legt seine Hände auf meine Schultern und dreht mich mit dem Gesicht zu sich. Hinter ihm fließt der Fluss, mir kommt es so vor, als würde er in Erwartung dessen, wie unser Gespräch enden wird, leiser.

„Aber warum? Denk an dich selbst. Ein solches Verhalten hast du nicht verdient. Ich liege nachts wach und überlege, wie es dir wohl ergeht. Ich habe Angst um dich."

Ich entferne mich ein paar Meter und hebe den Kopf zum Himmel. Ich will wegfliegen. Weit weg. Ohne Wiederkehr. Die Flügel ausbreiten und mich über die Erde erheben, über das grenzenlose Feld, die Weiden, die Birken, das junge Gras, das aus dem Boden sprießt. Fliegen und frei sein.

„Stoß mich nicht weg, Marta", holt mich Ruslans Stimme aus dem Himmel zurück.

Wie kann ich ihm erklären, dass ich wirklich nicht kann? Sie alle – Ruslan, Bohdana und Jaroslawa – haben zuerst gezweifelt, aber inzwischen wissen sie ganz genau, was ich erlebe. Sie wollen mir helfen einen Ausweg zu finden, sie wollen mich unterstützen, aber sie verstehen nicht das Wesen von Maksym. Wohin auch immer ich fliehen würde, er würde mich finden. Würde ich bei der Polizei eine Aussage machen, wäre die einzige Folge, dass er sich eine gewisse Zeit lang bedeckt hielte, um keinen Verdacht zu erregen. Aber dann nähme er den alten Lebenswandel mit neuer Kraft wieder auf. Müsste er leiden? Ich glaube nicht. Er käme mit der Strafe klar. Sollte ich es sogar wagen, mich scheiden zu lassen, würde er mir das nicht verzeihen. Sein rachsüchtiges, stolzes Herz würde nach Vergeltung lechzen. Mich bei Ruslan verstecken? Was bringt das? Maksym würde mich finden. Aber damit setzte ich nicht nur mich, sondern auch Ruslan und Nastja einem Risiko aus. Im Moment sind nur Danylko und ich in der Gefahrenzone, liefe ich davon, würden auch sie in diese Zone geraten. Diese Verantwortung kann ich nicht auf mich nehmen.

Die Sonne versteckt sich hinter einer Wolke. Es wird düster: Die Weiden sind dunkler, der Fluss hat wieder angefangen zu lärmen, auf das Feld scheint eine graue Decke gefallen zu sein. Die plötzliche Veränderung treibt mich dazu, zu handeln. Wenn Ruslan mir hilft, werde ich den ersten Schritt leichter in die Tat umsetzen können.

„Bist du in den nächsten Tagen da?", frage ich Ruslan.

„Ja. Warum?"

„Ich muss ein paar Dinge außerhalb der Stadt erledigen. Macht es dir etwas aus, wenn ich Danylko zu dir bringe?"

„Natürlich nicht. Was hast du vor?"

„Nichts. Versprich mir, dass du keine Fragen stellst."

„Das ist unfair", sagt Ruslan mit zusammengekniffenen Augen.

„Versprich es."

„Ich verspreche es", presst er hervor.

„Gut", seufze ich, und zum ersten Mal seit vielen Jahren habe ich wieder Vertrauen in meine eigenen Kräfte.

Mai
Freitag

Maksym hat alle Sachen aus dem Schrank geworfen, mich an den Haaren gepackt und ins Schlafzimmer gezogen.

„Was für eine Unordnung“, schreit er, „du Schlampe. Du siehst aus wie eine Vogelscheuche und willst, dass ich auch so werde. Warum ist meine Hose gefaltet, statt auf einem Bügel zu hängen?“

Er schubst mich aufs Bett, und ich hüpfe wie der Gummiball, den ich neulich Danylko gekauft habe, auf der Matratze herum.

Gestern war alles gut. Alles!

Er hat seinem Sohn Obst und Kekse gekauft, den Kühlschrank mit Joghurt vollgestopft und Fleisch in den Gefrierschrank gelegt. Er hat den ganzen Abend mit seinem Sohn gespielt, während ich Bratkartoffeln und Salat gemacht habe. Sie hatten Spaß, Maksym rollte den Ball, Danylko versuchte, ihn zu fangen. Dann wechselten sie die Plätze, und Maksym stand in ihrem „Tor“. Als Danylko müde wurde, las Maksym ihm ein Märchen vor. Dann aßen wir zu dritt zu Abend und redeten. Wie eine normale Familie! Ich spielte mit, so gut ich konnte, um keinen Verdacht zu erregen. Ich versuchte, entspannt zu wirken und so wie immer, damit er nichts von dem waghalsigen Plan in meinem Kopf mitbekam.

Und als wir den Sohn ins Bett gebracht hatten, goss Maksym Wein in Gläser, stellte leise Musik an, nahm mich an der Hand und setzte mich auf seinen Schoß. Ich hatte keine Angst. Ich bin es leid, Angst zu haben. Ich habe einfach mitgemacht. Ich spielte die liebende Ehefrau, die ihren Mann achtet. Ich machte alles richtig.

Er war so sanft und zärtlich wie nie. Flüsterte mir süße Worte ins Ohr, streichelte meinen hölzernen Körper und sagte, er könne sich ein Leben ohne mich nicht vorstellen. Ich erwiderte seine Berührung – nicht, weil ich es wollte, sondern weil ich es tun musste. Er soll weiter glauben, dass ich mich seinem Druck beuge, damit er nur nicht an meiner Unterwürfigkeit zweifelt. Das spielt mir in die Hände.

Und jetzt, da ich in seine benebelten Augen schaue, ist mir klar, dass ich ein für alle Mal verloren habe, wenn ich einen Fehler mache.

Maksym ballt seine Faust, bis die Haut an seinen Knöcheln weiß und durchsichtig wird, als ob sie gleich reißt. Die Faust bedeutet Macht. Die Faust ist eine Waffe. Die Faust ist seine Stärke und Größe. Seine ganze Essenz, die er freisetzt.

Ein Telefonanruf rettet mich, Maksym ist abgelenkt, während ich ins Bad renne und mich mit kaltem Wasser wasche. Ich betrachte mein verängstigtes Gesicht und flüstere: „Noch ein bisschen. Gar nicht lange. Halte durch, Marta, halte durch. Du kannst es!"

Ich höre seine überreizte Stimme und einen Schrei.

Einen Moment später erscheint er im Badezimmer und sagt: „Ich muss gehen. Ich komme morgen spätabends zurück."

In letzter Zeit eilt er häufiger irgendwohin, übernachtet nicht zu Hause und erweist mir damit einen himmlischen Dienst. Ich bin sogar bereit, ihm Brote für unterwegs zu schmieren, damit er nur ja aus dem Haus verschwindet.

Die Tür schließt sich hinter ihm, ich wende mich meinem Spiegelbild zu. Jetzt blickt keine verängstigte Frau mehr zurück, deren panische Angst ihren Verstand vernebelt. Ich sehe Selbstvertrauen in ihrem Blick. Das ist genau der Moment, auf den ich gewartet habe.

Ich nehme das Telefon und suche nach Ruslans Nummer.

„Hallo", höre ich eine alarmierte Stimme, „wie geht es dir?"

Das fragt er ständig. Manchmal scheint er einen lauten Seufzer der Erleichterung auszustoßen, sobald er mich hört, als ob er sich davon überzeugen musste, dass ich am Leben bin.

„Ich bringe Danylko morgen Früh", sage ich trocken.

„Gut. Soll ich dich mit dem Auto fahren?"

„Nein. Das schaffe ich selbst. Danke."

„Wohin fährst du?“, bohrt Ruslan weiter.

„Das kann ich nicht sagen“, antworte ich kurz, weil ich Angst habe, dass mein Plan zusammenbricht, wenn ich auch nur ein Wort laut ausspreche. Nein, ich werde nichts sagen.

Mein schnelles und schweres Atmen wird vom Fliesenboden zurückgeworfen, berührt die Decke und durchsetzt die Luft im Bad.

„Gott, steh mir bei“, flüstere ich und schlucke meine Wut hinunter.

Ich werde seine Achillesferse finden, ich werde in seinen Geheimnissen herumschnüffeln, und dann werde ich meine Bedingung stellen: Entweder er lässt mich gehen oder ich zeige ihn an und werde dabei auch den Mann mit Glatze und Dreizack-Narbe nicht vergessen, den er gekauft hat, um sich an Ihor zu rächen.

Ich erinnere mich an alles. Nur, dass ich jetzt keine Angst mehr haben werde.

Ich werde tun, was ich mir vorgenommen habe. Um meinetwillen und um meines Sohnes willen.

Und keine Macht der Welt kann mich aufhalten.

Mai
Samstag

„Du hast dich verändert, Marta“, bemerkt Wira.

„Ich weiß“, sage ich ruhig.

„Ich habe darauf gewartet, dass du kommst. Eigentlich dachte ich, dass du am Tag nach eurem Besuch schon wiederkommen würdest. Warum hast du so lange gezögert?“ Ihre Stimme klingt ruhig und zurückhaltend.

„Ich weiß es nicht“, antworte ich leise, „ich möchte reden.“

„Ist es nicht zu spät? Kannst du jetzt noch etwas ändern?“

Ich habe nicht die geringste Ahnung, was ich antworten soll. Aber ich glaube, dass ich etwas bewirken kann, deshalb bin ich hier.

„Ich weiß es nicht. Aber vielleicht wird mich das, was du mir erzählst, auf Ideen bringen“, sage ich schließlich.

Wira fährt im Rollstuhl in die Küche, und ich folge ihr leise, schweigend, mit zaghaftem Schritt.

Sie glaubt nicht daran, dass ich etwas ändern kann. Aber ich muss. Ich muss es nicht nur um meiner selbst, sondern auch um Danylkos willen tun. Und die hinter sieben Schlössern verwahrte Wahrheit, die Maksym so eifrig vor mir verheimlicht wie das Geheimnis in der Büchse der Pandora, muss bei unserer Rettung helfen.

„Mama ist in die Stadt gefahren. Bald ist Abend.“ Wira stützt die Hände auf die Knie und sieht mir fest in die Augen. „Ich denke, wenn Mutter gewusst hätte, dass du kommst, na ja, dass du allein kommst, wäre sie bestimmt zu Hause geblieben.“

Ich habe solche Angst, als ob ich vor einer Tür stünde, die zu einem Raum voller Gespenster führt, und ich habe Angst, sie zu öffnen. Die Wahrheit macht mir Angst, denn ich bin es gewohnt, mit Lügen und Misstrauen, Angst und Hoffnungslosigkeit zu leben.

„Weiß eure Mutter von mir?“, frage ich Wira. „Hast du ihr von mir erzählt?“

„Ja.“

„Und was sagt sie dazu?“

„Sie fühlt mit dir.“

Es wird so still, dass ich mein Herz klopfen höre. Ich halte den Atem an und schaue in Wiras tiefgründige, hypnotisierende Augen.

„Ist alles so schlimm?“, frage ich.

„Es kommt darauf an, von welcher Seite man es betrachtet.“

„Wira, wenn wir dich vor unserer Hochzeit besucht hätten, hättest du mir dann ausgeredet, Maksym zu heiraten?“

Sie lächelt verschmitzt und sagt dann: „Wenn du damals, als ihr uns besucht habt, noch nicht mit Maksym verheiratet gewesen wärst, Marta, wie hättest du dann entschieden? Hättest du ihn geheiratet? Ich habe damals durchs Fenster Ewa neben seinem Auto warten sehen. Das war ein Zeichen. Eine Art Hinweis von oben, den du nicht beachtet hast. Du hast sie gesehen und gehört. Ich glaube, sie hat Eindruck auf dich gemacht. Nach Maksyms tobsüchtigem Verhalten, nach dem Treffen mit Ewa und nachdem Maksym, davon bin ich überzeugt, alles in einem für ihn vorteilhaften Licht dargestellt hat, hättest du ihn nach alldem noch geheiratet?“

„Nein. Ich glaube, ich hätte Angst bekommen und wäre abgehauen.“

„Siehst du.“

„Du hättest es mir also ausgeredet?“

„Zumindest hätte ich es versucht. Ich habe dir damals gesagt, du solltest zu mir kommen, erinnerst du dich? Allein. Ich wollte dich vor meinem Bruder bewahren, der Spinne, die dich in ein Netz einwickeln will. Aber du bist erst jetzt gekommen.“

„Es ist nie zu spät.“

„Das hoffe ich.“

Wira schlägt vor, in den Garten zu gehen und in der Laube zu sitzen. Ich stimme zu und helfe ihr, obwohl sie geschickt ist und selbst klarkommt. Wira rollt die Rampe hinunter und fährt mit dem Rollstuhl den Weg entlang.

Beim Pavillon steht verborgen vor den Sonnenstrahlen eine Staffelei. Wira bietet mir einen Stuhl an. Wir verstecken uns im Schatten.

„Alles begann mit dem Keller", setzt Wira an und schaut an mir vorbei.

„Mit welchem Keller?", frage ich mit großen Augen.

„Eines Abends ist Maksym betrunken nach Hause gekommen. Damals war er noch in der Schule, und der Vater war natürlich wütend. Er hat Maksym angeschrien, ihn gerüttelt und geschüttelt wie einen Birnbaum. Wo Maksym sich betrunken hat, weiß ich nicht, wahrscheinlich hat er zusammen mit den Jungs gesoffen. Die Sache ist die, unser Vater hat nie getrunken. Niemals. Es kam vor, dass er an Feiertagen einen Schluck Wein trank, um sich anzupassen, aber das ist alles. Meine Mutter hat mir einmal erzählt, dass der Vater meines Vaters, also mein Großvater, Alkoholiker war und ein schlimmes Ende genommen hat. Dass sie ihn tot in einem Bach gefunden haben, in den er gefallen und ertrunken war. Deshalb hat der Vater geschrien, als er den betrunkenen Maksym gesehen hat, der sich kaum auf den Beinen halten konnte. Er hat ihn am Kragen gepackt und aus dem Haus geworfen. Mama hat geweint, ich dagegen, damals war ich noch sehr klein, bin erschrocken. Es hat sich herausgestellt, dass der Vater Maksym in den Keller gestoßen und dort für eine Nacht eingesperrt hat. Der Lichtschalter für den Keller befindet sich draußen, sodass Maksym bis zum Morgen in völliger Dunkelheit saß."

„Und was ist dann passiert?"

„Morgens hat der Vater Maksym aus dem Keller gezerrt und gesagt, dass diese Nacht ihm eine Lehre fürs Leben sein werde. ‚Alkoholiker wirst du nicht', sagte der Vater, doch Maksym kreischte ihm ins Gesicht, dass er ihm das nie verzeihen werde. An diesem Abend bin ich zum Zimmer meines Bruders gegangen, und er rief mir zu, ich solle abhauen: ‚Warum liebst du mich nicht?‘, habe ich ihn gefragt. Und weißt du, was er geantwortet hat? ‚Weil unsere Eltern dich mehr lieben als mich.‘ Ich habe widersprochen, das sei nicht wahr, doch Maksym hat entgegnet: ‚Vater hätte dich nie so behandelt. Nie hätte er dich im Keller eingesperrt wie einen Hund. Nie.‘“

Von ihren Worten läuft es mir eiskalt den Rücken hinunter. Obwohl es ein schöner Tag ist, friere ich in der Umarmung der warmen Luft.

„Schon seit der Kindheit hat Maksym aus irgendeinem Grund gemeint, dass die Eltern mir mehr Aufmerksamkeit schenken als ihm, dass sie mich lieben und ihn meiden. Aber so war es nicht. Glaub mir, es war nicht so. Der Altersunterschied zwischen uns beträgt sechs Jahre. Als meine Mutter und mein Vater mein Talent zum Zeichnen bemerkten, haben sie mich in einer Kunstschule angemeldet, dann hat auch noch die Musiklehrerin meiner Mutter berichtet, dass ich gut singe. Obwohl ich immer noch meine, dass das nicht stimmt. Die Eltern haben sich über meine Talente gefreut. Ich glaube, so freuen sich alle Eltern über ihre Kinder ... Ich bin gesund auf die Welt gekommen, Marta. Der Rollstuhl ist erst später in meinem Leben aufgetaucht.“

Wira schweigt einen Moment lang, als würde sie im Geiste ihr ganzes Leben noch einmal durchgehen. Ich dränge sie nicht. Wir haben es nicht eilig.

„Maksym hat mich einmal beim Essen gehänselt, indem er meine Zeichnungen als Kritzeleien bezeichnete. Der Vater hat ihn getadelt und der Bruder ist übergekocht. Er war damals fünfzehn, ein Alter, in dem die Eltern als Feinde wahrgenommen werden und als Störenfriede der Vorstellung von der eigenen Zukunft. Maksym hat seine Stimme gegen den Vater erhoben und ihm vorgeworfen, ihn, also Maksym, so zu behandeln, als habe er keinerlei Talent und sei es daher nicht wert, dass man auf ihn stolz sei. Maksym war wütend, da er das Gefühl hatte, wegen mir im Schatten zu stehen, umso mehr, weil ich jünger war und er auch noch auf mich aufpassen musste.“

„Aber das ist doch normal“, sage ich, „mein Bruder und ich waren genauso. Er ärgerte sich darüber, dass ich an ihm hing wie ein überflüssiges Anhängsel.“

„Okay, aber Maksym wollte sich nicht damit abfinden. Er ist mir aus dem Weg gegangen, und wenn wir uns begegneten, hat er versucht, mich zu verletzen. Ich habe sein Verhalten nicht beachtet, denn meine Mutter hat mir erklärt, dass er zwar wütend werden, sich aber auch wieder beruhigen würde. Dann begann er, auf meine Freundinnen einzureden, dass sie nicht mehr mit mir sprechen sollten. Er wollte sich am Vater rächen. Sich rächen, indem er mir Schmerzen zufügte. Mir hat das wehgetan, denn er war immer noch mein Bruder. Jeden Tag entfernten wir uns weiter voneinander: Ich vertiefte mich in die Malerei und nahm Gesangsunterricht, Maksym dagegen hing mit Freunden ab, kam spät nach Hause, war unverschämt zu den Eltern und drückte mit jeder Handlung Protest aus. Ein Jahr später war es für uns normal, dass er erst morgens nach Hause kam und nach Alkohol stank. Vater, der auf jede erdenkliche Weise versucht hat, Einfluss auf ihn auszuüben, raste. Sie stritten sich, aber niemand hat ihn mehr in den Keller gesperrt. Maksym hat die Schule abgeschlossen, scheiterte aber an den Aufnahmeprüfungen für die Uni. Er hatte zwar eine Begabung für Naturwissenschaften, ist aber lieber feiern und trinken gegangen, statt zu lernen. Alles ging schief. Unser verstorbener Vater hatte sein eigenes kleines, aber ausreichend einträgliches Geschäft: Er kaufte alte Traktoren, überholte sie und bot sie anschließend zum Verkauf an. Das brachte gutes Geld, und mit der Zeit hat mein Vater einige Mitarbeiter eingestellt. Als Maksym also nicht an die Universität ging, hat Vater angekündigt, dass er für ihn arbeiten sollte. Maksym war dagegen."

Ein Lastwagen fährt auf der Straße vorbei, und Wira schweigt eine Weile, damit der Verkehrslärm ihre Stimme nicht übertönt.

„Dann begann das Schrecklichste: Maksym, der jeglichen Respekt vor seinem Vater verloren hatte, erklärte, dass er nicht mit Metall arbeiten würde und nicht solche mit Schmieröl verschmierten Hände haben wolle, denn das sei erniedrigend und ohne Prestige. Der Vater regte sich auf, sagte, dass er mit dieser erniedrigenden Arbeit unseren Lebensunterhalt verdiene, und zwar recht gut. Er drohte, wenn Maksym nicht zur Vernunft käme, würde er ihn vor die Tür setzen. Natürlich hätte er das nicht getan. Mutter hat ständig geweint, hin und her gerissen zwischen ihrem Sohn und ihrem Mann. Zufällig habe ich ein Gespräch in Maksyms Zimmer belauscht, als Mama zu ihm kam und ihn anflehte, sich zusammenzureißen und sich nicht sein Leben zu verbauen. Sie bat ihn, zur Vernunft zu kommen, weinend flehte sie ihn an, nicht mit dem Vater zu streiten. Aber er wollte nicht hören. Mama schluchzte, doch Maksym hat erklärt, dass er der Herr seines Lebens sei und sie kein Recht hätten, ihre Nasen in seine Angelegenheiten zu stecken. Ein Jahr vor dem Tag, der unser Leben auf den Kopf stellte, habe ich an das Zimmer meines Bruders geklopft. Das Gespräch lief nicht gut, denn alles, was ich zu hören bekam, waren demütigende Anschuldigungen gegen mich. Er hat Dinge gesagt, die mich – ein zehnjähriges Kind – gefrieren ließen. Ich habe den Grund für seine Wut kaum verstanden, aber ihn deswegen nicht weniger geliebt. Ich habe gesehen, dass es ihm schlecht ging, ich wollte helfen, aber er hat meine ausgestreckte Hand zurückgewiesen. Hätte ich damals dem zornigen jungen Mann irgendwie helfen können? Ich hatte gedacht, wenn ich ihn bitte, nett zu sein, wird er es auch sein. Maksym schrie mich an und jagte mich aus dem Zimmer. Er sagte, wenn ich eine Nacht im Keller verbracht hätte, würde ich nicht so schlau daherreden. Ich ging hinaus, schloss die Tür und hörte etwas fallen. Maksym verteilte seine Sachen im ganzen Zimmer. Aber dann erstarrte alles, wurde still ... Ich habe ihn weinen hören."

Ihre Worte berühren mich bis ins Mark, aber ich habe bisher nichts Unerwartetes gehört. Bis Wira unvermittelt sagt: „Ich hatte ein Kätzchen. Rot und verspielt. Ich habe es von meinen Eltern zum Geburtstag geschenkt bekommen. Am nächsten Tag hat Mama es erhängt im Garten gefunden. Das tote Kätzchen baumelte an einem Ast. Meine Mutter schrie auf und ich rannte aus dem Haus. Dieses Grauen steht mir noch in allen Einzelheiten vor Augen. Wir haben zwar nicht herausgefunden, wer es getan hat, aber es war nicht schwer zu erraten."

„Oh, mein Gott", sage ich und starre Wira an.

„Später habe ich meine Zeichnungen zerrissen gefunden. Kleine Stücke meiner Arbeiten lagen im Gras, im Garten, auf dem Boden im Haus. Einmal stand mein Zimmer auf dem Kopf und die Holzstifte, mit denen ich gezeichnet habe, waren zerbrochen. Ich habe den Eltern nichts gesagt. Jetzt denke ich, dass es falsch war, zu schweigen. Damals hätte man ihm noch helfen können."

Wira nimmt eine Flasche Mineralwasser aus der Tasche, die an der rechten Seite des Rollstuhls hängt, und trinkt ein wenig.

„Für mich war es schmerzhaft. So ein bedrückendes Gefühl, wenn man sich machtlos fühlt. Aber er war nicht immer so. Manchmal haben wir ihn beim Lesen von Büchern erwischt, er bereitete sich auf die Prüfung vor. Aber die Beziehung zur Familie verbesserte sich nicht mehr. Er hat fast nie mit jemandem geredet, ging düster und mürrisch umher, beachtete mich nicht, wich der Mutter aus und mied meinen Vater. Im Frühjahr schlug die Lehrerin in der Kunstschule uns vor, etwas Beliebiges zu malen. Nach Rücksprache mit meiner Mutter beschloss ich, eine Eiche zu zeichnen, die in der Nähe der Schule wächst. Der Vater half mir, die Staffelei aufzustellen, und ging nach Hause. Ich breitete die Stifte aus, wartete, bis die Sonne sich hinter dem Wipfel der alten Eiche verbarg, und machte mich an die Arbeit. Etwa eine Stunde später hörte ich Gelächter: Maksyms Kameraden hatten sich versammelt. Sie waren betrunken. Später verschwanden sie, und ich zeichnete weiter. Gegen Abend machte ich mich bereit, nach Hause zu gehen. Ich kann mich nicht mehr genau an die Chronologie der Ereignisse erinnern, aber ... Alles geschah ganz plötzlich. Zuerst hörte ich das Aufheulen eines Autos, das mit hoher Geschwindigkeit fuhr. Das Auto kam von der Straße ab und raste am Rand entlang. Und dann erinnere ich mich nur noch, wie ich hoch über der Erde flog. Wieder zu Bewusstsein kam ich im Krankenhaus."

Mir ist eiskalt. Aus Wiras tiefgründigen Augen fließen Tränen. Mir ist klar, dass dies nicht das Ende der Geschichte ist, das Schlimmste kommt noch.

„Das Auto gehörte Maksyms Freund. Wie sich herausstellte, hatten ihre betrunkenen Köpfe sich ausgedacht, ein Wettrennen zu veranstalten. Also wollte jeder einen Geschwindigkeitsrekord aufstellen. Maksym hat sich als Erster gemeldet, um sein

Können zu zeigen. Und es war mein Bruder hinter dem Steuer des Fahrzeugs, das mich angefahren hat.“

„Es tut mir so leid“, ein Kloß in meinem Hals behindert mich beim Sprechen, „entschuldige, dass du dich erneut an das alles erinnern musst.“

„Ich habe es nie vergessen, Marta. Das kann man nicht vergessen. Jener Tag wurde zum Weltuntergang, nicht nur für mich, sondern für unsere ganze Familie.“

Wira schweigt. Ich will sie nicht drängen. Wahrscheinlich habe ich alles gehört, was mich interessieren könnte. Jetzt ist der Grund für den Familienkonflikt klar.

„Er hat es bereut. Ich, damals war ich schon elf, habe die Situation, in der ich mich befand, nicht ganz verstanden. Und ich habe ihm vergeben. Ich habe ihm wirklich verziehen. Er hat geweint, sich vor Schluchzen an meinem Krankenhausbett gebeugt und gesagt, dass er sich das nie verzeihen werde. Er hat aufrichtig bereut, und ich dachte, dass, wenn ich ihm verzeihe, alles in Ordnung käme. Aber da waren noch die Eltern ... Ich glaube, jeder andere Vater hätte seinen Sohn beschützt, aber unserer wandte sich an die Polizei und brachte die Sache vor Gericht. Maksym wurde zwar nur zu einer Bewährungsstrafe verurteilt, aber diese Verurteilung ist immer noch ein schwarzer Fleck in seiner Biografie. Nach der Urteilsverkündung hat Vater Maksym befohlen, seine Sachen zu packen und zu verschwinden. Tief in seiner Seele gibt Maksym mir die Schuld daran, dass er aus dem Haus geworfen wurde, und ich gebe ihm die Schuld daran, dass ich für den Rest meines Lebens beeinträchtigt sein werde. Nur ein einziges Mal hat er mir gesagt, dass ich sein Leben ruiniert und ihn aus der Familie gedrängt hätte, da habe ich meinem Bruder widersprochen, wahrscheinlich zum ersten Mal in meinem Leben, und herzlich über seine Pein gelacht. Kann man etwa mein ruiniertes Leben mit seinem vergleichen?“

Der Wind lässt nach, und wir kehren zum Haus zurück. Die Sonne versteckt sich hinter den Wolken, es wird kühl.

Wira schlägt vor, das Gespräch in der Küche bei einer Tasse warmen Tees fortzusetzen. Erst jetzt fällt mir ein, dass ich auf dem Weg hierher Kekse und Obst gekauft habe. Ich hole die Einkäufe aus der Tüte und stelle sie auf den Tisch.

Der Kräutertee dampft, und mir wird warm ums Herz. Endlich habe ich alles herausgefunden.

Wira wendet den Rollstuhl und bewegt sich ins Wohnzimmer. Gleich darauf kommt sie zurück. „Ich weiß, dass ihr einen Sohn habt", sagt sie.

Überrascht zucke ich zusammen. „Ja."

„Gib ihm mein Geschenk." Sie hält mir eine Geschenktüte mit dem Elefanten Dumbo darauf entgegen. „Sag, dass das von der Tante kommt. Manchmal kaufe ich ihm Geschenke, in der Hoffnung, dass ihr eines Tages kommt. Ich bedaure, dass ich meinen Neffen nie gesehen habe. Und Mama bedauert es auch ... Sie hat sich sehr gefreut, als sie erfahren hat, dass sie Großmutter geworden ist."

„Ich werde es ihm auf jeden Fall geben", sage ich und halte die Tränen zurück.

„Ich wünschte wirklich, er wüsste, dass er eine Tante und eine Großmutter hat. Ich verspreche, dass ihr euch bald kennenlernen werdet. Ich werde ihn zu euch bringen."

„Aber wie?"

„Das weiß ich noch nicht. Aber es wird geschehen."

Ich nehme mir eine Tasse Tee und trinke einen Schluck. Wira stellt rechts von mir den Rollstuhl ab.

„Bist du von meiner Geschichte entsetzt?", fragt sie.

„Nein. Wahrscheinlich habe ich all die Jahre etwas in der Art geahnt."

„Wie geht es euch?" Ihre Frage treibt mich in die Enge.

„Wie meinst du das?"

„Marta, tu nicht so, als würdest du es nicht verstehen. Ich kenne meinen Bruder, ich weiß, wozu er fähig ist, und ich fürchte, dass diese unreifen Wutanfälle dein Leben kaputt gemacht haben."

Ich beginne zu lachen. Laut und bitter. Aber dann spüre ich plötzlich, wie mir die Tränen über die Wangen kullern, und ich habe nicht die Kraft, sie aufzuhalten.

„Manchmal denke ich", sage ich, noch immer weinend, „dass er nicht nur aggressiv ist. Er ist psychisch krank. In einem Moment lächelt er, im nächsten gerät er außer sich. An einem Abend spielt er mit seinem Sohn, sagt, dass er mich liebt, am nächsten Tag aber wickelt er mein Haar um seine Faust und zieht daran. Gerade spricht er noch ruhig, eine Sekunde später rennt er wie ein tollwütiger Hund durchs Zimmer. Ich habe Angst vor ihm. Ich habe Angst um mein Kind."

„Hast du versucht, die Scheidung einzureichen?"

„Das würde nichts ändern. Ich habe zu viele Fehler gemacht."

„Wie meinst du das?"

„Das Haus meiner Eltern ist auf Maksym überschrieben, er ist der Eigentümer. Ich kann nirgendwo hin."

„Marta!", ruft Wira schockiert aus.

„Ja. Ich weiß. Aber damals habe ich gedacht, es wäre richtig. Ich wollte ihm eine Chance geben."

„Du kannst bei uns einziehen", sagt Wira schnell.

„Er wird mich hier finden. Wira, du hast ihn die letzten Jahre nicht gesehen. Ihr habt nur telefoniert. Er hat sich verändert. Zum Schlechten."

„Was wirst du tun?" Wira klingt beunruhigt.

„Ich weiß es noch nicht. Aber ich werde mir auf jeden Fall etwas einfallen lassen."

„Wenn du unsere Hilfe brauchst, kannst du immer auf mich und Mama zählen."

„Danke. Herzlichen Dank."

Wira senkt den Kopf, als wolle sie ihren Blick verbergen, und sagt dann plötzlich: „Du darfst dir das nicht gefallen lassen, Marta. Du musst etwas tun. Du musst."

„Ich weiß. Ich weiß es, und ich werde es tun."

Ich stelle fest, dass meine Stimme selbstbewusster klingt, ich fühle mich stärker.

„Wira, ich wollte dich noch etwas fragen ... Über Ewa."

„Ich weiß", sagt sie mit einem Lächeln, „ich habe auf diese Frage gewartet."

„Waren sie verheiratet?"

„Ja. Aber nicht lange."

„Oh, Ewa war also klüger als ich“, bemerke ich sarkastisch.

„Das mag sein. Aber sie hat einen Fehler gemacht, der sie fast in den Wahnsinn trieb.“

„Mir kam sie ein wenig seltsam vor.“

„Das war nicht immer so. Als ich zehn Jahre alt war, wollte ich so sein wie Ewa. Sie war eine Schönheit. Zielstrebig, selbstbewusst, klug und humorvoll. Ein paar Jahre nachdem Maksym unser Haus verlassen hatte, ist Ewa von irgendwoher aufgetaucht. Sie kam zu meinem Geburtstag, ich erinnere mich, dass Maksym damals gute Laune hatte, und er teilte mir ein Geheimnis mit: Er wollte Ewa heiraten. Ich war glücklich und folgerte daraus, dass unser Leben besser würde, dass die Eltern ihm verzeihen könnten. Aber er hat sich nicht allzu viel Mühe gegeben, sich mit den Eltern zu versöhnen. Wenn er auf der Türschwelle erschien, haben sie ihn gemieden, sich bewusst in ihrem Zimmer eingeschlossen, als Zeichen des Protests. Er dagegen war hochmütig und überheblich. Ich denke oft: Wenn sie ihm eine Chance gegeben hätten, hätte er sich geändert. Was meinst du?“

„Eher nicht.“

„Aber sie wollten ihm nicht verzeihen, und er wiederum hat ihnen nicht verziehen. So war das eben. Nach diesem Tag reiste Maksym ab und ich habe ihn lange nicht mehr gesehen. Genau kann ich nicht sagen, wie viel Zeit vergangen ist, bis Ewa hierher zurückkehrte. Vielleicht ein paar Jahre. Eine ganz andere Ewa. Sie erinnerte an einen geprügelten Hund. Ihr Blick war stumpf geworden, ihr Verhalten seltsam, ihre Worte sinnentleert. Niemand weiß, was wirklich zwischen den beiden vorgefallen ist. Es wurde Verschiedenes gemunkelt. Ich glaube normalerweise nicht an Gerüchte, aber diese klangen sehr plausibel. Etwa ein oder zwei Tage nach eurem Kommen hat Ewa an unsere Tür geklopft. Sie rieb sich unsicher die Hände und trat von einem Fuß auf den anderen. Ich bat sie herein, aber sie lehnte ab. Sie hockte sich neben mich, stützte sich auf den Stuhl und bat: ‚Sag ihr, sie soll weglaufen, und sag ihr, dass er abgrundtief böse ist.‘ Ihre Worte haben mich erschüttert, mir war richtig unheimlich zumute. Ewa schaute sich um, ob auch niemand lauschte, und fuhr fort: ‚Er hat mich geschlagen. Er ist stark, sein Herz ist schwarz und leer. Er hat mich so sehr geschlagen, dass unser ungeborenes Kind in mir starb. Ich habe ihn verflucht. Sag ihr, sie soll weglaufen, denn er ist verflucht. Er wird auch sie schlagen. Und dabei hat sie gute Augen. Er hat das Kind getötet und es nicht einmal bereut.'"

Wira holt tief Luft und wählt die Worte sorgfältig.

„Ich hätte dich angerufen, aber ich habe deine Nummer nicht. Ich wollte dich warnen. Doch als Maksym anrief und sagte, dass ihr einen Sohn habt, da habe ich gedacht, dass er sich vielleicht geändert hat, dass du ihm geholfen hast, sich zu ändern. Ich wollte daran glauben."

„Er hat sich nicht geändert."

„Ich weiß nicht, wie viel Wahrheit in Ewas Worten steckt, aber irgendwie hatte ich das Gefühl, dass sie nicht gelogen hat."

„Leider hat sie nicht gelogen."

„Ich habe meiner Mutter nichts erzählt. Ich habe mich nicht getraut. Ich meine, es wäre noch schwerer für sie, wenn sie herausfände, dass ihr Sohn ein solches Monster ist. Sie hält ihn sowieso schon für eines, aber es wäre eine weitere Bestätigung ihrer Vermutungen. Herrje, Marta, nur daran zu denken, wie er sich Ewa gegenüber verhalten hat ... Er hat die Hand gegen seine schwangere Frau erhoben ... Er hat sein Kind eigenhändig getötet ... Ewa hat ihren Verstand verloren. Und das ist nicht einmal überraschend, wenn man so etwas durchgemacht hat."

Ich erzähle Wira nichts davon, aber ich denke, dass ich so viel stärker bin, weil ich nach all dem Erlebten noch nüchtern denken kann. Liegt es vielleicht daran, dass er unseren Sohn nicht getötet hat? Dass die warmen Kinderarme, die sich um meinen Hals schlingen, mir Hoffnung geben?

Ich beschließe, Wira nicht zu erzählen, wie Maksym mich zur Abtreibung geschickt hat, wie er mich geschlagen hat, als ich schwanger war ... Ich könnte viel erzählen, aber ich schweige.

Die Zeit verfliegt unerbittlich, und draußen dämmert es fast schon. Ich muss aufbrechen.

Da öffnet sich plötzlich die Tür, eine Frau betritt das Haus. Maksyms Mutter. Graues Haar zu einem festen Knoten geflochten, die gleichen Augen wie Wira: tiefgründig, freundlich und hypnotisierend. Danylko hat auch diese Augen. Sie lächelt mir freundlich zu und schaut dann zu ihrer Tochter.

„Mama", sagt Wira, „das ist Marta."

Eine Tüte fällt der Frau aus der Hand, und Buchweizenkörner fallen heraus. Sie krümmt ihre Hände, die zittern wie Äste im Wind, und streckt sie mir dann entgegen.

„Marta, Kind", sagt sie, während ihr die Tränen über die Wangen rollen, „Töchterchen, ich bin so froh, dich zu sehen."

Sie umarmt mich und wiegt mich, beruhigend, obwohl in diesem Moment eher sie beruhigt werden müsste. Die Wärme ihrer Hände erinnert mich an meine eigene Mutter, daran, wie gut es ist, die Wärme eines mütterlichen Herzens zu spüren, und ich möchte den Kontakt zu diesen Menschen, die ich gerade erst kennengelernt habe, nicht verlieren, deshalb trete ich ein wenig zurück und sage: „Ich muss gehen. Aber wenn Sie nichts dagegen haben, komme ich bald wieder. Dann werden Sie Ihren Enkel kennenlernen."

Mai
Sonntag

Ich will versuchen, mich im Guten zu trennen. Trotz all seiner Bösartigkeit werde ich versuchen, ihm eine Chance zu geben. Mir kommen Worte von Dostojewskij in den Sinn: Wie viele Persönlichkeiten stecken in einer Person und wie kann man das Innere dieser Person schützen?

Also denke ich mir: Nun, es muss doch etwas Menschliches an diesem Mann geben, der jetzt am Küchentisch sitzt und Bier trinkt. Und wenn dem nicht so ist, dann muss ich mir eben etwas anderes überlegen.

„Maksym", beginne ich das Gespräch leise, denn die Worte stecken mir im Hals fest. „Herr, gib mir Kraft", bete ich in Gedanken.

„Hm?", wirft er mir zu, ohne mich anzuschauen.

„Wir müssen reden."

Er zieht die Augenbrauen hoch und sieht mich fragend an.

„Ich will so nicht mehr leben", fahre ich mit bebender Stimme fort und trete von einem Fuß auf den anderen, „ich habe es satt."

„Was genau?"

„Dich", sage ich und es klingt wie ein Urteilsspruch.

„Was soll das heißen?" Er schaut mich so überrascht an, als ob ich nackt auf die Straße gehen wollte.

Danylko hat seinen Ball unter den Tisch gerollt und lenkt meine Aufmerksamkeit auf sich. Ich helfe meinem Sohn, das Spielzeug hervorzuholen, und schicke ihn in ein anderes Zimmer.

„Was soll das heißen? Was willst du damit sagen?", wiederholt Maksym die Frage, seine Stimme ist eisig.

„Ich habe Angst vor dir", fünf Worte, die die ganze Essenz meines Lebens enthalten. Fünf Worte, die jeden Tag und jede Nacht gegen meine Schläfen hämmern.

Er schweigt.

„So kann es nicht weitergehen. Du wirst mich eines Tages umbringen", sage ich etwas kühner und bin bereit, vor ihm auf die Knie zu fallen, damit er sich nur erbarmt und mich gehen lässt oder selbst geht.

Maksym erhebt sich von seinem Stuhl, geht zum Kühlschrank und holt eine zweite Flasche Bier. Ich habe einen Wutausbruch erwartet, doch er beherrscht seine Gefühle und hört weiter aufmerksam zu.

„Ich will die Scheidung."

Wie ein plötzlicher Windstoß fährt sein lautes Lachen durch den Raum.

„Du willst dich scheiden lassen? Oh, du erinnerst mich an Guy de Maupassant. Weißt du, was er wenige Jahre vor seinem Tod geschrieben hat?" Was redet er da? Wer zum Teufel ist Maupassant?

Ich hole tief Luft und antworte: „Ich weiß es nicht."

„So ist es wohl. Du weißt es nicht, weil dein nutzloses Gehirn nicht danach strebt, mit Informationen gefüllt zu werden. Maupassant hat gesagt: ‚Ich trat ins literarische Leben wie ein Meteor, und ich werde es verlassen wie ein Blitz.'"

„Ja, und?", frage ich wegwerfend. Ich bin sie leid – Maupassant, Stalin, Hitler, Geschichten über Triumphbögen, das Kolosseum und alle Weltwunder, die er sich reingepaukt hat. Ich bin ihn und seine Glorifizierungen leid. Auch mich selbst, die ich aufmerksam zuhöre und Interesse heuchle, bin ich leid. Ich will einfach nur leben. Leben, nicht Spielchen spielen, die ich ständig verliere.

„Du willst mich ebenso verlassen – wie ein Blitz?"

Meiner Meinung nach ist der Vergleich äußerst unpassend und die von ihm gezogene Parallele unangebracht. Sollte ich es vielleicht erklären? Sollte ich es vielleicht wagen, ihm in den Kopf zu hämmern, dass ich durchaus in der Lage bin, zu denken und Schlüsse zu ziehen, dass ich auch ein gutes Gedächtnis habe?

Aber ich tue es nicht, denn ich habe dieses entscheidende Gespräch nicht deshalb begonnen.

Maksym schüttet eine halbe Flasche Bier in sich hinein und denkt laut nach: „Er hat versucht, Hand an sich zu legen." Ich verstehe erst nach einem Moment, dass er weiter von Maupassant spricht. „Wusstest du das? Nein, das wusstest du nicht. Weißt du, wer Hand an sich legt? Nur psychisch kranke Leute. Solche wie deine Freundin Bohdana, wie du."

Ich balle mit aller Kraft meine Fäuste, bis sich meine Nägel in die Haut graben, und ich muss mich wirklich bemühen, ihm nicht ins Gesicht zu spucken.

„Bist du so verrückt, dass du dich scheiden lassen willst?", kehrt er zum Hauptthema zurück.

„Ja."

„Und wie willst du leben? Von welchem Geld?"

„Es geht nicht ums Geld. Irgendwie komme ich schon durch."

„Das wird nicht passieren", sagt er spöttisch und trinkt mit einem gehässigen Grinsen im Gesicht weiter Bier.

„Maksym, ich meine es ernst."

„Ich auch."

Ich wende meinen Blick ab und gehe zum Angriff über.

„Ich war gestern bei deiner Schwester."

Seine Augen weiten sich und quellen fast aus ihren Höhlen. Das hat er nicht erwartet. Er traut mir nicht das Geringste zu. „Und was hat sie dir erzählt?"

„Sehr viel. Alles hat sie mir erzählt."

„Na und, jetzt kennst du ihre Version. Aber, Marta, das war ungehorsam gegen deinen Mann. Und das gefällt mir nicht."

„Mir gefallen auch viele Dinge nicht. Mir gefallen deine Fäuste nicht, dein Verhalten mir gegenüber ... Ich kann so nicht leben."

„Dann lebe nicht. Mach es wie Bohdana. Was hält dich auf dieser Welt?"

„Danylko", schreie ich, mit einer Stimme, die mir fremd ist.

„Was hat Danylko damit zu tun?", fragt er erstaunt. „Das ist mein Sohn. Und wenn du mich verlässt, wird er bei mir bleiben."

„Niemals", zische ich durch die zusammengebissenen Zähne.

„Ich wiederhole noch einmal: Wenn du weglaufen willst,

dann kannst du es versuchen, aber ich warne dich, Danylko gehört mir. Er ist mein Sohn! Und ich werde ihn so erziehen, wie ich es für richtig halte."

„Nein. Das wird nicht passieren", kreische ich und verliere die Kontrolle über meine Gefühle. Man kann die Angst bestimmt in meinen Augen sehen.

„Du nervst mich", knurrt Maksym wütend, „hör auf, Unsinn zu reden. Na gut, du bist zu Wira gefahren, dann bist du eben gefahren. Wir hätten schon längst dorthin fahren sollen. Du hast alles erfahren, das ist gut so. Und jetzt halt die Klappe."

„Ich weiß von Ewa", den Namen seiner ersten Frau betone ich.

Er hebt eine Augenbraue: „Und?"

„Du hast euer Kind getötet."

„Hat sie dir das gesagt? Wenn du das glauben willst, dann glaube es. Ich kann es nicht verhindern. Ich habe genug von den Geisteskranken, die mich umgeben. Du hast deinen Spaß gehabt, Marta, und du wirst teuer dafür bezahlen."

„Ich werde die Scheidung einreichen."

„Wer wird dem Antrag stattgeben?"

„Du wirst schon sehen, man wird ihm stattgeben. Ich werde zur Polizei gehen."

„Geh doch", der stählerne Unterton in seiner Stimme macht mir allmählich Angst.

„Und ich werde von dem Glatzkopf erzählen, dem du Geld gegeben hast, um Ihor zum Krüppel zu schlagen. Ich erinnere mich an ihn. Er hatte eine Narbe auf der linken Wange. Dachtest du, ich wüsste das nicht? Ich wusste es und habe trotzdem geschwiegen. Deshalb bitte ich dich im Guten darum, dass wir uns trennen und du mich gehen lässt."

Er packt mich am Hals und drückt mich gegen die Wand.

Ich stoße mir den Kopf so sehr, dass mir die Ohren klingeln.

„Du gehst zur Polizei? Du willst mir Angst machen? Du? Mir?"

Seine Finger graben sich in meine Kehle. Sein Atem stinkt nach Bier. Die Augen sind blutunterlaufen.

„Bist du bereit für das, was du dir selbst antust? Bist du bereit dafür, dass die Polizei ihre Nase in dein Leben steckt, in deiner schmutzigen Wäsche wühlt, dich nach jeder Kleinigkeit fragt? Bist du bereit?“

Ich bekomme keine Luft.

„Du wirst schluchzen und weinen, aber du wirst nichts beweisen können. Du wirst heulen wie ein Hund, sie aber werden dich befragen und befragen. Willst du das? Hast du den Mut, das alles durchzuziehen? Bist du bereit, deinen Sohn zu opfern, nur um mir zu schaden? Ich glaube nicht.“

Er lockert seinen Griff und ich schnappe schnell nach Luft. Ein schwerer Schlag hallt durchs Haus. Maksym tritt zwei Schritte zurück und schlingt seine Hände um meinen Kopf. Jetzt wird er platzen und in Stücke splittern, wie bei meinen Porzellanpuppen.

„Dann wird die Polizei zu mir kommen und auch mich eingehend befragen“, führt er zufrieden weiter aus, „sie werden eine Anklage gegen mich erheben, die sich auf die Worte einer verrückten Frau stützt, werden mich Sadist und Despot nennen und mich der häuslichen Gewalt bezichtigen. Ich aber werde alles leugnen. Sie werden mir nichts beweisen können, ich dagegen werde genug Beweise haben, um sie davon zu überzeugen, dass du lügst. Was glaubst du, wer dieses Duell gewinnen wird? Ich natürlich. Denn ich bin es gewohnt zu gewinnen, das solltest du inzwischen gelernt haben.“

Er packt mich an den Haaren und zieht mich hinter sich her. Dann stößt er mich mit einem Ruck gegen die Wand, und ich falle. Maksym beugt sich über mich und haucht mir seine Fahne ins Gesicht.

„Ich mache dich zur Geisteskranken. Ich schicke dich ins Irrenhaus. Ich beweise, dass du mich mit Verleumdungen und Klatsch provozierst, dass du eine überspannte Frau bist, auf die man sich nicht verlassen kann. Ich zeige der Polizei deine Hausapotheke, die ich mit Schlaftabletten vollstopfen werde, und ich behaupte, dass du mit Selbstmord gedroht hast. Glaubst du, ich würde es nicht schaffen, dir kleine Dosen an Drogen zu verabreichen, die dann in deinem Blut zu finden sein werden? Bist du bereit für diese Schande? Bereit, dich zu schämen?"

„Was willst du von mir?", stammle ich.

Er grinst provozierend und schleudert hervor: „Gehorsam, Marta. Nur Gehorsam."

Er hebt eine Handfläche über meinen Kopf. Ich umschließe den Kopf mit den Händen, um mich vor dem Schlag zu schützen. Da schlägt seine Faust auf meinen Rücken.

Er dreht mein Gesicht zu sich und sagt: „Einst dachte ich daran, dich gehen zu lassen, denn, wie ich es auch drehe und wende, ich liebe dich, zur Hölle, ich liebe dich wirklich. Aber ich habe es mir anders überlegt. Ich kann dich nicht zum Teufel schicken. Ich kann es nicht. Das ist zu einfach und zu banal. Viel zu einfach."

Sein vernebelter Verstand macht mir Angst, aber ich bin bereit zu kämpfen. Ich weiß nicht, woher ich die Kraft und den Mut nehme. Aber ich springe auf und greife schnell nach der Bierflasche, die mitten auf dem Tisch steht. „Rühr mich nicht an, du Mistkerl", zische ich und halte die Waffe fest in meinen Händen.

„Oh, mein Vögelchen will kämpfen."

Ich schwinge die Flasche und ziele auf seinen Kopf. Aber er ist flinker und schafft es, auszuweichen. Ich schwinge ein zweites Mal und treffe.

Maksym weitet die Augen und wird wütend. „Schlampe", knurrt er. Das Fauchen eines wilden Tieres. Eines Tieres, in dem ich etwas Menschliches gesucht, aber nicht gefunden habe.

„Komm mir nicht zu nahe!", schreie ich.

Was bin ich doch für eine Närrin! Ich wollte in Frieden gehen. Ich wollte ihm eine Chance geben. Ich bat um eine Scheidung, als ob ich um Almosen bäte. Ich bin ein moralisches Wrack, das nichts als Mitleid verdient.

Er hebt die Hand und packt mein verdammtes langes Haar, das ich nur deshalb nicht abgeschnitten habe, weil ich die blauen Flecken verdecken wollte. Seine Finger verheddern sich in den Locken. Das tut weh.

Ich schwenke meine Hand mit der Flasche, um ihn zu treffen, aber die Flasche schlägt gegen die Wand und Glassplitter fliegen zu Boden. In meinen Händen taucht eine noch zuverlässigere und schärfere Waffe auf.

Ich stoße das zerbrochene Glas mit aller Kraft in Maksyms Hand und drücke zu. Er schreit. Oh ja. Auch er hat Schmerzen.

In diesem Moment betritt Danylko die Küche und ruft: „Mama!"

Ich drehe meinen Kopf zu meinem Sohn und rufe verzweifelt: „Lauf weg! Versteck dich! Lauf weg!"

Maksym nutzt meine momentane Schwäche aus und reißt mir die zerbrochene Flasche aus den Händen. Ich versuche, sie festzuhalten, das Glas schneidet mir in die Hand, Blut fließt von der Handfläche.

Ich stolpere mit dem Fuß gegen den Tisch und er fällt um. Ich höre, wie eine weitere leere Flasche herunterfliegt, fällt und zerbricht. Ich drehe meinen Kopf zur Tür, wo Danylko eben noch stand, und sehe, dass mein Sohn weggelaufen ist. Gott sei Dank.

Der Geruch von Bier, fauligem Atem, Blut und Angst steigt mir in die Nase.

„Weibsstück!", schreit der rasende Maksym.

Er packt mich am linken Bein, ich kann mich nicht befreien, aber mit dem rechten wehre ich mich, so gut ich kann. Ich liege zwischen den Glasscherben, neben dem umgestürzten Tisch in einer Blutlache. Maksym erhebt sich über mich und lächelt triumphierend.

„Was bist du nur für eine Hure, Marta!", spuckt er hervor und hebt die Faust.

Ich versuche, mich zu drehen und zu befreien. Meine zerschnittene Hand blutet. Purpurrote Flecken breiten sich auf den Bodenfliesen aus. Maksym schüttelt mich an den Schultern, ich wiederum hämmere meine Fäuste gegen seine Brust. Ich bemerke mein Blut an seinem T-Shirt, seinem Hals und seinen Händen. Einfach überall!

Sein Griff ist brutal und stark, so heftig und kräftig, dass meine Bemühungen, mich zu befreien, sinnlos scheinen.

Maksym schlägt mir in den Bauch, ich schreie. Mein ganzer Körper bebt, die Kleidung ist blutverschmiert, die Ohren klingeln. Doch Maksym schlägt weiter zu: auf die Brust, die Schultern, den Kopf, den Rücken. Ich bekomme keine Luft mehr. Es fällt mir schwer, zu atmen. Der Kronleuchter an der Decke dreht sich, die Wände tanzen, der Kühlschrank kippt und will auf mich fallen, der Gasherd scheint im Nebel zu stehen, der Boden vibriert, und das Zimmer mit seinen vier Wänden kommt mir vor wie ein Käfig, in den man mich gesteckt hat ...

Meine Befreiungsversuche werden schwächer und schwächer. Mein Körper hört auf, mir zu gehorchen. Er stöhnt, brüllt und schreit um Hilfe. Er weicht den Schlägen nicht mehr aus. Er wehrt sich nicht mehr und kämpft nicht weiter. Jede Bewegung schmerzt zu sehr.

Ich glaube, ich weiß bereits, was der Tod bedeutet. Denn ich sehe ihn vor mir. Er tritt auf die Schwelle meines Hauses. Er ist wegen mir gekommen. Die einen sagen, der Tod sei schwarz. Andere, dass er weiß gekleidet ist. Aber nein, er ist bunt und schillernd. Und überhaupt nicht beängstigend.

Bevor ich die Augen schließe, drehe ich meinen Kopf zur Tür, wo Danylko stand, und sehe wieder meinen Sohn. Ich bin mir nicht sicher, ob es Realität oder Einbildung ist, aber vor mir steht folgendes Bild: Mein Sohn, der meint, dass es eine Art Spaß ist, stampft mit dem Fuß auf und kickt ihn dann genauso nach vorn wie sein Vater, wenn er mir in den Bauch tritt. Danylko lacht fröhlich und freudig. Und bevor ich in den Abgrund stürze, einen weiteren Schlag einstecke und ohnmächtig werde, sehe ich das breite Lächeln meines Sohnes und wie er in die Hände klatscht.

Mai
Montag

Ich schwebe zwischen Himmel und Erde. Im einen Moment meine ich, gestorben zu sein, aber im nächsten Moment spüre ich einen schrecklichen Schmerz im ganzen Körper und weiß, dass ich noch lebe. Ich lebe, sterbe jedoch ganz allmählich.

Die Augen halte ich geschlossen. Wie sehr ich es auch versuche, es gelingt mir nicht, die Augenlider zu heben. In meinen Ohren dröhnt es, als rase ein Hochgeschwindigkeitszug hindurch. Der Mund ist ausgetrocknet, aber die geringste Bewegung der Lippen verursacht einen so scharfen Schmerz, dass ich aufheulen möchte. Ich hätte es getan, aber aus meiner Brust entweicht kein einziger Laut.

Mein Rücken beklagt sich, doch wenn ich versuche, eine andere Position zu finden, verwandelt sich die Klage in eine unerträgliche Qual, eine Marter, die mir die Luft abschnürt und den Verstand verdunkelt. Ich kann meine Arme und Beine nicht spüren. Sie sind da, aber sie sind kein Teil mehr von mir.

Ich bemühe mich, meine Gedanken zu sammeln, aber alles verliert seine klaren Konturen, schwebt dahin und versinkt dann wieder.

Ich sehe Mama vor mir. Alt und grau. Sie weint. Ich greife nach ihren Händen, aber sie stößt mich beiseite und löst sich auf. Dann sehe ich meinen Vater. Er sieht mich an und schüttelt den Kopf. Die Vision verschwindet, als ich ein Kind weinen höre.

Es ist Danylko. Irgendwo weint mein Sohn, und ich kann mich weder bewegen noch ihn rufen oder ihm wenigstens die Augen zudrücken.

Ich falle tiefer und tiefer, stürze in den Abgrund und versinke darin.

***

Dann höre ich wieder Weinen. Durchdringend und bemitleidenswert. Und wieder ist es Danylko, der da schluchzt. In Gedanken eile ich zu ihm, drücke ihn an mich und tröste ihn, er schlingt seine kleinen Ärmchen um meinen Hals und verbirgt sein Gesichtchen in den langen lockigen Haaren.

„Danylko“, ich weiß nicht, ob ich seinen Namen laut ausspreche oder mir nur einbilde, dass ich ihn rufe.

Warum kommt er nicht zu mir? Wo ist er?

Ich will den Kopf heben, die Augen öffnen und etwas sehen. Aber beim geringsten Versuch, mich zu bewegen, durchzuckt mich ein stechender Schmerz und mein Kopf fällt auf etwas Hartes. Die Fliesen? Liege ich immer noch auf dem Boden?

Wo ist mein Sohn, wenn er nicht zu mir kommen kann?

***

Ich bin durstig. Ich sterbe vor Durst. Und vor Schmerz. Und vor Schmach.

Aber vor allem – vor Hass.

Ich weiß nicht, wie lange ich auf dem gekachelten Boden gelegen habe. Mein Körper beginnt zu zucken und vor Kälte zu zittern. Das Dröhnen im Kopf verschwindet nicht. Wahrscheinlich eine Gehirnerschütterung. Vielleicht sind auch Knochen gebrochen. Nach früheren Schlägen war der Schmerz anders als jener, der jetzt blitzartig meinen Körper durchbohrt.

Ich horche. Kein Kinderweinen.

Panik erfasst mich. Wo ist mein Sohn?

Ich bewege meine Hände und Füße. Ich versuche, mich auf die Seite zu drehen und herauszufinden, wo ich bin.

Das ist nicht mein Körper. Sondern ein fremder. Er gibt nach und ich dämmere weg.

Mai
Dienstag

Es gelingt mir nur mit Mühe, die Augenlider ein wenig zu heben. Sofort schneidet das Licht in meine Pupillen, es fühlt sich an, als würden dicke Finger meine Augäpfel herausreißen. Ich versuche zu blinzeln.

Die Lippen sind trocken und rissig. Langsam führe ich eine Hand an mein Gesicht und ertaste geronnene Blutklümpchen. Die Schläfen pochen wie von einer eiternden Wunde, die zu platzen droht.

Ich liege immer noch in der Küche zwischen den Glasscherben neben dem umgestürzten Tisch. Ich will auf die Füße kommen, aber mein Körper schreit vor Schmerz. Ich muss mich dazu zwingen. Aber ich lebe, das ist die Hauptsache.

Wo ist Danylko? Dieser Gedanke beunruhigt und ängstigt mich.

Ich rolle mich auf die Seite. Fest drücke ich die Knie gegen den Bauch und atme tief ein. Dann erhebe ich mich auf alle viere und krabble mit riesengroßer Anstrengung voran. Jede Bewegung ist eine Herausforderung. Und mit jeder Bewegung nimmt mein Hass auf Maksym zu. Langsam wechsle ich erst die Hände, dann die Füße. Am schwersten ist es, den Kopf zu heben.

Die Tür zum Wohnzimmer ist geschlossen. Das ist kein gutes Zeichen. Ich kratze an der Tür wie eine Maus. Nein, wie ein Hund. „Der Hund soll wie ein Hund verrecken", wie Maksym zu sagen pflegt.

„Schatz", mein Flüstern ähnelt tatsächlich dem Winseln eines frierenden, hungrigen und geschlagenen Hundes.

Keine Antwort. Panik schleicht sich in mein Herz, dringt ins Blut. Warum ist es so still? Wo ist er? Wo ist mein Kind?

Eine Welle der Angst erfasst mich und wird von einer Welle

des Hasses überrollt. Früher dachte ich, dass das nagende Gefühl beim Gedanken an meinen Vater Hass sei. Jetzt jedoch weiß ich, wie sehr ich mich geirrt habe. Die Sünden meines Vaters sind unbedeutend und klein gegenüber den Taten meines Mannes. Es ist geradezu lächerlich, die Trunkenheit meines Vaters mit den Fäusten von Maksym zu vergleichen.

Ich muss aufstehen, aber allein der Gedanke daran flößt mir Angst ein.

„Schatz!", rufe ich noch einmal.

Stille. Beklemmend, furchterregend und unerbittlich.

Aber die Angst um meinen Sohn gibt mir Kraft. Ich beiße die Zähne zusammen, stehe langsam auf und versuche, das Gleichgewicht zu halten. Ich stütze mich gegen die Wand und erhebe mich. Die Beine sind schwach, aber ich falle nicht. Der Schmerz fährt durch jede einzelne Zelle und ich krümme mich in der Mitte.

Ich keuche. Etwas hämmert in meiner Brust.

Ich strecke mich und bekomme den Griff zu fassen. Langsam öffnet sich die Tür ein wenig, und ich kann ins Wohnzimmer spähen. Der Geruch von Urin und Fäkalien steigt mir in die Nase.

Meine halb geöffneten Augen suchen weiter nach meinem Sohn.

Und sie finden ihn.

Das kleine Knäuel, das den Gewaltakt des Vaters gegen die Mutter beobachtet hat, etwas gesehen hat, auf das andere nicht einmal im Traum kämen, schläft friedlich auf dem Teppich neben dem Bett.

Meine Beine knicken ein und ich falle hin. Auf Knien krieche ich zu meinem Kind. Es atmet. Es lebt.

Danylko wacht auf, erschrocken von meiner starken Umarmung, und beginnt zu weinen.

„Sch, sch", wiege ich seinen dünnen Körper, „alles wird gut."

Er kuschelt sich an mich und zeigt dann auf seine schmutzige Hose. Wie lange war er allein? Wie lange hat er nicht gegessen? Hat er aus Angst geweint und in die Hose gemacht? Wäre ich gestorben, hätte er dann verhungern müssen?

„Das werde ich dir nie verzeihen. Dafür wirst du bezahlen", sage ich laut, wobei ich ein Schluchzen zurückhalte.

Ich werde nicht weinen. Ich habe schon genug geweint.

„Deine Zeit ist abgelaufen, Maksym", murmle ich und spüre, wie die Wut zu meinem zweiten Ich wird, „du bist erledigt."

Mai
Mittwoch

Nach meinen Berechnungen müsste heute Mittwoch sein. Aber ich bin mir nicht sicher. Die Tage haben sich zu einem endlosen Gewirr verheddert.

Danylko und ich liegen auf dem Bett, und er erzählt das Märchen vom Lebkuchenmann. Gestern habe ich ihn gewaschen, abgetrocknet und den Schlafanzug mit den Fixies angezogen. Dann habe ich die Badewanne mit Wasser gefüllt und bin, den brennenden und dumpfen Schmerz überwindend, hineingeklettert. Entstellt, besiegt und geschlagen, unerträgliche Schmerzen ertragend, lag ich lange im Wasser. Das erfrischende Bad vollbrachte ein Wunder, ich kam ein wenig zu mir. Danach schliefen wir Arm in Arm ein.

Danylko holt den Traktor heraus und klappert damit neben mir auf dem Bett herum. Ich küsse ihn auf den Scheitel und stehe auf. Ich sollte die Küche aufräumen.

Ich ziehe mir einen alten Trainingsanzug an, wasche mich, putze die Zähne, nehme den Besen und fege. Das ruhige Geplapper des Sohnes gibt mir Vertrauen in meine Kräfte. Ich muss daran glauben.

Die verstreuten Scherben und Stühle, der umgestürzte Tisch ... Erinnerungen tauchen auf, die dafür sorgen, dass sich mein Körper mit einer eisigen Schicht bedeckt.

Bis Sonntag habe ich die Möglichkeit in Betracht gezogen, mich an die Polizei zu wenden, was durchaus eine Option wäre, aber jetzt ist mir klar, dass ich tatsächlich nichts beweisen kann. Ich werde nicht beweisen können, dass Maksym mit dem glatzköpfigen Mann, der Ihor angegriffen hat, in Verbindung steht. Auch Jaroslawa sagte, dass Ihors Zeugenaussage vage und nicht aussagekräftig genug sei. Maksym wird natürlich alles abstreiten und auf seiner Unschuld beharren, gleichzeitig wird er mich der Verleumdung beschuldigen. Was kann ich also der Polizei erzählen? Und würden meine Worte überhaupt zur Kenntnis genommen?

Ein weiterer Ansatzpunkt wären Ewa und ihr Wort gegen Maksyms. Aber wer würde einer Frau glauben, die tatsächlich unzurechnungsfähig wirkt? Würden ihre Worte zählen, wenn es zu einer Klage wegen Körperverletzung käme? Wäre Ewa in der Lage, den Ablauf der Ereignisse zu rekonstruieren und meinen Fall zu unterstützen? Ich glaube nicht.

Natürlich kann ich zur Polizei gehen und Anzeige erstatten. Aber welche Strafe würde Maksym erwarten? Eine Geldstrafe? Ein Verbot, sich mir zu nähern? Was, wenn er wirklich die Wahrheit auf den Kopf stellt und mich zur Schuldigen macht? Ich habe keine Angst vor der Schande, von der er krakeelt hat, sondern davor, dass er nicht bestraft wird, wie er es verdient, was bedeuten würde, dass er zurückkäme und mir eine erneute Apokalypse bescheren würde. Und nur Gott weiß, ob ich einen weiteren solchen Akt der Gewalt aushielte.

Und noch etwas: Er hat gesagt, dass er seinen Sohn unter keinen Umständen aufgeben werde, deshalb denke ich, dass er mich tatsächlich entweder als Verrückte oder als Junkie darstellen würde und mich in eine Anstalt einweisen ließe. Was würde dann aus Danylko?

Nein, das übersteigt meine Vorstellungskraft. Allein der Gedanke an einen solchen Verlauf verursacht mir körperliche Schmerzen.

Ich richte mich auf und werfe den Müll in einen Eimer. Einen Moment lang schaudere ich, als ich mein Spiegelbild erblicke. Ich bleibe stehen und betrachte eine mir unbekannte Frau. Das bin nicht ich, sondern eine Fremde. Und diese Fremde wird über Maksym richten, ihn verurteilen und ihren Plan in die Tat umsetzen.

Mai
Donnerstag

Gestern Abend habe ich bemerkt, dass die Eingangstür verschlossen ist. Der Schlüssel ist weg. Maksym hat uns eingesperrt. Wahrscheinlich wartet er darauf, dass wir ihn um Hilfe anflehen. Da kann er lange warten.

Mein Telefon ist ebenfalls verschwunden. Und die Ausweispapiere. Und mein Portemonnaie.

Diese Schlange!

Ich untersuche den Inhalt der Hausapotheke auf der Suche nach unbekannten Gläsern, Schachteln oder Beuteln. Alle Schmerzmittel sind an ihrem Platz, etwas Neues ist dagegen nicht aufgetaucht. Das ist gut.

Dann überprüfe ich den Kühlschrank: saure Sahne, Kefir, sechs Eier, ein paar Gurken und Zucchini. Außerdem finde ich ein Glas Pflaumenmarmelade. Ich schaue in den Brotkasten: Er ist leer. Als ich die Tür des Vorratsschranks öffne, finde ich Buchweizen, etwas Reis und eine Handvoll Hirse. Auf dem Nachttisch steht eine geöffnete Ein-Kilo-Packung Haferflocken. Auch wenn es kein Brot gibt, werden wir nicht verhungern.

Wie aus dem Nichts kommt mir ein Gedanke: Wir könnten durch das Fenster fliehen. Aber das würde meinen Plänen zuwiderlaufen und könnte uns schaden.

Nein, wir werden nicht weglaufen. Wir werden auf ihn warten.

Ich koche die Flocken mit Wasser und hole die Marmelade.

„Komm, mein Schatz, lass uns essen", rufe ich.

Danylko springt auf, rennt in die Küche und setzt sich auf einen Stuhl.

„Ich liebe dich", sage ich lächelnd und gebe ihm einen Kuss auf die Wange.

„Und ich dich", antwortet mein Sohn und schenkt mir ein blendendes Lächeln.

Wir essen unser Müsli und planen unseren Tag. Danylko möchte spazieren gehen, aber ich bitte ihn, bei mir zu bleiben, denn ich wäre sonst traurig. Er stimmt zu, unter der Bedingung, dass wir mit den Autos und dem Traktor spielen. Vorher aber, so beschließen wir übereinstimmend, lesen wir ein Märchen.

Er legt den Löffel auf den Tisch und streckt seine Hand nach mir aus. Dann schreie ich auf vor Schreck.

Danylko berührt meine geschwollene Lippe. Er fährt mit den Fingern an mein Auge.

„Was ist das?", fragt mein Sohn. Und die Scham, die mich jetzt erfasst, ist mit nichts zu vergleichen – nicht mit der Erniedrigung, die ich empfunden habe, als ich zu Maksyms Füßen lag; nicht mit den fürsorglichen Fragen, die Bohdana, Jaroslawa und Ruslan stellten; nicht mit den neugierigen Blicken der Eltern, wenn sie ihren Nachwuchs abholten und die verprügelte, entstellte Erzieherin bemerkten. Mit nichts davon. Eine solche Schmach und Schande kann man nur seinem schlimmsten Feind wünschen.

„Nichts weiter", antworte ich und führe seine Finger an meine Lippen. Ich küsse jeden einzeln, dann drücke ich die kleine Handfläche an meine Wange. „So wirst du Mama nie mehr sehen. Das wird nie wieder geschehen. Ich verspreche es dir. Bald wird alles anders."

Mai
Sonntag

Die Lebensmittelvorräte gehen zur Neige. Nur Haferflocken sind noch übrig. Selbst wenn ich aus dem Fenster kletterte, ich hätte kein Geld und könnte nichts kaufen. Danylko bittet um eine Banane, ich dagegen würde gern Bratkartoffeln essen.

Heute scheint die Sonne hell und macht das Haus besonders gemütlich. Am Morgen liegen wir noch lange im Bett, ich erzähle meinem Sohn Geschichten und er erfindet Reime. Dann schalte ich den Fernseher ein, woraufhin das Kind vor Freude klatscht und sich hinsetzt, um *Die Lektionen der Eule Eulalia* anzuschauen. Sein Applaus erinnert mich daran – sei es nun wirklich geschehen oder ein Hirngespinst gewesen, als ich verprügelt am Boden lag –, wie der Sohn zuvor in die Hände geklatscht hat. Nein, das kann nicht sein. Das habe ich mir nur eingebildet.

Ich sitze neben meinem Sohn und denke: „Ein Kind ist wie ein Schwamm, saugt alles auf, was es sieht und hört. Das Leben, das seine Eltern führen, erscheint ihm normal und angemessen. Vielleicht ist daher für Danylko auch die familiäre Gewalt alltäglich? Vielleicht hält er es für ein lustiges Spiel zum Vergnügen? Wie wächst er auf, wenn er immer wieder eine blutverschmierte Mutter und einen wutentbrannten Vater sieht? Was für ein Mensch wird aus ihm werden?" Die Antwort liegt auf der Hand: Er hat gute Chancen, so zu werden wie sein Vater.

„Das werde ich nicht zulassen", sage ich, während ich Eulalia zusehe, wie sie Kinder auf den Weg in ein neues Märchen führt. Mein Sohn schaut zu mir, versteht aber nicht, wovon ich spreche, und um das ohnehin schon verängstigte Kind nicht zu erschrecken, wechsle ich das Thema: „Eulalia ist heute sehr lustig, dann wird bestimmt auch das Märchen lustig sein."

Ich gehe in die Küche und setze den Kessel auf. Da der Gasherd reparaturbedürftig ist, fürchte ich, dass Gas austreten könnte. Weil die elektrische Zündung nicht funktioniert, hole ich lieber Streichhölzer. Maksym hat noch immer keinen Handwerker bestellt. Die Streichhölzer sind bald verbraucht. Auch der Tee geht zur Neige.

Vor dem Spiegel stehend, betrachte ich mein Gesicht: Nach und nach verschwinden die blauen Flecken, es ist nicht mehr so geschwollen wie noch vor einer Woche. Am meisten beunruhigt mich der Schmerz im Rücken. Vielleicht sind Rippen gebrochen?

Noch bevor ich Maksym sehe, höre ich das Klirren des Schlüssels. Panik steigt in mir auf, gefolgt von Angst. Mit geballten Fäusten hole ich tief Luft. Alles wird gut.

Er öffnet die Tür und erscheint auf der Schwelle. Der Geruch von Alkohol steigt mir in die Nase. Auf den Stuhl stellt er eine Tüte, die meine Sachen beinhaltet: Papiere, Telefon und Portemonnaie.

„Am Leben?“ Es ist nicht klar, ob das eine Frage oder eine Feststellung ist.

„Am Leben“, antworte ich.

„Das ist gut“, sagt er und torkelt ins Bad.

Er packt die Türklinke, dreht sich zu mir um und wirft mir entgegen: „Ich denke, du hast deine Lektion gelernt.“

Ich nicke gehorsam mit dem Kopf.

Er wäscht sich, zieht sich um und geht gegen neun Uhr ins Bett. Ich freue mich, dass es keine dummen Streitereien gibt.

Als ich sein Schnarchen höre, das die Wände erzittern lässt, hole ich das Telefon und versuche, es einzuschalten. Bestimmt ist es entladen, also schleiche ich auf Zehenspitzen durchs Haus und suche nach dem Ladegerät. Als ich es finde, schließe ich es an die Steckdose an.

Fünfzehn Minuten lang trudeln Nachrichten über verpasste Anrufe ein. Jaroslawa, Ruslan, Andrij und Oksana haben versucht, mich zu erreichen. Außerdem gab es Anrufe von unbekannten Nummern.

Ich gehe ins Wohnzimmer und schließe die Tür hinter mir. Ich wähle Ruslans Nummer und höre eine bange Stimme: „Gott, Marta, endlich. Wohin warst du verschwunden? Ich bin fast verrückt geworden. Ich wollte schon zur Polizei gehen.“

„Keine Sorge“, antworte ich ruhig und spüre ein eisernes Vertrauen in die eigenen Fähigkeiten, „mit mir ist alles in Ordnung. Das Telefon war kaputt, es musste repariert werden. Ich konnte nicht anrufen.“

„Aber du warst auch nicht bei der Arbeit ... Ich habe dich dort gesucht ...“

Bis zu diesem Moment hatte ich die Arbeit ganz vergessen. Als ich begreife, dass da ein Sturm auf mich wartet, beende ich schnell das Gespräch mit Ruslan und wähle hastig Oksanas Nummer.

Ihr Quaken dringt aus dem Hörer.

„Bist du eigentlich noch bei Trost?“ Oksana schreit fast. „Das ist bei ihr zwar nicht verwunderlich, aber Larysa Fedoriwna ist durchgedreht. Du warst eine Woche lang nicht da. Eine Woche. Bist du etwa krank?“

„Nein.“

„Kannst du dir eine Krankschreibung besorgen?“

„Nein.“

„Dann hast du ein Problem. Sie hat gewütet, bis Dampf aus ihren Ohren kam. Hat mich angeschrien, als ob ich wissen könnte, wohin du abgetaucht bist. Also, wo warst du?“

Ich schweige. Was soll ich sagen? Zu Hause? So simpel es ist, so verantwortungslos war es auch von mir. Aber die Wahrheit kann ich nicht sagen.

„Marta“, fährt Oksana fort, „sie hat dich gefeuert. Gemäß Arbeitsrecht. Wegen unentschuldigten Fehlens. Dein Arbeitsbuch ist bei mir.“

„Okay“, antworte ich gleichgültig.

Ich lege das Telefon auf den Tisch und schließe die Badezimmertür hinter mir. Ich nehme eine Handvoll kaltes Wasser und spritze es mir ins Gesicht. Die Wangen sind erhitzt, die Ohren gerötet, und die Augen brennen vor Hass. Jetzt ähnele ich Maksym, denn ich bin genauso wütend, zornig und verzweifelt.

Ich betrachte aufmerksam mein Spiegelbild.

„Das ist ein weiterer Grund, mich an dir zu rächen. Du bist schuld daran, dass ich keine Arbeit mehr habe. Warte nur, Maksym, du wirst dafür bezahlen. Warte nur.“

Mai
Montag

„Ich hasse Montage“, sagt Maksym wie üblich.

Den ganzen Morgen tut er so, als ob nichts passiert wäre. Schwatzt mit Danylko, erwähnt die Wettervorhersage. Mir kommt das gerade recht.

„Warum gehst du nicht zur Arbeit?“, fragt er.

„Weil ich gefeuert wurde“, antworte ich kalt.

„Warum denn das?“

Ich stelle eine Tasse Tee auf den Tisch und sehe ihn an. Kapiert er wirklich nicht?

„Warum?“, wiederhole ich seine Frage. „Weil ich eine Woche lang nicht bei der Arbeit erschienen bin.“

Jetzt erreichen ihn meine Worte.

„Du hast doch nicht vor, zu Hause herumzusitzen, oder? Du musst dir eine Arbeit suchen. Los, fang an zu suchen.“

„Ja“, antworte ich und nehme meinen Becher.

Er holt sommerliche Lederschuhe aus dem Schrank, putzt sie und zieht sie an. Er betrachtet sich im Spiegel, rückt seine Krawatte zurecht, steckt den Ledergürtel an der beigen Hose fest und übergießt sich mit einer halben Flasche *Kölnisch Wasser*, deren Preis meinem Monatsgehalt entspricht. Er liebt sich selbst. Liebt einzig und allein sich selbst.

„Ich komme heute spät“, sagt er, und ich bin ihm dankbar dafür, dass er nicht versucht, mich zu küssen.

„Lass mir Geld da.“

Er dreht sich um und zieht überrascht die Augenbrauen hoch.

„Für Lebensmittel. Unser Kühlschrank ist leer.“

Maksym holt zwei Hundert-Hrywen-Scheine aus seiner Brieftasche.

„Das reicht nicht“, sage ich und bin über den eigenen Mut erschrocken.

Er legt schweigend tausend Hrywen auf den Tisch und zeigt trotzig die Zähne. Ich bemerke Falten auf seiner Stirn, die vorher nicht da waren.

„Reicht das?"

„Ja, das reicht."

Er wirft die teure Tasche über die Schulter, deren Auswahl einen Monat lang gedauert und den Verkäufer viele Nerven gekostet hat, und sagt zum Abschied: „Wir können ein gutes Leben führen. Stimmt's, Marta? Du weißt, wie viel du mir bedeutest."

„Ja", ich zwinge mich zu einem Lächeln, „das können wir."

In der Tür bleibt er stehen, schaut noch einmal schweigend zurück und macht dann einen Schritt auf mich zu.

Ich bleibe aufrecht stehen und warte.

„Wenn du mich nicht provoziert hättest, wäre das alles nicht passiert."

Er verlässt das Haus, doch der Geruch des *Kölnisch Wassers* bleibt hängen.

***

Ich nehme Danylko mit zum Einkaufen. Unsere erste Station ist der Secondhandladen. Ich kaufe T-Shirts, Shorts und Jeans für meinen Sohn. Er ist groß geworden, und all die Kleider, die er letzten Sommer getragen hat, passen ihm nicht mehr.

Die zweite Station ist der Supermarkt. Ich lege Fisch in den Korb, Getreide, Mayonnaise und Sojasauce. Ich nehme auch ein wenig Huhn, und dann wählen wir Joghurt aus. Danylko möchte Erdbeeren. Also gehen wir in die Obstabteilung, wo ich auch Bananen abwiege. Er schreit: „Hurra", und die Leute schauen mich an, als glaubten sie, mein Kind hätte noch nie zuvor eine Banane gesehen.

Draußen biege ich um die Straßenecke und gehe in die Apotheke, denn auch der Vorrat an Cremes und Salben geht zur Neige. Die Apothekerin schaut mich an, als hätte sie ein Bild von mir mit der Aufschrift „Polizeilich gesucht" gesehen, aber ich beachte sie nicht, zu oft haben die Leute schon meine blauen Flecken betrachtet.

Nachdem ich die Tür zur Apotheke geschlossen habe, steige ich die Treppe hinunter. Danylko kaut bereits auf seiner zweiten Banane. Da stoße ich frontal mit einer Frau zusammen ...

Schön und groß, aber irgendwie seltsam. Ich habe sie schon einmal irgendwo gesehen. Irgendwann. Vor langer Zeit. Das schwarze Haar zu einem strengen Pferdeschwanz gebunden, blasse, blutleere Wangen, verängstigter Blick. Verängstigt und ein bisschen verrückt. So ein verzweifelter Blick, als wäre sie gestorben und dann wieder zum Leben erwacht, ohne es zu merken.

„Ewa?" Bevor ich mich von der Überraschung erhole, spreche ich laut ihren Namen aus und bleibe auf der Treppe stehen.

Sie hält inne und sieht mir in die Augen.

„Ewa?", wiederhole ich, aber sie schweigt.

Erinnerungen blitzen vor mir auf: der eindringliche Blick und der Satz „Sieh dir seinen Pass an ...".

„Entschuldigen Sie", stammele ich, „ich muss mich geirrt haben."

„Ich bin Ewa", sagt sie mit dumpfer, heiserer Stimme.

Dann hebt Ewa die Hand und berührt den Bluterguss unter meinem Auge, der schon beinahe vergangen ist, aber eine dunkle Spur hinterlassen hat.

„Ich bin auch geschlagen worden", sagt sie mehr zu sich selbst als zu mir.

Ich schweige. Ich drücke Danylkos Hand ganz fest und wage es kaum, Luft zu holen.

„Erinnern Sie sich an mich?", frage ich dann, aber sie hört mich nicht. Der Blick einer gebrochenen Frau gleitet von mir zu meinem Sohn, bevor er wieder aufmerksam in mein Herz taucht.

„Mein Sohn", stammelt sie.

„Mein Name ist Marta." Ich wage es, sie in die reale Welt zurückzuholen. „Ich bin die Frau von Maksym. Und das ist sein Sohn."

„Maksym ist abgrundtief böse." Erst nach einer langen Pause fährt sie ruhig und melancholisch fort. „Er hat ein schwarzes Herz. Schwarz und leer."

Das habe ich schon einmal gehört. Die gleichen Worte hatte Ewa zu Wira gesagt.

„Sohn“, sagt sie, „dein Sohn. Meiner wurde getötet. Maksym hat ihn getötet. Mit den Fäusten hat er geschlagen, mit den Füßen getreten ... Mir tat es weh. Und dem Kind tat es weh.“

Mir steckt ein Kloß im Hals.

Sie hockt sich neben Danylko und streichelt ihm mit bebender Hand über die Wange. Mein Sohn wehrt sich nicht, er schaut nur überrascht und kaut weiter auf seiner Banane. „Maksym ist abgrundtief böse“, wiederholt sie.

Gleich darauf erhebt sie sich, blickt mich mit kalten Augen an und sagt: „Geh weg von ihm. Er ist verflucht. Ich habe ihn verflucht.“

Sie stößt die Worte hervor und setzt dann ihren Weg fort. Sie verschwindet, als wäre sie gar nicht hier auf den Stufen der Apotheke gewesen, als hätte ich es mir nur eingebildet.

***

Als wir zu Hause ankommen, dämmert es. Die Luft ist warm, vom Tag erhitzt. Unterwegs habe ich mich ständig umgesehen, mir schien immer wieder, Ewa folge uns. Einen Moment lang war ich sogar sicher, dass ich ihre Silhouette gesehen habe.

Ewas Worte wirbeln durch meinen Kopf, ihr Gesicht tanzt vor meinen Augen ... Wenn ich schwach werde, erwartet mich genau das gleiche Schicksal. Unweigerlich. Lange halte ich nicht mehr durch.

Doch das will ich nicht. Ich will nicht eine zweite Ewa werden. Ich will nicht meinen Verstand verlieren. Ich will mich nicht brechen lassen ...

Wenn ich Ewa vor ein oder zwei Jahren getroffen hätte, hätte ich Angst bekommen. Aber jetzt habe ich keine Angst mehr.

Maksym kommt gegen neun Uhr abends nach Hause. Ich sehe ihn an und stelle mir die ganze Zeit vor, wie er stirbt. Sündige Gedanken schwirren mir durch den Kopf, ich mache nicht einmal den Versuch, sie zu vertreiben.

Er ist beschwipst, aber nicht betrunken. Das gefällt mir nicht. Für meine Zwecke muss er richtig betrunken sein.

Mai
Mittwoch

Am nächsten Tag denke ich über die Jobsuche nach. Wenn in meinem Arbeitsbuch die Entlassung wegen unentschuldigten Fehlens eingetragen ist, dann kann ich kaum hoffen, dass ich in einem anderen Kindergarten einen Platz finde.

Ich beschließe, mein Arbeitsbuch nicht bei Oksana abzuholen. Was soll ich damit? Ich werde ein anderes kaufen.

Es wäre außerdem gut, den Tätigkeitsbereich zu wechseln. Vielleicht sollte ich mich als Verkaufsberaterin bewerben? Oder einen Job in einem Pfandhaus suchen? Dort ist es still und ruhig. Oder in die Fabrik gehen? Auf keinen Fall möchte ich Verkäuferin auf dem Markt sein, denn da würde ich frieren und ständig krank werden. Oder vielleicht Hausmädchen? Aufräumen kann ich, Essen kochen ist auch kein Problem, solange etwas zum Kochen da ist.

Ich werde versuchen, einen Job zu finden. Aber noch muss ich mich ein bisschen gedulden.

***

Als wir mittagessen, ruft Ruslan an, und ich höre erneut ein erleichtertes Seufzen nach meinem „Hallo".

„Bist du bei der Arbeit?", fragt er.

„Nein." Ich überlege, wie ich meine Entlassung erklären könnte, aber er fragt nicht weiter, sondern schlägt fröhlich vor: „Ich lade dich und Danylko am Dienstag zu einem Ausflug in den Park ein."

„Was ist der Anlass?", wundere ich mich.

„Na hör mal, Marta, eine Erzieherin sollte wissen, dass am ersten Sommertag, dem 1. Juni, der Internationale Kindertag gefeiert wird."

„Na und?“, wundere ich mich.

„Im Park findet eine Eiscremeparty statt.“

„Ach“, erwidere ich und beginne sofort, Pläne zu schmieden. Wenn sich alles gut fügt, dann muss ich die Chance nutzen.

„Für die Kinder gibt es Fahrgeschäfte, wir könnten in den Zoo gehen, Pizza essen ...“

„Einverstanden“, unterbreche ich Ruslan hastig.

„Gut. Ich ruf dich Dienstagmorgen an.“

Die Zeit, zu handeln, ist gekommen.

Mai
Samstag

Gestern Abend habe ich meinen Bruder angerufen und um ein Treffen gebeten. Er hat zugesagt.

Jetzt ziehe ich meine alte Jeans an und befestige sie mit einem Gürtel, denn ohne könnte sie herunterrutschen. Wie viel ich wohl wiege? Wahrscheinlich so viel wie eine dünne, knochige Fünftklässlerin. Die Haut spannt über den Knochen, die langen, lockigen Haare sind alles, was von der früheren Marta übrig geblieben ist, an die ich mich schon gar nicht mehr erinnere.

Danylko packt den Traktor in seinen Rucksack, stopft Kekse und Bananen obendrauf. Ich schaue meinen Sohn an, und erst jetzt bemerke ich, wie groß er geworden ist. Zwar wird er im Juli erst drei, aber er will schon alles selbst machen: seine Spielsachen aufräumen, das T-Shirt anziehen, wenn auch manchmal verkehrt herum, oder, wenn ich samstags putze, mit einem Lappen kraftvoll den Boden wischen.

„Komm, wir gehen", sage ich und schließe die Tür.

Wir haben Andrij schon eine ganze Weile nicht mehr gesehen. Dunkle Ringe unter den Augen und sein graues Gesicht zeugen von Unruhe und schlaflosen Nächten. Er hat sich seit Tagen nicht rasiert, seine ungepflegten Stoppeln stehen in alle Richtungen ab. Das Hemd ist nicht frisch, das rechte Hosenbein ist schmutzig. Ich gehe davon aus, dass er wieder auf Sauftour war. Mein Gott, er wird ein Trinker wie sein Vater.

„Du siehst schlecht aus", sage ich zu meinem Bruder.

Wir setzen uns auf das weiche Sofa in der Pizzeria und bestellen Früchtetee und Mlynzi, für Danylko bestelle ich seinen geliebten Traubensaft. Der Sohn läuft in die Kinderecke, nimmt Kreide und malt eine Sonne auf die niedrige Tafel. Er zeichnet fleißig Strahlen, schaut aber immer wieder zu mir.

„Du siehst auch nicht besser aus", entgegnet Andrij scharf.

„Na schön. Unentschieden."

Andrij nippt am Tee und schaut dabei durch mich hindurch. In den Augen Schmerz und Traurigkeit, er wirkt erschöpft.

„Wie geht es Bohdana?", erkundige ich mich nach seinem wunden Punkt.

Er wendet die Augen ab, die sich mit Tränen füllen, und antwortet: „Unverändert. Sie ist in Behandlung."

„Was sagen die Ärzte?"

„Dass es dauern wird."

„Hilft die Behandlung wenigstens ein bisschen?"

„Meiner Meinung nach nicht. Aber die Ärzte betonen, dass eine stabile Entwicklung in ihrem Fall etwas Gutes ist."

„Spricht sie mit dir?"

„Nein. Sie redet mit niemandem. Sie streichelt nur ihren Bauch und schaut schweigend an die Wand."

„Warum ist das passiert, Andrij? Habt ihr euch vielleicht gestritten?"

„Nein. Doch. Auf jeden Fall ist es passiert."

Der Bruder trinkt den Tee mit einem Schluck aus und lehnt sich zurück.

„Wusstest du, dass sie mit vierzehn eine Abtreibung hatte?"

„Nein. Das wusste ich nicht", sage ich ehrlich, denn ich wusste wirklich nichts von der Abtreibung, „aber als wir zusammengezogen sind, hat Bohdana ein Kind verloren. Es war eine Fehlgeburt. Damals war sie mit einem Typen zusammen, der sie nicht unterstützt hat. Sie hat diese Fehlgeburt nur schwer verwunden. Siehst du da einen Zusammenhang?"

„Ich bin kein Arzt, also weiß ich es nicht. Aber sie hat immer wieder gesagt, dass die Abtreibung jene Fehlgeburt beeinflusst hat, und wenn dem Kind etwas passiert, würde sie es nicht ertragen."

„Aber sie ist nicht schuld", ich widerspreche überzeugt, „sie hat dieses Kind ausgetragen, es ist einfach gestorben."

Während der darauffolgenden Stille denke ich an Ewa – ihre verängstigten Augen, die unzusammenhängenden Worte ... Ewa, deren Kind getötet wurde. Ewa, die den Verlust nicht verwinden konnte … Ewa, die mir leidtut, denn niemand wird je erfahren, was damals wirklich geschehen ist. Und jetzt Bohdana: die Last einer Abtreibung im Teenageralter, eine Fehlgeburt, schließlich eine Totgeburt … Das hätte mir auch passieren können.

„Sie ist zerbrochen“, sage ich leise.

„Vielleicht ist sie zerbrochen, ich aber bin nicht in der Lage, sie aus dem Loch zu ziehen, in das sie gefallen ist. Ich habe ihr unzählige Male gesagt, dass sie keine Schuld trägt. Aber du weißt ja, wie stur sie ist. Sie besteht darauf, dass jetzt alles in Ordnung wäre, wenn sie damals nicht so dumm gewesen wäre, das Kind wegmachen zu lassen.“

Ich denke an meine eigene Abtreibung. Maksym hat mich dazu gedrängt, das Risiko einzugehen, aber alles ist gut gegangen. Ich habe einen Sohn zur Welt gebracht, der jetzt die Sonne an der Tafel violett färbt.

„Blödsinn“, sage ich überzeugt.

„Ja. Aber das ist noch nicht alles. Ich wusste nicht, wie ich es dir sagen sollte …“

„Was meinst du?“

„Sie … Als Bohdana nach Hause entlassen wurde, stand in der Wohnung ein Kinderbettchen. Wir hatten es schon gekauft, und ich habe nicht daran gedacht, es fortzuschaffen. Sie wurde wütend. Warf mit Gegenständen, zerdepperte Geschirr … Daran bin ich schuld. Ich hätte dieses Bettchen wegbringen müssen. Ich habe nicht daran gedacht. Hätte ich gewusst …“

Ich schweige. Allein die Vorstellung ist hart.

„Sie hat mir die Schuld gegeben. Sie nannte mich einen herzlosen Idioten und behauptete, dass ich das Bett absichtlich nicht weggestellt hätte. Als ich sie so sah, wurde mir klar, dass ich meine Bohdana verloren hatte. Für immer verloren. Und dann … Die Wochen vergingen und sie … Sie fing an zu trinken, zu kiffen …“

„Und du?“

„Ich tat so, als ob nichts passiert wäre.“

„Das hat nichts gebracht“, sage ich trocken.

„Ich weiß. Als ich mich wieder gefasst hatte, war es zu spät. Ich dachte, sie muss den Schmerz betäuben, und wenn sie ihn mit Wodka betäuben will, dann soll sie eben. Ich habe mich zurückgezogen. Heute glaube ich, dass Bohdana weder im Wodka noch im Gras Erleichterung gefunden hat. Sie hat aufgegeben."

„Sie hat aufgegeben", presse ich hervor.

„Sie wollte nicht mehr leben."

„Wollte nicht leben", wiederhole ich. Jetzt verstehe ich den Grund für die Falten im Gesicht meines Bruders, die dunklen Augenringe, die graue Haut und die ersten grauen Haare. Er hat nicht nur ein Kind verloren, sondern auch seine Frau.

„Das ist schrecklich", sage ich niedergeschlagen, „es tut mir sehr leid."

„Gibt es Menschen, die die Psychiatrie gesund verlassen, Marta? Kann man solche Krankheiten heilen?"

„Natürlich kann man sie heilen", antworte ich bestimmt, obwohl ich selbst an meinen Worten zweifle.

Wieder herrscht Stille. Nach zehn Minuten holt Andrij sein Portemonnaie hervor und legt Geld auf den Tisch.

„Andrij", beginne ich, „ich wollte dich um etwas bitten."

„Worum denn? Ist etwas vorgefallen?", fragt er müde.

„Nein. Nichts. Aber Maksym macht mir Sorgen."

„Was ist denn mit ihm?"

„Er sagt es mir nicht, weißt du, aber ich glaube, dass er bei der Arbeit Ärger hat, und anstatt es mir zu erzählen, also es mit mir zu teilen, frisst er es in sich hinein."

„Wie kann ich dabei helfen?"

„Ich habe gedacht, wenn ihr bei einer Flasche Wodka zusammensitzt, so unter Männern, dann würde er vielleicht ein bisschen sein Herz öffnen. Na ja, ich glaube, das könnte helfen ... Du bist da besser geeignet." Ich bin eine gemeine Schlange, die ihren Bruder für ihr schmutziges Spiel benutzt. Aber ich muss es tun.

„Du weißt, dass wir uns nicht allzu gut verstehen", meint Andrij verlegen, „wir sind uns ein paarmal begegnet, du warst damals dabei, Bohdana auch, aber so, nur wir beide ... ich weiß nicht ..." Er zögert.

Wenn er sich jetzt weigert, dann wird mein Plan wie ein Kartenhaus in sich zusammenfallen. Der Preis ist zu hoch, als dass ich einfach so aufgeben kann.

„Du kennst doch Maksyms hitziges Temperament", versuche ich Mitleid zu heischen, „er springt auf, wettert los und ich habe keine Ahnung, was er eigentlich hat. Ich dachte nur, wenn ich Probleme habe, teile ich sie mit Jaroslawa oder Bohdana, also sollte er seine vielleicht auch mit jemandem teilen. Entschuldige, wahrscheinlich sollte ich dich nicht damit behelligen. Es ist nur so, dass Maksym in letzter Zeit sehr niedergeschlagen ist und nicht einmal mit Danylko spielen will. Und der Sohn ... Entschuldige ... Ich habe einfach niemanden mehr, an den ich mich wenden kann, nur dich."

Andrij denkt über meine Bitte nach und sagt dann: „Du willst, dass ich mich mit ihm betrinke und ihn zum Reden animiere?"

„Genau, betrinken. Einfach nur viel zu viel trinken. Das Reden ist nicht einmal wichtig, nur dass er Wodka in seine Kehle schüttet. Sehr viel Wodka, damit er besoffen ist wie ein Schwein", schreit alles in mir.

„Na, warum gleich betrinken?" Ich tue so, als würde ich mich wundern. „Ein Gespräch unter vier Augen. Vielleicht hilft's? Sag ihm nur nicht, dass das von mir kommt. Lade ihn einfach zu einem Treffen ein."

„Gut, ich werde es versuchen, aber ich kann nicht versprechen, dass was dabei rauskommt", stimmt Andrij zu, und wir verabschieden uns.

Mai
Montag

Maksym wird durch einen Telefonanruf vom Fernsehen abgelenkt. Während er spricht, tue ich so, als würde ich nicht lauschen. Nach ein paar Minuten kommt er in die Küche und erklärt: „Dein Bruder hat angerufen und will morgen ein Bier mit mir trinken."

Ich zucke mit den Schultern und frage: „Warum das denn?"

„Ich weiß nicht." Maksym runzelt die Stirn, und ich stelle fest, dass die Sauferei seinem äußeren Erscheinungsbild nicht guttut. Falten haben sich um die Augen und auf der Stirn gebildet, die Haut ist blassgelb, die Hände zittern, wie sie einst bei meinem Vater zitterten, wie die aller Alkoholiker zittern. „Ich habe ihm vorgeschlagen, dass wir uns heute treffen, weil ich nicht weiß, wie es morgen wird."

Alles in mir verkrampft sich. Ich würde sogar betteln, damit er erst morgen geht. Für mich ist es extrem wichtig, dass sie sich genau am 1. Juni zusammen betrinken. Wenn nicht ... Das könnte meine Pläne ruinieren, aber Maksym fährt fort: „Aber heute kann er nicht."

„Andrij wird wahrscheinlich Bohdana im Krankenhaus besuchen", äußere ich so ruhig wie möglich eine Vermutung.

„Das mag sein. Eine Familie von Verrückten", wirft er verächtlich ein. „Was will er wohl?"

„Woher soll ich das wissen?", frage ich und wende mich von Maksym ab, denn die Emotionen auf meinem Gesicht könnten meine Gedanken verraten. „Er hatte es in den letzten Monaten sehr schwer, also vielleicht will er sich ein bisschen entspannen, etwas trinken, quatschen. Na ja, so von Mann zu Mann. Vielleicht hat Andrij niemanden, an den er sich wenden kann, und hat deshalb dich angerufen."

„Er hat also Gesellschaft gesucht", wirft Maksym zornig ein, und ich beschließe, das Thema nicht weiter zu vertiefen, denn ich will es nicht zu weit treiben, „vielmehr hat er wohl einen Psychologen gesucht. Was bin ich für ihn, die Kummerkastentante?"

Maksym steht auf und verlässt die Küche.

Er wird mit Andrij ein Bier trinken gehen. Er muss gehen, denn irgendwann muss auch ich einmal Glück haben.

Ich rufe Danylko und lege Buntstifte, farbiges Papier, Schere und Kleber auf den Tisch. Schritt für Schritt setze ich meine Idee in die Tat um.

„Wir beide werden jetzt ein Geschenk basteln."

„Für wen?", fragt der Sohn erstaunt.

„Für Nastja. Ein Mädchen, mit dem du morgen in den Zoo gehen wirst."

„Kommst du auch mit?"

„Natürlich komme ich mit. Aber das ist unser Geheimnis. Deins und meins."

„Und Papis?", fragt Danylko.

„Nein. Nur deins und meins."

Er ist einverstanden und setzt sich auf einen Hocker.

Ich schneide Kreise in verschiedenen Größen aus, lege sie auf den Tisch und klebe sie ordentlich fest. Als das Werk vollendet ist, beginnt Danylko, es zu verzieren – er nimmt sich Zeit, malt Blumen, die eher wie Herzen aussehen, und Blätter, die Regentropfen ähneln.

„Wir werden es Nastja schenken. Sie wird sich freuen."

Das Kind konzentriert sich auf die Arbeit und steckt in jede Zeichnung sein Herzblut.

Als wir damit fertig sind, lege ich die Malereien in eine Schachtel und stelle sie in den Küchenschrank.

Dort vergesse ich sie sicher nicht.

***

Es wird dunkel. Ich gehe nach draußen und schaue nach oben. Kein einziger Stern steht am Himmel. Es riecht nach Sommer, Sorglosigkeit und Freiheit.

Danylko ist eingeschlafen und Maksym hat sich mit einer Flasche Bier aufs Sofa gesetzt. Wie viel von diesem Gesöff passt wohl in seinen Wanst? Wenigstens hat er heute nicht zu viel getrunken oder abschätzige Bemerkungen gemacht, denn das hätte nicht in meine Pläne gepasst. Für mich ist jetzt die Zeit zu handeln, denn die blauen Flecken sind spurlos verschwunden, und neue kann es mit meiner gut durchdachten Taktik kaum mehr geben.

Der Gedanke daran, dass mein Mann heute Sex verlangen könnte, löst Angst und Ekel in mir aus, aber ich bin sogar dazu bereit, wenn er nur auf keinen Fall tätlich wird, damit niemand Fragen zu Schlägen und Blutergüssen an meinem Körper stellt, wenn alles vorbei ist. Sollte es dazu kommen, müsste ich dem also entweder ausweichen oder mir etwas anderes ausdenken.

Auf der Straße bemerke ich Jaroslawa und Ihor, sie sind zu einem Abendspaziergang aufgebrochen. Von seinem Trauma hat sich Ihor nie wieder ganz erholt. Er zieht das linke Bein nach, seine Zunge verheddert sich beim Sprechen, das linke Auge schielt. Eine Rückkehr an seinen Arbeitsplatz kommt für ihn nicht mehr infrage. Jaroslawa gewöhnt sich langsam an die neue Herausforderung, die das Leben ihr stellt, übernimmt alle Verpflichtungen und will arbeiten gehen, sobald sie ihren Mann alleine lassen kann.

Ihr Leben hat eine stürmische Wendung genommen, ist schwarz-grau geworden – und das nur, weil in meinem Haus ein Richter sitzt, der literweise Bier säuft, alle verachtet und sich wie ein König und Gott vorkommt.

Wenn ich Ihors hinkenden Gang betrachte, erinnere ich mich, wie hysterisch Jaroslawa war, als die Polizei ihr mitgeteilt hat, dass sie seinen Fall abschließen, weil der Täter nie gefunden wurde. Sie haben die Mappe zum Raub und zur Körperverletzung an Ihor in die unterste Schublade gesteckt und Jaroslawa empfohlen, sich lieber um ihren Mann zu kümmern, statt sich in deren Arbeit einzumischen. Sie weinte damals, rang die Hände und verfluchte unsere unfähigen Gesetzeshüter. Ich hörte ihr zu und schwieg. Mir fehlte die Kraft, den Mund aufzumachen und ihr von meinen Vermutungen zu erzählen.

Ich habe gekniffen. Ich hatte Angst. Und das quält mich. Es gibt mir keine Ruhe, dass der Täter immer noch nicht bestraft wurde.

Juni
Dienstag

Am Morgen beunruhigt mich das leichte Zittern in meinen Händen, das sich gegen Mittag verstärkt. Habe ich das Recht dazu? Werde ich nicht genauso wie Maksym? Und vor allem: Kann ich damit weiterleben?

Ich vertreibe die Gedanken und konzentriere mich. Das Sommerkleid, das ich letztes Jahr im Secondhandladen gekauft habe, hängt an meinem dürren Körper herab, aber ich habe wenig Auswahl. Ich hole meine billigen Kosmetika und trage ein wenig Rouge, Lippenstift und Wimperntusche auf. Danylko gebe ich eine kurze Hose und ein T-Shirt.

Der Sohn packt wieder seinen Rucksack: der Traktor, Kekse und eine Banane.

„Lass den Traktor zu Hause“, sage ich zu meinem Sohn.

Er seufzt und fragt, warum.

„Weil er groß und schwer ist und wir heute viel laufen werden.“

Diese Erklärung passt ihm nicht.

Ich hocke mich neben meinen Sohn und erkläre: „Du kannst die Kekse mitnehmen. Dann spendierst du Nastja welche. Du wirst gar keine Zeit haben, mit dem Traktor zu spielen. Wir werden viel Spaß haben. Und wir werden zu den Fahrgeschäften gehen, du kannst Auto fahren, und auf dich warten Pizza, Eis und Zuckerwatte. Deshalb lass ihn sich ausruhen.“

Danylko nimmt widerwillig den Traktor aus seinem Rucksack und dreht ihn in der Hand.

„Na komm, Mama bittet dich doch. Lass ihn hier. Noch dazu ist er ja kaputt. Die Räder drehen sich nicht und das Metall an der Kabine ist verbogen. Nastja wird dich auslachen, wenn du mit so einem Ding spielst.“

Danylko hört mir zu, aber er ist nicht einverstanden mit dem, was ich sage. Trotzdem stellt er den Traktor gehorsam neben den

Küchentisch, schiebt den Hocker darüber und erklärt mir, dass das eine Garage ist. Ich betrachte seine Konstruktion und lächle.

Ich öffne den Schrank, in dem sich die Schachtel mit den Basteleien befindet, prüfe den Inhalt, vergewissere mich, dass alles an seinem Platz ist, und stelle sie wieder zurück.

Wir steigen in die Marschrutka und fahren in die Stadt. Wir fahren früher los, denn ich habe das Bedürfnis, in die Kirche zu gehen.

Der erste Sommertag erfreut uns mit Sonne und einer leichten Brise, aber egal wie sehr ich mich auch anstrenge, es gelingt mir nicht, ein nervöses Zittern meines Körpers zu unterdrücken.

Wir betreten die majestätische, prächtige Dreifaltigkeitskathedrale. Heute ist es hier still. Die Sonne flutet das Gotteshaus durch die Fenster, gleitet über die Ikonen, berührt die Gemälde an den Wänden. Die Kerzen in den Leuchtern flackern, zittern und verlöschen. Das Wachs fließt. Ich stehe vor dem Kruzifix und falte die Hände zum Gebet. Der Erlöser sieht mich mit einem Blick an, in dem ich Vorwürfe und Missbilligung lese.

„Vergib mir, Gott", flüstere ich vor mich hin, „vergib mir die Sünden, die ich begangen habe, und wenn du kannst, vergib mir auch die Sünde, die ich im Begriff bin zu begehen."

Die Worte kommen mir nur schwer über die Lippen, mein Körper bebt, meine Hände zucken, als ob ich einen Stromschlag erlitte, und mir ist schwindelig.

Was habe ich mir da nur ausgedacht? Wie kann ich eine solche Sünde auf meine Seele laden? Wird mich die Last der Schuld erdrücken? Wie werde ich meinen Sohn dazu erziehen können, nach seinem Gewissen zu handeln und gerecht zu sein? Was bin ich für eine Mutter? Was bin ich für eine Frau?

In meine Augen treten Tränen, ich schließe sie. Vor mir tauchen Bilder von Maksyms Gewaltakten gegen mich auf: seine Faust, wie ein Blitz, der immer sein Ziel trifft; das Zusammenzucken meines Körpers nach jedem Tritt der schweren Stiefel in die Rippen, den Bauch, den Kopf; das Lächeln meines Mannes, wenn er sieht, wie das Blut gleich einem purpurnen Wasserfall aus meiner Nase schießt; blaue Flecken am ganzen Körper, die brennen, stechen, pochen und mich innerlich flehen lassen, dass die Folter aufhört; seine trunkenen, zufriedenen und hasserfüllten Augen, die den Körper, die Seele, mein Herz verbrennen; seine Berührungen meines blutigen Körpers, wenn er trotz meines verstümmelten und gedemütigten Wesens sein Fleisch befriedigen will; und das Letzte, was ich vor mir sehe: unser Sohn, der in die Hände klatscht wie ein beeindruckter Zuschauer bei einer Aufführung, weil er von dem, was er gesehen hat, fasziniert ist, vom Blut auf dem Fliesenboden, dem Zusammenzucken der Mutter und der Wut des Vaters.

Bohdana steht mir vor Augen, die in psychiatrischer Behandlung ist, weil etwas in ihr zerbrochen ist. Ich aber will nicht zerbrechen. Ich will nicht diesen Weg gehen.

Ewa steht vor mir, die, nach allem, was sie durchgemacht hat, nun wie eine Schimäre durch die Straßen von Ozerne und Luzk streunt.

Ihor, der für den Rest seines Lebens ein schielender, gekrümmter Mann bleiben wird, ein Mann, der das Bein nachzieht und ohne fremde Hilfe nicht zurechtkommt. Ihor, der für Jaroslawa zur Last geworden ist.

Wira im Rollstuhl, deren Augen lächeln, obwohl das Herz blutet ...

Wenn Maksym nicht aufgehalten wird, erwartet mich Ähnliches, ein Rollstuhl, die Psychiatrie oder der Tod ...

„Es tut mir leid“, flüstere ich und verlasse eilig die Kirche.

***

Der Park ist überfüllt, man kommt sich vor wie in einer Sardinenbüchse. Ruslan und Nastja warten bei den Springbrunnen auf uns, sie winken uns lächelnd und begeistert zu. Das Mädchen ist gewachsen und gereift, seit ich sie das letzte Mal gesehen habe: Selbstvertrauen in ihren Augen, Grübchen in den Wangen. Sie nimmt Danylko an die Hand und führt ihn die Allee hinunter. Ruslan und ich schlendern hinterher. Damit wir mit niemandem zusammenstoßen, müssen wir anhalten und Frauen mit Kinderwagen, Kinder auf Rollschuhen oder ältere Menschen, die gemächlich den Weg entlangschreiten, vorbeilassen.

„Fühlst du dich gut?“, fragt Ruslan.

„Ja, warum?“, frage ich zurück.

„Du bist etwas blass.“

„Mach dir keine Sorgen. Alles ist okay.“

Die Zeit vergeht schnell. Wir sind auf dem Weg zu den Fahrgeschäften, und Nastja, die Danylko fest an der Hand hält, setzt sich in die *Fröhliche Raupenbahn*. Auf dem Riesenrad setzt sich Ruslan neben mich, während ich ängstlich darauf achte, dass sich mein Sohn nicht zu weit nach vorne beugt, aber Nastja ist eine echte Unterstützung: Sie setzt ihn auf ihren Schoß und zeigt mit ihrer Hand in die Weite.

„Schau mal, die Wolke sieht aus wie ein Elefant“, sagt sie, und Danylko sucht stirnrunzelnd nach einem Elefanten am Himmel.

Wir steigen so hoch, dass es scheint, als würden wir gleich fliegen. Der ganze Park, was heißt da Park, ganz Luzk liegt uns zu Füßen: Die Kuppeln der Kathedrale, in der ich noch gerade Gott gebeten habe, mir die noch nicht begangene Sünde zu verzeihen, flimmern in der Sonne, die bunten Dächer der Häuser sind ein schöner Anblick, der Styr fließt ruhig dahin, die Wipfel der Bäume wirken klein, die Menschen erinnern an Ameisen in einem Ameisenhaufen, und über uns erstreckt sich eine blaue Leinwand mit flauschig-luftigen Wolken. Wie ein Märchen, und wir sind die Helden darin. Doch obwohl man scheinbar nur die Flügel ausbreiten muss, um zu fliegen, fühle ich mich nicht vogelfrei, denn mein Käfig ist zu stabil gebaut. Aber wenn das Schicksal uns wohlgesonnen ist, werde ich noch in dieser Nacht die Gitterstäbe zerbrechen, und dann werde ich überlegen, wie man fliegt.

Anschließend spazieren wir durch den Zoo, Danylko ist überwältigt von all den Eindrücken. Vor dem Wolfsgehege versteinert er, er bewundert den Tiger, klatscht in die Hände, als er die Enten sieht, will beim Bären eine Hand ins Gehege schieben. Er nimmt eine Welt wahr, die ich ihm zwar sehr gerne eröffnen wollte, doch war ich zu ängstlich, um die Vorhänge zu heben und das helle, schimmernde Gesamtbild zu zeigen. „Ich werde alles ändern“, wiederhole ich im Geiste und atme mit voller Brust ein, während ich mein Gesicht in die Sonne halte.

Ruslan nimmt uns mit zum Eisessen. Wir brauchen lange, bis jeder entschieden hat, welche Sorte er mag. Nastja will Erdbeere, ich Schokolade, Danylko dagegen würde am liebsten alles probieren, wenn er könnte.

Von Zeit zu Zeit schaue ich auf die Uhr. Es ist schon acht. Ich warte noch ein bisschen, bevor ich Andrij anrufe.

„Hast du es eilig?“, fragt Ruslan, als er merkt, dass ich wieder auf die Uhr schaue.

„Nein. Reine Gewohnheit. Gehen wir zu den Springbrunnen.“

„Schöne Uhr“, meint er.

„Danke“, antworte ich ruhig und erinnere mich daran, wie Maksym mir dieses Geschenk nach einem seiner Gewaltakte in die Hand gedrückt hatte.

Eine Flut von Menschen – Kinder mit Eltern und Großeltern – steht für Eis, Süßigkeiten, Zuckerwatte und Sprudel an. Die einen eilen zu den Karussells, andere suchen nach freien Plätzen in den Gartencafés. Nach und nach weicht die Hitze, stattdessen streicht eine leichte Abendkühle über den Körper. Eine Brise schaukelt die Bäume, ich dagegen werde unruhig. Je näher der Abend rückt, desto größer wird die Unruhe.

„Marta“, sagt Ruslan und setzt sich auf die Bank, „ist alles in Ordnung mit dir?“

„Ja“, antworte ich kurz.

Danylko nimmt eine Handvoll Wasser aus dem Brunnen und bespritzt Nastja damit. Das Mädchen kreischt und rennt weg. Mein Frechdachs versucht, sie einzuholen und ihre Hand zu ergreifen, doch sie erweist sich als flinker.

„Mein Angebot gilt noch“, sagt Ruslan und schaut dabei auf seine Füße.

Ich frage nicht nach, wovon er spricht, denn ich weiß es. Er fordert mich auf, bei ihm zu wohnen. Falscher Zeitpunkt. Nicht heute. Vielleicht irgendwann ...

„Danke“, sage ich aufrichtig, aber in diesem Moment wird mir bewusst, dass es nie dazu kommen wird. Ruslan ist zu gut für mich. Er ist rechtschaffen und offen. Er ist ein Kämpfer, der nicht an den Herausforderungen des Schicksals zerbricht. Und vor allem folgt er seinem Herzen, seinem Gewissen und der

Wahrheit. Ich aber bin nicht so. Meine noch nicht begangene Sünde drückt schon jetzt auf meine Brust. Ich werde Ruslan nicht in die Augen sehen können, weil ich dort Missbilligung lesen werde. Wenn er nur wüsste ... Wenn er sich nur vorstellen könnte, was mir jetzt im Kopf herumspukt ... Ruslan könnte das nie verstehen. Denn er ist nicht wie ich. Nicht wie Maksym. Er ist aus einem anderen Holz geschnitzt, mit anderen Werten und Vorstellungen aufgewachsen. Er ist rein. Ich dagegen bin schmutzig und befleckt.

Selbst jetzt, während wir den Sommerabend genießen, uns an den Spielen der Kinder erfreuen, mit dem Lärm und Trubel verschmelzen, nutze ich ihn aus. Weil ich einen Beweis für meine Unschuld brauche. Ich brauche einen Zeugen dafür, dass ich heute im Park unterwegs war. Ich brauche ein Alibi. Vielleicht werde ich eines Tages lernen, mit der Last zu leben. Ich werde lernen zu lügen, ohne auf mein Gewissen zu hören. Ich werde lernen, mich mit dem von mir begangenen Übel zu versöhnen. Aber ihm gegenüber wäre es unfair. Er verdient etwas Besseres. Ich habe nie im Leben so einen Mann wie Ruslan verdient.

Danylko setzt sich müde neben mich auf die Bank und lehnt sich zurück. Seine Stirn ist feucht, sein Haar ist zerzaust, und seine Wangen sind rosig. Er gähnt und reibt sich die Augen.

In meiner Tasche klingelt das Telefon. Ohne mein Händezittern kontrollieren zu können, hole ich es heraus, wobei ich mein Herz in den Ohren klopfen höre.

Es ist Andrij.

„Marta“, höre ich die betrunkene Stimme meines Bruders und brenne vor Ungeduld, „wo bist du?“

„Wir gehen im Park spazieren“, sage ich so ruhig wie möglich, „wie geht es dir?“

Er seufzt und sagt dann: „Hör zu, das Treffen hat sich als kompletter Blödsinn erwiesen.“

Oh nein, ist es schiefgegangen? Nur das nicht.

„Wie meinst du das?“ Ich gebe mich unbekümmert. „Dein Maksym ist ein totaler Idiot“, sagt der Bruder, als ob er mir die Augen für eine Wahrheit öffnete, die ich nicht auch ohne ihn kenne, „er kam schon betrunken in die Bar. Schwafelte irgendeinen

Quatsch, betatschte den Hintern der Kellnerin, fing dann Streit mit einem genauso betrunkenen Gast an. Ich habe sie kaum auseinandergebracht. Maksym wütete, stürzte den Tisch um, zerbrach Geschirr und drohte, mit jedem abzurechnen, der dort saß."

„Oh, wie schrecklich!", rufe ich aus und verlasse die Bank, auf der Ruslan mit den Kindern sitzt, damit er meine Worte nicht hört.

„Weißt du", fährt Andrij fort, „wenn er beschwipst ist, ist er ein bisschen ungehobelt, aber wenn er betrunken ist, benimmt er sich völlig daneben."

„Habt ihr über irgendetwas gesprochen?", frage ich, denn ich möchte in Erfahrung bringen, ob Maksym vielleicht zu viel verraten hat.

„Machst du Witze?" Andrij lacht traurig. „Wir haben nichts anderes getan, als zu trinken. Ich bin schließlich nicht sein Kumpel. Da hast du die falsche Person erwischt, Schwesterchen. Natürlich kann ich trinken, aber meine Kräfte mit Maksyms messen, das ist nicht meins, sorry."

„Tut mir leid, dass es so gelaufen ist."

„Macht nichts. Ist schon gut. Jetzt verstehe ich, warum Bohdana ihn nicht ausstehen kann."

„Wo ist er?", frage ich besorgt.

„Als er so außer sich war und den Barkeeper mit Geschirr beworfen hat, habe ich ihn aus der verdammten Bar gezerrt, bevor sie die Polizei riefen, habe ihn ins Auto gepackt und weggebracht."

„Wohin?" Die Frage klingt dumm.

„Wie wohin?" Andrij seufzt wieder auf. „Bitte nimm es dir nicht zu Herzen, aber ich kann nichts mit ihm anfangen. Er kann mich mal. Ich habe ihn zu euch gebracht."

„Und wie geht es ihm?"

„Ist im Auto eingeschlafen. Ich habe ihn gerade ins Haus geschleppt und aufs Bett gelegt."

Ich klatsche vor Freude fast in die Hände.

„Ach", seufze ich, „entschuldige die Umstände."

„Macht nichts. Bleibst du noch lange im Park?"

„Ja, wir wollen noch Pizza essen und dann ins Stadtzentrum laufen."

„Marta", sagt der Bruder ein wenig besorgt.

„Ja?", frage ich angespannt.

„Hast du mal daran gedacht, dich von Maksym zu trennen? Ich kann mir nicht vorstellen, wie ihr lebt. Bohdana hat einmal gemeint, dass er dich schlägt."

Das Herz klopft mir bis zum Hals. Die Hände werden feucht. „Nein. Was sagst du da? Bohdana hat alles falsch verstanden. Ich bin damals gestürzt und war ein wenig verletzt, aber sie hat das überbewertet. Na ja, sie mag Maksym nicht."

„Hör mal", der Bruder ist nicht beruhigt, „eines Tages war dein Kleiner bei uns und hat so etwas angestellt ... Er nahm einen Bären und fing an ..."

Ich falle gleich in Ohnmacht. Was ist heute, der Abend der Erinnerungen?

„Ach", antworte ich fröhlich, „Bohdana hat mir davon erzählt. Er hatte in der Krippe gesehen, wie ein Junge das gemacht hat, und sich angewöhnt, Spielsachen zu schlagen."

„Mhm", macht Andrij.

„Ich habe ihm erklärt, dass man das nicht machen darf."

Schweigen. Er denkt bestimmt an etwas anderes.

„Du denkst also nicht daran, dich von ihm zu trennen?"

„Nein, natürlich nicht. Bei uns ist alles in Ordnung. Mach dir keine Sorgen. Maksyms Probleme bei der Arbeit werden bald vorübergehen. Jedenfalls hoffe ich das. Weißt du, wir haben vor, am Ende des Sommers ans Meer zu fahren. Wir wollen die Renovierung des Hauses abschließen. Es gibt also keinen Grund zur Sorge."

Ich hebe den Blick zum Himmel und danke allen Kräften des Universums dafür, dass Bohdana in diesem Moment in einer psychiatrischen Klinik liegt und keinen Einspruch erheben kann, denn ihren Beweisen und Argumenten könnte niemand so leicht widersprechen.

„Okay", seufzt Andrij wieder, „ich wünsche dir viel Spaß. Ruf mich morgen an, wenn du aufgestanden bist. Denn ich mache mir Sorgen, dass dein Liebster zu viel getrunken hat."

„Gerade noch rechtzeitig", schwirrt mir durch den Kopf.

Wir verabschieden uns, ich setze ein Lächeln auf und gehe zu Ruslan und den Kindern zurück.

„Eins habe ich ganz vergessen", erkläre ich und klatsche in die Hände, „Danylko hat eine Überraschung für Nastja vorbereitet, aber wir waren so in Eile, dass wir sie zu Hause vergessen haben."

„Macht nichts", sagt Ruslan, „sie bekommt sie ein andermal."

Das würde meine Pläne zunichtemachen, aber Nastja rettet mich: „Aber ich will meine Überraschung. Bitte, Papa", fleht das Mädchen.

„Und wann gibt es Pizza?", fragt Ruslan. „Es geht schon auf zehn Uhr zu."

„Wir haben noch Zeit", sage ich froh, „zuerst zu uns wegen der Überraschung, dann in die Pizzeria. Folgt mir, Kinder."

Wir schreiten fröhlich den Weg entlang, hinter uns liegt die leuchtende Allee der Regenschirme, die heute keine Gefühle in mir hervorruft. Ich schaue mich um und starre auf die Menge: Ich höre Lachen und Gesang, Gitarrenklänge, ich sehe hunderte Bewohner von Luzk, die ganz in Ruhe die Regenschirme über ihren Köpfen betrachten, sich fotografieren, Bier trinken, Chips und getrocknete Brotsticks kauen.

Eines Tages werde auch ich so sorglos in den Freuden der Feiertage versinken, doch heute muss ich gewissenhaft eine Angelegenheit zu Ende bringen.

***

Das Auto hält vor der Gartenpforte. Ruslan schaut aus dem Fenster, er muss davon ausgehen, dass niemand zu Hause ist. Ich weiß es besser, sage aber nichts.

„Ich komme mit dir", bietet Ruslan an.

„Nein, wartet kurz."

Ich steige aus dem Auto und öffne das Tor, sein Quietschen durchbricht die Stille. Meine Schritte sind lautlos, ich bin ja darauf trainiert, leise zu gehen, fast ohne den Boden zu berühren. Höre die traurige Melodie einer Grille. Ein leichter Wind umarmt mich, als versuche er mich von der Sünde abzuhalten, doch dann schiebt er mich vorwärts. Ich schaue auf die Uhr: fast zehn. Ich muss mich beeilen, sonst schaffen wir es vielleicht nicht mehr zur Pizza, das wäre fatal. Ich beschleunige meinen Schritt.

Ich trete auf die Schwelle und lege meine Hand auf die Klinke der Eingangstür. Sie ist verschlossen.

Andrij hat gesagt, dass er Maksym ins Schlafzimmer gebracht und aufs Bett gelegt hat. Allein kann ich ihn nicht in die Küche tragen, also muss ich alle Türen von der Küche bis zu unserem Schlafzimmer öffnen.

Der Flur ist leer. Als ich in die Küche komme, stolpere ich über etwas Großes. Fast hätte ich aufgeschrien. Das Licht schalte ich natürlich nicht ein, daher bewege ich mich vorsichtig, wie ein erfahrener, wenn auch etwas ängstlicher Einbrecher.

Als ich genau hinsehe, bemerke ich den betrunkenen Maksym auf dem Fliesenboden. Ein Déjà-vu? Nur, dass wir jetzt die Plätze getauscht haben.

Ich steige über meinen Mann hinweg und schaue mich um. Meine Augen gewöhnen sich an die Dunkelheit.

Der Stuhl, den Danylko vor den Traktor gestellt hat, um eine Garage zu bauen, ist umgekippt. Wahrscheinlich ist Maksym aus dem Schlafzimmer gekommen und hat versucht, sich an den Tisch zu setzen, hat aber das Gleichgewicht verloren. Na, was soll's. So ist es sogar besser.

Ich prüfe, ob die Fenster im Haus geschlossen sind. In der Küche steht eine Lüftungsklappe offen, die ich schnell schließe. Die Vorhänge ziehe ich zu.

Dunkelheit kriecht in jede Ritze. Meine Hände zittern nicht mehr.

Das Böse hat von mir Besitz ergriffen.

Ich nehme ein Küchentuch, setze den Wasserkessel auf die größte Kochstelle des Gasherds und drehe langsam das Gas auf. Die elektrische Zündung knistert, aber wie immer vergeblich – kein Funke entsteht. Die Streichhölzer liegen auf dem Nachttisch. Unter dem Kessel brennt kein Feuer. Vom Gas, das sich im Haus ausbreitet, hört man lediglich ein Zischen.

Ich stelle mich auf die Zehenspitzen, öffne den Küchenschrank, hole die Schachtel mit der Überraschung heraus, die Danylko und ich für Nastja vorbereitet haben, und eile zum Ausgang.

Ich steige über Maksyms Körper, schließe die Tür wieder ab und gehe in die Nacht hinaus.

„Ruhe in Frieden“, sage ich leise. Meine Worte vernimmt nur der Mond, der gerade am Himmel erscheint. Vielleicht auch die Grille.

Wieder das Quietschen der Pforte, die gleichen leisen, lautlosen Schritte. Ich sehe Ruslans Auto, in dem mein Sohn friedlich schlummert, während seine Mutter den Vater tötet.

Ich nähere mich, dann falle ich beinahe. Es verschlägt mir den Atem. Das Herz schlägt mir bis zum Hals. Ich zittere nicht. Ich schlottere vielmehr, als würden 220 Volt durch meinen Körper fließen und mich gleich umbringen.

„Mörderin! Mörderin! Mörderin!“

Das Wort hämmert gegen meine Schläfen.

„Schluss, du beruhigst dich jetzt, Marta“, befehle ich mir. „Du rettest dein eigenes Leben und das Leben deines Sohnes. Du hast den einzig richtigen Ausweg aus der Situation gefunden. Gib nicht nach. Sei nicht feige, vermassle es nicht.“

Im Auto will ich mich anschnallen, aber meine Hände beben, sie gehorchen mir nicht. Ruslan sieht mich aufmerksam an, als hätte ich das Haus betreten und eine andere, unbekannte Frau wäre zurückgekehrt.

„Was ist passiert?“, fragt er.

Ich schweige. Selbst wenn ich etwas sagen wollte, ich kann den Mund nicht öffnen, die Zunge klebt am Gaumen fest und die Zähne sind so zusammengepresst, dass keine Macht der Welt sie voneinander lösen könnte. Ich schweige, weil ich es nicht aussprechen kann. Falsch, ich könnte, aber ich habe Angst davor.

„Mörderin!“

Oh mein Gott, das klingt schrecklich. Ich versuche meine innere Stimme zu beruhigen, aber vergeblich. Ängste sind wie Kakerlaken, die in die Freiheit krabbeln.

Von jetzt an bis zum Ende meiner Tage werde ich die Mörderin meines eigenen Mannes sein.

Ruslan lässt den Motor an, und das Auto rollt langsam los. Die Kinder auf dem Rücksitz sind ruhig, sie dösen, und Gott sei Dank stellen sie mir keine Fragen. Ich halte die Schachtel mit der Überraschung in den Händen.

Ruslan sieht mich zum wiederholten Male an, mir kommt es so vor, als ob er alles wüsste. Verstanden hat. Erraten hat.

Ab sofort werde ich im Blick jedes Menschen die stumme Frage lesen: Warst du es, die ihn getötet hat?

„Ja“, sage ich laut.

Aber vielleicht kann man die Situation auch anders betrachten: Sie hat nicht ihren Mann umgebracht, sondern das eigene Leben gerettet.

„Mörderin! Ich bin nicht würdig, die Mutter eines so wundervollen Sohnes wie Danylko zu sein.“

Mein Gewissen verstummt nicht.

Was geschieht, wenn die Wahrheit ans Licht kommt und alle Bescheid wissen? Wird mein Sohn in einem Heim aufwachsen und, wenn er groß ist, seine Mutter hinter Gittern besuchen und ihr magere Päckchen mitbringen? Ich dagegen werde auf seine Besuche warten und zu Gott beten, dass er auch kommt. Was, wenn er nicht kommt? Wenn er mich nicht sehen will? Maksym ist sein Vater, auch wenn er für mich ein Peiniger ist. Sein Sohn liebt ihn. Wird er verstehen? Wird er verzeihen? Wird er sich damit abfinden, dass ich ihn eigenhändig zum Waisenkind gemacht habe?

„Halt an“, platzt es da aus mir heraus.

„Was?“, fragt Ruslan erstaunt.

„Halt das Auto an“, wiederhole ich und blinzle wegen der Scheinwerfer der entgegenkommenden Autos.

Ich steige aus dem Auto und schleppe mich zur Seite. Mir ist schlecht. In meinem Inneren dreht sich alles, als ob ich auf dem Kopf stünde. Der Inhalt meines Magens landet auf dem grünen Gras und ich falle auf die Knie.

Ruslan rennt zu mir. Er hilft mir aufzustehen, gibt mir Mineralwasser, wäscht mich und ich erhole mich langsam. Er nimmt mich an der Hand und setzt mich ins Auto.

„Bring mich nach Hause", bitte ich.

„Warum?"

„Bring mich für zwei Minuten zurück, dann fahren wir ... irgendwohin fahren wir."

Das Auto wendet rasch mit quietschenden Reifen, verlässt den Seitenstreifen und rast zurück. Ich bin mit dem Sitz verwachsen und möchte mich nicht bewegen.

Ich habe Angst.

Ich empfinde Ekel. Vor mir selbst. Weil ich zugelassen habe, dass das Böse von mir Besitz ergreift. Ich habe ein nutzloses Gehirn. Nicht umsonst hat Maksym genau das über mich gesagt.

„Wie viel Zeit ist vergangen, seit ich zu Hause war?"

„Ich weiß nicht", Ruslan schaut auf die Uhr, „vielleicht fünfzehn Minuten. Ich kann es nicht mit Sicherheit sagen. Warum?"

„Nur so."

Fünfzehn Minuten. Hat das gereicht, um Maksym zu töten? Was, wenn er bereits Gas eingeatmet hat und gestorben ist? Hoffentlich nicht.

Der Wagen hält an der Pforte, ich öffne ängstlich die Tür. Was, wenn ich zu spät komme?

„Ich komme mit", sagt Ruslan, hält aber kurz inne.

„Nein", entgegne ich, „nein."

Ich gehe den Weg zum Haus entlang, die Grille höre ich jetzt nicht mehr. Kein Wind wiegt die Bäume oder treibt mich an. Meine Beine sind wie aus Watte, der Körper ist schlaff, wie nach einer schweren Krankheit.

Als ich die Haustür erreicht habe, schaue ich mich um.

Es ist Nacht. Dunkel, alles schläft.

Furcht. Schwarz und beißend.

Ich öffne die Tür und lasse sie offen. Der Geruch von Gas steigt mir in die Nase. Das Gesicht mit der Hand bedeckend, gehe ich in die Küche. Dort steige ich über Maksym, nehme ein Küchenhandtuch und schalte den Herd aus.

Hastig laufe ich wieder nach draußen.

Maksym habe ich nicht angerührt. Auch nicht seinen Atem geprüft. Ich hatte Angst.

Er lebt. Er muss am Leben sein.

Jetzt muss ich die Tragikomödie, die ich mir ausgedacht habe, zu Ende spielen, sonst wird Ruslan Verdacht schöpfen, wenn mein Verhalten ihn nicht sowieso schon misstrauisch gemacht hat. Ich steige ins Auto und sage: „Entschuldige."

Er fragt nichts mehr. Stumm nickt er und lässt den Motor an. Das Auto rast die halbleere Straße entlang, zurück bleibt Maksyms betrunkener Körper auf dem Küchenboden.

„Ist es auch nicht zu spät für die Pizza?", frage ich und zwinge mich zu einem schiefen Lächeln.

Juni
Mittwoch

Mein Herz klopft wie wild. Die Augen brennen, die Hände schwitzen, aber ich halte tapfer durch. Vorausgesetzt, man kann in dieser Situation überhaupt tapfer durchhalten.

Im Haus herrscht Chaos. Wären noch die Wände kaputt, könnte man annehmen, dass ein Tornado hindurchgefegt sei. Die Wände scheinen sich verengt zu haben, und die Decke senkt sich langsam zum Boden, es wird so eng, dass es knarrt.

Die Realität, auf die ich gestoßen bin, glich einer Szene aus einem Horrorfilm. Das Bild steht mir noch immer vor Augen. Ein Bild, auf das ich nicht gefasst war.

Mein Kopf brummt, als ob ein Bienenschwarm hineingeflogen wäre. Auf meinem Magen liegt ein krampfartiger Druck. Aber diesmal ist es nicht Angst. Es ist eher so etwas wie das unheimliche Wissen um das, was tatsächlich passiert ist, das einem Schraubstock gleich meinen Körper zusammenquetscht.

Werde ich aus diesem Albtraum wieder erwachen?

Ist es denn nur ein Traum?

Ich schüttle wiederholt den Kopf, um das Chaos in meinen Gedanken zu ordnen.

Ich werde wieder daraus erwachen.

Es gibt keinen anderen Ausweg.

Und nein, dies ist kein Traum.

Maksym ist tot.

***

Der junge, rotwangige Polizist wirkt wie ein Schnüffler. Er geht durchs Haus, als wäre es sein Eigentum, späht in alle Winkel, in den Schrank, die Kommoden, er inspiziert sogar das Kinderspielzeug.

Ich mag ihn nicht. Die verschwitzte Stirn ist gerunzelt, die Augenbrauen sind gewölbt und die Unterlippe ist dreimal so lang wie die Oberlippe, als ob sie gedehnt worden wäre, als er noch ein Kind war. Seine Hose ist schmutzig, das Hemd nicht gebügelt, hätte Maksym auch nur ein einziges seiner Hemden in diesem Zustand gesehen, hätte er mich fertiggemacht.

Er heißt Oleh. Ich weiß nicht, welchen Dienstgrad er hat, aber ich versuche auch nicht, es herauszufinden.

Mein einziger Wunsch, wenn ich den langlippigen Oleh ansehe, ist, dass er in drei Teufels Namen aus meinem Haus verschwindet.

„Haben Sie sich ein wenig erholt?“, fragt er zum wiederholten Male, und ich schüttle zum wiederholten Male bejahend den Kopf. „Lassen Sie uns noch einmal die vergangene Nacht durchgehen.“

„Ich habe Ihnen doch schon alles erzählt“, entgegne ich müde. Ich bin wirklich müde und ausgezehrt. Aber Angst habe ich nicht mehr. Die ist verflogen. Der Schrecken hat sich gelegt. Die Essenz des Ganzen stiehlt sich in mein Bewusstsein: Mein Mann weilt nicht mehr unter den Lebenden. Ich habe ihn getötet. Ich wollte es nicht, aber ich habe ihn umgebracht.

„Möglicherweise. Aber vielleicht erinnern Sie sich an ein paar weitere Einzelheiten, die bei den Ermittlungen helfen.“

„Okay“, stimme ich gehorsam zu.

Ruslan setzt sich aufs Sofa und folgt mir mit den Augen. Wir waren seit zwei Tagen nicht getrennt.

Ein Gasgeruch ist im Haus nicht mehr wahrzunehmen. Er ist vergangen.

„Lassen Sie uns allein?“, fragt Oleh Ruslan.

„Ich würde gern dableiben, wenn Sie nichts dagegen haben. Als eine Art Unterstützung“, antwortet Ruslan mit dumpfer Stimme, ich aber sehe ihn an und frage mich, ob er Bescheid weiß. Wird er mich auffliegen lassen?

„Na schön. Bleiben Sie“, sagt der Polizist und wendet sich an mich. „Also wann sagten Sie, sind Sie nach Hause gekommen?“

„Gegen Mitternacht.“

„Und wo waren Sie bis dahin?“

„Im Park. Bei den Fahrgeschäften. Dann sind wir in den Zoo gegangen“, meine Stimme klingt monoton, als läse ich einen langweiligen Zeitungsartikel vor.

„Wann sind Sie zu dem Ausflug aufgebrochen?“

„Um die Mittagszeit“, antworte ich selbstsicher.

„Und Sie sind von mittags bis zwölf Uhr nachts nicht mehr zu Hause gewesen?“ Bei dieser Frage spannen sich die Wangenknochen im Gesicht Ruslans an.

„Nein“, antworte ich hastig, damit Ruslan den Strom an Lügen, der aus mir hervorschießt wie Lava aus einem Vulkan, nicht unterbricht. „Wir waren die ganze Zeit im Park, und dann haben wir Pizza gegessen. Und gegen zwölf Uhr brachte uns Ruslan nach Hause.“

Meine Lügen klingen aufrichtig, oder zumindest glaube ich das. Und genau in diesem Moment begreife ich, dass Ruslan mich verraten könnte, wenn er von der Überraschung erzählt, für die wir gegen zehn Uhr zu Hause vorbeigefahren sind, oder von meinem plötzlichen Wunsch, noch einmal für zwei Minuten zum Haus zurückzukehren.

Aber Ruslan schweigt. Seine Augen, deren Farbe ich noch immer nicht zu erkennen vermag, sind halbgeschlossen und auf mich gerichtet. Nein, das wird er nicht tun. Er weiß: Wenn ich sage, dass wir nicht zurückgekehrt sind, habe ich Gründe dafür.

„Und Ruslan? Wer ist er für Sie?“, fragt Oleh.

Eine schwierige Frage. Wirklich schwierig. Freund? Geliebter? Komplize?

„Ein Freund“, antworte ich schnell.

„Und Ihr Mann hatte nichts dagegen, dass Sie, eine verheiratete Frau, mit einem Mann befreundet sind, der Sie gegen zwölf nach Hause bringt?“

Ich verstehe, worauf er anspielt. Oh, wenn Maksym das wüsste, würde ich jetzt nicht mit dem Polizisten sprechen, sondern läge längst im Grab.

„Nein. Er hatte nichts dagegen. Er ist ebenfalls mit Ruslan befreundet“, sage ich und habe Angst, Ruslan in die Augen zu sehen. „Wir waren einmal Nachbarn in einem Wohnblock. Nur auf verschiedenen Etagen. Schon damals haben wir uns angefreundet, na ja, unsere Familien ..."

„Und Ihr Mann hat nichts dazu gesagt, dass Sie mit dem Freund der Familie ausgegangen sind?"

„Schämen Sie sich", tue ich überrascht, „worauf wollen Sie hinaus? Ich war mit meinem Sohn und Ruslan war mit seiner Tochter unterwegs ... Wie Sie selbst sagten, bin ich eine verheiratete Frau ..."

„Und mit wem war Ihr Mann zusammen, als Sie im Park unterwegs waren? Mit wem hat er getrunken? In wessen Gesellschaft?"

„Mit meinem Bruder. Sie hatten sich auf ein Bier verabredet, aber Andrij erzählte, dass Maksym schon betrunken zu dem Treffen gekommen ist und dann noch mehr gebechert hat. Dass er in der Bar randaliert hat. Aber das klären Sie besser mit Andrij."

„Klären wir", meint Oleh nachdenklich. „Um wie viel Uhr ist Ihr Mann nach Hause gekommen?"

„Das kann ich nicht genau sagen."

„Wo haben Sie Pizza gegessen?"

„Im *Basilikum*. Aber wir konnten keine Pizza mehr bestellen, weil wir erst nach zehn Uhr dort waren. Wir haben den Kindern Saft und uns selbst Kaffee bestellt."

„Haben Sie noch die Rechnung?" Oleh schaut mich an und wendet dann den Blick zu Ruslan.

„Nein", antwortet der, „ich nehme nie Rechnungen mit. Auch diesmal habe ich sie nicht eingesteckt. Ich konnte doch nicht ahnen, dass Umstände eintreten könnten, für die ich sie bräuchte."

In seiner Stimme liegen Unbehagen und Empörung. Ich schaue zu Boden, denn ich will es vermeiden, seinem Blick zu begegnen. Er hat alles kapiert. Vorwurfsvoll sieht er mich an.

„Aber ich glaube, im *Basilikum* werden sie sich an uns erinnern", fährt Ruslan fort, „Sie können nach zwei Erwachsenen und zwei Kindern fragen, die spätabends gekommen sind. Die Kinder sind nach dem Saft eingeschlafen, sie waren schon unterwegs im Auto eingenickt, daher hat der Kellner Marta geholfen, Danylko ins Auto zu tragen, während ich Nastja getragen habe."

„Ich werde das klären. Okay, machen wir weiter“, fährt Oleh fort und schaut auf das schludrige Gekritzel in seinem Notizbuch.

Die schlaflose Nacht macht sich bemerkbar. Meine Augenlider werden immer schwerer, ich würde gern das Haus verlassen, um zu Jaroslawa hinüberzugehen, wo sich Nastja und Danylko seither befinden. Ich will mich entspannen und schlafen.

„Wer hat gestern als Erster das Haus betreten?“, fragt Oleh weiter.

„Ich“, sage ich leise.

„Und was ist dann passiert?“

„Ich habe die Tür geöffnet und bin beim Betreten der Küche auf Maksym gestoßen. Er lag auf dem Boden ... Ich dachte, er sei betrunken ... Ich habe mich erschrocken und ... Ach“, ich ringe die Hände, im Kopf schwirren die Erinnerungen herum.

„Wo war Ihr Sohn?“

„Auf meinem Arm.“

„Warum hat Ihr Freund nicht geholfen, das Kind ins Haus zu bringen?“

Verdammt. Ich kann nicht sagen, dass Ruslan nicht hereingekommen ist, weil ich es erstens nicht erlaubt hatte und er zweitens wusste, dass Maksym zu Hause sein konnte.

Verdammt. Was soll ich sagen? Das wird Verdacht erregen. Ich habe gelogen. Wie komme ich da wieder heraus?

„Ich habe ihn zum Haus gebracht, und dann hat Marta Danylko auf den Arm genommen, weil er aufgewacht ist und nach seiner Mutter gerufen hat.“

„Warum sind Sie nicht sofort weggefahren? Worauf haben Sie gewartet?“, fragt Oleh Ruslan.

„Was soll das heißen? Ich habe auf nichts gewartet“, fährt Ruslan ruhig fort.

„Aber Sie waren der Erste, der zu Hilfe gekommen ist?“

„Ja, ich war der Erste. Ich hatte gerade das Auto erreicht, als ich Martas Schrei hörte und ins Haus rannte.“

„Haben Sie so laut geschrien, dass man es auf der Straße hören konnte? Geschrien, obwohl Ihr Sohn in Ihren Armen schlief?“

Ich verliere meine Selbstbeherrschung. Natürlich habe ich

geschrien. Ich bin erschrocken. Als ich das Haus betreten habe, wagte ich es nicht einmal, die Tür zu schließen … Ich schaltete das Licht an und sah die nach oben gerollten Augen von Maksym. Blut auf den Fliesen. Ich habe geschrien. Nein, ich habe gebrüllt, weil ich hoffte, dass Ruslan noch nicht weggefahren war.

„Wer hat die Polizei und den Krankenwagen gerufen?", fragt der Polizist.

„Ich", sagt Ruslan.

„Okay", zischt Oleh. „Noch eine Frage: Warum haben Sie so viele Schmerzmittel und Arzneien in Ihrem Medizinkasten?"

Ruslan blickt mich an.

„Ich bin vor Kurzem gestürzt. Deshalb musste ich Medikamente kaufen, um die Wunden zu behandeln."

„Wie sind Sie gestürzt?"

„Ich bin an einem Eimer hängen geblieben und auf die Türschwelle gefallen."

„Gibt es davon noch Spuren?"

„Ja. Da ist ein blauer Fleck auf dem Rücken. Und am Bein. Ich kann es Ihnen zeigen."

„Nein, das ist im Moment nicht nötig. Warum war im Haus Gas zu riechen?"

„Das weiß ich nicht."

„Wie kommt es, dass Sie das nicht wissen?", regt Oleh sich auf.

„Ich weiß es wirklich nicht. Wir haben seit Langem einen defekten Gasherd, die elektrische Zündung funktioniert nicht. Eines Abends bin ich nach Hause gekommen, da war schon einmal Gas entwichen, aber nicht so viel wie dieses Mal. Auch damals war Maksym betrunken und wollte wohl den Kessel aufs Feuer stellen. Wir benutzen den elektrischen Anzünder aus Gewohnheit, auch ich habe ihn mehr als einmal eingeschaltet, weil ich vergessen hatte, dass er nicht funktioniert."

„Sie glauben also, dass Ihr Mann das Gas selbst aufgedreht und dann abgestellt hat?"

Er bedrängt mich. Das ist sein Job. Er muss das tun. Aber für einen kurzen Moment bekomme ich Angst: Was, wenn ich mich verrate? Was dann?

Ich zögere. Es ist sehr wichtig für mich, dass er meiner Theorie von einer Kohlenmonoxidvergiftung glaubt, sonst habe ich verloren.

„Ich glaube oder behaupte gar nichts. Ich sage nur, dass unser Gasherd defekt ist."

„Wir lassen den Herd von einem Techniker untersuchen und prüfen Ihren Zünder."

„Tun Sie das."

„Und wir werden die Nachbarn befragen. Ich denke, sie sollten zumindest etwas gehört haben", sagt Oleh und notiert etwas in seinem Notizbuch.

„Vielleicht."

Ruslans Blick durchbohrt mich. In seinen Augen lese ich Verwirrung, die an Wahnsinn grenzt.

Ihm wird bewusst, wie sorgfältig ich alles durchdacht habe. Und das erschreckt ihn. Ich bekomme Angst, dass er mich niemals verstehen kann.

Ruslan wird mich immer als Mörderin betrachten.

Aber was soll ich ihm erwidern? Wie soll ich es erklären? Sagen, dass ich es bereue? Dass ich Maksym erst töten wollte und alles in Etappen geplant habe, dann aber solche Angst bekam, dass ich beschloss, zum Tatort zurückzukehren und das Gas wieder abzustellen? Erst habe ich es ein-, dann wieder ausgeschaltet, um meinen Mann zu retten, habe aber vergessen, die Lüftungsklappe im Fenster zu öffnen, sodass er trotzdem erstickt ist?

Trotz all der Gedanken schleicht sich eine sehr offensichtliche Tatsache in meinen Kopf: Maksym ist tot, und ich weiß nicht, was ich damit anfangen soll.

***

Es ist Abend. Oleh hat endlich mein Haus verlassen und ich kann in Ruhe ein Bad nehmen und meinen Sohn schlafen legen. Ruslan ist dem Polizisten gefolgt. Er hat sich kurz verabschiedet, ohne mich anzusehen.

Ich wische den Boden in der Küche, rolle den Müllsack zusammen und lege ihn neben die Tür. Dort, wo der Gasherd stand, befindet sich nun eine leere Stelle. Danylko schaut *Die Fixies* und singt mit. Ich denke an Jaroslawas Worte, als sie von Maksyms Tod erfahren hat.

„Das hat er verdient“, hat die Freundin kalt gesagt und ich habe nicht widersprochen. Wenn sie die ganze Wahrheit wüsste, hätte sie anders reagiert. „Sie haben mich verhört“, hat sie erzählt, nachdem die Polizei abgefahren war, und mir brach der kalte Schweiß aus, denn wenn Jaroslawa auch nur ein Wort darüber verloren hat, dass mein Mann mich geschlagen hat, würde das allem, was zuvor gesagt wurde, zuwiderlaufen und meine Aussage wäre keinen Deut mehr wert.

„Und was hast du gesagt?“, fragte ich möglichst beiläufig.

„Ich habe gesagt, dass ich nichts gehört und nichts gesehen habe, denn es war spät und wir waren zu Bett gegangen. Ich hätte alles erst dann erfahren, als du an meine Tür geklopft und darum gebeten hast, auf die Kinder aufzupassen.“

„Haben sie noch jemanden verhört?“, fragte ich weiter.

„Ja. Alle. Sowohl meine Eltern als auch Ihor. Aber niemand hat etwas gesehen oder gehört. Es war spät. Und kann man hinter diesen hohen Umzäunungen denn irgendetwas mitbekommen? Bei uns sind alle Nachbarn durch Mauern voneinander getrennt und dadurch taub und blind.“

Ich seufzte vor Erleichterung.

„Aber, Marta“, fuhr Jaroslawa fort, „das ist nicht ganz die Wahrheit. Besser gesagt, schon die Wahrheit, aber nicht die ganze.“

„Was meinst du?“, fragte ich mit trockenen Lippen.

„Ich habe etwas gesehen.“

Mir war, als bebe die Erde und der Himmel hinge niedrig über mir. Ich glaubte, sie hätte gesehen, wie wir zum Haus zurückgekehrt waren, hätte gesehen, wie ich zweimal gleich einem Einbrecher dort hineingeschlichen war, und das würde bedeuten, dass sie Bescheid wusste. Jaroslawa wusste, dass ich diejenige bin, die ihrem Mann etwas angetan hat.

Ich ballte die Fäuste und hielt die Luft an. Wie lange kann ein Mensch eigentlich die Luft anhalten?

„Was hast du gesehen?", fragte ich nach, wobei ich Gleichgültigkeit vortäuschte.

„Ich habe eine fremde Frau bei eurem Haus gesehen."

„Welche Frau?" Ich atmete aus.

„Ich konnte nicht gut sehen. Aber sie schien mir groß und schlank zu sein. Wenn ich mich nicht irre, hatte sie schwarze, zu einem Pferdeschwanz gebundene Haare. Sie war weit weg, deshalb ist es schwer, es genau zu sagen."

„Was hat sie denn gemacht?", fragte ich ruhig.

„Zuerst stand sie bei der Gartenpforte, ich trieb gerade Marharytka ins Haus, da sah ich, wie sich die Fremde umdrehte. Ich dachte, sie sei eine Einbrecherin. Ich brachte die Kleine schnell weg, dann kehrte ich zurück. Die Frau stand immer noch da. Kurz darauf hörte ich das Quietschen des Tores, sie betrat den Hof. Sie ging auf das Haus zu, sah sich um, lief dann aber wieder zurück. Ich weiß nicht, ob sie weggegangen oder noch einmal zurückgekehrt ist. Meine Mutter rief, weil Marharytka weinte, und ich ging ins Haus."

Ein drückender Kloß im Hals hinderte mich am Sprechen. War das möglich?

„Wer ist sie, Marta?", fragte Jaroslawa irritiert, doch mir waren die passenden Worte abhandengekommen. Was sollte ich ihr erzählen?

„Ich weiß es nicht", seufzte ich schwer, und dann wagte ich es, genauer nachzufragen: „Warum hast du der Polizei nichts davon gesagt?"

Jaroslawa dachte nach und antwortete dann: „Ich weiß es nicht. Hätte ich sollen?"

„Ich glaube nicht."

Juni
Donnerstag

Morgens um acht ruft Andrij an. Er klingt heiser, der Hörer knistert, als ob er von einem anderen Kontinent aus anrufen würde. Ich schleiche mich auf Zehenspitzen in die Küche und schließe die Tür, um Danylko nicht zu wecken. Nachts hat mein Sohn unruhig geschlafen, sich hin und her gewälzt, gewimmert, ich hielt ihn fest und wiegte ihn in den Schlaf. Ich selbst konnte dagegen gar nicht schlafen. Ich dachte über alles nach: Was, wenn die Polizei mir nicht glaubte? Was wird mit mir geschehen, was mit meinem Sohn? Was habe ich bloß getan? Auch wenn ich die Gedanken verdrängte, kamen sie immer wieder zurück. Am Ende dachte ich: Die Autopsie wird zeigen, dass Maksym mit Kohlenmonoxid vergiftet wurde, und die technische Untersuchung des Gasherdes muss beweisen – sie muss einfach, unbedingt –, dass der elektrische Anzünder schlecht funktioniert hat. Dann wird meine Theorie glaubhaft erscheinen.

„Wie geht es dir?“, fragt Andrij.

„Ich weiß es nicht“, sage ich ehrlich, weil ich mich immer noch nicht davon erholt habe.

Heute ist ein schöner Tag, der ganze Hof ist von Sonnenschein durchflutet. Ich schaue aus dem Küchenfenster. Auf der Bank unter dem Apfelbaum bemerke ich einen Spatz, sorglos und rege, er hüpft mal in die eine, mal in die andere Richtung.

„Und wie geht es dem Kleinen?“

„Er schläft.“

Andrij seufzt schwer, und einen Moment lang scheint es mir, als würde er abwägen, ob er etwas sagen soll. Vielleicht hat er, wie Jaroslawa, etwas gesehen, von dem ich wissen sollte.

„Es tut mir so leid, Marta“, keucht er in den Hörer, „ich hätte Maksym in einem solchen Zustand nicht alleinlassen dürfen.

So ein Unglück. Das Kind bleibt ohne Vater und du bist so früh schon verwitwet."

Die Zweifel in meinem Herzen piksen wie Dornen: Trauert er tatsächlich um Maksym? Andererseits ist das wahrscheinlich die normalste Äußerung von menschlichem Mitgefühl.

„Es tut mir so leid, Marta", fährt mein Bruder fort, „so ein schrecklicher Verlust. Ich schäme mich so für meine Worte."

„Was meinst du?" Ich habe keine Ahnung, wovon er spricht.

„Ach, unser Telefongespräch. Als ich dich angerufen und gesagt habe, dass Maksym ... Na, als ich nichts Gutes über ihn gesagt, sondern im Gegenteil gefragt habe, ob ihr euch nicht scheiden lassen wollt. Und jetzt gibt es ihn nicht mehr. Und du hast es so schwer."

Dieses Gespräch ermüdet mich aus einem einzigen, einfachen Grund: Ich habe den Mord an Maksym in allen Einzelheiten geplant, aber ich habe mein eigenes Verhalten nach seinem Tod nicht mit einkalkuliert. Wahrscheinlich muss ich Gefühle zeigen – Traurigkeit, Bedauern, Schmerz ... Es ist ein Spiel, das ich bis zum Ende spielen muss. Der Einsatz ist zu hoch.

„Ja, es ist schwer für mich", zwinge ich mich zu sagen.

„Ich werde mir immer vorwerfen, dass ich mich mit ihm betrunken habe, Marta."

Ich möchte sagen, dass es in Ordnung ist. Dem Bruder versichern, dass er mir geholfen und alles richtig gemacht hat, dass ohne ihn jetzt vielleicht Maksym mich an die Wand pressen und mir die Luft abdrücken würde.

Ich trete von einem Fuß auf den anderen. Soll ich Andrij beruhigen? Aber wie? Und vor allem, wozu? Mir fehlen die richtigen Worte, die Kraft, die Lust.

Wäre Andrij nicht gewesen, hätte ich es nicht geschafft, Maksym zu töten.

Ich muss mich konzentrieren, um bei dem Gespräch selbstsicher zu wirken.

„Wenn du etwas brauchst, sag es mir", bietet er an.

„Okay."

„Weißt du", sagt Andrij gepresst, „die Polizei hat mich gestern befragt. Es sieht so aus, dass ich der Letzte war, der ihn lebend gesehen hat."

„Und was haben sie dazu gesagt?"

„Noch nichts. So wie ich es verstanden habe, warten sie auf die Ergebnisse der Autopsie. Dann steht die Todesursache fest. Und der Todeszeitpunkt."

„Ja", stimme ich zu, aber die Erkenntnis, dass mein Bruder bei der Polizei unter Verdacht stehen könnte, erschreckt mich. Denn wenn dem so ist, ist es meine Schuld.

***

Gegen neun Uhr hat Jaroslawa Lebensmittel gebracht. Sie hat aus einer Papiertüte Joghurt, Käse, Wurst, Brot geholt und mir angeboten, bei ihr zu Mittag zu essen.

„Du sollst doch nicht hungern", hat sie gesagt, „außerdem ist der Gasherd weg, und ich glaube, dir ist jetzt nicht nach Kochen. Komm gegen ein Uhr zu uns und bring Danylko mit."

Ich dankte ihr, ging aber nicht auf das Angebot ein. Ich will keine Gesellschaft, nicht einmal eine mir so wohlgesinnte wie Jaroslawas.

Alles, was ich will, ist, meine Gedanken zu sammeln.

Aber ...

Ein lautes Klopfen an der Tür reißt mich aus meinen Gedanken. Oleh steht vor der Tür. Sein zufriedenes und stolzes Lächeln lässt mich erschaudern.

„Erlauben Sie?", fragt er und dringt ins Haus, ohne eine Antwort abzuwarten.

„Wenn es Ihnen nichts ausmacht", sage ich und tue so, als wäre ich ruhig, „lassen Sie uns in der Küche reden. Mein Sohn schläft noch und ich möchte ihn nicht wecken."

„Na gut. Mir ist egal, wo."

Oleh setzt sich auf einen Stuhl, holt sein Notizbuch hervor und legt seine Hände auf den Tisch. Seine Finger sind lang wie die eines Pianisten, sein Hemd ist heute gebügelt, seine Schuhe sind geputzt, und der Duft von Parfüm steigt mir in die Nase.

Ich setze mich ihm gegenüber und atme tief in die Lunge

ein, während ich warte. Er zieht die Pause in die Länge. Er hat keine Eile. Ich vermute, das ist eine ganz bewusste Taktik. Der Polizist will, dass ich nervös werde und mich irgendwie verrate.

Die Uhr an der Wand tickt laut im Sekundentakt. Sonnenstrahlen gleiten über den Tisch, berühren die langen Finger von Oleh, während ich mir wünsche, dass er geht. Einfach aufsteht und geht. Und wenn sich die Tür hinter ihm geschlossen hätte, würde ich mich in eine Ecke verkriechen und ganz still sitzen.

„Oh Gott, Marta", kreischt mein Gewissen, „wie lange willst du noch wie eine Maus in der Ecke sitzen? Du hast deinen Plan durchgezogen, jetzt lebe!"

Hätte Oleh meine Gedanken gehört, hätte er die Ambulanz gerufen und mich in eine psychiatrische Klinik bringen lassen, Maksym hätte mich von der Hölle aus angesehen und zufrieden lächelnd erklärt: „Ich habe dir ja gesagt, dass du da hingehörst."

Ich drehe durch. Das steht außer Frage. Das ist ein erwiesener und ausreichend gesicherter Befund. Ich bin dabei, meinen Verstand zu verlieren. Und wenn Oleh mich noch einmal zehn Minuten lang so anschaut und schweigt, werde ich ihn an den Haaren packen und hinauswerfen.

Endlich räuspert sich der Polizist.

„Wir wissen jetzt, woran Ihr Mann gestorben ist." Diese Worte reißen mich aus meinen Gedanken und hallen so laut wie Trommelschläge mitten in der Nacht.

Er lässt weiterhin kein Auge von mir. Beobachtet meine Reaktion.

Mein Herz schlägt allmählich bis zum Hals, als ob es bequemer wäre, dort zu klopfen. Warum sagt er nichts? Worauf wartet er?

Soll er doch endlich sagen, dass Maksym mit Kohlenmonoxid vergiftet wurde, dann kann ich Ruhe finden. Soll er sagen, dass mein Mann wegen unvorsichtigen Umgangs mit einem Gasgerät gestorben ist, was übrigens häufig vorkommt, dann werde ich die trauernde Witwe spielen. Welcher Teufel reitet ihn denn? Es ist doch alles klar.

„Ihr Mann starb an einer Schädelverletzung. Im Kopf ist ein Loch."

Ich kriege keine Luft. Macht er Witze? Das kann nicht sein. Niemand hat Maksym den Schädel eingeschlagen. Er ist gestürzt, weil er betrunken war. Er erlitt eine Kohlenmonoxidvergiftung, weil er nicht mehr aufstehen konnte ... Er muss auf diese Weise gestorben sein, er war ja schon tot, weil ich das Gas nicht rechtzeitig abgestellt hatte. Ich kann in seinen Worten keine Logik erkennen. Führt er mich an der Nase herum, dieser arrogante Polizist? Will er, dass ich mich verrate?

Bis plötzlich, wie ein helles Licht inmitten undurchdringlicher Dunkelheit, ein Bild vor mir steht: Maksym, der in einer Blutlache liegt. Oh Gott, warum habe ich nicht früher daran gedacht? Wegen einer Kohlenmonoxidvergiftung hätte er nicht geblutet. Er wäre einfach erstickt. Oder hat er sich vielleicht beim Sturz den Kopf verletzt? Oder ... Ist es Mord? Hat man ihn ermordet, indem man ihm den Schädel eingeschlagen hat? Aber wer sollte das getan haben?

Ich drücke meine Hände zusammen, die Knöchel treten weiß hervor, die Haut spannt. Es tut weh. Eine Fliege brummt gegen die Fensterscheibe. Sie ist laut. Sie lenkt mich ab. Ich erhebe mich langsam, öffne das Fenster und lasse sie hinaus. Bemerkt Oleh, dass meine Hände zittern? Sicher hält er mich für die Hauptverdächtige, vielleicht bin ich sogar die einzige Verdächtige?

Nein. Er weiß ja, dass ich ein Alibi habe. Dass ich nicht die Mörderin sein kann. Herrje, diese Worte sind wie Balsam auf meiner Seele: Ich bin nicht die Mörderin. Darüber werde ich später nachdenken. Im Moment passt es nicht. Obwohl – es wäre so unwahrscheinlich angenehm, wenn sich herausstellen sollte, dass ich keine Mörderin bin.

Wer hat Maksym dann getötet?

Sofort kommen mir Jaroslawas Worte in den Sinn: „Ich habe eine fremde Frau in der Nähe deines Hauses gesehen."

An ein und demselben Abend haben meinem Mann seine eigene Frau und jemand anderes, also gleich zwei Menschen, aufgelauert, und es stellt sich heraus, dass das Ziel, ihm eine tödliche Verletzung zuzufügen, nun eine mir unbekannte Person erreicht hat.

Aber wer ist diese Frau?

Bohdana? Ist das der Grund, warum Andrij sich so viele Sorgen macht und trauert, warum er aus dem Gleichgewicht ist und sich Vorwürfe macht? Nein, es kann nicht Bohdana gewesen sein. Der Grund ist einfach: Sie hat kein Motiv, Maksym hat ihr nichts Schlimmes getan. Außerdem ist sie noch in Behandlung.

Vielleicht war es Jaroslawa selbst? Vielleicht hat sie irgendwie herausgefunden, dass der Mann mit dem eiförmigen Kopf von Maksym angeheuert worden war, und wollte ihn bestrafen? Aber wie hat sie das gemacht? Hat sie sich etwa, als sie sich davon überzeugt hatte, dass ich nicht zu Hause bin, Maksym dagegen halbtot dalag, hereingeschlichen und ihm auf den Kopf geschlagen? Sich für Ihor gerächt? Nein, das hat sie wohl kaum, denn ich bezweifle doch sehr, dass sie eine Verbindung zwischen Maksym und dem Angreifer herstellen konnte.

Dann aber fällt es mir ein.

Meine Güte! Es war Ewa! Sie war es, die sich im Hof herumgetrieben hat, dann hat sie das Haus betreten und Maksym getötet. Aber woher wusste sie, wo wir wohnen?

Allmählich fügt sich alles zusammen: An jenem Tag, als ich an der Tür der Apotheke mit ihr zusammenstieß, war mir die ganze Zeit, als ob sie uns folgte. Auf dem Heimweg habe ich mich ständig umgesehen. Nun zeigt sich, dass sie mir damals nachgelaufen und vorgestern zurückgekommen ist ...

Ich überlege, ob ich Oleh davon erzählen soll, aber es kommt kein Wort heraus. Ich kann nicht. Ich weiß ja nicht, wie viel Wahrheit in meinen Vermutungen steckt. Etwas auszusprechen, bei dem man sich nicht sicher ist, ist das Gleiche, wie jemanden zu verleumden.

Aber Ewa hatte und hat weiterhin ein Motiv: Rache. Sie kann ihrem Exmann immer noch nicht verzeihen, dass er ihr ungeborenes Kind getötet hat.

Und falls sie es nicht war?

Ich beschließe zu schweigen.

Der Polizist räuspert sich, um mich aus meinen Gedanken zu holen. Seine Augen sind auf mich geheftet, als würde er sich von meiner Unruhe nähren.

Oh, nein. Er studiert mich nicht einfach nur, wie ich zuerst gedacht habe. Jetzt verstehe ich. Er verdächtigt mich auch dieser Tat! Aber ich habe Maksym nicht erschlagen. Ich habe Lust, Oleh die ganze Wahrheit ins Gesicht zu spucken. Dass ich meinen Mann umbringen wollte, aber mit Gas, nicht mit einem Schlag auf den Kopf. Das war ich nicht. Das war jemand anderes.

„So ist es nun mal“, sagt Oleh wie zu sich selbst.

„Aber wie kann das sein?“, bringe ich unter Mühe hervor.

„Was genau?“ Der Polizist lehnt sich vor.

„Wie ist er gestorben?“

„Das kann ich Ihnen im Moment noch nicht mitteilen. Die Ermittlungen laufen noch. Ich sage Ihnen Bescheid, wenn ich es herausgefunden habe.“

Ich schlucke schwer, und aus meiner Kehle kämpfen sich die Worte nach oben, als hätten sie Klauen: „Es handelt sich also um ... Mord?“

„Ja, ein Mord, kein Unfall, wie wir anfangs dachten.“

Er geht, ich höre das Knarren des Tors und knete meine Hände. Vielleicht stehen wir alle unter Verdacht: ich, Ruslan, Andrij. Doch sosehr ich mich auch davor fürchte, die Wahrheit zuzugeben, ich bin diejenige, die für den Tod meines Mannes geradestehen muss. Hätte ich vielleicht doch von Ewa erzählen sollen?

***

Es wird dunkel. Durchs Fenster bemerke ich Ruslans Auto.

Ich gehe nach draußen, um dem Besucher entgegenzugehen. Ich bewege mich schwerfällig vorwärts, als wären Gewichte an meinen Beinen befestigt, als würde ich einen Berg besteigen.

Ruslan bleibt zehn Meter vor mir stehen, setzt sich auf die alte Bank unter dem Apfelbaum und holt Zigaretten heraus. Ich habe ihn noch kein einziges Mal rauchen sehen.

„Wo ist Nastja?“, frage ich.

„Sie schläft schon“, seine Stimme ist so tief und nah.

„Hast du sie allein gelassen?“

„Ja. Ich musste mit dir reden.“

Ich höre wieder die Grille. Heute ist ihr Gesang leiser als in der Nacht von Maksyms Tod.

Meine Gefühle sind gespalten: Ich möchte, dass Ruslan bleibt, und gleichzeitig schäme ich mich so sehr, ihm ins Gesicht zu schauen, dass ich davon träume, er würde gehen. Er weiß, dass ich den Mord an Maksym geplant habe. Ihm ist alles klar.

Ein Mensch wie Ruslan würde so etwas niemals tun. Und plötzlich wirkt das Ganze lachhaft: Maksym ist gestorben, und zwar ohne mein Zutun. Es wirkt wie ein Knäuel verhedderter Fäden. Werde ich jemals herausfinden, was wirklich passiert ist? Vielleicht fährt morgen oder übermorgen ein Polizeiauto am Gartentor vor, Oleh legt mir Handschellen an und bringt mich hinter Gitter. Die Sonne wird dann ebenso hell scheinen, derselbe Spatz wird auf dieselbe Bank hüpfen, der Apfelbaum wird seine Äste schütteln, nur ich ... Sie werden mich verurteilen und mich des Mordes an meinem Mann beschuldigen. Denn ich hatte ja tatsächlich vor, ihn umzubringen.

Während ich mich mit dem potenziellen Ablauf der Ereignisse quäle, holt Ruslan eine Pistole aus seiner Tasche und legt sie auf die Bank. Schweigend raucht er. Ich hatte gedacht, nichts könnte mich mehr beeindrucken, aber da war ich wohl voreilig.

„Wessen Pistole ist das?"

„Meine", sagt er kurzangebunden mit einer blechernen Stimme.

„Woher hast du sie?"

„Ich habe einen Bekannten gebeten, sie mir zu besorgen."

„Wozu?"

„Schwer zu sagen. Zuerst wollte ich dir eine Waffe zur Selbstverteidigung geben, damit du sie im richtigen Moment benutzen könntest. Als du für eine Woche verschwunden warst, habe ich meine Absichten geändert. Damals wäre ich fast wahnsinnig geworden. Du sagtest, dein Telefon habe repariert werden müssen, aber das habe ich nicht geglaubt. Ich weiß, dass du mir etwas vorgemacht hast. Deshalb wollte ich Selbstjustiz üben. Ich wollte dich rächen."

Seine Worte schockieren mich. Das habe ich von Ruslan nicht erwartet, so wie er sicher nicht erwartet hat, was ich getan habe.

„Ich habe geplant, nachgedacht ... Aber ich bin nicht mehr dazu gekommen, es zu tun."

Ich füge in meinem Kopf hinzu: „Jemand war schneller als wir."

„Mach dir keine Vorwürfe, Marta", sagt Ruslan besorgt, „es ist alles so gekommen, wie es kommen musste."

„Ja."

Er weiß nicht, was wirklich passiert ist. Er denkt immer noch, wie ich ja auch bis zum Besuch des Polizisten, dass Maksym mit Kohlenmonoxid vergiftet wurde.

„Er hat für seine Missetaten bezahlt."

„Ja."

„Niemand ist daran schuld."

„Niemand."

„Mir tut es nicht leid um ihn."

„Mir auch nicht."

Stille kehrt ein, wir lauschen der Grille. Die Dunkelheit schleicht sich in den Garten und wird unsere Komplizin. Sie ist unsere Zeugin.

„Du musst schlafen", sagt Ruslan.

„Du auch", erwidere ich.

Meine Gedanken bringen mich ins Wanken, wie ein leeres Boot auf hoher See. Die Nacht wird dunkel und still. Ich schlinge meine Arme um mich und wiege mich hin und her. Wie ein Pendel. Der Körper ist schlaff, das Herz leer. Ich werde aus alldem nicht schlau: Bin ich nun eine Mörderin oder nicht? Vielleicht hat der Gerichtsmediziner bei der Autopsie einen Fehler gemacht und die wahre Todesursache nicht berücksichtigt? Wenn ja, dann habe ich Maksym getötet. Aber wenn er sich nicht geirrt hat, dann läuft die Person, die seinen Schädel eingeschlagen hat, noch frei herum.

Ich beginne zu zittern, meine Zähne klappern. Ruslan drückt mich an sich, mein Atem stockt. Das Zittern hört auf.

„Ich steh dir bei", flüstert er, „ich werde dir immer beistehen."

Ich nicke. Mir fehlen die Worte. Sie sind in alle möglichen Richtungen entwichen. Ich glaube ihm.

„Du bist stark, Marta", flüstert Ruslan, „du bist der stärkste Mensch, den ich je getroffen habe."

Er scherzt. Ja, er scherzt, denn das kann er nicht ernst meinen. Obwohl ...

„Alles ist so gekommen, wie es kommen musste, Marta."

Ich lege meinen Kopf auf seine Schulter und schließe meine Augen. Ich höre das Lied der Grille, melodiös und unschuldig.

Ruslan drückt mich noch stärker an sich, ich würde gern sagen: „Ich habe ihn nicht umgebracht. Der Polizist war heute da. Jemand anderer hat Maksym getötet. Er ist an einer Schädelverletzung gestorben." Aber ich halte mich zurück. Es wirkt unglaubwürdig. Denn in der Nacht, als ich darum bat, nach Hause zurückzukehren, hätte genauso gut ich zuschlagen können. Als ich das zweite Mal ins Haus ging, hätte ich ihn töten und mich dann wieder ins Auto setzen können. Selbst wenn ich ihn also nicht mit Kohlenmonoxid vergiftet habe, könnte ich doch zurückgekehrt sein, um ihm den Schädel einzuschlagen.

Juni
Freitag

Ich verbringe wieder eine schlaflose Nacht. In meinem Kopf kreisen verschiedene Varianten des Geschehens, aber ich kann nicht bestimmen, was wirklich passiert ist.

Ich gehe zum Fenster. Draußen ist es still, alles um mich herum schläft: Bäume, Sträucher, Blumen. Nur ich schlafe nicht. Ich schaue in den Sternenhimmel, der sich über der Erde wölbt, zu der dünnen, fast durchsichtigen Mondsichel, und ich presse meine Stirn an das kalte Glas. Der Nachbarshund heult laut, als würde er Ärger machen wollen, irgendwo weit weg miaut eine Katze.

Ich schließe die Tür zum Schlafzimmer und setze mich auf einen Stuhl am Fenster. Einsamkeit legt sich auf meine Schultern. Doch sie beklemmt mich nicht, drückt mich nicht nieder. Es wäre mir lieber gewesen, für immer einsam zu bleiben, als so ein quälendes Eheleben kennenlernen zu müssen. Ich lächle bitter und denke daran, dass ich Maksym geheiratet habe, um mich vor der Einsamkeit zu retten. Mein Leben gleicht einem abgebrochenen Ast. Besteht Hoffnung, dass er noch mal Wurzeln schlagen, wachsen und blühen wird? Darf ich hoffen, dass sich meine Existenz in ein vollwertiges, buntes Leben verwandelt?

Müdigkeit übermannt mich, die Augenlider fallen zu. In meiner Vorstellung sehe ich Ewa. Ihre Augen brennen, ihre Hände halten einen langen Metallstab fest umklammert, ihr Haar ist durcheinander ... Sie schlägt auf einen Kopf. Ich höre ein Knacken. Maksyms Schädel bekommt einen Riss, wie eine Eierschale. Auf die Fliesen strömt Blut, rot, fast schwarzbraun. Strömt wie ein Fluss, schnell und unaufhaltsam. Es war Ewa. Ja, sie hat Maksym getötet.

Ich springe fast von meinem Stuhl auf. Dunkelheit vor den Augen. Meine Angst ist größer als je zuvor.

Ich stütze meinen Kopf auf die feuchten Handflächen, dann reibe ich mir die Schläfen. In meinem Kopf klopft es so laut, als hörte ich Schläge. Obwohl ich den Kopf schüttle, schaffe ich es nicht, richtig wach zu werden.

Ich wende meinen Blick zum Fenster, Schwärze springt mir in die Augen. Würde die Sonne doch schneller am Horizont erscheinen. Ich habe nicht die Kraft, diese Angst zu ertragen.

Da erstarre ich. Neben dem Tor steht jemand – groß, dünn. „Oh Gott! Das ist die Mörderin. Sie ist gekommen, uns zu holen", ist das Erste, das mir in den Sinn kommt. Aber nein, was sollte sie von uns wollen?

Ich sehe genauer hin. Eine lange, dunkle Silhouette steht dort, die Hand auf der Pforte. Ich blinzle. Einmal, zweimal, dreimal. Ich öffne die Augen, aber die Silhouette befindet sich immer noch am selben Ort.

Das ist keine Einbildung. Es ist real.

Ich stehe langsam auf und überlege, ob ich nach draußen gehen soll.

Wer auch immer es ist, er steht jetzt aus irgendeinem Grund zwanzig Meter entfernt von mir. Ich mache einen Schritt, dann noch einen. Der Boden ist rutschig. Gewissheiten gibt es einfach absolut gar keine.

Ich nähere mich langsam der Haustür, lege meine Hand auf den Griff, stehe dann still. Danylko schläft friedlich, ich dagegen begebe mich in den Rachen der Bestie. Das Leben ist unergründlich: Kaum hat man sich aus dem Griff der einen Bestie befreit, taucht schon die nächste auf. Aber ich muss unbedingt herausfinden, wer das ist.

Die Tür knarrt. Laut hallt das Geräusch durch die Stille.

Ich trete auf die Schwelle. Es ist kalt. Ich schaudere.

Mir wird klar, dass ich barfuß bin. Ich habe nicht daran gedacht, Schuhe anzuziehen.

Als ich auf die kühle Erde trete, steht mein Körper unter Strom. Ich mache einen zaghaften Schritt. Die Silhouette an der Pforte weicht zurück.

Ich werde schneller. Doch die Silhouette entfernt sich.

Es ist Ewa. Ich bin davon überzeugt, dass sie es ist. Groß, dünn.

Sie rennt. Schnell, es ist schwer, sie einzuholen.

Aber ich bleibe an ihr dran. Ich weiß nicht, warum ich dieser Frau hinterhereile und ob sie es wirklich ist, aber ich möchte sie aufhalten, meine Arme um ihre dünnen Schultern legen und mich an sie lehnen. Ihr ins Ohr flüstern, dass alles vorbei ist und dass, wenn wirklich sie es war, die Maksym getötet hat, sie das Richtige getan hat. Denn, ich sage es mit seinen eigenen Worten: „Der Hund soll wie ein Hund verrecken." Ich möchte wirklich, dass sie endlich ihren Frieden findet, dass sie sich nie Vorwürfe macht, wie ich es getan habe, möchte ihr versichern, dass er ein so unwürdiges Ende verdient hat.

Aber sie ist verschwunden. Als sei sie gar nicht da gewesen.

Vielleicht war sie ja tatsächlich nicht da.

Vielleicht werde ich langsam, aber sicher wahnsinnig.

***

Die kraftraubende Aufregung hat nachgelassen. Wenigstens vorübergehend kann ich aufatmen.

Maksym ist tot, was bedeutet, dass meine Qualen ein Ende gefunden haben. Es war eine harte Nacht. Ich fange mich wieder, aber die große, dünne Silhouette steht mir noch immer vor Augen.

Ich rede mir ein, dass ich geträumt habe, dass Ewa gar nicht hier war, dass meine Fantasie mir einen bösen Streich gespielt hat. Aber Selbstbeschwörungen sind brüchig. Ich habe jemanden gesehen, ich bin hinter jemandem hergelaufen, konnte ihn aber nicht einholen.

Gegen sechs Uhr morgens, als ich keine Kraft mehr habe, nachzudenken oder zu mutmaßen, rede ich mir selbst ein, dass ich mich geirrt habe. Und auch, wenn ich nicht allzu überzeugt bin, lasse ich mich von meinen Ängsten nicht in die Enge treiben.

Meine Gewissheit, dass Ewa Maksym getötet hat, wächst. Ich glaube immer mehr, dass es sehr wohl möglich ist. Und dass sie sich ausgerechnet in der Nacht, in der ich ihn töten wollte, gerächt hat, war einfach ein fataler Zufall.

Wie man damit leben kann? Ganz leicht, sage ich mir. Doch das Unbehagen lässt mich nicht los, denn die Ermittlungen sind noch nicht abgeschlossen, jeden Moment könnte Anklage gegen mich erhoben werden. Was soll ich in diesem Fall tun? Alles leugnen oder die Schuld auf mich nehmen? Ewa ausliefern oder ihre Existenz verschweigen?

Reiner Wahnsinn. Nein, ich werde nicht die Sünde eines anderen auf mich nehmen. Ich habe einen Sohn, der seine Mutter braucht. Obwohl ich einräumen muss: Wäre Maksym an einer Kohlenmonoxidvergiftung gestorben und könnte die Polizei meine Schuld beweisen, könnte ich mich auch nicht herausreden. Aber das ist jetzt eine ganz andere Situation.

Ich gehe leise durchs Haus.

Nach Maksyms Tod wirkt es größer, breiter und geräumiger. Es ist leichter geworden, hier zu leben. Ich habe das Bettzeug gewechselt und seine Sachen in Säcken verstaut. Vielleicht ist es noch zu früh, aber es lenkt mich ab. In einem Sack ruhen für immer seine Anzüge, in einem anderen die Hemden und in einem dritten seine Schuhe. Bleibt noch, die übrigen Kleider aus seinem Schrank hervorzuholen und die Gel- und Parfumfläschchen zu entsorgen.

In den Schrankfächern wird so viel Platz frei, dass die Leere fast erschreckend wirkt. Aus meiner Brust löst sich ein Lachen. Maksym ist wirklich gestorben! Nicht einfach verschwunden und könnte jeden Moment zurückkehren. Nein, er ist für immer weg.

Danylko hat nicht ein einziges Mal gefragt, wo sein Vater abgeblieben ist. Das Kind verhält sich, als ob es nie einen Vater gehabt hätte. Der Sohn sorgt sich nur um eins: wohin sein Traktor verschwunden ist. Wir haben das ganze Haus durchsucht, aber das Metallspielzeug, das er mehr als alle anderen liebt, haben wir nicht mehr gefunden. Ich weiß, dass wir es in der Küche zurückgelassen haben, aber es bleibt verschwunden. Vielleicht hat es die Polizei mitgenommen, als sie alles Verdächtige zusammengetragen hat.

Ich hole eine scharfe Schere aus der Schublade und lege sie auf den Nachttisch. Ich flechte einen Zopf, der mir bis zur Taille reicht, und schneide ihn ab, ohne darüber nachzudenken. Die

Erleichterung, die sich in mein Herz stiehlt, als ich das Bündel verworrener und lebloser Strähnen betrachte, beruhigt mich ein wenig. Noch eine Befreiung.

Ich muss lernen, frei zu leben, ganz gleich, was vor mir liegt.

***

Mittags höre ich ein Klopfen an der Tür. Ich öffne sie: Auf der Schwelle steht Oleh. Ich fange an zu zittern.

„Darf ich hereinkommen?“, fragt er.

„Natürlich, kommen Sie herein.“

Der Polizist setzt sich auf den Stuhl, auf dem er gestern schon saß.

„Möchten Sie vielleicht Tee?“, erkundige ich mich in einem Versuch, gastfreundlich zu sein.

„Nein, danke. Es ist heiß heute, lieber hätte ich Wasser.“

Ich nehme ein Glas und gieße Wasser hinein. Der Polizist trinkt gierig, dann stellt er das Glas auf den Tisch. Schweißtropfen glänzen auf seiner Stirn.

„Ich habe mich mit dem Pathologen getroffen, der die Autopsie durchgeführt hat.“

Ich warte schweigend auf die Urteilsverkündung.

„Er hat mir Unterlagen übergeben, die beweisen, dass der Alkoholspiegel im Blut Ihres Mannes vier Promille betrug. Er hat sehr viel Blut verloren. Er starb zwischen acht und acht Uhr dreißig abends.“

Ich möchte herausschreien, dass er sich geirrt hat. Das kann nicht sein, ich habe das Gas erst gegen zehn Uhr aufgedreht. Und gegen neun hat mich Andrij angerufen. Zu dieser Zeit hat Maksym friedlich auf dem Bett geschlafen, in das ihn mein Bruder gelegt hatte. Andrij hätte nicht erzählt, dass Maksym im Schlafzimmer schnarcht, wäre er schon tot gewesen. Das ist ein Missverständnis. Eine Verwechslung. Oleh wurde getäuscht. Die Uhrzeiten passen nicht zusammen. Es liegt ein Irrtum vor. Der Pathologe hat einen Fehler gemacht. Will er sagen, dass Maksym schon tot war, als ich mich ins Haus schlich? Habe ich einen toten Mann ermordet?

Oder ...

„Überrascht Sie das?“, fragt der Polizist kritisch.

„Nein. Wie kommen Sie darauf?“

„Sie haben so finster dreingeblickt und die Stirn gerunzelt.“

Ich atme tief durch und antworte: „Wissen Sie, Sie haben genug auf mir herumgehackt. Jeder würde angesichts dieser Informationen finster dreinblicken und die Stirn runzeln.“

„Ja, vielleicht. Vielleicht auch nicht.“ Mir scheint, dass Oleh, der Mistkerl, immer noch nicht alles gesagt hat. Worauf will er hinaus? Soll er es endlich sagen und dann abhauen.

„Wir haben die Nachbarn befragt, niemand hat etwas gesehen oder gehört. Es bleiben folgende Details: der Gasherd und die Todesursache. Also, wie die Untersuchung des Technikers ergab, funktioniert Ihr Gasherd tatsächlich nicht. Und, um Gottes willen, benutzen Sie ihn nicht mehr, sonst fliegen Sie in die Luft.“

Ich höre aufmerksam zu.

Oleh fährt fort: „Ihr Mann starb zwischen acht Uhr und acht Uhr dreißig. Er starb an einer Schädelverletzung. Plötzlicher Tod durch einen Schlag mit der Schläfe gegen einen Metallgegenstand. Bei dem Metallgegenstand handelt es sich um ein Kinderspielzeug. Den Traktor Ihres Sohnes. Wir haben ihn sichergestellt, als die Leiche abtransportiert wurde. In der Wunde wurde Farbe gefunden, die mit der Farbe des Traktors identisch ist.“

Ich blinzle. Es gelingt mir nicht, alles zu erfassen, was der Polizist gesagt hat.

„Ich glaube, Ihr Mann ist gestolpert“, führt Oleh monoton weiter aus, „er ging aus dem Schlafzimmer, wo Ihr Bruder ihn zurückgelassen hatte, in die Küche, stellte den Kessel auf den Herd, schaltete das Gas ein und schaltete es dann, so nehmen wir an, wieder aus. Der elektrische Zünder funktionierte nicht, deshalb ist Gas entwichen. Vielleicht geschah es in einer anderen Reihenfolge, aber ungefähr so, wie ich es beschrieben habe. Es ist ziemlich schwierig, seine Bewegungen auf die Minute genau nachzuvollziehen. Aber am Ende ... Dann hat Ihr Mann versucht, sich auf einen Stuhl zu setzen, aber weil er sehr betrunken war, fiel er mit dem Kopf nicht nur auf den Fliesenboden, sondern auch auf den Metalltraktor. Wäre das Spielzeug nicht da gewesen, hätte er sich vielleicht nur den Kopf gestoßen und wäre mit einer Gehirnerschütterung aufgewacht, aber so ... Eine tödliche Verletzung, wie sie alltäglich vorkommt. Ach, wie viele Familien sind wegen Wodka ohne Ehemann und Vater zurückgeblieben ... Ich möchte mich bei Ihnen für meine Verdächtigungen entschuldigen. Na, ich denke, Sie verstehen, das ist eben meine Arbeit. Sie können die Leiche Ihres Mannes aus dem Leichenschauhaus abholen und die Beerdigung vorbereiten. Der Fall ist erst einmal abgeschlossen."

„Es ist also kein Mord?", höre ich mich fragen.

„Nein." Oleh schüttelt den Kopf und fügt dann traurig hinzu: „Mein aufrichtiges Beileid."

„Nicht nötig", sage ich und seufze schwer.

Oleh steht der Mund offen. Sein benommener Blick durchbohrt mich, ich begreife, dass ich etwas Falsches gesagt habe. Was ist „nicht nötig"? „Nicht nötig", sein Beileid auszudrücken? Herrje! Meine Zunge ist mein Feind.

„Es ist nicht nötig, noch mehr zu sagen, denn ich kann nicht mehr ... zuhören ...", und in diesem Moment kullert eine Träne über meine Wange. Eine einzige. Eine rettende Träne. Sie wäscht die Ratlosigkeit vom Gesicht des Polizisten und bringt sein Herz zum Schmelzen.

Aber nur ich weiß, was diese Träne bedeutet: eine Träne der Müdigkeit, des Schmerzes, der Qualen, des Leidens ...

Eine Träne der Erlösung.

Ich habe ihn nicht umgebracht. Ewa hat ihn nicht umgebracht. Niemand hat ihn umgebracht.

Maksym hat es fertiggebracht, sich selbst umzubringen, und hat mich damit erlöst.

Und als sich die Tür hinter Oleh schließt, höre ich deutlich die Stimme meiner Mutter: „Du bist stark, Marta."

Und dieses Mal bin ich vollkommen einverstanden mit ihren Worten.

Triggerwarnung: Hinweis zu möglichen Triggern: Diese Hinweise nehmen auf Menschen mit traumatischen Erfahrungen Rücksicht. Aus subjektiver Sicht können Trigger von Bedeutung sein oder nicht, unabhängig davon, in welchem Kontext oder Medium sie sich finden. Wir möchten an dieser Stelle deshalb anmerken: „All die Frauen, die das hier überleben" konfrontiert dich mit körperlicher und sexueller häuslicher Gewalt.

FSC www.fsc.org MIX Papier | Fördert gute Waldnutzung FSC® C014496

CERTIFIED cradle to cradle BRONZE

Dieses Buch ist **Cradle to Cradle** Certified® auf **Bronze-Niveau. Cradle to Cradle Certified® ist eine eingetragene Marke des Cradle to Cradle Products Innovation Institute.** Dieses Buch findet seinen Weg ohne Plastikfolie, die es unnötig einhüllt, zu dir – für unsere Umwelt und unsere Zukunft.

Auflage:

4	3	2	1
2026	2025	2024	2023

Original veröffentlicht in ukrainischer Sprache als „Porzeljanova Ljalka". Roman
ISBN 978-966-688-086-7

HAYMON verlag
Innsbruck-Wien
www.haymonverlag.at

ISBN 978-3-7099-8198-6

Lektorat: Verena Zankl, Haymon Verlag / Katharina Schaller
Projektleitung: Haymon Verlag / Sarah Wegscheider
Buchinnengestaltung nach Entwürfen von: himmel. Studio für Design und Kommunikation, Innsbruck / Scheffau – www.himmel.co.at
Satz: Da-TeX Gerd Blumenstein, Leipzig
Umschlaggestaltung, Gestaltung von Vor- und Nachsatz: Suse Kopp, Hamburg
Umschlagbild: Private Collection (c) Florent Roussel. All rights reserved. 2023/ Bridgeman Images